21世纪高等院校学考结合型规划教材

微观经济学

导读与精析

姜颖　王云松　主编

一书两用
课程学习+考研参考

Microeconomics

Microeconomics

Microeconomics

Microeconomics

Microeconomics

东北财经大学出版社
Dongbei University of Finance & Economics Press
大连

图书在版编目（CIP）数据

微观经济学：导读与精析 / 姜颖，王云松主编．—大连：东北财经大学出版社，2018.5
（21世纪高等院校学考结合型规划教材）
ISBN 978-7-5654-3186-9

Ⅰ．微…　Ⅱ．①姜…②王…　Ⅲ．微观经济学　Ⅳ．F016

中国版本图书馆CIP数据核字（2018）第115154号

东北财经大学出版社出版
（大连市黑石礁尖山街217号　邮政编码　116025）
网　　址：http：//www.dufep.cn
读者信箱：dufep@dufe.edu.cn
大连力佳印务有限公司印刷　　东北财经大学出版社发行
幅面尺寸：185mm×260mm　　字数：387千字　　印张：16.25
2018年5月第1版　　2018年5月第1次印刷
责任编辑：孙　平　　责任校对：李　丹　王　娟　吉　扬
封面设计：崔囡囡　　版式设计：钟福建
定价：36.00元

前言

本书是为微观经济学的初学者编写的，最大特点是结合经典案例对微观经济理论进行阐述和诠释，在增强初学者对微观经济理论深入理解的同时，增强阅读的趣味性；辅之以大量的辅导习题和历年考研真题，从而通过具体的习题加强学生对相关知识的理解和掌握。

本书由黑龙江科技大学姜颖、王云松主编，各章节具体分工如下：姜颖编写第一章、第二章、第三章、第六章、第七章；王云松编写第四章、第五章、第八章、第九章、第十章、第十一章。全书由姜颖、王云松、赵淑英审核定稿。在编写过程中，金英姬、刘根节等老师提供了宝贵的资料和建议。

本书在编写过程中吸收和参考了大量国内外微观经济学相关文献，在此向作者们表示感谢。书中存在的疏漏、不足和不当之处，敬请专家和读者批评、指正。

编　者

2018年5月

目 录

[第一章]

微观经济学导论

本章从微观经济学的研究对象出发，向大家逐步介绍什么是经济学、什么是微观经济学、微观经济学的理论框架和微观经济学的主要研究方法等内容。通过对本章的学习，重点掌握微观经济学的研究对象和主要内容，掌握微观经济学的主要研究方法，达到理解内涵、简单应用的目的。

第一节 西方经济学的产生与研究对象

一、西方经济学与稀缺性

每一门科学的产生都有其客观必然性。例如，天文学产生于游牧民族确定季节的需要，几何学产生于农业中丈量土地的需要。经济学产生于什么需要呢？西方经济学家认为，经济学产生于客观存在的稀缺性（Scarcity）及由此所引起的选择（Choice）的需要。经济学，依据经济学家萨缪尔森（Samuelson）的观点，就是研究如何利用稀缺性资源生产有价值的产品，并将它们分配给不同的人。

西方经济学家把满足人类欲望的物品分为“自由取用物品”（Free Goods）与“经济物品”（Economic Goods）。前者是无限的，后者是有限的，而且在人类生活中后者占有十分重要的地位。人类的欲望是无限的，但用来满足人类欲望的“经济物品”是有限的。相对于人类的无限欲望而言，“经济物品”或者说生产这些物品所需要的资源总是不足的，这就是稀缺性。因此，稀缺性，并不是指物品或资源在绝对数量上的多少，而是指相对于人类无限多样的欲望，用于满足这些欲望的物品与资源是相对不足的。

不能随意得到从而只能通过生产和交换获得的物品是“经济物品”。与经济学研究相关的、用来生产经济物品的资源，同样极具经济物品的特征。由此，生产资源也叫生产要素，是用来生产经济物品的资源，通常包括：劳动、资本、土地和企业家才能。

二、生产可能性曲线和机会成本

稀缺性决定了每一个社会和个人必须做出选择。欲望有轻重缓急之分，同一种资源又可以满足不同的需求。选择就是用有限的资源去满足什么需求和欲望的决策，或者说如何使用有限资源的决策。

做出选择有所得就要有所失，这就是经济学家所说的“天下没有免费的午餐”。为了得到某种东西而放弃的另一种东西就是做出决策的机会成本。机会成本是指当把一定的资源用于某种用途时，所放弃的用于其他用途时所能得到的最大收益。例如，我们把一块土地用于建筑住宅楼时，必须放弃这块土地所能生产的粮食。为住宅楼所放弃的粮食就是建楼这项选择的机会成本。我们可以用生产可能性曲线的概念来说明选择和机会成本。假定一个社会用全部资源生产两种物品：粮食和棉花。如果只生产粮食可以生产15万吨，只生产棉花可以生产5万吨。在这两种极端的可能性之间，还存在着粮食和棉花的不同数量组合。假设这个社会在决定粮食与棉花的生产时，提出了A、B、C、D、E、F六种组合方式，则可以做出表1-1。

表1-1 **棉花与粮食的产量组合** 单位：万吨

可能性	棉花	粮食
A	0	15
B	1	14
C	2	12
D	3	9
E	4	5
F	5	0

根据表1-1，我们可以做出图1-1。

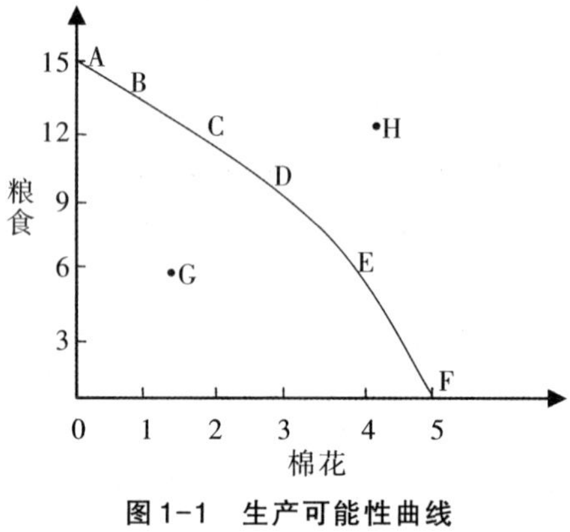

图1-1 生产可能性曲线

在图1-1中，连接A、B、C、D、E、F点的AF线是在资源既定的条件下所能达到的粮食与棉花最大产量的组合，被称为生产可能性曲线或生产可能性边界。AF线还表明，多生产一单位粮食要放弃多少单位棉花，或者相反，多生产一单位棉花要放弃多少单位粮食，因此，AF线又被称为生产转换线。从图1-1中还可以看出，AF线内的任何一点（例如G点）上粮食与棉花的组合，也是资源既定条件下所能达到的，但并不是最大数量的组合，即资源没有得到充分利用。AF线外的任何一点（例如H点）上粮食与棉花的组合是粮食和棉花更大数量的组合，但在现有资源条件下无法实现。

生产可能性曲线是在技术水平不变的前提下，既定的资源所能生产的两种产品最大数量组合所形成的轨迹。生产可能性曲线进一步解释了稀缺性、选择和机会成本这三个重要概念。

人的需求和欲望是无限的，用来满足这些需求和欲望的粮食与棉花也应该是无限的。但由于资源是有限的，这个社会不能生产无限的粮食与棉花，这就表明社会存在稀缺性。生产可能性曲线之外是无法实现的产量组合，这就表明稀缺性的存在。

在存在稀缺性的情况下，人们必须做出生产多少粮食和棉花的决策。这就是我们所面临的选择问题。生产可能性曲线上的所有点都是人们所做出的选择。

在资源既定时，多生产1吨棉花就要少生产若干吨粮食，或者说为了多得到1吨棉花就要放弃若干吨粮食。所放弃的若干吨粮食正是得到1吨棉花的机会成本。例如，从A点到B点，为了多生产1万吨棉花（从0增加到1万吨）就必须放弃1万吨粮食（从15万吨减少为14万吨）。所放弃的1万吨粮食就是生产1万吨棉花的机会成本。生产可能性曲线的斜率代表机会成本。

这里我们应该注意，生产可能性曲线凹向原点，即为了多生产棉花所放弃的粮食是递增的。例如，从B点到C点，增加1万吨棉花所放弃的粮食就是2万吨，比从A点到B点时增加1万吨棉花的机会成本增加了。这是因为，当我们把更多的资源用于棉花时，就把越来越不宜于生产棉花的资源用于种植棉花，这时效率就会下降，或者说不得不放弃的粮食越来越多。

现实生活中这种资源利用的选择非常普遍。例如，希特勒在第二次世界大战期间提出的一个口号是“宁可要大炮，不要黄油”。后来这一问题被经济学家形象地概括为“大炮与黄油”的问题。要大炮还是要黄油，实际上是军用品和民用品的生产决策选择问题。由于任何一个特定时期，资源都是既定的，那么多生产一单位军用品，就要少生产若干单位的民用品。最极端的办法是希特勒的“宁可要大炮，不要黄油”，这是通过将德国的国民经济军事化来实现的。第二次世界大战中，美国作为“民主的兵工厂”，向反法西斯国家提供武器，把相当多的资源用于生产军事装备。军用品增加，民用品就不得不减少。在此背景下，美国战时对许多物品都实行了管制。第二次世界大战后，为与美国争霸，苏联把该国的资源大量用于军事装备的生产等，从而不得不减少民用工业品的生产，造成人民生活水平停滞不前，长期处于物品“短缺”之中。无论出于什么目的（法西斯的侵略、反法西斯或争夺霸权），要更多地生产军用品，就必须采取集中化的经济决策，如希特勒采取的法西斯独裁，苏联采用的计划经济，美国在战时实施大量的经济管制，但代价是民用品生产减少，人民生活水平下降。

三、资源配置与资源利用

1.资源配置

既然资源是稀缺的，人类社会就必须做出选择，即在各种可能的产品组合中做出选择，而任何选择，都会涉及权衡取舍关系，因而也都是有成本的。例如，海岛上原始部落的人们至少面临三个问题：鱼和土豆以什么样的比例组合生产？用什么样的生产方式生产鱼和土豆？生产的鱼和土豆在各个家庭或部落成员间怎样分配？对上述三个问题的回答，就是人类社会对如何利用既定资源生产经济物品所做的选择，这种选择被称为资源配置。

现代社会由于仍然面临资源的稀缺性，因而也就必须面对资源配置问题，即必须回答类似于上面提到的三个问题：

（1）生产什么。面对稀缺的经济资源，人们需要权衡各种需要的轻重缓急，确定生产什么物品，生产多少，何时生产，以优先满足比较强烈的需要。

（2）怎样生产。由于各种生产要素一般都有多种用途，它们之间也大多存在着一定的技术替代关系，所以同一种产品的生产往往可以采用多种方法，但它们的生产效率并不尽相同。经济社会必须在各种可供选择的资源组合中，找出哪一种组合是成本最低、效率最高的生产方法。

（3）为谁生产，或者说收入如何分配。因为存在稀缺性，没有人能获得他想要的一切，所以每个社会都必须建立某种机制来为其成员分配产品。

稀缺性是人类社会随时随地都面临的永恒的问题，所以，关于生产什么、怎样生产、为谁生产的选择，是人类社会要解决的基本问题。这也是经济学要解决的基本问题。经济学既然产生于资源的稀缺性，因此它首先就应研究由稀缺性所引起的资源配置问题。正是在这种意义上，许多经济学家把经济学定义为“研究稀缺资源配置的科学”。

2.资源利用

既然资源是稀缺的，人类社会就应当充分利用现有资源生产更多的经济物品。然而，人类社会往往处于资源稀缺却得不到充分利用的矛盾境地。英国著名经济学家琼·罗宾逊（John Robinson）针对20世纪30年代的经济大危机不无讽刺地说当经济学家们把经济学定义为研究稀缺资源在各种可供选择的用途之间进行分配的科学时，“英国有300万工人失业，而美国的国民生产总值的统计数字刚下降到原来水平的一半”。

在上述情况中，由于稀缺的资源没有得到充分利用，所以社会产品达不到图1-1中生产可能性曲线的边界，而只能处于生产可能性边界内的某一点（如G）上。所以，稀缺的资源给人类社会带来的另一个问题是：如何利用既定的资源生产出更多的产品，即资源利用问题，主要包括：

（1）经济增长与周期。产量组合点达到生产可能性曲线的边界和生产可能性曲线向外推移的问题（如达到H），就是经济增长的问题。同时，在生产可能性曲线不断向外推移时，产量却有时高有时低，不能总保持在生产可能性曲线的边界上，这就发生了经济周期波动，因此经济学应研究如何在促进经济增长的同时避免或减缓经济的周期性波动。

（2）充分就业。充分就业即土地、劳动、资本等各种社会资源都能得到最充分的利用，没有闲置和浪费。资源在使用中可视作就业，在闲置中可视作失业。

（3）通货膨胀。现代社会是以货币为交换媒介的经济社会，甚至有人把现代经济称为货币经济。然而自纸币和信用货币应用以来，货币贬值或通货膨胀就一直对经济增长、经济周期和充分就业产生着重要影响，因此通货膨胀也成了经济学研究的重要领域。

由此，西方经济学主要就是研究资源配置和资源利用问题。

第二节　微观经济学与宏观经济学

在当代西方经济学中，按研究的对象来划分可以分为微观经济学与宏观经济学两个部分。前者主要是研究资源配置问题，后者主要是研究资源利用问题。

一、微观经济学

微观经济学（Microeconomics）中的前缀词“微观”（micro）源于希腊语，其意为“小的”。通常，这些“小的”经济单位包括消费者、工人、投资者、土地所有者和厂商等。微观经济学是整个经济学的基础。微观经济学以单个经济主体为研究对象，是研究单个经济主体面对既定的资源约束时如何进行最优选择的科学。它主要研究这些“小”的个体做出的选择行为，以及这些个体之间进行具体物质和服务交易时的相互影响。例如，它研究单个商品的效用、供给量、需求量、价格如何决定；单个居民户作为消费者如何把有限的收入分配在各种商品的消费上以取得最大效用；单个厂商作为生产者如何把有限的资源分配在各种商品的生产上以取得最大利润；它还研究单个厂商的生产量、成本、使用的生产要素数量和利润如何确定；生产要素所有者的收入如何决定，等等。

微观经济学的产生可以追溯到17世纪中期。从那时直至19世纪中期，经济学家在研究国民财富增长的同时，也研究了商品的价值决定、收入分配等问题，提出了各种价值理论，探讨了价格机制的作用，这些都是现代微观经济学的萌芽。19世纪70年代西方经济学中边际效用理论的提出为微观经济学奠定了理论基础，19世纪末20世纪初英国经济学家马歇尔集各家庸俗经济学之大成创立了均衡价格理论，从而确立了微观经济学的基本内容。20世纪30年代以后，英国经济学家琼·罗宾逊、美国经济学家张伯仑在均衡价格理论的基础上提出了厂商均衡理论，从而使微观经济学最终形成。

微观经济学要解决生产什么、如何生产和为谁生产的问题。具体来讲，生产什么取决于消费者的货币选票，如何生产取决于不同生产者之间的竞争以及成本与收益的比较，为谁生产取决于生产要素的供求关系所确定的要素价格。这些都涉及资本主义社会的市场经济和价格机制如何运行的问题，因此微观经济学的中心是价格理论。

微观经济学对个体经济单位的考察，是在三个逐步深入的层次上进行的。第一个层次是分析单个消费者和单个生产者的经济行为。它分析单个消费者如何进行最优的消费决策以获得最大的效用，单个生产者如何进行最优的生产决策以获取最大的利润。第二个层次是分析单个市场的均衡价格的决定。这种单个市场均衡价格的决定，是作为单个市场中所有的消费者和所有的生产者最优经济行为的相互作用的结果而出现的。第三个层次是分析所有单个市场均衡价格的同时决定。这种决定是作为所有单个市场相互作用的结果而出现的，或者说，是作为由经济社会中全部市场上的全部消费者和全部生产者的最优经济行为的相互作用的结果而出现的。

显然，微观经济分析所涉及的经济变量都是经济个量，也正是从这个意义上，它才被称为微观经济学或个量分析。

二、宏观经济学

宏观经济学（Macroeconomics）中的前缀词“宏观”（macro）源于希腊语，其含义是“大”。宏观经济学研究的是国民经济有关总量的决定及其变化，以此来说明市场经济如何实现资源的充分利用。宏观经济学的研究对象是国民经济整体，如果把微观经济学的研究对象比喻为一棵棵的树木，那么宏观经济学的研究对象就是由这些树木组成的森林。

宏观经济学解决的是资源利用问题。微观经济学把资源的充分利用看作既定的前提，由此来研究资源配置。恰恰相反，宏观经济学把资源的最优配置作为既定前提，由此来研究现有资源未能得到充分利用的原因，探讨达到充分利用的途径，以及如何获得更多的社会资源以实现经济增长。

宏观经济学包括国民收入决定理论、经济周期理论、经济增长理论、失业与通货膨胀理论、宏观财政与货币政策等内容。宏观经济学的中心理论是国民收入决定理论。微观经济学研究单个商品数量和价格的决定，宏观经济学研究全部商品数量和价格的决定，这个数量就是国民收入，因此其中心理论是国民收入决定理论。

宏观经济学的研究方法是总量分析。微观经济学研究的单项数量指标有两类，即数量和价格；宏观经济学研究能反映整个经济运行情况的经济变量，也可分两类：一类是总量指标，是个量的总和，如国民收入即全部商品市场价值之和，总投资是各企业投资之和，总储蓄是所有个人储蓄之和，还有总消费、货币供给量等总量指标；另一类是平均量指标，是个量的平均数，如反映各种商品平均价格的价格水平。在这些指标中，国民收入和价格水平是最重要的。

宏观经济学作为一门独立的理论经济学分支开始于1936年凯恩斯的《就业、利息和货币通论》一书的出版。凯恩斯主义的宏观经济学认为，当由消费、投资、政府购买和净出口所形成的对产品的总需求小于社会对产品的总供给时，就会导致生产下降，失业增加；反之，就会出现通货膨胀。因此，政府要采取一定的经济政策来减少失业，稳定物价，促进经济增长。

第三节　微观经济学基本假设和研究内容

一、微观经济学基本假设

微观经济学的构建是以一系列的假设条件为前提的。在微观经济分析中，经济学家根据所研究问题和所建立模型的不同需要，采用不同的假设条件。在诸多假设条件中，有三个最基本的假设条件，即理性经济人、完全信息和市场出清。

1.“经济人”假设

“经济人”被视为经济生活中一般的人的抽象，其本性被假设为是利己的。“经济人”在一切经济活动中的行为都是合乎所谓的理性的，即都是以利己为动机的，力图以最小的经济代价去追逐和获得自身的最大的经济利益。

斯密在关于“看不见的手”的原理的著名论断中，对“经济人”的经济作用做了充分的表述。斯密写道：“在这场合，像在其他许多场合一样，他受着一只看不见的手的指导，去尽力达到一个并非他本意想要达到的目的。也并不因为并非出于本意，就对社会有害。他追求自己的利益，往往使他能比在真正出于本意的情况下更有效地促进社会的利益。”斯密“看不见的手”的原理试图说明，经济自由是追求私利的“经济人”可以实现其自利目标的必要条件，同时，其追求私利的活动是与增进全社会利益的社会目标相一致的，在这里，私人利益与社会利益实现了统一。

2.“完全信息”假设

这一假设的主要含义是指市场上每一个从事经济活动的个体（即买者和卖者）都对有

关的经济情况（或经济变量）具有完全的信息。例如，每一个消费者都能充分地了解每一种商品的性能和特点，准确地判断一定商品量给自己带来的消费满足程度，掌握商品价格在不同时期的变化等，从而能够确定最优的商品购买量。又如，每一个生产者都能准确地掌握产量和生产要素投入量之间的技术数量的关系，了解商品价格和生产要素价格的变化，以及在每一个商品价格水平上消费者对产品的需求量等，从而能够做出最优的生产决策。

3."市场出清"假设

市场出清即假设市场价格自由而迅速地上下移动，足以对供求变化做出及时反应，从而导致供求总是相等的状态。具体来讲，即商品价格自由而及时地波动使该商品供求平衡，利率（资本价格）自由而及时地上下波动使资本供求平衡。在这种均衡状态下，不存在资源的闲置与浪费，资源的充分利用问题已得到解决。

只要上述三个假设条件成立，市场经济就会成为最美妙的经济制度。但是，只要稍微有些生活常识，我们就会认识到这三个假设是不可靠的。人不可能时刻保持完全的理性，偶尔也会做出非理性的决定；信息是不完全的，尤其是关于未来经济的变化，经济学家也是一知半解；市场出清是相对的，而商品的过剩或不足却是绝对的。这些问题向传统的经济学提出了挑战。

二、微观经济学的主要内容

微观经济学的研究对象决定着它内容的丰富性和范围的广泛性，并产生出许多分支。例如，按研究方法的性质不同来划分，有实证经济学和规范经济学；按研究的经济部门来划分，有工业经济学、农业经济学、消费经济学、人口经济学、教育经济学等；按研究对象的经济性质来划分，有研究经济制度的制度经济学与比较经济学，有研究经营管理的管理经济学，有研究经济数量关系的数量经济学与经济计量学，有研究国际资源流动与利用的国际经济学，还有偏重于理论分析的理论经济学，偏重于政策实践的应用经济学等。

微观经济学是经济学基本理论的重要组成部分，它与宏观经济学相对称，构成经济学的基本理论体系。

微观经济学以单个经济单位为研究对象，通过研究单个经济单位的经济行为和相应的经济变量单项数值的决定来说明价格机制如何解决社会的资源配置问题。

它的基本内容包括均衡价格理论、消费者行为理论、生产理论、成本理论、厂商均衡理论、生产要素理论、一般均衡理论、福利经济学与微观经济政策等。

在这些理论中，价格理论是中心。居民户与厂商等单个经济单位的消费行为与生产行为，均受价格的支配。生产什么、如何生产和为谁生产都由价格决定。价格像只看不见的手，调节着整个社会的经济活动，使居民户把有限的收入分配于各种物品的消费上，实现满足程度最大化；使厂商把有限的资源用于各种物品的生产上，实现利润最大化；从而，使整个社会的资源配置实现最优化，给整个社会带来最大的经济福利。这又说明，资源配置是微观经济学要解决的中心问题。

微观经济学的研究方法是个量分析，在以整个社会经济运行为既定的情况下，研究经济变量的单项数值是如何决定的。经济变量如产品的产量和价格等，其中某种商品的价格，就是价格这种变量的单项数值。微观经济学就是分析这些个量如何决定、变动及其相互间的关系，从而得出单个经济行为的规则。

第四节　微观经济学的研究方法

一、实证分析与规范分析

1.实证分析

实证分析是对经济活动和现象的客观描述，是关于经济活动和现象“是什么”的回答。实证分析研究经济本身的内在规律，并根据这些规律，对社会经济活动或现象的成因、效果及其发展趋势进行解释、分析、证实或预测，或社会面临的经济问题“是如何解决的”，而基本不涉及价值判断问题。这里说的价值判断，不是指对商品价值的判断，而是对经济事物的社会价值、一种社会经济制度是好还是坏、对于社会是否有积极意义等进行判断。客观而论，实证经济学对经济事物的社会价值是超脱的，或者说是排斥的，基本上不做出判断。例如，“政府的财政政策会使失业率下降，但会促使价格上涨”，便是实证分析一个十分简单的论断，它说明了财政政策有两方面影响，而并没有对这些影响的社会价值做出判断。

2.规范分析

规范分析是对经济活动和现象的主观评价，是关于经济活动和现象“应该是什么”的回答。其以一定的价值判断为出发点而提出行为的标准，探讨如何才能符合这些标准的理论和政策或社会面临的经济问题。这种价值判断，有强烈的主观性、阶级性和伦理道德意识。例如，“失业问题远比通货膨胀问题重要，因此，能使失业率下降的赤字财政政策是好的”，就是一个较典型的规范经济学的论断。因为单靠对经济活动的分析是得不出“失业问题远比通货膨胀重要”这一结论的，只有从伦理出发，才会有这种认识。

经济学发展的早期，强调规范分析，19世纪中期以后，逐渐强调实证分析。但人们也认识到，经济学并不能等同于物理、化学等自然学科，对某些问题的价值判断是无法回避的。例如，充分就业的含义、稳定增长的目标、增进福利的设想、稳定物价的必要以及收入再分配等，都是实证分析不可缺少的前提。尽管如此，实证分析仍是西方经济学的主流。我们介绍微观经济学的分析方法，自然也以实证分析为主体。

二、均衡分析与边际分析

1.经济均衡

均衡原是物理学中的概念，是指由于物体所受外力正好相抵，而使物体处于静止或者匀速直线运动的一种相对稳定的状态。经济均衡引用物理学均衡的概念。

经济均衡是指各个经济决策者所做出的决策正好相容，并且在外界条件不变的情况下，每个主体都不愿再调整自己的决策，整个经济就处于均衡状态了。如消费者均衡，实际是指消费者已处于现有条件下的最优状态（用效用最大表示），因此消费者将不会改变自己的消费选择。

2.静态分析、比较静态分析和动态分析

静态分析，就是分析经济现象的均衡状态以及要达到均衡状态的各有关经济变量所需的条件，它完全忽略了时间因素和具体的变化过程，是一种静止地、孤立地考察某种经济事物的方法。如在静态分析中，对于均衡价格的研究，就是在舍弃时间、地点等因素，并假设影响均衡价格的其他因素，如消费者偏好、收入及相关商品的价格、生产技术水平、投入要素价格等都静止不变，单纯分析商品供求关系对于均衡产量和均衡价格的决定。简单地说，静态分析抽象了时间因素和具体变动的过程，静止地考察经济现象在某一时点的情况。在微观经济学中常用静态分析法来对经济现象达到均衡时的状态和均衡条件进行考察。例如，均衡价格理论、消费者行为理论和企业均衡理论等，大多采用静态分析。

与静态分析方法相对应的另一种分析方法就是比较静态分析。比较静态分析是研究外生变量改变时内生变量的变化，分析比较不同数值的外生变量下内生变量的不同数值。与静态分析相同的是，在比较静态分析中，也假设变量的调整时间为零。但与静态分析不同的是，比较静态分析主要研究在已知条件发生变化以后经济现象的均衡状态的相应变化，以及有关的经济变量为达到新的均衡状态所需的变化，即对经济现象有关的外生变量一次变动的前后进行比较。例如，已知某商品的供求状况，我们通过静态分析可以得出市场出清时的均衡价格与均衡数量。此时，如果消费者的收入突然发生变化，从而导致消费者对该商品的需求增加。这种增加表现为需求曲线向右平移，由此出现新的均衡。与原均衡点相比较，新的均衡价格和新的均衡产量都发生了变化。这里，对新均衡所达到的价格和需求量与原均衡的价格和需求量进行比较分析，便是比较静态分析。

动态分析是对经济变动的实际过程所进行的分析，其中包括分析有关变量在一定时间序列过程中的变动，以及这些经济变量在变动过程中的相互作用关系。动态分析的一个重要特点是考虑时间因素的影响，并把经济现象的变化当作一个连续的过程来看待。动态分析研究在假定生产技术、投入要素、消费者偏好等因素随时间发生变化的情况下经济活动的变化过程。应用动态分析方法的经济学被称为动态经济学。其中著名的有“蛛网模型”，它分析了价格体系在受到外力干扰的情况下偏离均衡点时的变化路径。

动态分析与静态分析有重要的区别。二者分析的前提是不同的，动态分析以时间变动作为分析的基本条件，静态分析忽略时间的影响。二者适用的条件也是不同的，动态分析主要研究经济变量的变动过程，而静态分析主要研究均衡时的状态和均衡条件。因此，二者得出的结论常常不一致，甚至相反。这里必须记住的是静态分析的结论是不能用动态资料来验证的，也是不能用动态资料来证伪的。

例如，股票市场每天上午9：30开盘，中午11：30收盘，下午1：00复盘，3：00收盘。分析上午9：25的集合竞价和下午3：00的收盘价可视为静态分析，因为这两个价格都是在这两个时点供求达到均衡时的结果。但如果对这个价格进行比较，并不涉及如何从一个价格变动到另一个价格的过程，只是考察两者的异同，则为比较静态分析。最后，如果考察一只股票的价格如何从开盘价运动到收盘价的实际过程，则为动态分析。

由于动态分析需要考虑各种经济变量随时间变化对整个经济体系的影响，难度较大。因此，在微观经济学中，迄今占有重要地位的仍是静态分析和比较静态分析；而在宏观经济学中，特别是对于经济周期和经济增长的研究中，动态分析占有重要的地位。

3. 均衡分析

均衡分析是指对均衡的形成条件和均衡的变动情况所进行的分析。

从均衡的空间维度上，可以将其分为局部均衡和一般均衡。局部均衡分析只涉及整个经济系统某一部分，研究范围仅局限在某一时期的某一市场、某一经济单位或个人，并假定所考察的这一部分在与其他所有市场、经济单位或个人彼此互不影响的条件下达到均衡。例如，均衡价格即表示某一商品的价格在其他条件（其他商品的价格，消费者的收入、偏好，生产者的成本等）不变的条件下，只取决于该商品本身的供求状况，并在供求力量的作用下最终达到均衡。一般均衡分析是把整个经济体系视为一个整体，以市场上所有商品的价格、供求均是相互影响、相互依存的为前提，考察各种商品的价格、供求同时达到均衡状态的价格决定。局部均衡指经济主体或局部市场的均衡，一般均衡指整个经济系统的均衡。在一定条件下、以局部均衡为基础可以形成一般均衡，一般均衡时必定局部均衡，但局部均衡时未必一般均衡。

从均衡的时间维度上，可以将其分为短期均衡和长期均衡。短期均衡指需求不变、供给在一定范围内变动时的均衡状态。长期均衡指需求和供给都可以任意变动时的均衡状态。

从均衡是否变动的角度，可以将其分为静态均衡分析、比较静态均衡分析和动态均衡分析。静态均衡分析研究某个时点上的均衡状态，犹如照片。比较静态分析研究两个不同的时点均衡状态的变动，犹如幻灯片。动态分析则研究某个时点均衡状态到另一时点均衡状态的过程，犹如电影。静态分析和比较静态分析，都将注意力集中在均衡位置上；而动态分析则研究非均衡状态及其变动，实际上是研究在时间推移过程中依然有效的经济关系。

4. 边际分析

边际指的是一个事件的边缘或界限。经济学家发现要想确定问题的最佳解答，必须考察经济变量在原有水平上即边际上所发生的微小变化，以明确事物向最佳状态发展变化的趋势或方向，亦步亦趋，直至达到极致。因此，经济学中的边际分析方法即数学中的微积分方法，经济变量的边际值就是导数值。毋庸置疑，运用发展得几近完美的微积分技术对经济问题进行分析和研究，更容易使人们对抽象的经济规律予以接受并深刻理解。

西方新古典经济学把这一方法应用于经济学是有其原因的。因为经济学是关于选择的科学，而选择就是“两利相权取其重，两害相权取其轻”，或者说是寻求“最大化”，这样，只要找到选择函数，借助于微积分方法最优选择问题也就迎刃而解了。实际上，很多经济决策，都具有在边际位置进行调整的性质，很少属于要么全有，要么全无的性质。例如，企业家通常不是在做生产或不生产的决定，而是在做生产多少的决定；消费者通常不是考虑是否购买衣服和食物的问题，而是购买多少的问题；大学生通常考虑的不是学习与不学习的问题，而是考虑用多少时间学习，用多少时间娱乐或从事其他活动的问题。这些问题其实都是在进行边际调整，因而可以用边际分析决定取舍。在微观经济学中，消费者和生产者最大化都是用边际条件来表示的。

5. 经济模型

经济模型是从经济生活和经济现象中抽象出来的几个因素之间的逻辑关系。经济模型可以采用语言文字、几何图形、数学符号三种表达形式，它们各有自己的特点。语言文字运用逻辑推理，可以细腻到所需要的任何程度；几何图形运用线条反映因素之间的联系，简明且直观；数学符号运用数学定理，比较严谨，而且可以处理任意多个因素之间的关系。

例如，运用经济数学模型分析汽车销售量的影响因素。假设经过分析表明，汽车销售量Q主要取决于汽车价格P_1、消费者收入水平Y、汽油价格P_2和保险费用T等相关因素，则汽车销售函数可表示为：

$$Q = f(P_1, Y, P_2, T, \cdots)$$

第五节　西方经济学的发展

在西方奴隶社会的全盛时期，希腊、罗马曾经创造了灿烂的经济文化。公元前，在亚里士多德等思想家的言论中，就包含着许多经济观点，甚至出现了《经济论》《农业论》等经济专著。从公元5世纪罗马帝国灭亡进入封建社会以后，思想界长期为浓厚的宗教色彩所笼罩。随着14—15世纪地中海沿岸和西欧手工工场的发展，在文艺复兴中产生了早期的资本主义经济思想。

一、重商主义

重商主义是西方经济学的开始，是西方经济思想的最早的系统集合。重商主义者认为只有商业才是生产，利润来自流通过程，金银货币是财富的唯一形式，主张国家干预经济，实行对外扩张政策，通过多卖少买、贵卖贱买增加国家财富。1615年，重商主义者蒙克莱田（Monchretien）出版《献给国王与王后的政治经济学》，表明经济理论已从研究家产管理扩展到国家财富，成为政治经济学。

1.早期重商主义

早期重商主义者主张用行政手段严禁货币输出国外以贮藏更多货币，即货币差额论。其代表为威廉·斯塔福德（William Stafford）1581年出版的《对我国同胞某些控诉的评述》；蒙克莱田1615年出版的《献给国王与王后的政治经济学》，其中首次使用“政治经济学”这一术语。

2.晚期重商主义

晚期重商主义者主张允许货币输出国外，认为只要保证外贸出超，就可以赚取到更多的货币。他们主张发展本国制造业，并采取保护关税政策，即贸易差额论。其代表为托马斯·孟（Thomas Mun）1664年出版的《英国得自对外贸易的财富》。晚期的重商主义因鼓励发展本国工场手工业的出口，被称为“重工主义”。这一转变，反映了资本原始积累时期资本主义生产的发展趋势，意味着重商主义的自我否定，以及凸显产业资本利益和要求的古典经济体系的诞生。重商主义并未真正研究生产过程，并未触及资本主义生产方式的本质。

二、早期的古典经济学思想

威廉·配第（William Petty）是英国古典经济学的创始人，1662年出版《赋税论》，第一次有意识地把商品价值的源泉归于劳动，提出“劳动是财富之父，土地是财富之母”。他没有一套完整的经济理论体系，他的主要贡献在于他最先提出了粗糙的劳动价值论和剩余价值论。正是在这两个问题上，他把经济学研究从流通转向生产领域。

布阿吉尔贝尔（Boisguillebert）是法国古典经济学的创始人，1705年出版了《论财富、货币和赋税的性质》，他是重商主义的坚决反对者，强调人们只能按自然规律办事。他认为，货币不是财富，只是为便利流通的交换手段。真正的财富是土地的产物，只有农业才是创造财富的源泉，农业是社会各部门的基础。他是劳动价值论的最初奠基人之一。

三、重农主义

实行重商主义政策使农业极度衰落，于是18世纪的法国出现重农主义，将资本主义生产方式的研究从流通领域转入生产领域，认为只有农业才是生产，地租是剩余价值的唯一形式。重农主义反对重商主义的国家干预政策，主张自由放任，“让商品像空气一样在欧洲自由流动”。

重农主义的创始人是魁奈（Quesnay），他于1756年、1757年分别发表了《租地农场主论》和《谷物论》两篇文章，阐述了法国农业衰落、农产品价格低和农民生活困苦的原因。其代表作《经济表》（1758）分析了社会资本的再生产和流通，全面阐述了重农学派理论。重农主义继承了17世纪下半期以来重视农业和主张经济自由的思潮。重农主义者把自然秩序作为自己理论体系的哲学基础。他们认为，人类社会存在着不以人们的意志为转移的客观规律，这就是自然秩序，它是永恒的、理想的、至善的，表现为各种政治、经济和法令规章的人为秩序必须以自然秩序为准则，违背自然秩序，社会就处于疾病状态。重农主义的自然秩序是被理想化了的资本主义社会。

四、古典经济学

虽然在重商主义流行的17世纪中叶和18世纪中叶就出现了威廉·配第、布阿吉尔贝尔等一批不同程度地摆脱了重商主义观念束缚、主张自由放任的经济研究者，但是直到1776年亚当·斯密（Adam Smith）的科学巨著《国富论》出版，才最终战胜了重商主义，实现了经济思想史上的第一次革命。《国富论》从人类利己心出发，以经济自由为中心思想，以国民财富为研究对象，创立了古典政治经济学体系，从而经济学作为一门独立的学科开始形成。

大卫·李嘉图（David Ricardo）是英国政治经济学集大成者，是继斯密以后最伟大的古典经济学家。1817年他发表了《政治经济学及赋税原理》，其“劳动分工”理论为经济学基础理论。他在经济学研究领域创立的一般经济理论分析体系，成为古典经济学发展的颠峰。

“自由经济”思想是斯密整个经济学说的中心，李嘉图也阐明过同样的思想。经济自由主义在资本主义世界是长期发挥重要作用的思想主张。经济自由主义是一种支持个人财产和契约自由权利的意识形态。经济自由主义主张限制政府在经济事务中的操控，让市场机制发挥调节资源的作用。

西斯蒙第（Sismondi）是法国古典经济学的完成者，同时又是小资产阶级政治经济学的创始人。西斯蒙第与李嘉图差不多是同时代人，但是他们二人在经济理论上是针锋相对的。西斯蒙第指出，古典经济学不以人的享受而以获取财富作为经济活动的目的，其结果是英国积累了大量财富，而大多数人却过着贫穷的生活。他强调经济学是以增进人类幸福为目的的一门科学。

19世纪30年代，随着资本主义生产方式统治地位的最终确立和加强，资本主义社会的阶级矛盾和阶级斗争趋于尖锐化，古典经济学进入后期阶段。其特征之一是，古典学派开始解体，并丧失了自己在经济学中所占据的主导地位。李嘉图理论被视为一种危险的学说，马尔萨斯主义者卡泽诺夫就曾明确宣称："关于劳动是财富的唯一源泉的学说，看来既是错误的，又是危险的，因为它不幸给一些人提供了把柄，他们可以断言一切财产都属于工人阶级，别人所得的部分仿佛都是从工人阶级那里抢来和骗来的。"萨伊、马尔萨斯、西尼尔等人放弃了古典经济学的劳动价值理论，提出了三要素（资本、劳动和土地）价值论或生产费用价值论、让渡利润论、节欲论等理论，从而拒绝以劳动价值论为基础揭示资本主义生产方式的内在联系，力图为资本主义剥削制度进行辩护。另一特征是西方经济学体系出现混合主义或折中调和的趋势，其典型代表包括完成了经济学第一次综合的英国经济学家穆勒，宣扬各阶级利益一致的经济和谐理论体系的法国经济学家巴斯夏，强调阶级利益调和论的美国经济学家凯里，实际上大都是以对交换领域现象的描绘来代替早期古典经济学对生产领域的研究。

因此，马克思把1830年以后的经济学界定为庸俗经济学，庸俗经济学在19世纪60年代以后逐步退居次要地位。

五、新古典经济学

从19世纪70年代到20世纪30年代，边际效用学派掀起了一场"边际革命"。那时，杰文斯（Jevons）在英国、门格尔（Menger）在奥地利、瓦尔拉斯（Walras）在瑞士，顺次建立了英国学派、奥地利学派和洛桑学派。这三个派别的学说并不完全一致，但是，它们具有一个重要的共同点，即放弃了斯密和李嘉图的劳动价值论并且提出边际效用价值论来与马克思的劳动价值论相对立。

杰文斯认为，经济学不过是"快乐和痛苦的微积分"，门格尔着重分析了人的主观欲望的各种特征及其对经济行为的影响，瓦尔拉斯则从各种商品价格和相互制约出发，提出一般均衡理论。他们的共同特点都是，以主观价值论代替劳动价值论，说明资本主义可以自动协调、永恒发展。1890年，英国经济学家马歇尔（Marshall）在综合这些理论的基础上形成均衡价格论，发表的《经济学原理》成为新古典经济学理论形成的标志。

以马歇尔的理论体系为基础，再加上瓦尔拉斯、庇古（Pigou）、克拉克（Clark）、威克斯蒂德（Wicksteed）等人提出的新论点，形成了以马歇尔和瓦尔拉斯为代表的"新古典主义"经济思想。自从19世纪末期以来，以马歇尔和瓦尔拉斯为代表的"剑桥学派"经济思想广泛流行于西方世界。按照西方经济学者的说法，马歇尔和瓦尔拉斯等人把完全竞争和充分就业假设为既存的条件，进而从供给与需求的角度来分析市场价格，以便解决资源在生产上的配置、资源的报酬等问题。就意识形态方面而论，他们所说的主要是宣扬资本主义的论调。他们建立了一个被理想化了的资本主义的模式，并且根据这一模式得出结论，认为价格制度不但能使每种生产要素都得到应有的报酬，能使每个消费者得到最大的满足，而且在宏观经济的运行中，能够起着自行调节的作用，以便消除或熨平周期性的经济波动。这套理论企图把资本主义说成是一个理想的社会。西方著名经济学者罗宾逊（Robinson）夫人承认：马歇尔"为私有制的企业制度提供了一幅安慰人心的图像"。在这种宣扬资本主义的理论之下，自由放任、国家不干预经济生活的政策势必被解释为最好的政策，因为既然资本主义已经是一个"理想的社会"，国家对于经济生活的干预只能使这个社会变坏，不能使它变得更好。这种思想随着资本主义的发展而有所削弱，但是直到20世纪30年代，它仍然具有很大的影响。

六、凯恩斯经济学

1929—1933年席卷西方世界的空前经济危机，彻底粉碎了资本主义通过自由竞争可以协调发展的神话。西方国家不断以解决失业问题为目标来干预经济生活，以便脱离萧条状态，从而保证政治上的稳定局面。在这种情况下，传统的西方经济学已经不能完全适应西方社会的需要。西方社会固然仍旧欢迎资本主义是"理想的社会"的说法，但是，如果自由放任、国家不干预经济生活的政策被解释为最好的政策，那么，西方国家以解决失业问题为目标来干预经济生活的理论根据是什么呢？1936年，英国经济学家凯恩斯（Keynes）根据马尔萨斯的有效需求理论和美国总统罗斯福的"新政"经验，出版了《就业、利息和货币通论》（简称《通论》）。在这本书里，凯恩斯根据大萧条的实际情况，指出有效需求不足，资本主义的自发作用不能保证资源的使用达到充分就业的水平，因此，资本主义国家必须干预经济生活以便解决失业和经济的周期性波动的问题。第二次世界大战以后，西方各国普遍奉行凯恩斯的国家干预政策，取得战后繁荣，通称凯恩斯主义的"黄金时代"。

七、新古典综合派

随着凯恩斯宏观经济学的流行，西方经济学体系的内在矛盾也显露出来。一方面，新古典经济学以个体分析为主，根据市场可以出清的均衡价格理论，认为资本主义能够自行解决其运行中出现的矛盾，主张实行自由竞争，反对国家干预；另一方面，凯恩斯主义以总体分析为主，根据"有效需求不足"理论，认为资本主义经济不能自动解决需求不足问题，难以实现总供给和总需求的平衡，不能实现充分就业，因此，主张实行国家干预经济生活的政策。为了克服西方经济学体系的内在矛盾，以萨缪尔森（Samuelson）为首的西方经济学者建立了新古典综合派（Neo-classical Synthesis School）的理论体系，将马歇尔的微观经济学和凯恩斯的宏观经济学综合在一起。这种综合体现在萨缪尔森1948年出版的《经济学》中，该书号称经济学的"百科全书"。相应地，一直到20世纪60年代，新古典综合派在西方经济学中都居于主流地位。

八、各个流派的崛起

进入20世纪70年代以后，西方世界出现的滞胀，即失业与通货膨胀的并存，给新古典综合派的宏观经济学的部分以很大的打击。按照该派宏观部分的理论，当经济活动处于充分就业状态时，通货膨胀率应该为零。如果经济活动小于充分就业，那么，不但不存在通货膨胀，而且价格水平会下降。只有当经济活动大于充分就业时，才会出现通货膨胀的现象。这就是说，该学派的理论表明，失业（经济活动小于充分就业）和通货膨胀是不可能同时共存的。这一结论显然违背存在于西方的滞胀的事实。

该派不但无法解释滞胀的存在，而且也提不出解决这一问题的对策。按照它的宏观理论，在失业问题存在的条件下，政府应该增加预算支出和赤字，以便扩大有效需求，从而增加就业数量；而当通货膨胀出现时，政府必须减少预算支出和取得预算盈余，以便降低有效需求，从而消除通货膨胀。这种政策建议在失业问题和通货膨胀同时并存时便会带来自相矛盾的后果。如果西方国家采用增加预算支出和赤字的政策来解决失业问题，那么，有效需求的扩大必将使通货膨胀恶化。如果它通过减少预算支出和取得预算盈余来制止通货膨胀，那么，有效需求的减少必将降低消费和投资的支出，使失业问题更加严重。简言之，医治一种疾病成为加重另一种疾病的手段。在失业问题和通货膨胀同时并存的条件下，政策的选择只能处于进退两难的境地。这便是近年来特别是在1973—1975年爆发的世界性经济危机之后主要西方国家所面临的困难局面。对于这种困难局面，以萨缪尔森为首的新古典综合派早已承认拿不出令人满意的理论说明和有效对策。

此时，反对国家干预的新自由主义各学派纷纷崛起：货币学派主张，用稳定增长的货币政策代替新古典综合派见机行事的财政政策；供给学派认为，总需求管理破坏生产积极性，只有增加总供给才能解决滞胀问题；理性预期学派则断言，具有理性的人们，会对任何经济变动做出符合实际的预期，使政府的政策无效，甚至有害。反对凯恩斯主义的各个学派的观点和政策主张各有不同，但是他们有一个共同的思想基础，这就是新自由主义（Neoliberalism）。新自由主义反对国家干预，主张“大市场、小政府”。但是新自由主义思想主导的经济社会改革产生了一系列的消极后果，并且至今尚未形成一套完整的政策和理论体系。

从20世纪70年代末开始，在应对新自由主义学派尤其是其中的新古典主义宏观经济学对凯恩斯主义批评的过程中，斯蒂格利茨、布兰查德、阿克洛夫和曼昆等人吸收了论战对方的研究方法，维护了凯恩斯主义的理论与政策观点，由此促成新凯恩斯主义（New Keynesianism）的诞生和发展。由此形成了新自由主义和新凯恩斯主义两大现代宏观经济主流学派。但是以2007年美国次贷危机为导火索引发的全球性金融危机使得人们对新自由主义的经济理论产生了质疑，期待新的经济思想的出现。

简要评析

本章对西方经济学的产生、发展脉络、研究对象、研究内容和研究方法等进行了综合性的阐述。我们对西方经济学要有科学和全面的认识，既要意识到其为资产阶级利益服务、反映资产阶级世界观和价值观的一面，又要认识到其中也包含着反映人类文明成果和社会化大生产一般规律的一面。对西方经济学的学习应持批判性借鉴的态度，吸收借鉴其中有益的东西，但绝不能脱离中国实际盲目照搬照抄。在西方经济学的学习过程中，要坚持以马克思主义思想为指导，紧密联系中国特色社会主义实践，既要摒弃资产阶级世界观、价值观以及不适合中国国情的内容，又要掌握西方经济学中的有益知识，最终使得我们的学习能够更好地为建设中国特色的社会主义服务。

复习思考题

一、名词解释

1.微观经济学（四川大学2006研）

2.稀缺性（中央财经大学2000研）

3.机会成本（中南财经政法大学2014研）

4.生产可能性曲线（东北财经大学2013研）

5.经济人（中南大学2005研；中南财经政法大学2005研）

二、简答题

1.均衡分析与非均衡分析。（北京大学1997研）

2.动态分析、静态分析和比较静态分析。（北京师范大学2006研）

3.什么是机会成本？试举例说明。（南开大学2013研）

三、论述题

1.如何理解经济学是研究理性经济人的科学？（北京师范大学2007研）

2.试阐述微观经济学的理论体系，并说明微观经济学研究的中心问题。（华中科技大学2005研）

3.如何理解经济学中的静态分析和比较静态分析？各举出一个实际的例子进行说明。（中国人民大学2012研）

4.微观经济学的基本假设有哪些？（中南财经政法大学1997研；四川大学2006研）

四、案例题

案例一：

为什么学习经济学——向经济学家那样思考

在日常生活中，每个人其实都在自觉不自觉地运用着经济学知识。比如在自由市场里买东西，我们喜欢与小商小贩讨价还价；到银行存钱，我们要想好是存定期还是活期。但在包括经济学初学者在内的大多数人看来，经济学既枯燥又乏味，充满了统计数字和专业术语；而且经济学总是与货币有割舍不断的联系，因此，人们普遍以为，经济学的主题内容是货币。其实，这是一种误解。经济学真正的主题内容是理性，其隐而不彰的深刻内涵就是人们理性地采取行动的事实。经济学关于理性的假设是针对个人而不是团体。经济学是理解人们行为的方法，它源自这样的假设：每个人不仅有自己的目标，而且还会主动地选择正确的方式来实现这些目标。这样的假设虽然未必总是正确，但很实用。在这样的假设下发展出来的经济学，不仅有实用价值，能够指导我们的日常生活，而且这样的学问本身也充满了理性，足以娱人心智，令人乐而忘返。尽管我们在日常生活中时常有意无意地运用了一些经济学知识，但如果对经济学知识缺乏基本的了解，就容易在处理日常事务时理性不足，给自己的生活平添许多不必要的烦扰。比如，刚刚买回车子，没过两天，这款车子降价了，大部分人遇到这种情况的时候都垂头丧气，心里郁闷得很；倘若前不久刚刚买了房子，该小区的房价最近上涨了，兴高采烈是一般购房者的正常反应。这些反应虽然符合人之常情，但跌价带来的郁闷感觉是错误的。

经济学认为，正确的反应应该是：无论是跌价还是涨价，都应该感觉更好。经济学认为，对消费者而言，最重要的是你消费的是什么——房子、车子以及其他商品。在价格变动以前，你所选择的商品组合（房子、车子加上用收入余款购买的其他商品）就是对你来说是最好的东西。如果价格没有改变，你会继续这样的消费组合。在价格变化以后，你仍然可以选择消费同样的商品，因为房子、车子已经属于你了，所以，你不可能因为价格变化而感觉更糟糕。但是，由于房子、车子与其他商品的最佳组合取决于房价、车价，所以，过去的商品组合仍然为最佳是不可能的。这就意味着现在还有一些更加吸引人的选择，因此，你的感觉应该更好。新的选择虽然存在，但你更钟情于原来的最佳选择（原来的商品组合）。

在日常生活中，我们还常常烦扰于别人为什么挣得比我多，总是觉得自己得到的比应得的少，而经济学却告诉我们这样的感觉是庸人自扰，也是错误的。经济学认为别人比自己挣得多是正常的，自己得到的就是应得的，如果自己不能理性地坦然面对，只会给自己的生活带来不必要的烦扰和忧愁。

我们之所以在日常生活中遇到这样那样的烦扰，主要还是因为对经济学有一些误解，这可能是经济学说起来比较简单的缘故。“供给与需求”“价格”“效率”“竞争”等都是大家耳熟能详的经济学词汇，而且这些词汇的意思也是显而易见的，因此，很多时候，似乎人人都是经济学家。人们不敢随便在一个物理学家或数学家面前班门弄斧，但在一个经济学家面前，谁都可以就车价跌了该高兴还是该郁闷等实际问题随意发表自己的见解。其实，经济学中有许多并非显而易见的内容，并不是人们想象得那么简单。在经济学领域，要想从“我听说过”进入到“我懂得”的境界并不是件轻而易举的事情。

因此，掌握正确的经济学知识，将经济学思考问题的方法运用到日常生活中来，使我们能够更加理性地面对生活中的各种琐事，小到油盐酱醋，大到谈婚论嫁，就会减少生活中的诸多郁闷和不快，多一些开心，多一些欢笑。

经济学理论告诉我们：资源是稀缺的，时间是有限的，选择是有代价的。我们要学会放弃一些眼前的利益，而选择机会，选择未来，坚持学习，不断地给自己充电，适应新的变化。如果你能多懂得一点经济学，就会多一点机遇，少一点风险。

资料来源　梁小民. 微观经济学纵横谈［M］. 北京：生活·读书·新知三联书店，2000.

思考：

（1）为什么学习经济学？

（2）如何学好经济学？

案例二：

选择无处不在

人无时无处不在选择之中，但是，一旦承担起选择的责任，我们就会体味到选择的困境——选择的两难。譬如我选择“职业生涯规划”这一主题，我就必须放弃以宏大叙事的方式来阐述人生、命运之选择；譬如选择了“钓鱼”，就必须放弃“自助旅行”，尽管我常常梦想去阿拉斯加看雪景；譬如选择了钓鲨鱼，就不可能同时去钓虹鳟，尽管我从小就羡慕海明威与大海搏斗的波澜壮阔；又譬如我们选择这个池塘，就不可能同时置于他处，尽管再走两百米，那里也许有更多、更大的鱼在等待我的诱饵。

哲学家说：“人不可能同时踏入两条河流。”因此，我们必须随时做出选择，必须学会舍弃，必须突破一个又一个两难困境，并且在突破中获得并享受一种力量感——就像钓鱼时所感受到的那种。每一种选择都有其合理性。但是这种选择并非唯一的，也并非完全正确，一定有许多更好的选择在等待着我们。也正是这种不确定性，构成了选择之美。

资料来源 梁小民. 微观经济学纵横谈［M］. 北京：生活·读书·新知三联书店，2000.

看了上面这篇短文，请回答下面的问题：

（1）为什么作者认为人无时无处不在选择中?

（2）你认为自己现在的职业选择得对吗？原因何在?

[第二章]

需求、供给及弹性理论

微观经济学要说明价格如何配置稀缺资源、调节经济，因此，价格理论是微观经济学的核心内容。解决社会资源的最优配置，其实质就是通过市场运行中价格机制的调节作用来实现的。需求和供给以及它们和价格的相互影响，是构成市场运行的重要因素。本章将阐述需求理论和供给理论、均衡价格的决定、需求弹性与供给弹性及其应用等方面的内容。

第一节　需求理论

一、需求、需求函数

1.需求

需求（Demand）是决定价格的关键因素之一，什么是需求呢？

所谓需求，是指消费者在一定时期内在各种可能的价格水平下愿意而且能够购买的商品或劳务的数量。构成需求必须同时具备两个条件：一是有购买的欲望；二是有支付的能力。

在理解需求这个概念时，应该注意的是，需求是购买欲望和支付能力的统一，缺少任何一个条件都不能成为需求。所以，需求也可以说是居民根据其欲望和购买能力所决定的计划的购买量。需求预测要同时考虑需求的这两个条件，否则会做出错误的预测。

需求不等于需要。需要是人们对某种物品或劳务所产生的欲念或意愿，是缺乏和求得满足的一种心理感觉。人的需要无穷无尽，有物质需要和精神需要，呈现多层次性。当较低层次的需要得到满足后，便会产生较高层次的需要。但满足需要的客观条件有限，这不仅在于社会经济资源有限，人的生命有限，他人提供的商品或劳务有限，而且在于每个消费者的货币收入与支付能力有限。因此说，需求是有支付能力的需要。有购买意愿而无支付能力，或有支付能力而无购买意愿，都不是真正的有效需求。

2.影响需求数量的因素

影响一种商品需求数量的因素有很多，概括起来主要有以下几种：

第一，商品本身的价格。一般来说，商品本身价格越高，需求量越小；反之，价格越低，需求量越大。

第二，消费者的收入水平。收入水平提高会使需求增加；反之，收入水平下降会使需求减少。

第三，相关商品的价格。各种商品之间存在着不同的关系，因此，其他商品价格的变动也会影响某种商品的需求数量。商品之间的关系有两种：一种是互补关系；另一种是替代关系。互补关系是指两种商品共同满足一种欲望，它们之间是相互补充的。例如，汽车和汽油就是这种互补关系。这种有互补关系的商品，当一种商品（例如汽车）价格上升时，对另一种商品（例如汽油）的需求就会减少；反之，当一种商品价格下降时，对另一种商品的需求就会增加。两种互补商品之间价格与需求成反方向变动。替代关系是指两种商品可以互相代替来满足同一种欲望，它们之间是可以互相替代的。例如，猪肉与牛肉就是这种替代关系。这种有替代关系的商品，当一种商品（例如猪肉）价格上升时，对另一种商品（例如牛肉）的需求就会增加；反之，当一种商品价格下降时，对另一种商品的需求就会减少。两种替代商品之间价格与需求成同方向变动。

第四，消费者偏好。随着社会生活水平的提高，消费不仅要满足人们的基本生理需求，还要满足种种心理与社会需求，因此，消费者偏好，即社会消费风尚的变化对需求的影响也很大。消费者偏好受种种因素的限制，但广告可以在一定程度上影响这种偏好。这就是许多厂商不惜血本大做广告的原因。

第五，消费者对未来的预期，包括对自己的收入水平、商品价格水平的预期。如果预期未来收入水平上升、商品价格上升，则会增加现在的需求；反之，如果预期未来收入水平下降、商品价格下降，则会减少现在的需求。

第六，人口数量与结构的变动。人口数量的增加会使需求数量增加，人口数量减少会使需求数量减少。人口结构的变动主要影响需求的构成，从而影响某些商品的需求。例如，人口的老龄化会减少对时髦服装、儿童用品等的需求，但会增加对保健用品的需求。

第七，政府的消费政策。例如，政府提高利息率的政策会抑制消费，而实行消费信贷制度则会鼓励消费。

总之，影响需求的因素是多种多样的，有些主要影响需求欲望（如消费者偏好与消费者对未来的预期），有些主要影响需求能力（如消费者收入水平），这些因素的共同作用决定了需求。

3.需求函数

如果把上述影响需求数量的诸因素作为自变量，把需求数量作为因变量，则诸影响因素与需求数量之间存在着函数关系。如以Q_d代表需求数量，以a，b，…，n代表影响需求数量的不同因素，则需求函数（Demand Function）为：

$$Q_d = f(a, b, \cdots, n) \tag{2.1}$$

在影响需求数量的诸因素中，最重要的一个因素是价格。微观经济学正是在假定其他条件不变的情况下，专门研究商品价格的变动对需求量的影响。需求价格函数就是表示商品需求量和价格之间的变量关系，即商品的需求量随价格的变化而变化，是价格的函数。需求价格函数一般可写为：

$$Q_d = f(P) \tag{2.2}$$

上式表明了某种商品的需求量Q_d是价格P的函数。需求函数是用模型法（或称代数表达法）来表述需求这个概念的。其线性形式是：

$$Q_d = a - b \cdot P \tag{2.3}$$

式中，a、b为常数，且a、b > 0。该函数所对应的需求曲线是一条直线。

二、需求表、需求曲线

1. 需求表

商品的需求表是表示某种商品的各种价格水平和相应的需求量之间的数字序列表。消费者对某商品的需求量如表2-1所示。

表2-1　**某商品的需求表**

价格（元）	1	2	3	4	5	6
需求量（单位）	120	100	80	60	40	20

2. 需求曲线

将需求表在平面坐标图形上绘制出来，就是需求曲线。

以纵轴OP表示价格，横轴OQ表示需求量，D表示需求曲线，则上述关于某商品需求表的需求曲线如图2-1所示。

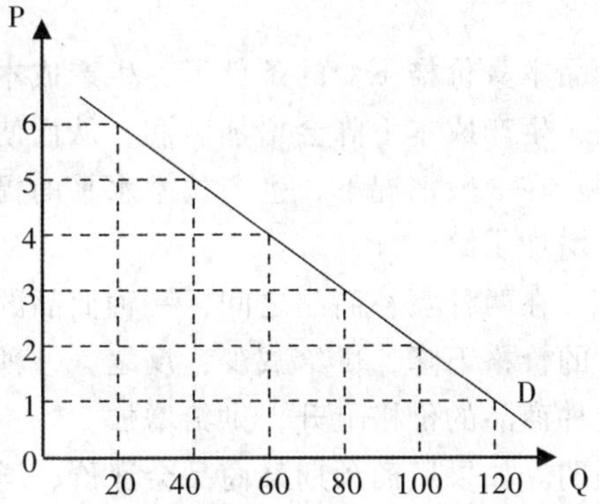

图2-1　某商品的需求曲线

需求曲线是根据需求表画出的，表示某种商品价格与需求量之间关系的曲线，向右下方倾斜。需求曲线实际上是用图形的形式来表述需求这个概念的。

表2-1及图2-1所示的是单个消费者的需求表和需求曲线，而一个市场的需求表和需求曲线，则是无数单个消费者需求表和需求曲线的加总求和。市场需求表和需求曲线的格式和形状与单个消费者的大体相同。

3. 需求定理

从需求表和需求曲线可以看出，某种商品的需求量与其价格是成反方向变动的，这种现象普遍存在，被称为需求定理。

需求定理是说明商品本身价格与其需求量之间关系的理论。其基本内容是：在其他条件不变的情况下，某商品的需求量与价格之间成反方向变动，即需求量随着商品本身价格的上升而减少，随商品本身价格的下降而增加。

值得注意的是，需求定理是在假定影响需求的其他因素不变的前提下，研究商品本身价格与需求量之间的关系。离开了这一前提，需求定理就可能无法成立。例如，如果收入在增加，商品本身的价格与需求量就不一定成反方向变动。

第二节 供给理论

一、供给、供给函数

1.供给

供给（Supply）是决定价格的另一关键因素，什么是供给呢？

所谓供给，是指生产者在一定时期内在各种可能的价格水平下愿意而且能够提供出售的商品的数量。构成供给也必须具备两个条件：一是有出售的愿望；二是有供应能力。

2.影响供给数量的因素

影响一种商品供给数量的因素有很多，概括起来主要有以下几种：

第一，商品本身的价格。一般来说，价格上升，供给量增加；反之，商品本身价格下降，供给量减少。价格是影响供给量的主要因素，因为价格越高，厂商获得的利润越多，从而愿意增加生产投入，增加供给；反之，价格下降，利润减少，就会削减生产，减少供给。

第二，生产成本。在商品本身价格不变的条件下，生产成本上升会减少利润，从而使商品的供给数量减少；相反，生产成本下降会增加利润，从而使商品的供给数量增加。

第三，生产的技术水平。在一般情况下，生产技术水平的提高可以降低生产成本，增加生产者的利润，生产者会增加供给。

第四，相关商品的价格。在两种互补商品之间，一种商品的价格上升，对另一种商品的需求减少，从而这种商品的价格下降，供给减少；反之，一种商品的价格下降，对另一种商品的需求增加，从而这种商品的价格上升，供给增加。

第五，厂商对未来的预期。如果厂商预期某商品会涨价，增加供给会有较多收益，就会增加这种商品的产量；反之，如果预期某种商品价格会下降，生产这种商品无利可图，就会减少产量。

第六，政府的政策。政府采用鼓励投资与生产的政策（例如减税），可以刺激生产，增加供给；反之，政府采用限制投资与生产的政策（例如增税），则会抑制生产，减少供给。

总之，影响供给的因素要比影响需求的因素复杂得多，在不同的时期、不同的市场上，供给受多种因素的综合影响。还应该强调的是，供给的变动与时间因素密切相关。一般来说，在价格变动之后的极短期内，供给只能通过调整库存来做出反应，变动不会很大。在短期内可以通过变更原料、劳动力等生产要素调节供给，变动会较大。但只有在长期中才能变更厂房、设备等生产要素，使供给适应价格而充分变动。

3.供给函数

如果把上述影响供给数量的诸因素作为自变量，把供给数量作为因变量，则诸影响因素与供给数量之间存在着函数关系。如以Q_s代表供给数量，以a，b，…，n代表影响供给数量的不同因素，则供给函数（Supply Function）为：

$$Q_s = f(a,b,\cdots,n) \tag{2.4}$$

在影响供给数量的诸因素中，最重要的一个因素是价格。微观经济学正是在假定其他条件不变的情况下，专门研究商品价格的变动对供给量的影响。供给价格函数就是表示商品供给量和价格之间的变量关系，即商品的供给量随价格的变化而变化，是价格的函数。供给价格函数一般可写为：

$$Q_s = f(P) \tag{2.5}$$

上式表明了某种商品的供给量Q_s是价格P的函数。供给函数是用模型法（或称代数表达法）来表述供给这个概念的。其线性形式是：

$$Q_s = -c + d \cdot P \tag{2.6}$$

式中，c、d为常数，且c、d > 0。该函数所对应的需求曲线是一条直线。

二、供给表、供给曲线

1. 供给表

商品的供给表是表示某种商品的各种价格水平和相应的供给量之间的数字序列表。生产者对某商品的供给量如表2-2所示。

表2-2　**某商品的供给表**

价格（元）	1	2	3	4	5	6
供给量（单位）	40	60	80	100	120	140

这种说明某种商品的价格与供给量之间关系的表就是供给表。供给表实际上是用数字表格的形式来表述供给这个概念的。

2. 供给曲线

将供给表在平面坐标图形上绘制出来，就是供给曲线。

以纵轴OP表示价格，横轴OQ表示供给量，S表示供给曲线，则上述关于某商品供给表的供给曲线如图2-2所示。

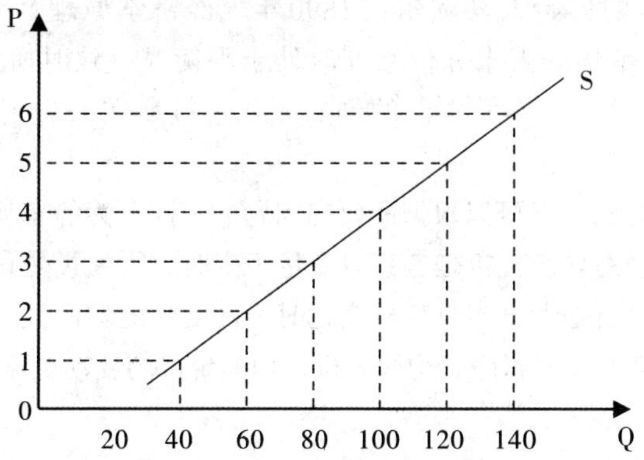

图2-2　某商品的供给曲线

供给曲线是根据供给表画出的，表示某种商品价格与供给量之间关系的曲线，向右上方倾斜。供给曲线实际上是用图形的形式来表述供给这个概念的。

表2-2及图2-2表示的是单个生产者的供给表和供给曲线，而整个市场的供给表和供

给曲线，则是单个生产者供给表和供给曲线的加总。市场供给表和供给曲线的格式和形状与单个生产者的大体相同。

3.供给定理

从供给表和供给曲线可以看出，某种商品的供给量与其价格是成同方向变动的，这种现象普遍存在，被称为供给定理。

供给定理是说明商品本身价格与其供给量之间的关系的理论。其基本内容是：在其他条件不变的情况下，某商品的供给量与价格之间成同方向变动，即供给量随着商品本身价格的上升而增加，随商品本身价格的下降而减少。

在理解供给定理时，也同样要注意“在其他条件不变的情况下”这个假设前提。也就是说，供给定理在假定影响供给的其他因素不变的前提下才成立，离开了这一前提，供给定理就可能无法成立。例如，如果厂商生产某种产品的目的不是实现利润最大化，而是为了某种社会目的（例如，出于人道而生产残疾人用品），那么，商品本身的价格与供给量就不一定成同方向变动。

第三节　供求均衡

微观经济学中的商品价格是指商品的均衡价格。商品的均衡价格是在商品的市场需求和市场供给这两种相反力量的相互作用下形成的。本节将需求曲线和供给曲线结合在一起来分析均衡价格的形成及变动。

一、均衡

在经济学中，均衡（Equilibrium）指有关经济变量在一定条件的相互作用下所达到的一种相对静止的状态。

根据所考察问题范围的大小，均衡可分为局部均衡和一般均衡。局部均衡是指单个市场或部分市场的需求和供给处于平衡或一致时所形成的均衡。局部均衡分析最早是由英国经济学家、新古典学派的创始人马歇尔在1890年《经济学原理》一书中首先使用的。一般均衡是指经济中所有市场的需求和供给同时处于平衡或一致时所形成的均衡，一般均衡分析最早是由法国经济学家、洛桑学派的创始人瓦尔拉斯在1874年的《纯粹经济学要义》一书中首先提出的。

均衡作为一种分析方法，又可以根据所研究问题的不同分为静态均衡分析、比较静态均衡分析和动态均衡分析。静态均衡分析是考察自变量不变时，因变量变化时，因变量的均衡值发生什么变化；动态均衡分析是考察当自变量变化时，因变量的均衡值发生变化的实际过程。在本节的内容中，均衡价格的决定属静态均衡分析，均衡价格的变动属比较静态均衡分析。

二、均衡的决定

1.均衡价格、均衡数量

均衡价格（Equilibrium Price）是指一种商品的市场需求量与市场供给量相等时的价格。此时该商品的需求价格与供给价格相等，该价格被称为均衡价格，同时该商品的需求量与供给量相等，该数量被称为均衡数量（Equilibrium Quantity）。可以用图2-3来说明均衡价格及均衡数量的决定。

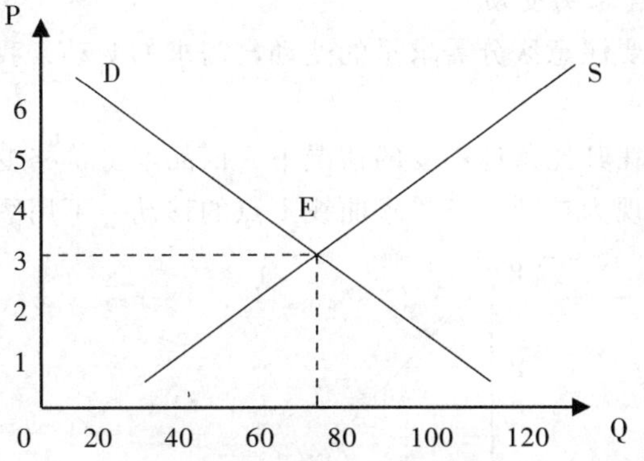

图2-3 均衡价格的决定

在图2-3中，横轴OQ代表数量（需求量与供给量），纵轴OP代表价格（需求价格与供给价格）。D为需求曲线，S为供给曲线。需求曲线D与供给曲线S相交于E点，就决定了均衡价格和均衡数量。

2.均衡价格的决定

均衡价格由市场上对立而又变动着的供求关系决定。它是在市场机制对供求进行自发调节的过程中形成的。当需求大于供给时，价格上升，需求减少，供给增加；当供给大于需求时，价格下降，供给减少，需求增加。这正是前述的需求规律和供给规律共同作用的结果。它使供给与需求在价格的波动中逐渐趋于形成需求者和供给者都能共同接受的价格，即需求价格与供给价格相等的均衡价格。均衡价格的形成过程，可以通过供求表（见表2-3）来说明。

表2-3 某商品均衡价格的决定

供给量	需求量	价格	价格变动趋势
140	20	6	↓向下
120	40	5	
100	60	4	
80	80	3	均衡
60	100	2	↑向上
40	120	1	

表2-3中数据表明，市场价格在3以下时，需求量大于供给量，消费者感到便宜，随价格下降，不断增加需求量；而生产者却感到无利或利微，随价格的下降，不断减少供给量。这时商品供不应求，价格上涨。当价格上升到3以上时，供给量大于需求量，生产者感到有利，价格越高，供给越多；而消费者却感到价格太高，价格越高，需求越少。这时商品供过于求，价格必然下跌。只有价格为3时，供给量和需求量达到一致，从而形成均衡价格3和均衡数量80。

三、均衡的变动

一种商品的均衡价格是由该商品的市场需求曲线和供给曲线的交点所决定的。因此，需求曲线或供给曲线的位置的移动都会使均衡价格水平发生变动。下面先介绍有关需求和供给变动的情况，然后再说明其对均衡价格及均衡数量的影响。

1.需求量的变动与需求的变动

在经济分析中特别要注意区分需求量的变动与需求的变动，我们首先来区分需求量与需求的变动。

需求量的变动是指在其他条件不变的情况下，商品本身价格变动所引起的需求数量的变动。需求量的变动表现为在同一条需求曲线上点的移动，可用图2-4来说明这一点。

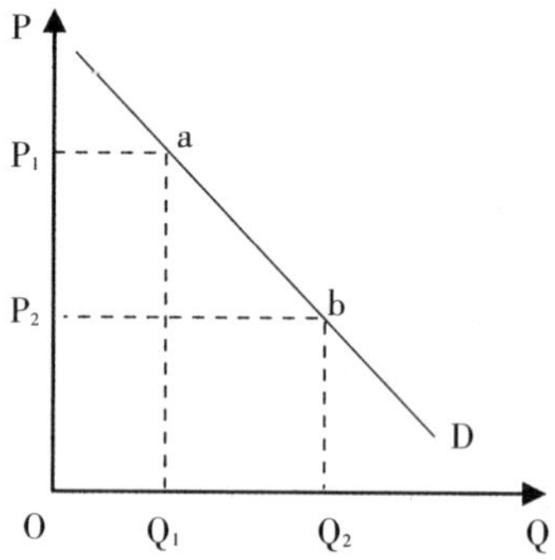

图2-4 需求量的变动

在图2-4中，当价格由P_1下降到P_2时，需求量从Q_1增加到Q_2，在需求曲线D上则是从a点向右下方移动到b点。可见，在同一条需求曲线上，向右下方移动是需求量增加；反之，向左上方移动则是需求量减少。

需求的变动是指在商品本身价格不变的情况下其他因素变动所引起的需求数量的变动。需求的变动表现为需求曲线的平行移动。可以用图2-5来说明这一点。

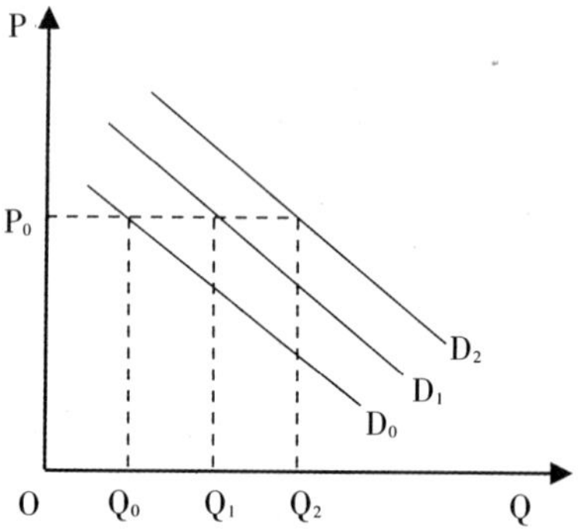

图2-5 需求的变动

由其他因素变动（例如收入变动）而引起的需求曲线的移动是需求变动。例如，在图2-5中，收入减少了，在同样的价格水平P_0时，需求由Q_1减少到Q_0，需求曲线由D_1移动到D_0。收入增加了，在同样的价格水平P_0时，需求从Q_1增加到Q_2，需求曲线由D_1移动到D_2。可见，需求曲线向左方移动是需求减少，需求曲线向右方移动是需求增加。

例如，吸烟有害身体健康，据统计，全球每年有500万人因吸烟而死亡，若不加控制，到2020年每年因吸烟致死的人数将增加近一倍。那么，应该如何控制吸烟呢？要减少香烟需求，我们可以从需求量的变动和需求的变动思路上来寻找办法。从需求量的变动来看，政府可以采取提高香烟价格和增加烟草税收的办法，来减少香烟消费量；从需求的变动来看，可以采取的措施有：禁止烟草广告、烟草促销和烟草厂商的赞助活动；禁止在公共场所吸烟；规定香烟盒上必须标明警示信息；禁止向未成年人售烟等。

2.供给量的变动与供给的变动

在分析供给问题时，同样要注意区分供给量的变动与供给的变动。

供给量的变动是指在其他条件不变的情况下，商品本身价格变动所引起的供给数量的变动。供给量的变动表现为在同一条供给曲线上点的移动，可以用图2-6来说明这一点。

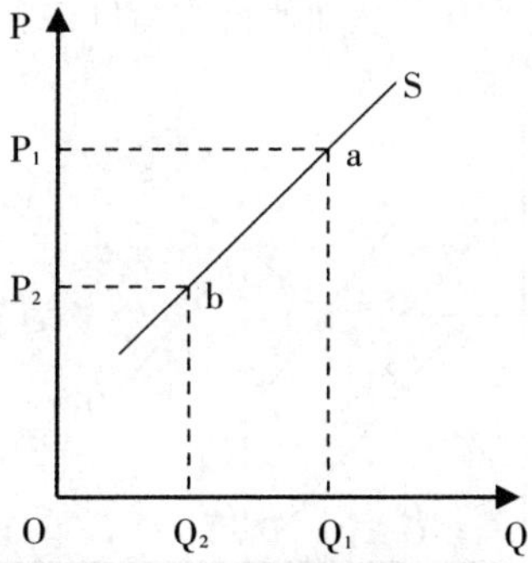

图2-6　供给量的变动

在图2-6中，当价格由P_1下降到P_2时，供给量从Q_1减少到Q_2，在供给曲线S上则是从a点向左下方移动到b点。可见，在同一条供给曲线上，向左下方移动是供给量减少；反之，向右上方移动则是供给量增加。

供给的变动是指在商品本身价格不变的情况下，其他因素变动所引起的供给数量的变动。供给的变动表现为供给曲线的平行移动。可以用图2-7来说明这一点。

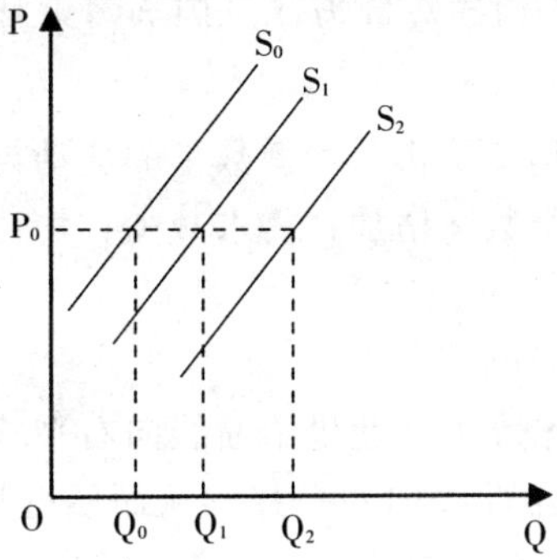

图2-7　供给的变动

由其他因素变动（例如生产成本的变动）而引起的供给曲线的移动是供给的变动。例如，在图2-7中，生产成本下降了，在同样的价格水平P_0时，厂商所得到的利润增加，从而产量增加，供给从Q_1增加到Q_2，则供给曲线由S_1向右移动到S_2。生产成本上升了，在同样的价格水平P_0时，厂商所得到的利润减少，从而产量减少，供给从Q_1减少到Q_0，则供给曲线由S_1向左移动到S_0。可见，供给曲线向左方移动是供给减少，供给曲线向右方移动是供给增加。

供给变动对均衡产生的影响在现实中有许多实际的案例。例如，《法制晚报》2005年7月1日报道北京市大部分农贸市场销售的鸡蛋价格上涨，最高价格已达3.20元/斤，上年同期仅为2.83元/斤。据了解，造成鸡蛋价格上涨的主要原因是入伏以后相比往年气温偏高，导致鸡产蛋量下降，鸡蛋供应量减少。通过在前面的分析中已经了解，供给变动引起均衡价格反方向变动。气温偏高，导致鸡产蛋量下降，鸡蛋供应量减少，这会使鸡蛋的供给曲线左移，由此造成鸡蛋的均衡价格上升。

3.需求的变动与供给的变动对均衡的影响

先分析需求变动对均衡的影响。

在供给不变的情况下，需求增加会使需求曲线向右平移，从而使得均衡价格和均衡数量都增加；需求减少会使需求曲线向左平移，从而使得均衡价格和均衡数量都减少，如图2-8所示。

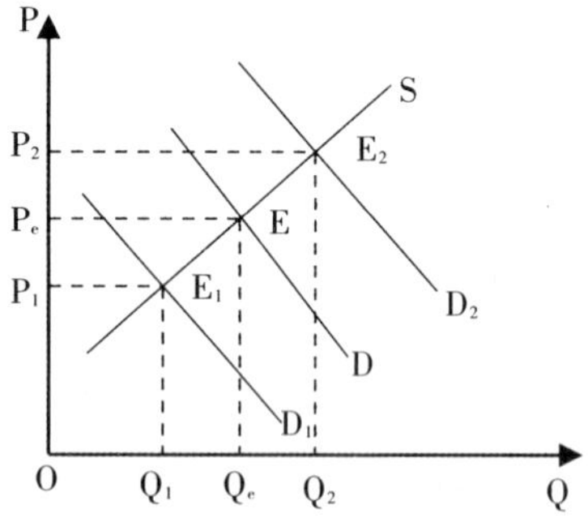

图2-8 需求的变动对均衡的影响

在图2-8中，原来的需求曲线D与供给曲线S相交于E，均衡价格为P_e，均衡数量为Q_e。现在因需求增加，需求曲线向右上方移动到D_2，与供给曲线S相交于E_2，则这时的均衡价格为P_2，均衡数量为Q_2。因为需求增加会使价格上升，使供给量增加，形成新的均衡。需求减少对均衡价格的影响正好与此相反。图2-8中需求曲线向左下方移动到D_1，与S相交于E_1，则均衡价格为P_1，均衡数量为Q_1。因为需求减少会使价格下降，使供给量减少，形成新的均衡。

可见，需求变动所引起的均衡价格、均衡数量的变动与其成同方向，即需求增加，均衡点右移，均衡价格提高，均衡数量增加；需求减少，均衡点左移，均衡价格下降，均衡数量减少。

再分析供给变动对均衡的影响。

在需求不变的情况下，供给增加会使供给曲线向右平移，从而使得均衡价格下降，均衡数量增加；供给减少会使供给曲线向左平移，从而使得均衡价格上升，均衡数量减少，如图2-9所示。

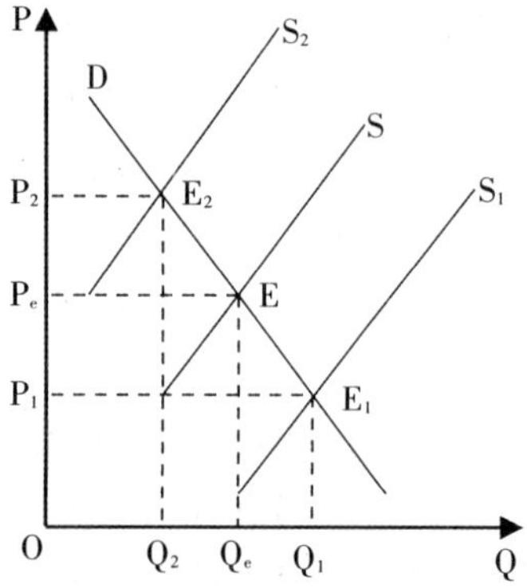

图2-9 供给的变动对均衡的影响

在图2-9中，需求曲线D与原供给曲线S相交于E，均衡价格为P_e，均衡数量为Q_e。现在因为供给条件发生变化，供给增加，供给曲线向右下方移动到S_1，与D相交于E_1，则均衡价格为P_1，均衡数量为Q_1。因为供给增加会使价格下降，使需求量增加，形成新的均衡点E_1。供给减少对均衡的影响正好与此相反。图中供给曲线因供给减少向左上方移动到S_2，与需求曲线D相交于E_2，则均衡价格为P_2，均衡数量为Q_2。因为供给曲线上移，表示供给减少，会使价格上升，使需求量减少，从而形成新的均衡点E_2。可见，当需求保持不变时，供给的变动与均衡价格的变动成反方向，与均衡数量的变动成同方向，即供给增加，均衡点下移，均衡价格下降，均衡数量增加；反之，供给减少，均衡点上移，均衡价格提高，均衡数量减少。

最后，除以上两种情况外，当需求和供给同时发生变化时，其对均衡价格和均衡数量的影响，要根据两者变化的具体情况而定。当供求变动的方向相同，而且变动程度相等时，不论是增加或减少，均衡价格不变，改变的只是均衡数量。当两者变动的方向相同，而变动的程度不同或当两者按不同方向变动时，均衡价格和均衡数量的变动要视两者的相对变动而定，读者可以自己作图分析。

4.供求定理

综上所述，可以得到供求定理：在其他条件不变的情况下，需求变动分别引起均衡价格和均衡数量的同方向变动，即需求增加，均衡价格提高，均衡数量增加；反之，需求减少，均衡价格下降，均衡数量减少。供给变动引起均衡价格的反方向变动，引起均衡数量的同方向变动，即供给增加，均衡价格下降，均衡数量增加；反之，供给减少，均衡价格提高，均衡数量减少。

第四节　弹性理论

一、弹性的一般含义

弹性（Elasticity）概念在经济学中应用十分广泛。一般来说，只要两个经济变量之间存在着函数关系，我们就可以用弹性来表示因变量对自变量变化的反应敏感程度。具体而言，弹性是指当一个经济变量变化百分之一时，所引起的另一个经济变量变化的百分比。

弹性的一般公式为：

$$\text{弹性系数} = \frac{\text{因变量变动的百分比}}{\text{自变量变动的百分比}} \tag{2.7}$$

设两个经济变量之间的函数关系为Y = f(X)，则弹性的一般公式可表示为：

$$E = \frac{\Delta Y/Y}{\Delta X/X} = \frac{\Delta Y}{\Delta X} \cdot \frac{X}{Y} \tag{2.8}$$

需要大家注意的是，弹性是两个变量变化百分比的比值，所以，弹性是一个具体的数字，与自变量和因变量的度量单位无关。

二、需求的价格弹性

1.需求价格弹性的含义

需求价格弹性（Price Elasticity of Demand）通常又称为需求弹性，指价格变动的比率所引起的需求量变动的比率，即需求量变动对价格变动的反应敏感程度。

2.需求价格弹性系数的计算公式

一般用需求价格弹性系数来表示需求弹性的大小。弹性系数是需求量变动的比率与价格变动的比率的比值。如果以E_d代表需求价格弹性系数，以$\frac{\Delta Q}{Q}$代表需求量变动的比率，以$\frac{\Delta P}{P}$代表价格变动的比率，则需求价格弹性系数的一般公式是：

$$E_d = -\frac{\Delta Q/Q}{\Delta P/P} = -\frac{\Delta Q}{\Delta P} \cdot \frac{P}{Q} \tag{2.9}$$

这里需要指出的是，在通常情况下，由于商品的需求量和价格是反方向变动的，$\frac{\Delta Q}{\Delta P}$为负值，所以为了便于比较，就在上述公式中加了一个负号。例如，饮料的价格上升10%，其需求量下降20%，则饮料的需求价格弹性系数为2。

在计算需求价格弹性时要区分点弹性与弧弹性。点弹性是需求曲线上某一点的弹性，也就是价格变动无限小时所引起的需求量变动的反应程度。弧弹性是需求曲线上两点之间弧的弹性。

（1）点弹性的计算

如上所述，计算弹性系数的一般公式为：

$$E_d = -\frac{\Delta Q/Q}{\Delta P/P} = -\frac{\Delta Q}{\Delta P} \cdot \frac{P}{Q}$$

当价格变动无限小，即$\Delta P \to 0$时，上式可以写为：

$$E_d = \lim_{\Delta P \to 0} -\frac{\Delta Q}{\Delta P} \cdot \frac{P}{Q} = -\frac{dQ}{dP} \cdot \frac{P}{Q}$$

上式可以简写为：

$$E_d = -\frac{dQ}{dP} \cdot \frac{P}{Q} \tag{2.10}$$

这就是点弹性的计算公式。

（2）弧弹性的计算

弧弹性的计算公式可以写为：

$$E_d = \frac{\Delta Q}{\Delta P} \cdot \frac{P}{Q} = \frac{Q_2 - Q_1}{P_2 - P_1} \cdot \frac{P_1}{Q_1} \tag{2.11}$$

在上式中，P_1、Q_1为原来的价格与需求量，P_2、Q_2为变动后的价格与需求量。

为了消除价格上升与下降时计算的弹性系数值的差别，价格和需求量都取变动前后的平均值，所以，计算弧弹性的中点公式是：

$$E_d = \frac{Q_2 - Q_1}{P_2 - P_1} \cdot \frac{(P_1 + P_2)/2}{(Q_1 + Q_2)/2}$$

同样，由于价格与需求量反方向变化，为了便于比较，在公式前加一个负号，弧弹性的计算公式可以写为：

$$E_d = -\frac{Q_2 - Q_1}{P_2 - P_1} \cdot \frac{(P_1 + P_2)/2}{(Q_1 + Q_2)/2} \tag{2.12}$$

在理解需求价格弹性时要注意以下几点：

第一，在需求量与价格这两个经济变量中，价格是自变量，需求量是因变量。所以，需求价格弹性就是指价格变动所引起的需求量变动的程度，或者说需求量变动对价格变动的反应程度。

第二，需求价格弹性系数是价格变动的比率与需求量变动的比率的比率，而不是价格变动的绝对量与需求量变动的绝对量的比率，因为绝对量有计量单位，而不同的计量单位是不能相比的，但是变动的百分比的形式，没有计量单位，是可以相比的。

第三，由于价格与需求量反方向变化，需求价格弹性系数的数值一般为负值。但在实际运用时，为了便于比较，一般都取其绝对值。

第四，同一条需求曲线上不同点的弹性系数一般不相同。

3. 需求价格弹性的类型

由于人们对不同商品的需求程度不同，因而不同商品的需求量对价格变动的反应程度不同，从而需求的价格弹性系数也不一样。

根据需求价格弹性系数的大小，可以把需求的价格弹性分为五类，如图 2-10 所示。

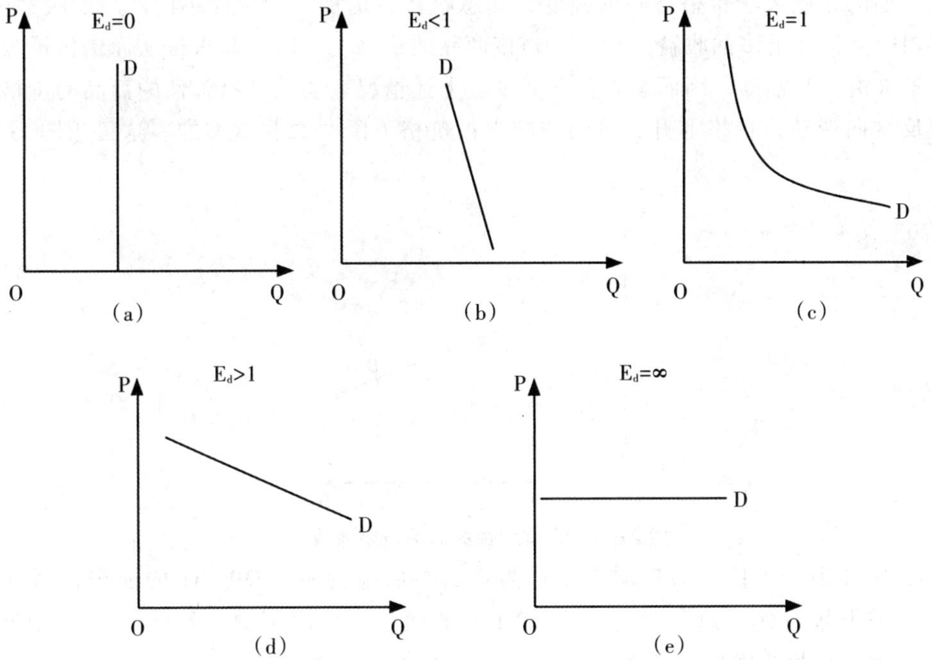

图 2-10　需求价格弹性的五种类型

第一，完全无弹性，即 $E_d = 0$。在这种情况下，无论价格如何变动，需求量也不变。例如，糖尿病人对胰岛素这种药品的需求就是如此。胰岛素是糖尿病人维持生命所必需的，无论价格如何变，需求量也不变。胰岛素的需求价格弹性系数为零。这时的需求曲线是一条与横轴垂直的线，如图 2-10 中的（a）图所示。

第二，缺乏弹性，即 $E_d < 1$。在这种情况下，需求量变动的比率小于价格变动的比

率。生活必需品，如粮、油等属于这种情况。这时的需求曲线是一条比较陡峭的线，如图2-10中的（b）图所示。

第三，单位弹性，即$E_d = 1$。在这种情况下，需求量变动的比率与价格变动的比率相等。这时的需求曲线是一条正双曲线，如图2-10中的（c）图所示。

第四，富有弹性，即$E_d > 1$。在这种情况下，需求量变动的比率大于价格变动的比率。奢侈品，如汽车、珠宝、国外旅游属于这种情况。这时的需求曲线是一条比较平坦的线，如图2-10中的（d）图所示。

第五，完全弹性，即$E_d = \infty$。在这种情况下，当价格为既定时，需求量是无限的。这时的需求曲线是一条与横轴平行的线，如图2-10中的（e）图所示。

4.需求价格弹性与厂商的总收益

厂商的总收益等于价格与销售量的乘积，即$TR = P \cdot Q$。商品价格变动引起需求量的变动，从而引起销售量的变动，使厂商的总收益发生变化。由于不同商品的需求弹性不同，价格变动引起销售量的变动不同，从而总收益的变动也不相同。前述需求价格弹性中只有需求缺乏弹性和需求富有弹性两类最为常见。下面着重分析这两类商品的需求价格弹性与总收益的关系。

第一种情况：对于富有弹性的商品，即$E_d > 1$。如果该商品的价格下降，需求量从而销售量增加的幅度大于价格下降的幅度，其总收益会增加。降价使单位产品的收益减少，但从多销中会得到更多的收益。相反，当该商品的价格上升时，需求量从而销售量减少的幅度大于价格上升幅度，因而总收益会减少。上述情况表明，富有弹性的商品的价格与总收益成反方向变动，价格上升，总收益减少；价格下降，总收益增加。这可用图2-11来说明。

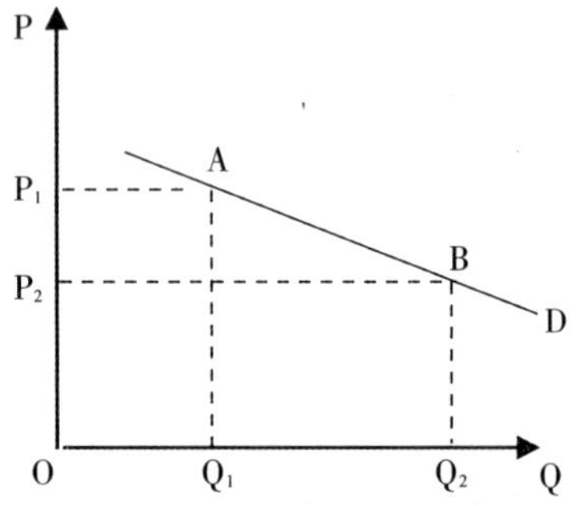

图2-11 富有弹性的商品与销售收入

在图2-11中，当价格为P_1时需求量为Q_1，总收益为矩形OP_1AQ_1的面积；当价格下降为P_2时需求量为Q_2，总收益为矩形OP_2BQ_2的面积。由图可知，价格下降，$OP_2BQ_2 > OP_1AQ_1$，表示总收益增加；反之，价格上升，$OP_1AQ_1 < OP_2BQ_2$，表示总收益减少。

第二种情况：对于缺乏弹性的商品，即$0 < E_d < 1$。如果该商品的价格下降，需求量从而销售量增加的幅度小于价格下降的幅度，因而总收益会减少；相反，当该商品的价格上升时，需求量从而销售量减少的幅度小于价格上升的幅度，因而总收益会增加。上述情况表明，缺乏弹性商品的价格与总收益成同方向变动，价格上升，总收益增加；价格下降，总收益减少。这可用图2-12来说明。

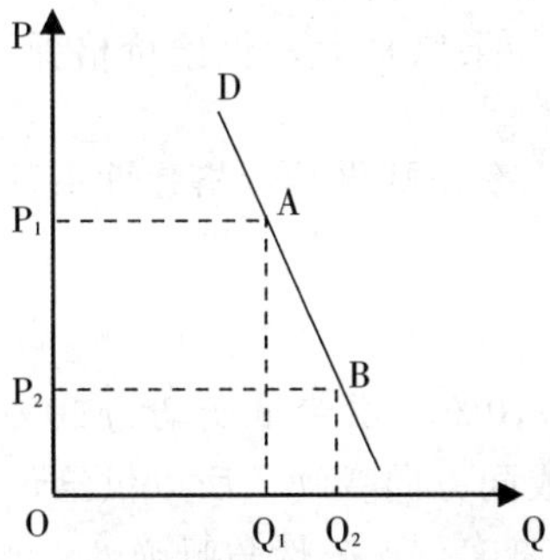

图2-12 缺乏弹性的商品与销售收入

在图2-12中，当价格为P_1时需求量为Q_1，总收益为矩形OP_1AQ_1的面积；当价格下降为P_2时需求量为Q_2，总收益为矩形OP_2BQ_2的面积。由图可知，价格下降，$OP_2BQ_2 < OP_1AQ_1$，表示总收益减少；反之，价格上升，$OP_1AQ_1 > OP_2BQ_2$，表示总收益增加。

5.影响需求价格弹性的因素

影响需求价格弹性的因素有很多，其中主要有以下几个：

第一，商品的可替代程度。如果一种商品有许多替代品，那么该商品的需求就富有弹性。因为价格上升时，消费者会购买其他替代品，价格下降时，消费者会购买这种商品来取代其他替代品；反之，如果一种商品没有较好的替代品，那么该商品的需求就缺乏弹性，如食盐。

第二，商品本身用途的广泛性。一种商品的用途越广泛，其需求价格弹性就越大；而一种商品的用途越少，则其需求价格弹性就越小。

第三，商品对消费者生活的重要程度，即该商品是生活必需品，还是奢侈品。一般来说，消费者对生活必需品的需求强度大而稳定，所以生活必需品的需求价格弹性小，而且，越是生活必需品，其需求弹性越小；相反，奢侈品的需求价格弹性较大。

第四，商品在家庭支出中所占的比例。在家庭支出中占比小的商品，价格变动对需求的影响小，所以其需求价格弹性也小；在家庭支出中占比大的商品，价格变动对需求的影响大，所以其弹性也大。

第五，所考察的时间的长短。一般来说，所考察的调整时间越短，则需求的价格弹性就可能越小；反之，所考察的调整时间越长，则需求的价格弹性就可能越大。例如，当石油价格上升时，消费者在短期内不会较大幅度地减少需求量，从而石油的短期需求价格弹性较小。但在长期内，消费者可能找到替代品，于是，石油价格上升会导致石油的需求量大幅度地下降，从而石油的长期需求价格弹性较大。

一种商品的需求价格弹性到底有多大，是由上述因素共同决定的，在分析一种商品的需求价格弹性时，要根据具体情况进行综合分析。

三、供给的价格弹性

1.供给价格弹性的含义及计算公式

供给价格弹性（Price Elasticity of Supply）通常又称为供给弹性，指价格变动的比率所引起的供给量变动的比率，即供给量变动对价格变动的反应敏感程度。

一般用供给价格弹性系数来表示供给弹性的大小。供给价格弹性系数是供给量变动的比率与价格变动的比率的比值。如果以E_s表示供给价格弹性系数，以$\frac{\Delta Q}{Q}$代表供给量变动的比率，以$\frac{\Delta P}{P}$代表价格变动的比率，则供给价格弹性系数的一般公式是：

$$E_s = \frac{\Delta Q/Q}{\Delta P/P} = \frac{\Delta Q}{\Delta P} \cdot \frac{P}{Q} \tag{2.13}$$

例如，某种商品价格变动为10%，供给量变动为20%，则这种商品供给价格弹性系数为2。因为供给量与价格一般成同方向变动，所以供给价格弹性系数一般为正值。

在计算供给价格弹性时同样要区分点弹性与弧弹性。点弹性是供给曲线上某一点的弹性，也就是价格变动无限小时所引起的供给量变动的反应程度。弧弹性是供给曲线上两点之间弧的弹性。

（1）点弹性的计算

如上所述，计算弹性系数的一般公式为：

$$E_s = \frac{\Delta Q/Q}{\Delta P/P} = \frac{\Delta Q}{\Delta P} \cdot \frac{P}{Q}$$

当价格变动无限小，即$\Delta P \to 0$时，上式可以写为：

$$E_s = \lim_{\Delta P \to 0} \frac{\Delta Q}{\Delta P} \cdot \frac{P}{Q} = \frac{dQ}{dP} \cdot \frac{P}{Q} \tag{2.14}$$

这就是点弹性的计算公式。由于价格与供给量同方向变化，所以E_s为正值。

（2）弧弹性的计算

弧弹性的计算公式可以写为：

$$E_s = \frac{\Delta Q}{\Delta P} \cdot \frac{P}{Q} = \frac{Q_2 - Q_1}{P_2 - P_1} \cdot \frac{P_1}{Q_1} \tag{2.15}$$

在上式中，P_1、Q_1为原来的价格与供给量，P_2、Q_2为变动后的价格与供给量。

为了消除价格上升与下降时计算的弹性系数值的差别，价格和供给量都取变动前后的平均值，所以，计算弧弹性的公式一般是：

$$E_s = \frac{Q_2 - Q_1}{P_2 - P_1} \cdot \frac{(P_1 + P_2)/2}{(Q_1 + Q_2)/2} \tag{2.16}$$

同样，由于价格与供给量同方向变化，所以E_s为正值。

2.供给价格弹性的类型

由于不同商品的供给量对价格变动的反应程度不同，从而供给的价格弹性系数也不一样。

根据供给价格弹性系数的大小，可以把供给的价格弹性分为五类，如图2-13所示。

第一，完全无弹性，即$E_s = 0$。在这种情况下，无论价格如何变动，供给量是固定不变的，例如土地、文物、某些艺术品的供给。这时的供给曲线是一条与横轴垂直的线，如图2-13中的（a）图所示。

第二，缺乏弹性，即$E_s < 1$。在这种情况下，供给量变动的比率小于价格变动的比率。这时的供给曲线是一条向右上方倾斜，且较为陡峭的线，如图2-13中的（b）图所示。

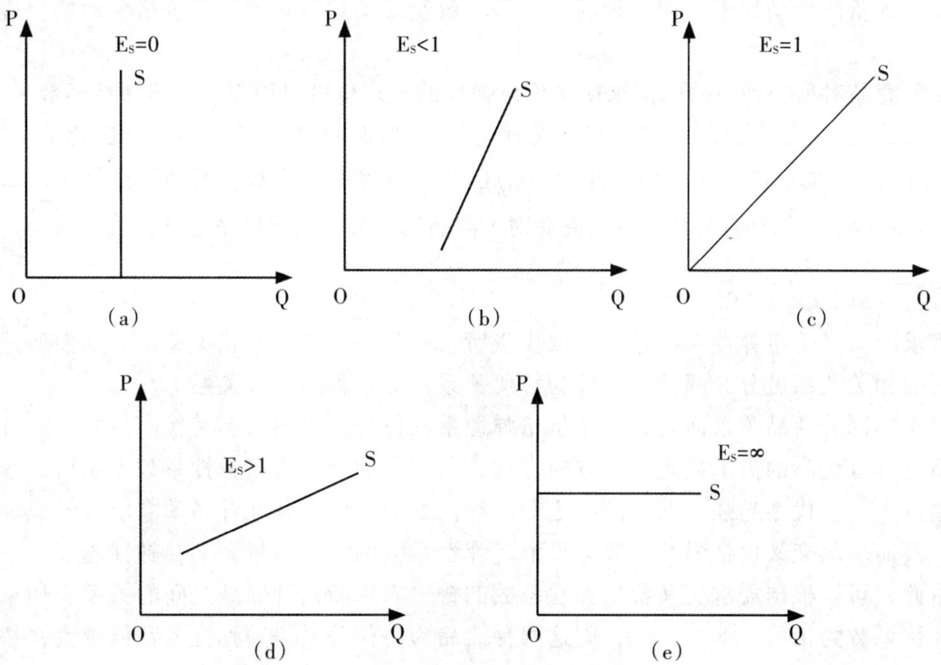

图2-13 供给弹性的五种类型

第三，单位弹性，即 $E_s = 1$。在这种情况下，价格变动的百分比与供给量变动的百分比相同。这时供给曲线是一条与横轴成45°，并向右上方倾斜的线，如图2-13中的（c）图所示。

第四，富有弹性，即 $E_s > 1$。在这种情况下，供给量变动的百分比大于价格变动的百分比。这时的供给曲线是一条向右上方倾斜，且较为平坦的线，如图2-13中的（d）图所示。

第五，完全弹性，即 $E_s = \infty$。在这种情况下，价格既定而供给量无限。这时的供给曲线是一条与横轴平行的线，如图2-13中的（e）图所示。

3.影响供给价格弹性的因素

影响供给价格弹性的因素有很多，其中主要有以下几个：

第一，所考察时间的长短。在短期内，生产设备、劳动等生产要素无法大幅度增加，从而供给无法大量增加，供给弹性也就小。尤其在特短期内，供给只能由存货来调节，供给弹性几乎是零。在长期中，生产能力可以提高，因此供给弹性也就大。这是影响供给弹性大小的最重要的因素。

第二，生产周期的长短。一般而言，生产周期短的产品对价格变动的反应快，其供给弹性大；反之，生产周期长的产品对价格变动的反应慢，其供给弹性也就小。

第三，生产要素的供给弹性。产品供给取决于生产要素的供给。因此，生产要素的供给弹性大，产品供给弹性也大；反之，生产要素的供给弹性小，产品供给弹性也小。

四、弹性概念的扩大

1.需求的交叉价格弹性

需求的交叉价格弹性，指相关的两种商品中一种商品的价格变动比率所引起的另一种商品需求数量的变动比率，即一种商品的需求数量变动对另一种商品价格变动的反应敏感程度。

某种商品对另一种商品的需求交叉价格弹性的大小也可以用交叉价格弹性系数来表示。该弹性系数为某商品需求数量变动的百分比与另一种商品价格变动的百分比的比值。以 E_{XY} 表示X商品对Y商品的交叉价格弹性，$\Delta Q_X/Q_X$ 表示X商品需求数量变动的百分比，$\Delta P_Y/P_Y$ 表示Y商品价格变动的百分比，则X商品对Y商品的交叉价格弹性系数计算公式为：

$$E_{XY} = \frac{\Delta Q_X/Q_X}{\Delta P_Y/P_Y} = \frac{\Delta Q_X}{\Delta P_Y} \cdot \frac{P_Y}{Q_X} \tag{2.17}$$

需求的交叉价格弹性系数的符号取决于所考察的两种商品的相关关系。如前所述，商品之间的相关关系可分为两种：一种为替代关系；另一种为互补关系。

对于不同的商品关系而言，交叉价格弹性系数符号是不同的。替代商品之间一种商品的价格与其替代品的需求数量成同方向变动，其需求的交叉价格弹性系数为正值，弹性系数的值越大，替代性越强。互补商品之间一种商品的价格与其互补品的需求数量成反方向变动，其需求的交叉价格弹性系数为负值，弹性系数的绝对值越大，互补性越强。

由此，可以根据需求交叉价格弹性系数的符号来判断两种商品之间的关系。如果交叉价格弹性系数为正值，即 $E_{XY} > 0$，则这两种商品为替代关系，其弹性系数值越大，替代关系就越强；如果交叉价格弹性系数为负值，即 $E_{XY} < 0$，则这两种商品为互补关系，其弹性系数的绝对值越大，互补关系越密切；如果交叉价格弹性系数为零，即 $E_{XY} = 0$，则这两种商品之间没有关系。

2.需求的收入弹性

需求的收入弹性是衡量需求数量的变动对收入变动的反应程度，即收入变动的比率所引起的需求数量变动的比率。需求收入弹性系数是需求数量变动比率与收入变动比率的比值。如果用 E_M 代表需求收入弹性系数，$\Delta Q/Q$ 代表需求数量变动的比率，$\Delta M/M$ 代表收入变动的比率，则需求收入弹性系数的计算公式为：

$$E_M = \frac{\Delta Q/Q}{\Delta M/M} = \frac{\Delta Q}{\Delta M} \cdot \frac{M}{Q} \tag{2.18}$$

根据收入弹性系数的大小，可以对商品进行分类。一般认为，收入弹性系数为正值（$E_M > 0$），即随着收入增加需求数量增加的商品是正常品（Normal Goods）；收入弹性系数为负值（$E_M < 0$），即随着收入增加需求数量减少的商品为低档品（Inferior Goods）。其中正常品中，收入弹性系数大于1的商品为奢侈品（Luxuries），收入弹性系数小于1的商品为必需品（Necessities）。

在需求的收入弹性的基础上，我们可以得到恩格尔定律。德国统计学家恩格尔根据他对德国某些地区消费统计资料的研究，提出了一个定理：随着收入的提高，食物支出在全部家庭支出中所占的比率越来越小，即恩格尔系数是递减的。恩格尔系数（Engel's Coeffient）是用于食物的支出与全部支出之比。

$$恩格尔系数 = \frac{食物支出}{总支出} \tag{2.19}$$

恩格尔系数可以反映一国或一个家庭的富裕程度与生活水平。一般来说，恩格尔系数越高，富裕程度和生活水平越低；反之亦然。一般把恩格尔系数在0.5之下作为生活达到富裕水平的标准。

第五节 供求理论的实际应用

供求曲线及弹性描述了商品的供求数量和价格之间的关系。在实际经济生活中，可以用这种关系来解释许多经济现象，本节将举例说明。

一、价格限制

1.最高限价

最高限价（Price Ceiling，P_c）也称为限制价格。它是政府所规定的某种商品的最高价格。最高价格总是低于市场的均衡价格。

图2-14表示政府对某种商品实行最高限价的情形。

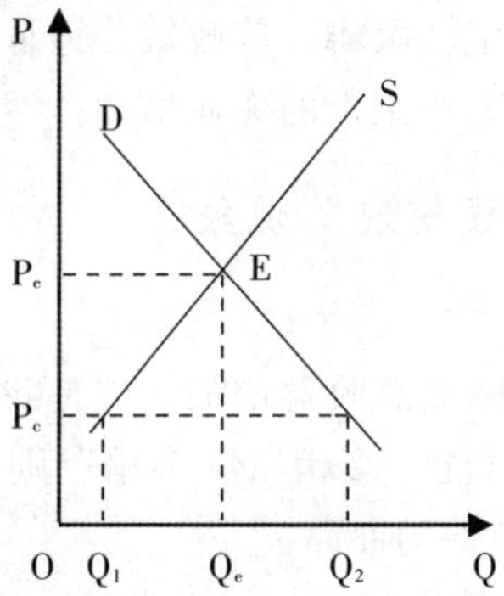

图2-14 最高限价

如图2-14所示，在没有限价时，该商品的市场均衡价格为P_e，均衡数量为Q_e。若政府对该商品实行最高限价政策，规定该商品的市场最高价格为P_c。由图可见，最高限价P_c低于均衡价格P_e，且在最高限价P_c时，市场需求量Q_2大于市场供给量Q_1，市场上出现供不应求的现象，即该商品短缺。

政府实行最高限价的目的通常是抑制某些商品的价格上涨。有时，为了限制一些垄断性很强的公用事业的价格，政府也会采取最高限价措施。但是政府实行最高限价的做法也会带来不良的后果。在最高限价情况下的供不应求，可能会导致市场上消费者排队抢购、黑市交易以及“走后门”现象。此外，生产者也可能粗制滥造、偷工减料，降低产品质量，从而变相涨价。

2.最低限价

最低限价（Price Floor，P_f）也称为支持价格。它是政府所规定的某种商品的最低价格。最低价格总是高于市场的均衡价格。

图2-15表示政府对某种商品实行最低限价的情形。

如图2-15所示，在没有限价时，该商品的市场均衡价格为P_e，均衡数量为Q_e。若政府对该商品实行最低限价政策，规定该商品的市场最低价格为P_f。由图可见，最低限价P_f高于均衡价格P_e，且在最低限价P_f时，市场供给量Q_2大于市场需求量Q_1，市场上出现供过于求的现象，即该商品过剩。

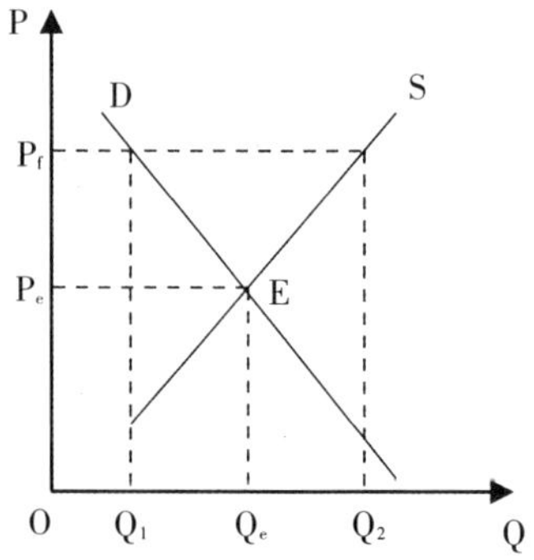

图 2-15 最低限价

政府实行最低限价的目的往往是扶持某些行业的发展。农产品的支持价格以及最低工资法都是这一政策的实例。农产品的支持价格确实起到了保护农业生产的积极作用，但也会使得农产品的供给大于市场需求，从而产生过剩现象。对此，我国采用农产品的“最低保护价收购”制度，美国则采用了“限耕”等政策。最低工资法有利于保障最低收入人群的基本生活，但也有可能使得非熟练工人的失业增加。

二、“薄利多销”与“谷贱伤农”现象

1.“薄利多销”

需求富有弹性的商品价格下降而总收益增加，就是我们一般所说的“薄利多销”的原因所在。“薄利”就是降价，降价能“多销”，“多销”则会增加总收益，所以，能够做到“薄利多销”的商品是需求富有弹性的商品。

图 2-16 表示“薄利多销”的情形。

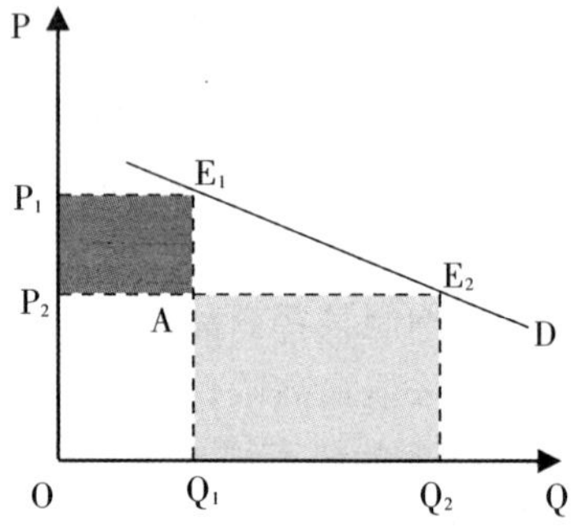

图 2-16 薄利多销

在图 2-16 中，当价格为 P_1 时需求量为 Q_1，总收益为矩形 $OP_1E_1Q_1$ 的面积；当价格下降为 P_2 时需求量增加到 Q_2，总收益为矩形 $OP_2E_2Q_2$ 的面积。由图可知，价格下降，$OP_2E_2Q_2 > OP_1E_1Q_1$，表示总收益增加。具体来说，当价格由 P_1 下降为 P_2 时，需求量由 Q_1 增加到 Q_2，总收益减少了矩形 $P_1E_1AP_2$ 的面积，即图 2-16 中深色阴影的面积，但增加了矩形 $AE_2Q_2Q_1$ 的面积，即图 2-16 中浅色阴影的面积。由于 $AE_2Q_2Q_1 > P_1E_1AP_2$，所以总收益增加了。

需求富有弹性的商品价格下降会使总收益增加，究其原因在于，对于富有弹性的商品，即 $E_d > 1$，如果该商品的价格下降，需求量从而销售量增加的幅度大于价格下降的幅

度，其总收益会增加。降价使单位产品的收益减少，但从多销中会得到更多的收益。相反，当该商品的价格上升时，需求量从而销售量减少的幅度大于价格上升的幅度，因而总收益会减少。

所以，对于富有弹性的商品来说，为了增加总收益必须采用降价策略。我们通常看到的“打折”“甩卖”现象，正是这一策略的实施。

2.“谷贱伤农”

中国有句古语叫“谷贱伤农”，意思是指丰收时，由于粮价下跌，农民的收入反而减少了。其原因就在于粮食是生活必需品，需求缺乏弹性。由于丰收而造成的粮价下跌，并不会使需求量同比例增加，从而使总收益减少，农民遭受损失。

图2-17表示“谷贱伤农”的情形。

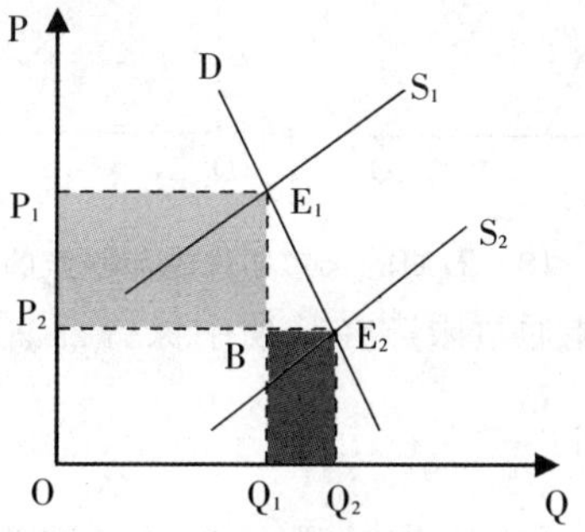

图2-17　谷贱伤农

在图2-17中，当价格为P_1时需求量为Q_1，总收益为矩形$OP_1E_1Q_1$的面积；当粮食丰收，即供给由S_1增加到S_2，其价格由P_1下降为P_2时需求量为Q_2，总收益为矩形$OP_2E_2Q_2$的面积。由图可知，价格下降，$OP_2E_2Q_2 < OP_1E_1Q_1$，表示总收益减少。具体来说，当供给因丰收由S_1增加到S_2，价格由P_1下降为P_2时，需求量由Q_1增加到Q_2，总收益减少了矩形$P_1E_1BP_2$的面积，即图2-17中浅色阴影的面积，但增加了矩形$BE_2Q_2Q_1$的面积，即图2-17中深色阴影的面积。由于$BE_2Q_2Q_1 < P_1E_1BP_2$，所以总收益减少了。

需求缺乏弹性的商品价格下降会使总收益减少，究其原因在于，对于缺乏弹性的商品，即$1 > E_d > 0$，如果该商品的价格下降，需求量从而销售量增加的幅度小于价格下降的幅度，因而总收益会减少。相反，当该商品的价格上升时，需求量从而销售量减少的幅度小于价格上升的幅度，因而总收益会增加。

所以，对于缺乏弹性的商品来说，为了增加总收益必须采用提价策略。这就是我们看到的粮油店经常小幅涨价的原因。

三、OPEC为何不能通过限产在长期中保持石油的高价格

OPEC即石油输出国组织是石油行业的一个卡特尔，它通过不定期的限产来提高原油价格。这种手段在短期很有效，但在长期并不可行，可以用图2-18来分析。

在短期，石油的供给和需求都是较为缺乏弹性的。供给缺乏弹性是因为已知的石油贮藏量和石油开采能力不能迅速改变，需求缺乏弹性是因为购买习惯不会立即对价格变动做出反应。所以，在短期，当OPEC限制产量，即减少供给时，供给曲线由S_1平移至S_2，由于供给和需求都缺乏弹性，故价格由P_1大幅上升至P_2，如图2-18（a）所示。

长期中的情况则非常不同。在长期，OPEC以外的石油生产者对高价格的反应是加强石油勘探并建立新的开采能力。消费者的反应是更为节俭，例如，用新型节油汽车代替老式耗油汽车。所以，在长期中，供求更富有弹性，当OPEC限制产量，即减少供给时，供给曲线同样由S_1平移至S_2，但由于供给和需求都富有弹性，故价格只由P_1小幅上升至P_2，如图2-18（b）所示。

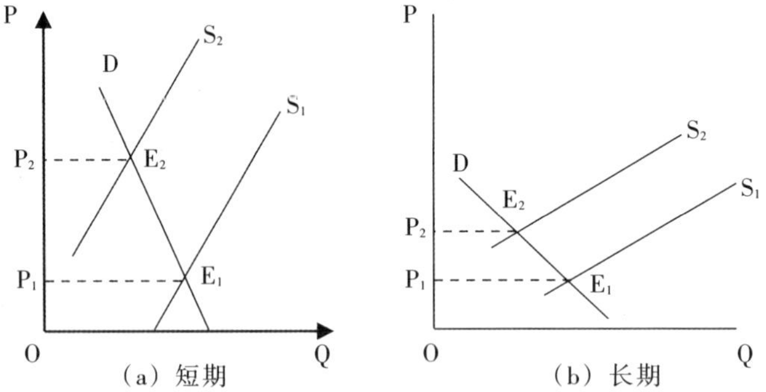

图2-18 石油的长短期弹性与限产的影响

综上所述，OPEC不太可能通过限产在长期中保持石油的高价格。

四、征税或补贴的影响

如果政府对某种商品征税（或补贴），那么税收（或补贴）是由消费者承担还是由生产者承担呢？答案是，税收负担（或补贴收益）由消费者和生产者分摊。各自承担的份额取决于供求曲线的形状，尤其是供求的相对弹性。

下面我们来分析征税的影响，可以用图2-19来分析。

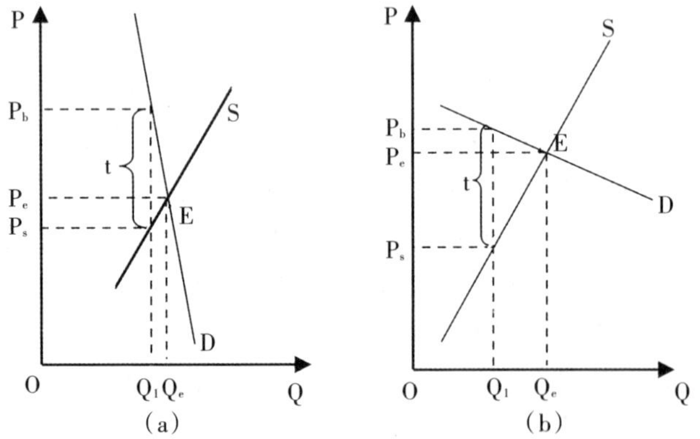

图2-19 相对弹性与税收的分摊

为简化起见，我们考察从量税——对销售的每单位商品征税。假设政府对某商品每单位征税t元，这意味着消费者支付的价格高出卖方获得的净价t元，即$P_b-P_s=t$，这里，P_e和Q_e代表征税前的市场价格和数量，P_b是消费者支付的价格，P_s是卖方获得的税后净价，Q_1是征税后的数量。从图2-19中可以看出征税会使得销售量减少。

如果需求相对无弹性，供给相对有弹性，税收负担将主要归于消费者。图2-19（a）就说明了这种情况。比如说，由于吸烟会上瘾，其需求弹性很小，所以香烟税基本上由消费者承担。图2-19（b）的情形正好相反，需求相对有弹性，供给相对无弹性，则税收负担主要归于生产者。

由于补贴可视为负税收，所以可用同样的方法来分析补贴的影响。在补贴政策下，卖方价格超过买方价格，二者的差额等于补贴。补贴对生产和消费量的影响正好与税收相反。举例来说，家电下乡政策就是一种政府补贴，它确实增加了家电的销量。读者可以自己作图分析补贴的影响，在此不再赘述。

简要评析

本章首先分别分析了需求和供给，然后将两者结合分析了供求均衡的形成及其变动，并进一步介绍了弹性理论和供求理论的实际应用。市场机制的自发调节虽然能够发挥配置资源的作用，但并不意味着其调节的效果必然令人满意。马克思在《资本论》中已运用供求关系说明了资本主义的资源配置以及配置中的缺点。鉴于市场机制自发调节具有一定的盲目性，结合我国社会主义市场经济的实际情况，需要适当借助政府调节来弥补市场自发调节的不足，从而实现资源配置的帕累托改进。

复习思考题

一、名词解释

1. 支持价格与限制价格（东北财经大学2014研）

2. 需求价格弹性（中央财经大学2013研）

3. 需求交叉价格弹性（中央财经大学2015研）

4. 替代效应（中央财经大学2014研）

二、简答题

1. 对于厂商来说，其产品的需求弹性大于1和小于1对其价格战略（采取降价还是涨价）将产生何种影响？（南开大学2004研）

2. 需求曲线与需求价格弹性的关系。（中央财经大学2005研）

3. 简述需求法则的含义及特例。（武汉大学2001研）

4. “谷贱伤农”，粮食丰收反而会带来农民收入的下降，请分析背后的经济学原因，并说明政府在农业领域可以发挥哪些作用。（北京航空航天大学2009研）

5. 何为需求价格弹性？影响需求价格弹性的因素有哪些？（中央财经大学2011研；西南大学2012研）

三、计算题

1. 已知某粮食市场的需求和供给曲线分别为：$Q_d = 50 - P$，$Q_s = -10 + 2P$。

（1）求均衡市场价格和均衡数量，消费者剩余和生产者剩余。

（2）当政府实施最低限价 $P = 25$ 时，供给和需求会发生怎样的变化？政府应采取什么措施？（重庆大学2004研）

2. 现阶段我国居民对新汽车需求的价格弹性是 $E_d = 1.2$，需求的收入弹性 $E_I = 3$，计算：

（1）在其他条件不变的情况下，价格提高3%对需求的影响。

（2）在其他条件不变的情况下，收入提高2%对需求的影响。

（3）假设价格提高8%，收入增加10%。2002年新汽车的销售量为800万辆。利用有关弹性系数估算2003年新汽车的销售量。（武汉大学2009研）

3.X公司和Y公司是机床行业的两个竞争者，两个公司产品的需求曲线分别为$P_X = 1\,000 - 5Q_X$，$P_Y = 1600 - 4Q_Y$，这两家公司的主要产品的销售量分别为100单位X和250单位Y。

（1）求X和Y当前的价格弹性。

（2）假设Y降价后，使得Q_Y增加到300单位，同时导致X的销售量Q_X下降75单位，试问X公司产品交叉价格弹性是多少？

（3）假定Y公司的目标是谋求销售收入极大，你认为它降价在经济上是否合理？（深圳大学2007研）

四、论述题

1.运用几何图形分析正常商品、低档商品和吉芬商品的替代效应和收入效应，并进一步说明这三类物品的需求曲线的特征。（济南大学2013研）

2.2010年农产品价格出现了迅猛的上升态势。根据中国新闻社一个记者的追踪调查：一车西红柿，千里进京，成本为每斤1元。送菜进城的菜农的盈利为0.1元/斤。然而，西红柿在从批发市场到市民餐桌的最后一公里，其价格却野蛮上涨，连翻几个跟头，从1.1元/斤上升到3元/斤。请运用所学的经济学理论，从需求、供给和一般均衡的角度分析这种涨价现象，并提出抵制价格上涨的政策建议。（中国人民大学2015研）

3.现实中存在诸多干预市场供求规律的情况，例如，政府出于社会目标的考虑对从食品到房租的价格进行最高价格管制，其价格往往低于市场均衡价格。请回答：

（1）最高限价政策将对市场供求产生怎样的影响？

（2）最高限价政策将对社会经济福利（包括消费者剩余和生产者剩余）产生怎样的影响？

（3）从长期来看，你认为最高限价管制能够解决高价格与供求矛盾的问题吗？请说明理由。（南开大学2012研）

五、案例题

案例一：

人死画值钱——价格的决定

记得有一篇美国作家写的短篇小说，写的是一个画家总不得志，作品卖不出去。于是，他和朋友策划了一个骗局，宣称该画家已死，并请一些评论家对其作品进行狂轰乱炸式的赞扬。于是，这些原本卖不出去的画价格狂升，他们着实发了一笔财，但已成名的画家无法以原来的身份生活并作画了。人死画才值钱，这并不奇怪。印象派大师梵高生前作品无人问津，死后却卖出了天价。当然，小说中的情况实际是为钱而“死”的骗局。

设计这个骗局的人也许并不懂经济学，但他们按经济学原理策划了这场戏。价格取决于供求，要想控制价格，必须控制供求。在这个骗局中控制供求的中心是让画家死。换言之，画家之死既影响需求，又影响供给。

先来看需求。人们购买艺术品来源于两种需求：欣赏和投资。买一幅画挂在客厅或卧室里会给人一种美的享受。在为了欣赏而买画时，需求取决于购买者对画的主观评价。但人对一幅画的评价不仅取决于个人的偏好和欣赏时的感受，而且在很大程度上要受别人评价，尤其是评论家的影响。一幅平常的画，被评论家（尤其是著名评论家）吹捧之后，也会引起人们的关注，提高了购买者的主观评价。从众心理在评价艺术品中相当明显。在这个骗局中先让画家“死”，然后再请评论家吹捧，这样，无疑会提高艺术品购买者对这个原本不知名的画家的关注，重新审视他的作品，给予较高的主观评价，从而对他的画的需求增加了。需求增加会使价格上升。

艺术品的另一种需求是投资。许多人购买艺术品并不是为了欣赏，而是为了保值和升值。在各种投资物品中，有价值的艺术品升值的速度最快。投资的收益在未来，所以，出于投资动机买画的欲望取决于对未来升值的预期。对艺术品的这种投资有很大的投机成分。一个画家死后，人们对其作品在艺术史中的地位及未来升值前景都是一种猜测。猜测的英文原词就有投机的含义。画家之死引起人们对其作品升值的预期，评论家则可以为这种升值的猜测火上加油。人们预期该画家的作品未来价格会上扬，这种预期使购买者增加，这就推动了它现在价格的上升。现在价格的上升又推动了预期价格上升。这样的相互作用就把已死画家的作品炒到了天价。

需求的增加固然可使价格上升，但供给的增加会使价格下降。如果供给不变，价格就只取决于需求，取决于购买者的购买欲望和购买能力。如前所述，一旦画家的画被炒热之后，现期与预期价格都上升，在那种投机气氛下，需求欲望是很强的。那些喜欢收藏艺术品的富翁和从事艺术品投机的人，购买能力也是很强的。价格狂升就有了可能。让供给不变的方法则是画家死去。所以，小说中的画家就只有“死路一条”了。物以稀为贵的原因正在于此。也正因为这个原因，这个骗局的关键是要公开宣布画家的死亡。如果在此之后再把这个画家的画毁掉一些，留下的精品会更值钱。不过小说中的这个骗局有没有这么做我已不记得了。

许多已去世的画家的画卖出了天价已经司空见惯了。许多人从事这类艺术品投机（也可以称为投资），或成功，或失败。尽管这些现象看起来令人眼花缭乱，其实用一个简单的供求工具就可以讲清楚。市场经济中许多物品的价格令人费解。有些有用的东西很便宜，有些无用的东西却很昂贵，有些耗费大量劳动的东西不值钱，有些耗费劳动并不多的物品却价格高昂。但只要用供求关系一分析也就不是什么难题了。正是在这种意义上，我们学习的供求分析是经济学的基本工具。正如西方谚语所云：你要使一只鹦鹉成为一个经济学家，只要教会它说“需求”与“供给”就可以了。

资料来源　梁小民. 微观经济学纵横谈［M］. 北京：生活·读书·新知三联书店，2000.

思考：我国某著名的紫砂壶制作大师，高价回收存在个人手中的作品，收回后就立即亲手砸碎。很多人对此都不理解。你是如何看待此事的？

案例二：

票贩子屡禁不止的原因——限制价格

看过病的人都知道，在一些名牌医院挂专家门诊号有多难。价钱倒不贵，北京协和医院治疗门诊的最高价格为14元。这是政府规定的专家门诊的最高价格。这种政策的目的是保证穷人也能找专家看病，但它引起了什么后果呢？由于价格低，无论大病、小病，人人都想看专家门诊，但专家看病的积极性并不高。这样，供给量小于需求量，存在短缺。在存在短缺但价格又不能上升的情况下，解决供给小于需求的方法有三种：配给（由医院决定给谁）、排队和黑市。黑市交易是票贩子和病人之间的交易。票贩子是一批以倒号为业的人，他们或拉帮结伙装作病人挂号，或者与医院有关人员勾结把号弄到手，然后以黑市的均衡价格（比如100元）卖给病人。尽管公安部门屡次打击票贩子，但由于丰厚的利润，票贩子屡禁不止。医院为了对付票贩子，采取了持身份证挂号的实名制看病方式，但仍没有解决问题，变化只是票贩子由卖号变为卖排队的位置，可见只要存在限制价格，短缺就无法消除，票贩子绝不会消失。

票贩子的存在既损害了病人的利益，又损害了专家的利益。病人不得不付出高价，这种高价又不为专家所得。在我们的例子中，限制价格14元是医院得到的价格，病人却付出了100元，其间的差额86元就归票贩子及提供号的人所得。政府有关部门制定限制价格的意图也许是为了维护消费者的利益，但实际上损害了消费者的利益。

从经济学的角度看，消除票贩子的办法不是“加大打击力度”，而是取消对专家挂号费的限制价格政策。一旦价格放开，挂号费上升，想看专家门诊的人减少（小病不找专家，大病、疑难病症才找专家），愿意看病的专家增加，最终实现供求相等。这时，票贩子无利可图，自然也就消失了。

当然，放开专家门诊涉及医疗制度的改革问题，比如医院分级收费、医药分开、完善社会保障体系等。但要解决专家门诊的供求矛盾，从根本上铲除票贩子，还是要放开价格。这是医疗市场化改革的重要内容。

资料来源 梁小民. 微观经济学纵横谈［M］. 北京：生活·读书·新知三联书店，2000.

思考：就目前的实际情况，你认为我国政府应该采取哪些措施来杜绝这种现象。

案例三：

税收可以禁毒吗——价格机制的局限性

高税收不能用于禁毒说明价格不是万能的。无限扩大价格机制的作用与否定价格机制的作用都是片面的。

现在全世界毒品泛滥已成为21世纪人类最大的威胁。许多国家花费巨大的人力与物力，但收效并不明显。因此，有的经济学家提出，用税收手段，借助于价格机制禁毒。这就是，让毒品交易合法化，但征收极高的税收。这样，由于税收极高，毒品价格大幅度上升，吸毒者会减少。同时，政府收入增加，又可以帮助吸毒者戒毒。这种做法看来简单，但行得通吗？

首先，这种做法在伦理道德上是难以让人接受的。吸毒对人类危害极大，贩毒是一种犯罪行为。任何一个有良知的政府都不会用税收让一项犯罪活动合法化。这正如任何政府都不允许交钱就可以杀人放火一样。即使这样能增加政府收入，政府也不会用这种方法来收取不义之财。所以，至今还没有哪一个政府考虑接受这种“简单易行”的禁毒方法。

即使抛开这种伦理与政治上的考虑，仅仅从经济学的角度看，这种做法也未必有效。高税收是为了提高毒品的价格，我们就从价格对毒品的需求与供给的影响来分析这一问题。

先来看需求。我们知道，吸毒者都有强烈的毒品依赖性，即一旦吸上毒就无法摆脱，而且依赖性会越来越大。此外，没有其他合适的替代品来代替毒品满足吸毒者的欲望，即毒品没有相近的替代品。这就是说，毒品这种东西极其缺乏需求弹性，甚至可以说，毒品的需求弹性几乎等于零。在这种情况下，高税收尽管引起毒品价格大幅度上升，但吸毒者对毒品的需求量不会有多大减少，甚至不会减少。对毒品的需求在很大程度上并不取决于毒品的价格，而取决于吸毒者的嗜好，即对毒品的依赖性。

对毒品征收的高税收主要由吸毒者承担。我们知道，需求缺乏弹性的商品，价格上升，卖者的总收益增加。卖者总收益增加也就是买者总支出增加。吸毒者以社会下层低收入者为主。这些人无法戒毒，又无法增加自己的收入。当高税收引起的高价格使他们吸毒的支出大幅度增加时，他们唯一获得收入的来源就是犯罪，铤而走险，进行偷盗、抢劫等暴力犯罪活动。所以，有识之士指出，对毒品征收高税收引起的高价格会加剧社会犯罪，使暴力犯罪迅速增加。

再来看供给。价格上升会刺激供给增加。毒品价格上升对减少需求几乎没有作用，但对增加供给是有效的。而且，对毒品征收的高税收，尽管是向贩毒者征收的，但贩毒者可以通过高价转嫁给吸毒者，所以，贩毒者的总收益和利润所受影响很小。如果把高税收作为生产成本的一部分，面对高税收，贩毒者可以采用各种抗税或逃税手段，如继续走私，贿赂税收征管人员，甚至暴力抗税。即使政府让毒品交易合法纳税，贩毒者也会使贩毒成为地下经济，以逃避税收。这是因为，把抗税的支出作为成本，税收的减少作为收益，在高税收时，抗税的成本远远小于收益，抗税就成为一种理性行为。所以，即使真的政府宣布毒品交易为合法，并征收高税，也只是提高了毒品价格（起码要加上抗税的成本），而不能减少毒品的供给。当然，在毒品交易为地下经济时，政府税收也不会有很大增加。

总之，从经济学的角度看，对毒品征收高税收，既不能减少需求，又不能减少供给，既不能增加财政收入，又不能有效禁毒。因此，目前也没有哪个政府用这种方法来禁毒。禁毒的正确方法不是利用价格机制，而是把毒品交易作为一种犯罪行为来严厉打击。同时，广泛宣传毒品的危害性，让人们远离毒品。

资料来源　梁小民. 微观经济学纵横谈［M］. 北京：生活·读书·新知三联书店，2000.

思考：还有哪些经济现象的背后说明“价格机制”不是万能的？国家又是采取什么样的政策和措施来加以弥补的？

［第三章］

消费者行为理论

上一章我们介绍了供求理论，阐述了消费者对商品的需求量与商品价格之间具有反方向变动的关系。但是，这种关系产生的原因是什么我们并未说明。本章将从消费者的角度展开说明，探讨对商品需求起决定作用的消费者行为理论，进而解释为什么需求曲线会向右下方倾斜。

微观经济学中，有关消费者行为最基本的假定是：消费者在既定的收入下追求效用最大化，或者说追求最大的满足。因此，要研究消费者行为理论，必须研究效用理论。

第一节　效用论概述

一、效用的含义

效用（Utility）是消费者从消费某种物品中所得到的满足程度。消费某种物品获得的满足程度高就是效用大；反之，满足程度低就是效用小。

效用是欲望的满足，效用和欲望一样是一种心理感觉。某种物品效用的大小没有客观标准，完全取决于消费者在消费某种物品时的主观感受。例如，一支香烟对吸烟者来说可以有很大的效用，而对不吸烟者来说，则可能毫无效用，甚至有负效用。因此，效用本身既没有客观标准，又没有伦理学含义。对不同的人而言，同样的物品所带来的效用可能是不同的。甚至对同一个人而言，同一物品在不同时间与地点的效用也可能不同。例如，同一件羽绒服，在冬天或寒冷地区给人带来的效用很大，但在夏天或热带地区也许只能带来负效用。这就说明效用的大小完全是一种主观感受，因人、因时、因地而异。

效用是一种心理感觉，所以消费者行为理论也就更偏重于心理分析。

二、效用的衡量

消费者行为理论要研究效用最大化。那么，如何来衡量效用呢？一些经济学家认为效用可以用具体数字来表示；另一些经济学家则认为效用作为一种心理现象，是不能用具体数字来表示的。由此就产生了两种不同的消费者行为理论：基数效用论与序数效用论。

1.基数效用论

基数效用（Cardinal Utility）论是研究消费者行为的一种理论。它是由英国经济学家杰文斯、奥地利经济学家门格尔、法国经济学家瓦尔拉斯在19世纪70年代几乎同时提出的。

其基本观点是：效用是可以计量并加总求和的，因此，效用的大小可以用基数（1，2，3，…）来表示，正如长度单位可以用米来表示一样。所谓效用可以计量，就是指消费者消费某一物品得到的满足程度可以用效用单位来进行衡量。例如，可以说某消费者吃一个苹果所得到的满足程度是15个效用单位，一个梨为10个效用单位，等等。所谓效用可以加总求和，是指消费者消费几种物品所得到的满足程度可以加总而得出总效用。例如，在上例中，某消费者吃一个苹果所得到的满足程度是15个效用单位，一个梨为10个效用单位，这样消费者消费这两种物品所得到的总满足程度就是25个效用单位。

根据这种理论，可以用效用函数来研究消费者效用最大化问题。

效用函数表示的是效用与消费者所消费的商品数量之间的关系。以U表示效用，x，y,…，n表示消费者消费的各种商品的数量。

U=f（x，y，…，n）

基数效用论采用的是边际效用分析法。

2.序数效用论

序数效用（Ordinal Utility）论是为了弥补基数效用论的缺点而提出来的另一种研究消费者行为的理论。它是由意大利经济学家帕累托于20世纪30年代提出的，并由英国经济学家希克斯发展完善。

其基本观点是：效用作为一种心理现象无法确切计量，也不能加总求和，只能表示出满足程度的高低与顺序，因此，效用只能用序数（第一、第二、第三、…）来表示。例如，消费者消费了苹果与梨，他从中得到的效用是无法衡量，也无法加总求和的，更不能用基数来表示，但他可以比较消费这两种物品所得到的效用。如果他认为消费苹果所带来的效用大于消费梨所带来的效用，那么就可以说，苹果的效用排第一，梨的效用排第二。

序数效用论采用的是无差异曲线分析法。

第二节　基数效用论的边际效用分析

在本节中我们介绍基数效用论者如何运用边际效用分析法来说明消费者均衡的实现，即消费者效用最大化的实现。

一、总效用与边际效用

在运用边际效用分析法来分析消费者行为时，首先要了解两个重要概念：总效用（Total Utility，TU）与边际效用（Marginal Utility，MU）。总效用是指消费者在一定时间内从一定数量的某种商品的消费中所得到的总的效用。边际效用是指消费者在一定时间内增加一单位某种商品的消费所得到的效用的增量。

假定消费者对一种商品的消费数量为Q，则总效用函数为：

$TU = f(Q)$

相应的边际效用函数为：

$$MU = \frac{\Delta TU}{\Delta Q} \tag{3.1}$$

当商品的增量趋于无限小，即$\Delta Q \to 0$时，上式可以写为：

$$MU = \lim_{\Delta Q \to 0} \frac{\Delta TU}{\Delta Q} = \frac{dTU}{dQ} \tag{3.2}$$

可以用表3-1来说明总效用与边际效用的关系。

表3-1 **某商品的效用表**

商品的消费量（Q）	总效用（TU）	边际效用（MU）
0	0	0
1	10	10
2	18	8
3	24	6
4	24	0
5	20	-4

从表3-1中可以看出，当消费1单位某商品时，总效用为10效用单位。由没有消费该商品到消费1单位该商品，消费量增加了1单位，效用增加了10效用单位，所以，边际效用为10效用单位。当消费2单位该商品时，总效用为18效用单位，由消费1单位该商品到消费2单位该商品，消费量增加了1单位，效用从10效用单位增加到18效用单位，所以，边际效用为8效用单位。以此类推，当消费5单位该商品时，总效用为20效用单位，而边际效用为-4效用单位，即增加第5个单位该商品的消费所带来的是负效用。由此可以看出，当边际效用为正数时，总效用是增加的；当边际效用为零时，总效用达到最大；当边际效用为负数时，总效用减少。

根据表3-1可以做出表示总效用和边际效用的简图（如图3-1所示）。

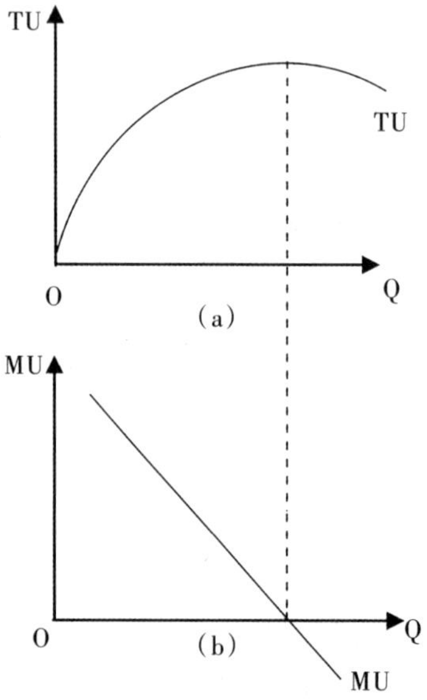

图3-1 某商品的效用曲线

在图3-1中，横轴代表某商品的消费量，纵轴代表总效用和边际效用，TU为总效用曲线，如图3-1（a）所示；MU为边际效用曲线，如图3-1（b）所示。

我们可以更直观地从图3-1中得到以下结论，如图3-1（b）所示，当边际效用曲线位于横轴之上（MU > 0），即边际效用为正数时，总效用是增加的，这在图3-1（a）中表现为总效用曲线TU一直在上升；当边际效用曲线与横轴相交（MU=0），即边际效用为零时，总效用达到最大，也就是说，边际效用为零与总效用的顶点相对应；当边际效用曲线位于横轴之下（MU < 0），即边际效用为负数时，总效用是减少的，这在图3-1（a）中表现为总效用曲线TU在下降。

二、边际效用递减规律

从表3-1及图3-1中可以看出，随着消费者对某种商品消费数量的增加，其边际效用是递减的，即消费者从连续增加的消费单位中所得到的满足程度会逐步减少，这就是边际效用递减规律（Law of Diminishing Marginal Utility）。

边际效用递减规律的基本内容是：在一定时间内，在其他商品的消费数量保持不变的条件下，随着消费者对某种商品消费数量的增加，消费者从该商品连续增加的每一单位中所得到的效用增量即边际效用是递减的。

比如在表3-1中，当消费者消费1个单位的物品时，总效用和边际效用都是10。当增加1个单位的物品的消费时，总效用增加为18，而边际效用为8。如果再增加1个单位的消费，总效用增加到24，而边际效用为6。如果再继续增加第4个单位的消费，总效用不变，仍为24，而边际效用为0。自此以后，如再继续增加消费，总效用递减，边际效用为负。由此可见，边际效用随着消费量的增加是递减的，边际效用为正值时，总效用是增加的；当边际效用为零时，总效用达到最大；当边际效用为负时，总效用是减少的。

三、基数效用论者的消费者均衡

1.消费者均衡的含义

消费者均衡研究的是消费者在既定收入的情况下，如何实现效用最大化的问题。

在研究消费者均衡时，我们假设：消费者的偏好是既定的；每1元货币的边际效用对消费者都是相同的。消费者均衡正是要说明在这些假设条件之下，消费者如何把有限的收入分配于各种商品的购买与消费上，以获得最大的效用。

2.消费者均衡的条件

在运用边际效用分析法来说明消费者均衡时，消费者均衡的条件是：消费者用全部收入所购买的各种商品所带来的边际效用，与为购买这些商品所支付的价格的比值相等，或者说每1单位货币所得到的边际效用相等。

假设消费者的收入为I，消费者购买并消费X与Y两种商品，X与Y的价格为P_X与P_Y，所购买的数量为X与Y，X与Y所带来的边际效用为MU_X与MU_Y，每1单位货币的边际效用为λ。这样，可以把消费者均衡的条件写为：

$$P_X \cdot X + P_Y \cdot Y = I \tag{3.3}$$

$$\frac{MU_X}{P_X} = \frac{MU_Y}{P_Y} = \lambda \tag{3.4}$$

上述（3.3）式是约束条件，说明收入是既定的，购买X与Y商品的支出不能超过收入，也不能小于收入。超过收入的购买是无法实现的，而小于收入的购买也达不到既定收入时的效用最大化。(3.4）式是消费者均衡的条件，即购买的X与Y商品所带来的边际效用与其价格之比相等，也就是说，每1单位货币不论用于购买X商品，还是购买Y商品，所得到的边际效用都相等。

上述消费者均衡条件可推广至多种商品，设各种商品的价格为P_1，P_2，P_3，…，P_n，购买量为Q_1，Q_2，Q_3，…，Q_n，各种物品的边际效用为MU_1，MU_2，MU_3，…，MU_n，则可以把消费者均衡条件写为：

$$P_1 \cdot Q_1 + P_2 \cdot Q_2 + P_3 \cdot Q_3 + \cdots + P_n \cdot Q_n = I \tag{3.5}$$

$$\frac{MU_1}{P_1} = \frac{MU_2}{P_2} = \frac{MU_3}{P_3} = \cdots = \lambda \tag{3.6}$$

3.消费者均衡的举例说明

我们可以用一个具体例子来说明消费者的均衡条件。

设I = 10元，$P_X = 2$元，$P_Y = 1$元，X与Y的边际效用如表3-2所示，总效用如表3-3所示。

表3-2 **某消费者的边际效用表**

X（Y）数量	1	2	3	4	5	6	7	8
MU_X	18	16	14	12	10	8	6	4
MU_Y	10	9	8	7	6	5	4	3

可以根据表3-2与表3-3来说明为什么只有符合以上两个条件时，才能使效用达到最大。

表3-3 **某消费者的总效用表**

组合方式	$\frac{MU_X}{P_X}$与$\frac{MU_Y}{P_Y}$	总效用
X = 1，Y = 8	$\frac{18}{2} > \frac{3}{1}$	70
X = 2，Y = 6	$\frac{16}{2} > \frac{5}{1}$	79
X = 3，Y = 4	$\frac{14}{2} = \frac{7}{1}$	82
X = 4，Y = 2	$\frac{12}{2} < \frac{9}{1}$	79

从表3-3中可以看出各种组合都满足（3.3）式的预算约束，即各种组合都正好用完10元，但只有在X = 3，Y = 4时才满足$\frac{MU_X}{P_X} = \frac{MU_Y}{P_Y}$的条件，因此，也只有这种组合X与Y所带来的总效用最大为82效用单位，其他X与Y的组合所带来的总效用都不是最大。

4.个人需求曲线的推导

基数效用论采用边际效用分析法及消费者均衡条件来推导消费者的个人需求曲线。

基数效用论者认为，商品的需求价格取决于商品的边际效用。具体来说，如果某一单位商品的边际效用越大，则消费者为购买这一单位的商品所愿意支付的价格就越高；反之，如果某一单位商品的边际效用越小，则消费者为购买这一单位的商品所愿意支付的价格就越低。

由于边际效用递减规律的存在，随着消费者对某商品消费量的连续增加，该商品所带来的边际效用是递减的，相应地，消费者为购买这种商品所愿意支付的最高价格即需求价格也是越来越低的。这就意味着，需求量与价格成反方向变动，即在其他条件不变的情况下，需求量越多（边际效用越小）价格越低；反之，需求量越少（边际效用越大）则价格越高。这就说明个人的需求曲线是向右下方倾斜的，这与前述的需求定理吻合。

下面我们用基数效用论者的消费者均衡条件来分析。考虑消费者购买某种商品的情况，可将均衡条件改写为：

$$\frac{MU}{P}=\lambda \tag{3.7}$$

它表示：消费者对任何一种商品的最优购买量应该使最后1元钱购买该商品所带来的边际效用与所付出的这1元钱的边际效用相等。该式还意味着：随着需求量的不断增加，由于边际效用MU是递减的，为了保证（3.7）式均衡条件的实现，在货币的边际效用λ不变的前提下，商品的需求价格P必然同比例于边际效用MU的递减而递减，从而说明了需求量与价格是成反方向变动的。

图3-2（a）表明了商品的边际效用随着数量的增加而递减，然而，为了实现最大效用，消费者必须满足（3.7）式的均衡条件，而（3.7）式恰恰表明价格P必然同比例于边际效用MU的变化而变化，因此，可以用价格P来代替纵轴的边际效用MU，此时，我们就得到了价格P与需求量Q之间的反向关系，即推导出个人的需求曲线D向右下方倾斜，如图3-2（b）所示。

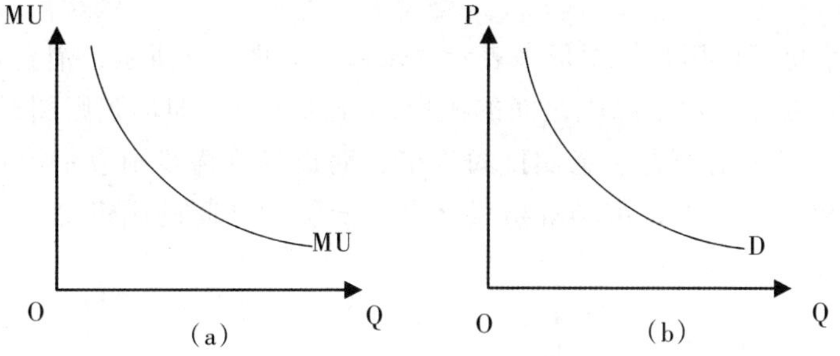

图3-2　个人需求曲线的推导

四、边际效用分析法的运用

1.消费者剩余

消费者剩余（Consumer Surplus，CS）是指消费者在购买一定数量的某种商品时愿意支付的价格和实际支付的价格之间的差额。如前所述，消费者是根据自己对商品效用的评价来决定愿意支付的价格的。而商品的市场价格却是由供求关系决定的。当需求价格大于实际支付的价格时，就产生了一种差额，这个差额就被称为消费者剩余。

关于消费者剩余的形成，可用表3-4来说明。

表3-4 **消费者购买某商品的消费者剩余表** 单位：元

愿意支付的价格	购买单位	市场价格	消费者剩余
8	购买第1单位	4	4
7	购买第2单位	4	3
6	购买第3单位	4	2
5	购买第4单位	4	1
4	购买第5单位	4	0

表3-4中的市场价格是固定的，它是消费者购买商品实际支付的价格；而消费者愿意支付的价格，则由边际效用递减规律决定，随着购买量的增加逐步下降。消费者剩余就等于消费者愿意支付的价格与实际支付的价格的差额。现以购买某商品为例，假如市场上由供求关系决定每单位某商品的价格为4元，某消费者买了5单位该商品，由于边际效用递减，其所买的第5单位该商品的边际效用最小，第4单位、第3单位、第2单位、第1单位该商品的效用，依次增大。由于每单位该商品对消费者的效用大小不同，消费者愿意支付的价格也必然不同。

如表3-4所示，第1单位该商品他愿意付出8元，而按市场价格实际支付4元，消费者剩余为4元。第2单位该商品他愿意付出7元，消费者剩余为3元。第3单位该商品他愿意付出6元，消费者剩余为2元。第4单位该商品他愿意付出5元，消费者剩余为1元。第5单位该商品他愿意付出4元，无消费者剩余，即第5单位该商品的边际效用所决定的需求价格与市场价格一致。这样，消费者购买5单位该商品愿意付出的价格总计为8+7+6+5+4=30（元）；而购买5单位该商品时按第5单位该商品他愿意付出的价格4元（正好等于市场价格4元）购买了每单位该商品，总计实际付出20元。愿意支付价格与实际支付价格之差为30－20=10（元），这10元就是消费者剩余，也可以由加总每单位消费者剩余求得总消费者剩余。

消费者剩余也可以用几何图形来表示并求解。如图3-3所示，消费者剩余为需求曲线之下、市场价格线之上以及纵轴之间的阴影部分的面积，即不规则图形P_0AB的面积。理由是，需求曲线表示消费者愿意支付的价格，而市场价格线则表示消费者实际支付的价格，因此，需求曲线之下，市场价格线之上以及纵轴之间的阴影部分的面积就是消费者剩余。

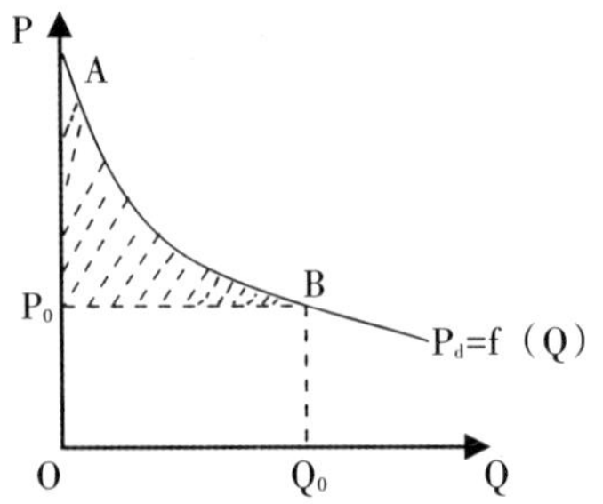

图3-3 消费者剩余

消费者剩余还可以用数学公式来求解。令反需求函数为$P_d = f(Q)$，价格为P_0时的消费者的需求量为Q_0，则消费者剩余为不规则图形$OABQ_0$的面积减去矩形OP_0BQ_0的面积，即：

$$CS = \int_0^{Q_0} f(Q)\,dQ - OP_0BQ_0 \tag{3.8}$$

消费者剩余并不是消费者的实际收入，而只是他的一种心理感觉，或称无形节约。当消费者愿意付出的价格等于实际价格时，这时的购买称为边际购买，而愿意付出的价格等于实际价格时的价格，则称为边际价格。消费者剩余的实质就是表示消费者按同一边际价格购买若干单位的商品所获得的总效用大于他实际支出的货币量。

2.价值悖论

价值悖论（Paradox of Value）又称价值之谜，是由亚当·斯密在《国富论》中提出来的，指有些东西效用很大，但价格很低（如水）；有些东西效用不大，但价格很高（如钻石）。

解释这一谜题的关键是区分总效用（TU）与边际效用（MU），水的总效用远大于钻石的总效用，所以给人的感觉是水比钻石有用。然而，根据基数效用论的消费者均衡条件 $\frac{MU}{P} = \lambda$，一种商品的价格是由其边际效用决定的。钻石的边际效用很大，水的边际效用很小，只有用钻石的高价格除其高边际效用，用水的低价格除其低边际效用，用于二者的每1元支出的MU才相等，进而才能实现消费者的效用最大化。

对价值悖论的解释也帮助我们理解了“物以稀为贵”这句俗语，其含义是稀有物品由于“稀有”，所以MU较大，为了实现消费者均衡，要求相应的价格较高，即“贵”。

第三节　序数效用论的无差异曲线分析

在本节中我们介绍序数效用论者如何运用无差异曲线分析法来说明消费者均衡的实现，即消费者效用最大化的实现。

一、无差异曲线

序数效用论者认为，商品给消费者带来的效用大小应用顺序或等级来表示。为此，序数效用论者提出了消费者偏好的概念。

1.消费者的偏好

先来看看消费者偏好的含义。所谓偏好，就是爱好或喜欢的意思。序数效用论者认为，对于各种不同的商品组合，消费者的偏好程度是有差别的，正是这种偏好程度的差别，反映了消费者对这些不同的商品组合的效用水平的评价。具体来讲，给定A、B两个商品组合，如果某消费者对A商品组合的偏好程度大于B商品组合，那也就是说，该消费者认为A组合的偏好程度大于B组合，或者说，A组合给消费者带来的满足程度大于B组合。

关于消费者偏好的三个基本假定：

第一个假定是偏好的完备性，也称为偏好的完全性。偏好的完备性是指消费者总是可以比较和排列所给出的不同的商品组合。具体来讲，对于任何两个商品组合A和B，消费者总是可以做出，而且也仅仅只能做出以下三种判断中的一种：对A组合的偏好程度大于对B组合的偏好程度；或者对B组合的偏好程度大于对A组合的偏好程度；或者对A组合的偏好程度与对B组合的偏好程度相同，即A组合与B组合对消费者来说是无差异的。偏好的完备性假定保证消费者对于偏好的表达方式是完备的，消费者总是可以把自己的偏好评价准确地表达出来。

第二个假定是偏好的可传递性。可传递性指对于任何三个商品组合A、B和C，如果消费者对A商品组合的偏好程度大于对B商品组合的偏好程度，对B商品组合的偏好程度大于对C商品组合的偏好程度，那么，在A、C这两个组合中，消费者必定会有对A商品组合的偏好大于对C商品组合的偏好。偏好的可传递性假定保证了消费者偏好的一致性，因而也是理性的。

第三个假定是偏好的不充分满足性，也称为偏好的非饱和性。该假定指如果两个商品组合的区别仅在于其中一种商品的数量不相同，那么，消费者总是偏好含有这种商品数量较多的那个商品组合。这就是说，消费者对每一种商品的消费都没有达到饱和点（MU为0的临界点），或者说，对于任何一种商品，消费者总是认为数量多比数量少好。

2.无差异曲线的含义及特点

无差异曲线是表示能够给消费者带来相同的效用水平或满足程度的两种商品的所有组合的曲线，即在该曲线上两种商品的不同数量的组合带来的效用完全相同，无差别。

现假定X、Y两种商品有A、B、C、D四种组合方式，每种组合方式对消费者的效用即满足程度是相同的。其具体组合情况如表3-5所示。

表3-5 **某消费者的无差异表**

组合方式	X商品的数量	Y商品的数量
A	1	9
B	2	6
C	3	4
D	4	3

根据表3-5绘制的无差异曲线如图3-4所示。

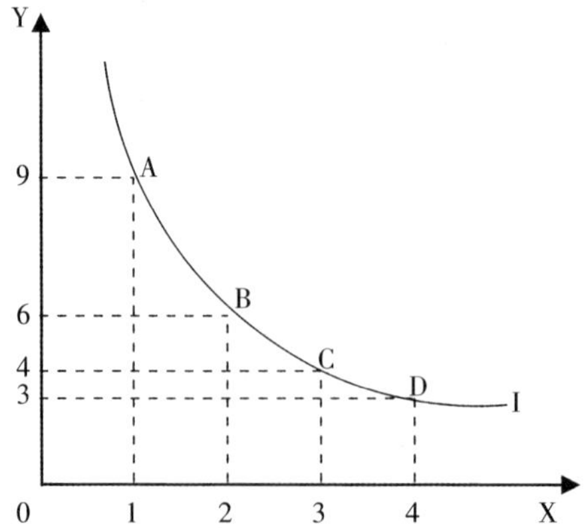

图3-4 某消费者的无差异曲线

图3-4中X、Y代表两种商品的数量，I代表无差异曲线，A、B、C、D分别代表四种不同的组合方式。在无差异曲线的任何一点上X与Y的不同的数量组合给消费者带来的效

用是相同的。如图3-4所示，无差异曲线是一条凸向原点O和向下方倾斜的线，其斜率为负值。它表明：增加一种商品的消费，必须减少另一种商品的消费，以得到相同的总效用；两种商品在满足消费者的需要方面，可以相互替代，不能同时增加或减少。

无差异曲线具有如下三个特点：

第一，无差异曲线是凸向原点的，切线斜率为负，且其切线斜率的绝对值是递减的。

第二，在同一平面上的任意两条无差异曲线不可能相交。

第三，距离原点越远的无差异曲线，所代表的效用水平越高，满足程度越大。

3.边际替代率

边际替代率（Marginal Rate of Substitution，MRS）是指消费者在保持总效用水平不变的前提下，消费者增加一单位某种商品的消费数量时所需要放弃的另一种商品的消费数量，即减少一种商品的消费数量与增加另一种商品的消费数量之比，也就是沿着同一条无差异曲线，一种商品替代另一种商品的比率。

如果以ΔX代表商品X的增加量，以ΔY代表商品Y的减少量，以MRS_{XY}代表用商品X代替商品Y的边际替代率，则边际替代率的公式为：

$$MRS_{XY}=-\frac{\Delta Y}{\Delta X} \tag{3.9}$$

由于ΔX代表商品*X*的增加量，ΔY代表商品Y的减少量，两者的符号正好相反，所以，为了使MRS_{XY}的结果为正值，以便于比较，就在公式中加了一个负号。

经济学家认为商品的边际替代率是递减的，即在维持效用水平不变的前提下，随着一种商品的消费数量的连续增加，消费者为得到每一单位的这种商品所需要放弃的另一种商品的消费数量是递减的。这主要是由边际效用递减规律所决定的。因为随着X商品的增加，其边际效用在递减；随着Y商品的减少，其边际效用在递增。这样，每增加一定量X商品，所能代替的Y商品的数量会越来越少，即X以同等数量增加，所减少的Y越来越少，从而边际替代率是递减的。现举例说明如表3-6所示。

表3-6　**某消费者的边际替代率表**

组合方式	X商品的数量	Y商品的数量	MRS_{XY}
A	1	9	
B	2	6	3
C	3	4	2
D	4	3	1

假如消费者连续每次多购买一个单位的X商品，则由A组合转变为B组合时，需减少3个单位的Y商品的购买；由B组合转变为C组合时，需减少2个单位的Y商品的购买；由C组合转变为D组合时，需减少1个单位的Y商品的购买。由此可以看出，为了保持效用水平不变，随着X商品数量的连续增加，它所能取代的Y商品的数量是递减的，即X商品对Y商品的边际替代率MRS_{XY}是递减的。

边际替代率在图形上代表无差异曲线切线的斜率，边际替代率递减，表明无差异曲线切线斜率的绝对值是递减的，即无差异曲线凸向原点。

4.无差异曲线的特殊形状

无差异曲线的形状表明在维持效用水平不变的前提下一种商品对另一种商品的替代程度。由边际替代率递减规律决定的无差异曲线的形状是凸向原点的，这是无差异曲线的一般形状。接下来，我们考察两种特殊形状的无差异曲线。

第一，完全替代品（Perfect Substitute）。完全替代品指两种商品之间的替代比例是固定不变的，即边际替代率是一个常数，相应的无差异曲线是一条斜率不变的直线。例如，在某消费者看来，一枚1元硬币与两枚5角硬币之间是无差异的，两者总是可以以1：2的比例相互替代，相应的无差异曲线如图3-5（a）所示。

第二，完全互补品（Perfect Complement）。完全互补品指两种商品必须按固定不变的比例同时被使用的情况。因此，在完全互补的情况下，相应的无差异曲线为直角形状。例如，一只左鞋必须和一只右鞋同时配合使用，才能有效用，相应的无差异曲线如图3-5（b）所示。

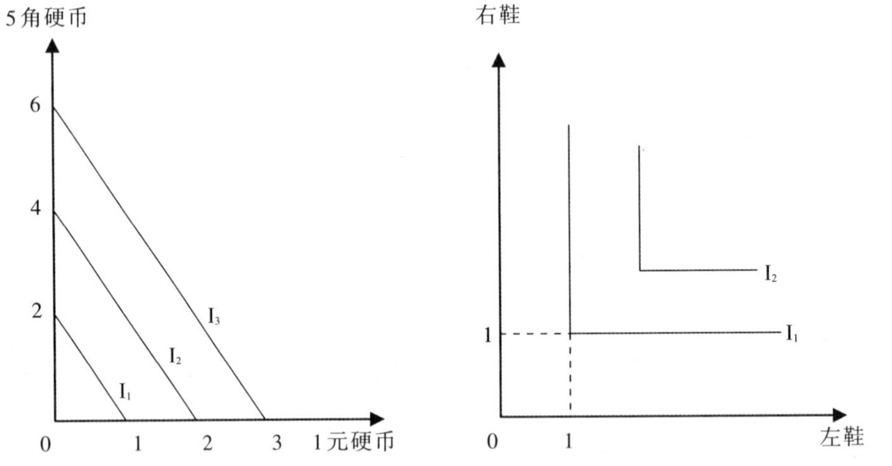

图3-5 完全替代品和完全互补品的无差异曲线

二、预算线

1.预算线的含义

预算线又称为消费可能线，是表示在消费者的收入和商品价格一定的条件下，消费者的全部收入所能购买到的两种商品的最大数量组合。它表示消费者消费的最大可能性，是用来分析个人最佳购买行为和消费者均衡的工具之一。

现假定某消费者收入为100元，用于购买X和Y两种商品，其中X的价格为5元，Y的价格为4元。如果他把收入全部用来购买X，可购买20个单位；如果全部用来购买Y，可购买25个单位。据此，可做出预算线如图3-6所示。

在图3-6中，横轴表示X商品的可能购买量，纵轴表示Y商品的可能购买量。A点表示把收入全部用来购买X，可购买20个单位的X商品，B点表示把收入全部用来购买Y，可购买25个单位的Y商品。AB线就表示消费者的预算线。在AB上的任意一点，就是消费者所能购买的最大限度的两种商品的组合量。相反，如取AB线内的任意一点（如C），表示消费者的购买仍有潜力；如取AB线外任意一点（如F），则表示消费者在现有收入和价格的条件下无法达到的消费水平。

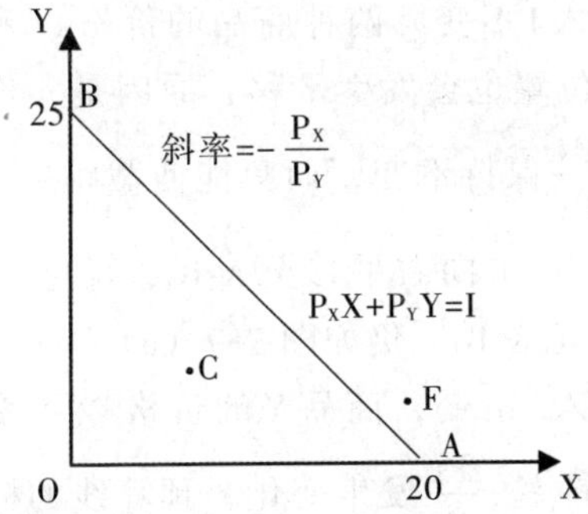

图3-6　预算线

下面，我们由以上的具体例子转向对预算线的一般分析。

假定以I表示消费者的收入，以P_X和P_Y分别表示商品X和商品Y的价格，以X和Y分别表示商品X和商品Y的数量，则相应的预算线为：

$$P_X \cdot X + P_Y \cdot Y = I \tag{3.10}$$

上式表明：消费者的全部收入用来购买商品X和商品Y的最大可能组合。而且，可以用$\frac{I}{P_X}$和$\frac{I}{P_Y}$来分别表示全部收入仅购买商品X或商品Y的数量，它们分别表示预算线的横截距和纵截距。此外，上式还可改写为：

$$Y = \frac{I}{P_Y} - \frac{P_X}{P_Y} \cdot X \tag{3.11}$$

该式告诉我们，预算线的斜率为$-\frac{P_X}{P_Y}$，纵截距为$\frac{I}{P_Y}$。

2.预算线的变动

从以上的分析可知，在消费者的收入I、商品X的价格P_X和商品Y的价格P_Y这三者之中，只要有一个发生变化，原有的预算线就会发生变化。

预算线的变动可以归纳为以下五种情况。

第一种情况：两种商品的价格P_X和P_Y不变，消费者的收入I发生变化。在这种情况下，预算线的位置会发生平移，即预算线的斜率不变，截距发生变化。具体而言，收入I增加，截距变大，预算线由AB向右平移至A_2B_2；反之，收入I减少，截距变小，预算线由AB向左平移至A_1B_1，如图3-7（a）所示。

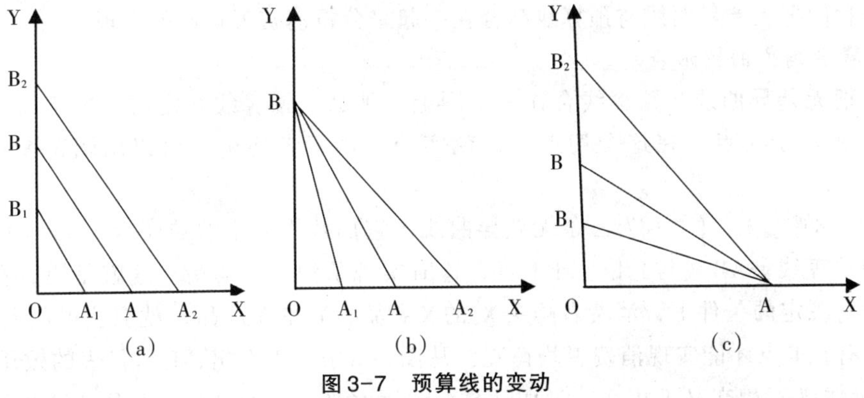

图3-7　预算线的变动

第二种情况：消费者的收入I不变，两种商品的价格P_X和P_Y同比例、同方向发生变化。在这种情况下，预算线的位置也会发生平移，原因是，价格P_X和P_Y同比例、同方向发生变化时，预算线的斜率$-\frac{P_X}{P_Y}$保持不变，而只能使截距发生变化。具体而言，P_X和P_Y同比下降，截距变大，预算线由AB向右平移至A_2B_2；反之，价格P_X和P_Y同比提高，截距变小，预算线由AB向左平移至A_1B_1，仍如图3-7（a）所示。

第三种情况：消费者的收入I不变，商品Y的价格P_Y不变，商品X的价格P_X发生变化。在这种情况下，预算线的斜率$-\frac{P_X}{P_Y}$发生变化，预算线的横截距$\frac{I}{P_X}$也会发生变化，但预算线的纵截距$\frac{I}{P_Y}$保持不变。具体而言，P_X下降，全部收入能购买的X商品的数量会增加，即横截距变大，此时，纵截距不变，预算线由AB变为A_2B；反之，P_X提高，全部收入能购买的X商品的数量会减少，即横截距变小，此时，纵截距同样保持不变，预算线则由AB变为A_1B，如图3-7（b）所示。

第四种情况：消费者的收入I不变，商品X的价格P_X不变，商品Y的价格P_Y发生变化。在这种情况下，预算线的斜率$-\frac{P_X}{P_Y}$发生变化，预算线的纵截距$\frac{I}{P_Y}$也会发生变化，但预算线的横截距$\frac{I}{P_X}$保持不变。具体而言，P_Y下降，全部收入能购买的Y商品的数量会增加，即纵截距变大，此时，横截距不变，预算线由AB变为AB_2；反之，P_Y提高，全部收入能购买的Y商品的数量会减少，即纵截距变小，此时，横截距同样保持不变，预算线则由AB变为AB_1，如图3-7（c）所示。

第五种情况：消费者的收入I与两种商品的价格P_X和P_Y同比例同方向发生变化。这时预算线不发生变化，预算线的斜率$-\frac{P_X}{P_Y}$，以及预算线的截距$\frac{I}{P_X}$和$\frac{I}{P_Y}$都不会发生变化。

此外，当消费者的收入I与两种商品的价格P_X和P_Y不同比例、不同方向发生变化时，情况比较复杂，需要具体问题具体分析。

三、序数效用论者的消费者均衡

现在我们把无差异曲线与预算线结合在一起来分析消费者均衡的实现。

1.消费者均衡的图形表示

如果把无差异曲线与预算线合在一个图上，那么，预算线必定与无数条无差异曲线中的一条相切于一点，在这个切点上，就实现了消费者均衡，可以用图3-8来说明这一点。

在图3-8中，I_1，I_2，I_3为三条无差异曲线，它们效用大小的顺序为$I_1 < I_2 < I_3$。AB为消费者的预算线。AB线与I_2相切于E点，这时实现了消费者均衡。这就是说，在消费者收入与价格既定的条件下，消费者购买X_e的X商品，Y_e的Y商品，就能获得最大的效用。为什么只有在E点才能实现消费者均衡呢？从图3-8中可以看出，I_3所代表的效用大于I_2，但I_3与AB线既不相交又不相切，说明达到I_3效用水平的X商品与Y商品的数量组合在收

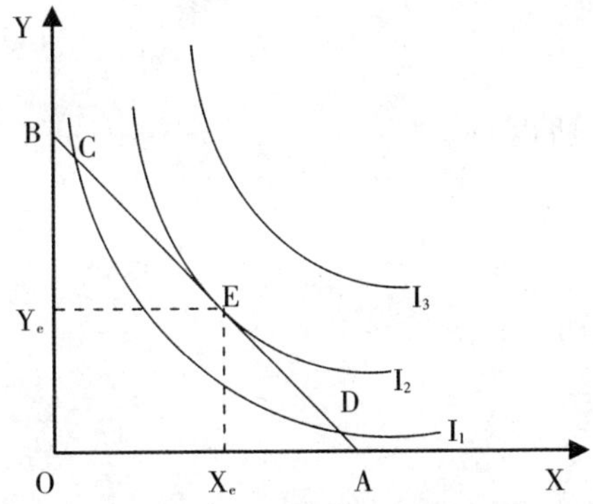

图 3-8　消费者的均衡

入与价格既定的条件下是无法实现的。AB线与I_1相交于C和D点，在C和D点上所购买的X商品和Y商品的数量也是收入与价格既定条件下最大的组合，但$I_1<I_2$，C点和D点上的X商品与Y商品的组合并不能达到最大效用。此外，I_2除E之外的其他各点在AB线之外，即所要求的X商品与Y商品数量的组合是收入与价格既定条件下无法实现的。由此看来，只有在E点时才能实现消费者均衡。

2.消费者均衡的数学表示

在预算线与无差异曲线的切点上，预算线的斜率正好等于无差异曲线切线的斜率。而正如前面的分析已经表明的，预算线的斜率等于$-\frac{P_X}{P_Y}$，无差异曲线切线的斜率为$-MRS_{XY}$，所以，消费者均衡的条件可表述为：$-\frac{P_X}{P_Y}=-MRS_{XY}$，即$MRS_{XY}=\frac{P_X}{P_Y}$。

上式表明，只有当消费者把他的全部收入在商品X和商品Y之间作了如下分配，即商品X替代商品Y的边际替代率等于商品X与商品Y的价格比率时，消费者才达到均衡状态。

举例来说，若$MRS_{XY}=-\frac{\Delta Y}{\Delta X}=\frac{1}{0.5}>\frac{1}{1}=\frac{P_X}{P_Y}$，那么，从不等式右边看，在市场上，消费者减少1单位的Y商品购买，就可以增加1单位的X商品购买。而从不等式的左边看，消费者的偏好认为，在减少1单位的商品Y时，只需增加0.5单位的商品X，就可以维持原有的满足程度。这样，消费者就因多得到0.5单位的商品X而使总效用增加。所以，在这种情况下，理性的消费者必然会不断地减少对商品Y的购买而增加对商品X的购买，以便获得更大的效用。

若$MRS_{XY}<\frac{P_X}{P_Y}$，同理可析。

四、无差异曲线分析法与边际效用分析法的比较

在无差异曲线的分析中，因为无差异曲线上各种商品组合所带来的效用相同，那么该消费者从增加商品X的消费中所获得的效用应该等于从减少商品Y的消费中所减少的效用，即：

$$|MU_X\cdot\Delta X|=|MU_Y\cdot\Delta Y| \tag{3.12}$$

如果ΔX为正值，则ΔY为负值，所以上式可改写为：

$$-\frac{\Delta Y}{\Delta X}=\frac{MU_X}{MU_Y}$$

又因为 $MRS_{XY}=-\frac{\Delta Y}{\Delta X}$，所以：

$$MRS_{XY}=\frac{MU_X}{MU_Y} \tag{3.13}$$

又由于 $MRS_{XY}=\frac{P_X}{P_Y}$，从而有：

$MRS_{XY}=\frac{P_X}{P_Y}=\frac{MU_X}{MU_Y}$，即：

$$\frac{MU_X}{P_X}=\frac{MU_Y}{P_Y} \tag{3.14}$$

这与前面基数效用论者采用边际效用分析法所得到的结论一致，由此可见，两种分析方法所得到的消费者均衡条件是相同的，以序数效用论和基数效用论为基础的消费者行为理论并没有本质的区别。

第四节　个人需求曲线的推导

商品的价格变动会引起消费者预算线的变动，从而影响其对该商品的购买行为。

一、价格-消费曲线

在其他条件不变时，一种商品的价格变化会使消费者均衡发生变化，与某种商品的不同价格水平相联系的消费者效用最大化的均衡点是不同的。我们将这些点的轨迹连接起来，就得到了价格-消费曲线。

下面我们用图3-9（a）来说明价格-消费曲线的形成。

在图3-9（a）中，假设商品X的初始价格为P_1，相应的预算线为AB，它与无差异曲线I_1相切于效用最大化的均衡点E_1点。如果商品X的价格由P_1下降为P_2，相应的预算线由AB变为A_1B，从而A_1B与另一条较高无差异曲线I_2相切于E_2点。若商品X的价格再由P_2下降为P_3，则相应的预算线由A_1B变为A_2B，此时A_2B与另一条较高无差异曲线I_3相切于E_3点。以此类推，随着商品X的价格的不断变化，可以找到无数个诸如E_1、E_2、E_3这样的效用最大化的均衡点，将这些点连接起来，它们的轨迹就是价格-消费曲线，如图3-9（a）所示。

二、个人需求曲线的推导

经济学家之所以对价格-消费曲线感兴趣，一个主要原因是它能够用来推导出所论及商品的个人需求曲线。

个人需求曲线表示在消费者偏好、货币收入及其他商品价格不变的情况下，消费者在某种商品的不同价格水平下将购买该商品的数量。

下面我们用图3-9来说明个人需求曲线的推导。

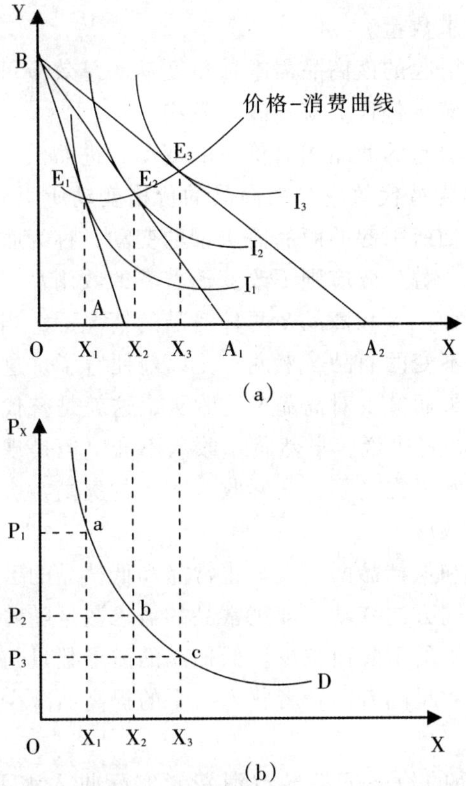

图3-9　价格-消费曲线和个人需求曲线

从图3-9（a）中价格-消费曲线上的三个均衡点E_1、E_2、E_3可以看出，在每一个均衡点上，都存在着商品X的价格与商品X的需求量之间一一对应的关系，即：在均衡点E_1处，商品X的价格为P_1，商品X的需求量为X_1；在均衡点E_2处，商品X的价格由P_1下降为P_2，商品X的需求量由X_1增加为X_2；在均衡点E_3处，商品X的价格再由P_2下降为P_3，商品X的需求量则由X_2增加为X_3。根据商品X的价格和需求量之间的这种一一对应的关系，把每一个P_X值与相应的均衡点上的X值绘制在商品的价格-数量坐标图上，便可以得到单个消费者的需求曲线，如图3-9（b）中的曲线D所示。在图3-9（b）中，横轴表示商品X的数量，纵轴表示商品X的价格。其中，图3-9（b）中需求曲线D上的a、b、c三点分别和图3-9（a）中的价格-消费曲线上的三个均衡点E_1、E_2、E_3相对应。

第五节　替代效应和收入效应

一种商品价格变化会引起该商品的需求量的变化，这种变化可分解为替代效应和收入效应两个部分。

一、替代效应和收入效应的含义

当一种商品的价格发生变化时，会引起两个方面的相应变化：一是使商品的相对价格发生变化；二是使消费者的实际收入水平发生变化，即购买力发生变化。这两种变化都会改变消费者对该商品的需求数量。

一种商品价格变化所引起的该商品需求数量变动的总效应可以被分解为替代效应和收入效应两个部分，即总效应 = 替代效应 + 收入效应。

由商品的价格变动所引起的商品相对价格的变动，进而由商品相对价格的变动所引起的商品需求量的变动，称为替代效应。由商品的价格变动所引起的实际收入水平的变动，进而由实际收入水平的变动所引起的商品需求量的变动，称为收入效应。收入效应表示消费者的效用水平发生变化，替代效应则不改变消费者的效用水平。

例如，在消费者购买商品X和商品Y两种商品的情况下，当商品X的价格下降时，一方面，商品X相对于价格不变的商品Y来说，比以前便宜了。这种相对价格的变化，会使消费者增加对商品X的购买而减少对商品Y的购买，这就是替代效应。另一方面，当商品X的价格下降时，对于消费者来说，虽然货币收入不变，但是现有的货币收入的购买力增强了，也就是说实际收入水平提高了。实际收入水平的提高，会使消费者改变对这两种商品的购买量，这就是收入效应。

商品可以分为正常品和低档品两大类。正常品和低档品的区别在于：正常品的需求数量与消费者的收入水平成同方向变动，即正常品的需求数量随着消费者收入水平的提高而增加，随着消费者收入水平的下降而减少。低档品的需求数量与消费者的收入水平成反方向变动，即低档品的需求数量随着消费者收入水平的提高而减少，随着消费者收入水平的下降而增加。

由此可知：当正常品的价格下降导致消费者实际收入水平提高时，消费者会增加对该正常品的需求数量；相反，当正常品的价格上升导致消费者实际收入水平下降时，消费者会减少对该正常品的需求数量，即正常品的收入效应与价格成反方向变动。而对于低档品来说，当低档品的价格下降导致消费者实际收入水平提高时，消费者会减少对该低档品的需求数量；相反，当低档品的价格上升导致消费者实际收入水平下降时，消费者会增加对该低档品的需求数量，即低档品的收入效应与价格成同方向变动。

对于正常品和低档品而言，其替代效应与价格都是成反方向变动的，即价格下降，需求量增加；价格上升，需求量减少。

下面我们来具体分析。

二、正常品的替代效应和收入效应

我们用图3-10来分析正常品价格下降时的替代效应和收入效应。

图3-10中横轴和纵轴分别表示商品X和商品Y的数量，其中，商品X为正常品。在商品价格变化之前，消费者的预算线为AB，该预算线与无差异曲线I_1相切于a点，a点是消费者效用最大化的一个均衡点，在a点，商品X的需求量为OX_1。假设商品X的价格下降使预算线由AB移至A_2B。新的预算线A_2B与另一条代表更高效用水平的无差异曲线I_2相切于b点，b点是商品X的价格下降后的消费者的效用最大化的均衡点，在b点，商品X的需求量为OX_2。

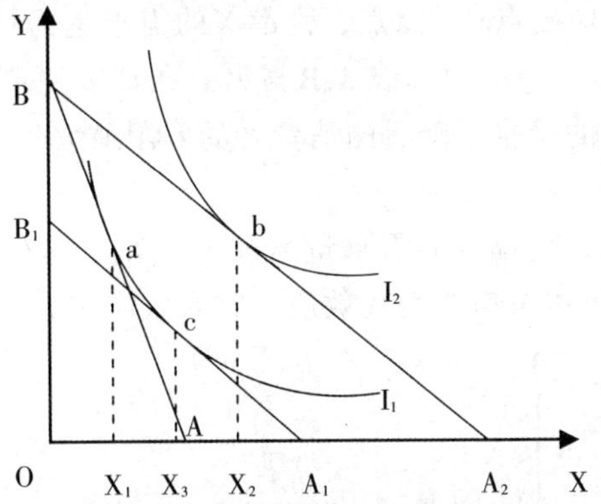

图3-10 正常品的替代效应和收入效应

比较a、b两个均衡点，商品X的需求量增加了X_1X_2，这就是商品X的价格下降所引起的总效应。这个总效应可以分解为替代效应和收入效应。

首先来分析替代效应。

假定我们能够在商品X的价格下降时使消费者的货币收入适当地减少，从而使他保持原有的效用水平不变，即将价格下降后的新预算线A_2B向左平移至A_1B_1，并确保A_1B_1与原无差异曲线I_1相切于c点。所谓的替代效应，就是指从原来的均衡点a点到与假想的预算线A_1B_1相对应的均衡点c点的移动，也就是当效用水平保持不变时，由价格的相对变化所引起的对商品X的需求量的变化。此时，由商品X价格下降的替代效应所引起的对商品X的需求量的增加量为X_1X_3，是一个正值，即替代效应的符号为正，也就是说，正常品的替代效应与价格成反方向变动。

再来分析收入效应。

现在我们将图中假想的预算线A_1B_1向右上方再推回到A_2B的位置，于是，消费者的效用最大化的均衡点就会由无差异曲线I_1上的c点回复到无差异曲线I_2上的b点，相应的需求数量的变化量X_3X_2就是收入效应。这是因为，在我们上面分析替代效应时，为了剔除实际收入水平的影响，将预算线A_2B平移到A_1B_1处，所以，当预算线由A_1B_1再移回到A_2B时，相应的需求数量的增加量X_3X_2必然就是收入效应。收入效应是由于商品X的价格变化所引起的实际收入水平的变化而引起的。收入效应改变消费者的效用水平。

在本例中，收入效应X_3X_2是一个正值。这是因为，对于正常品来说，其价格下降使得消费者的实际收入水平提高时，消费者必定会增加对它的购买，即正常品的收入效应与价格成反方向变动。

综上所述，对于正常品来说，替代效应与价格成反方向变动，收入效应与价格也成反方向变动，在二者的共同作用下，总效应必定与价格成反方向变动。因此，正常品的需求曲线是向右下方倾斜的。

三、低档品的替代效应和收入效应

我们用图3-11来分析低档品价格下降时的替代效应和收入效应。

图3-11中横轴和纵轴分别表示商品X和商品Y的数量，其中，商品X为低档品。在商品价格变化之前，消费者的预算线为AB，该预算线与无差异曲线I_1相切于a点，a点是

消费者效用最大化的一个均衡点，在a点，商品X的需求量为OX_1。假设商品X的价格下降使预算线由AB移至A_2B。新的预算线A_2B与另一条代表更高效用水平的无差异曲线I_2相切于b点，b点是商品X的价格下降后的消费者的效用最大化的均衡点，在b点，商品X的需求量为OX_2。

比较a、b两个均衡点，商品X的需求量增加了X_1X_2，这就是商品X的价格下降所引起的总效应。这个总效应可以分解为替代效应和收入效应。

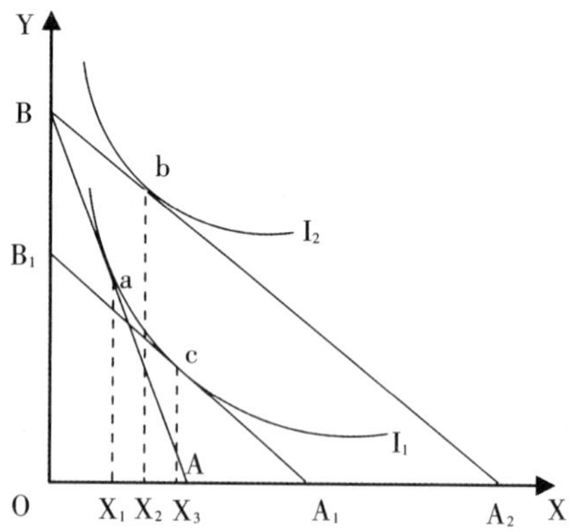

图3-11　低档品的替代效应和收入效应

首先来分析替代效应。

同样假定我们能够在商品X的价格下降时使消费者的货币收入适当地减少，从而使他保持原有的效用水平不变，即将价格下降后的新预算线A_2B向左平移至A_1B_1，并确保A_1B_1与原无差异曲线I_1相切于c点。所谓的替代效应，就是指从原来的均衡点a点到与假想的预算线A_1B_1相对应的均衡点c点的移动，也就是当效用水平保持不变时，由价格的相对变化所引起的对商品X的需求量的变化。此时，由商品X价格下降的替代效应所引起的对商品X的需求量的增加量为X_1X_3，是一个正值，即替代效应的符号为正，也就是说，低档品的替代效应与价格成反方向变动。

再来分析收入效应。

现在我们将图中假想的预算线A_1B_1向右上方再推回到A_2B的位置，于是，消费者的效用最大化的均衡点就会由无差异曲线I_1上的c点回复到无差异曲线I_2上的b点，相应的需求数量的变化量X_3X_2就是收入效应。这是因为，在我们上面分析替代效应时，为了剔除实际收入水平的影响，将预算线A_2B平移到A_1B_1处，所以，当预算线由A_1B_1再移回到A_2B时，相应的需求数量的变化量X_3X_2必然就是收入效应。收入效应是由于商品X的价格变化所引起的实际收入水平的变化而引起的。收入效应改变消费者的效用水平。

在这里，收入效应X_3X_2是一个负值。这是因为，对于低档品来说，其价格下降使得消费者的实际收入水平提高时，消费者必定会减少对它的购买，即低档品的收入效应与价格成同方向变动。

在图3-11中，商品X价格下降所引起的商品X的需求量的变化的总效应为X_1X_2，它是正的替代效应X_1X_3和负的收入效应X_3X_2之和。由于替代效应X_1X_3的绝对值大于收入效应X_3X_2的绝对值，即替代效应的作用大于收入效应的作用，所以，总效应X_1X_2是一个正值。

综上所述，对于低档品来说，替代效应与价格成反方向变动，收入效应与价格成同方向变动，同时由于在大多数情况下，替代效应的作用大于收入效应的作用，所以总效应必定与价格成反方向变动。因此，低档品的需求曲线也是向右下方倾斜的。

四、吉芬品的替代效应和收入效应

在个别情况下，某些低档品的收入效应的作用大于替代效应的作用，于是，就会出现需求曲线向右上方倾斜的现象，这违背了需求曲线向右下方倾斜的需求定理，这类物品就是吉芬品。

吉芬品是以英国人吉芬的名字命名的。吉芬于19世纪发现，1845年爱尔兰发生灾荒，土豆价格上升，但土豆需求量反而增加了。这一现象在当时被称为“吉芬难题”。这类需求量与价格成同方向变动的特殊商品也因此被称为吉芬品。

下面用图3-12来解释这个问题。

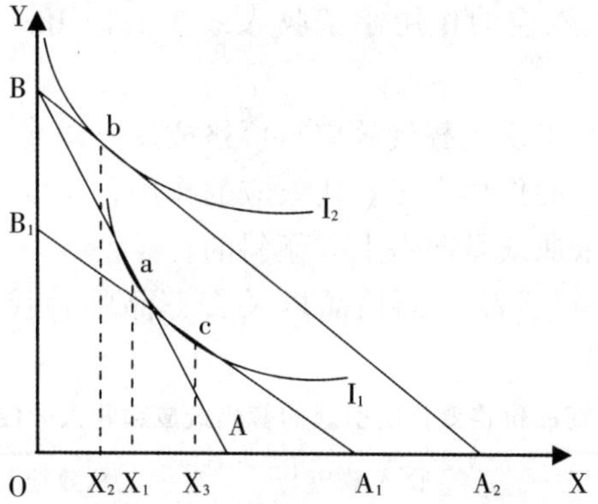

图3-12　吉芬品的替代效应和收入效应

图3-12中横轴和纵轴分别表示商品X和商品Y的数量，其中，商品X为吉芬品。在商品价格变化之前，消费者的预算线为AB，该预算线与无差异曲线I_1相切于a点，a点是消费者效用最大化的一个均衡点，在a点，商品X的需求量为OX_1。假设商品X的价格下降使预算线由AB移至A_2B。新的预算线A_2B与另一条代表更高效用水平的无差异曲线I_2相切于b点，b点是商品X的价格下降后的消费者的效用最大化的均衡点，在b点，商品X的需求量为OX_2。

比较a、b两个均衡点，商品X的需求量增加了X_1X_2，这就是商品X的价格下降所引起的总效应。这个总效应可以分解为替代效应和收入效应。

先来分析替代效应。

同样假定我们能够在商品X的价格下降时使消费者的货币收入适当地减少，从而使他保持原有的效用水平不变，即将价格下降后的新预算线A_2B向左平移至A_1B_1，并确保A_1B_1与原无差异曲线I_1相切于c点。所谓的替代效应，就是指从原来的均衡点a点到与假想的预算线A_1B_1相对应的均衡点c点的移动，也就是效用水平保持不变时，由价格的相对变化所引起的对商品X的需求量的变化。此时，由商品X价格下降的替代效应所引起的对商品X的需求量的增加量为X_1X_3，是一个正值，即替代效应的符号为正，也就是说，吉芬品的替代效应与价格成反方向变动。

再来分析收入效应。

现在我们将图3-12中假想的预算线A_1B_1向右上方再推回到A_2B的位置，于是，消费者的效用最大化的均衡点就会由无差异曲线I_1上的c点回复到无差异曲线I_2上的b点，相应的需求数量的变化量X_3X_2就是收入效应。这是因为，在我们上面分析替代效应时，为了剔除实际收入水平的影响，将预算线A_2B平移到A_1B_1处，所以，当预算线由A_1B_1再移回到A_2B时，相应的需求数量的变化量X_3X_2必然就是收入效应。收入效应是由于商品X的价格变化所引起的实际收入水平的变化而引起的。收入效应改变消费者的效用水平。

在这里，收入效应X_3X_2是一个负值。这是因为，对于吉芬品（吉芬品是低档品的特例）来说，其价格下降使得消费者的实际收入水平提高时，消费者必定会减少对它的购买，即吉芬品的收入效应与价格成同方向变动。

在图3-12中，商品X价格下降所引起的商品X的需求量的变化的总效应为X_1X_2，它是正的替代效应X_1X_3和负的收入效应X_3X_2之和。由于替代效应X_1X_3的绝对值小于收入效应X_3X_2的绝对值，即替代效应的作用小于收入效应的作用，所以，总效应X_1X_2是一个负值。

综上所述，对于吉芬品来说，替代效应与价格成反方向变动，收入效应与价格成同方向变动，同时由于收入效应的作用大于替代效应的作用，所以总效应必定与价格成同方向变动。因此，吉芬品的需求曲线是向右上方倾斜的。

现在将本节所分析的正常品、低档品以及吉芬品的替代效应和收入效应归纳于表3-7。

表3-7　**商品价格变化所引起的替代效应和收入效应**

商品类别	替代效应与价格的关系	收入效应与价格的关系	总效应与价格的关系	需求曲线的形状
正常品	反方向变化	反方向变化	反方向变化	向右下方倾斜
低档品	反方向变化	同方向变化	反方向变化	向右下方倾斜
吉芬品	反方向变化	同方向变化	同方向变化	向右上方倾斜

简要评析

本章分别介绍了基数效用论和序数效用论两大理论，并叙述了两大理论提出的消费者均衡实现条件，依据其均衡实现条件进一步推导出需求曲线，阐述了西方经济学对三种类型商品的收入效应和替代效应的分析。其中，基数效用论所运用的边际分析方法与数学中最优化问题的分析方法是相吻合的。边际分析方法可以用于解决现实经济社会中资源优化配置的相关问题。我们不否认商品效用的存在，但是西方经济学的效用论与马克思的劳动价值论在价值观上是对立的。用效用论论证商品的价值，忽略了生产过程，无法揭示价值创造和社会财富增加的真正源泉。

复习思考题

一、名词解释

1.偏好的完全性（东北财经大学2013研）

2.替代效应（中央财经大学2014研）

3.消费者剩余（中央财经大学2013研）

二、简答题

1.试解释水和金刚石的价值悖论。（中南财经政法大学2010研；厦门大学2010研）

2.简述无差异曲线及其特点。（华中科技大学2007研）

3.简述基数效用论与序数效用论的异同。（北京交通大学2014研）

三、计算题

1.设某消费者的效用函数为柯布–道格拉斯类型的，即$U=x^{\alpha}y^{\beta}$，商品x与y的价格分别为P_x和P_y，消费者收入为M，α和β为常数，且$\alpha+\beta=1$。

（1）求消费者关于商品x与y的需求函数。

（2）证明当商品x与y的价格以及消费者的收入同时变动一个比例时，消费者对两种商品的需求关系维持不变。

（3）证明消费者效用函数中的参数α和β分别为商品x与y的消费支出占消费者收入的份额。（南开大学2014研）

2.设李四消费x与y两种商品，他的效用函数为$U=L^{0.57}x^{0.06}y^{0.09}$，其中L为消费者闲暇小时数，假设李四的工资为每小时w，商品x与y的价格分别为P_x和P_y，每周为7天，每天是24小时，劳动工资是其收入的全部来源，求当他每周最大化其效用时：

（1）李四将选择每周工作多少小时并将其收入多大比例用于购买？

（2）李四消费x的需求价格弹性。

（3）如果李四的收入下降30%，y的价格下降50%，他将过得更好还是更坏？（南开大学2014研）

3.假设小明的效用函数为$U=x^{12}y^{38}$，其中x为食品消费量，y为其他商品消费量，且小明的收入为5 000元，x与y的价格均为10元，请计算：

（1）该居民的最优消费组合。

（2）如政府提供给居民2 000元的食品兑换券，此兑换券只能用于食品消费，则该居民的消费组合有何变化？（对外经济贸易大学2015研）

四、论述题

1.我国许多大城市，由于水源不足，自来水供应紧张，请运用边际效用递减规律，设计一种方案供政府来缓解或消除这个问题，并请回答这种措施：

（1）对消费者剩余有何影响。

（2）对生产资源的配置有何有利或不利的效应。

（3）对城市居民的收入分配有何影响，有何补救的办法。（北京交通大学2005研）

2.假定一个学生只消费食品和书本两种商品，在过去的4年中她生活在北京，每月她消费1份食品和2份书本，每份食品的价格为1元，每份书本的价格为2元，后来她考上了中山大学研究生并到广州生活。在那里她每月消费2份食品和2份书本，每份食品和书本的价格都是1元。请问：

（1）到广州后她每月的生活水平是提高了还是下降了？为什么？

（2）她的消费行为符合显示偏好弱公理吗？

（3）如果她搬到广州后每月消费的食品多于3份，那么她的消费行为还符合弱公理吗？为什么？

（4）如果她在北京生活时，每月消费4份食品和0.5份书本，那么她搬来广州后生活水平是提高了还是下降了？为什么？（提示：先画图，后回答）（中山大学2007研）

五、案例题

我为什么不买某种报——消费者剩余

有一份经济学方面的报纸，办得不错，内容还是颇有可读性的。但满满四开一张纸，居然索价1.5元，我从来不买。说真的，不是花不起这1.5元，而是觉得不值。对我这样的消费者来说，什么是值与不值呢？这就涉及消费者剩余这样一个概念。

作为一名消费者，我在买东西时对所购买的物品有一种主观评价。这种主观评价表现为我愿为这种物品所支付的最高价格，经济学上称为需求价格。决定这种需求价格的因素主要有两个：一是我感到它能给我带来的满足程度的高低，即效用的大小；二是与其他同类物品所带来的效用和价格的比较。我愿意出的最高价格并不一定等于供求双方决定的市场价格。如果我愿意出的最高价格高于市场价格，这两种价格之间的差额就称为消费者剩余。消费者剩余衡量消费者购买并消费某种物品所得到的经济福利的大小。消费者购买并消费物品是为了得到经济福利，所以，一种物品给消费者带来的消费者剩余越大，即市场价格越低于消费者愿意出的最高价格，消费者越愿意购买；反之，如果市场价格高于消费者愿意出的最高价格，消费者就会认为购买该物品不值得。或者说，如果消费者剩余为负数，消费者就不会购买了。

我不买某种报就因为它给我带来的消费者剩余是负值。这种报可以看，但不是不看不行。与其他同类报纸相比，我觉得它只值0.5元，即我愿意出的最高价格是0.5元。如果它定价为0.4元（即市场价格为0.4元），两者相比，我有一毛钱的消费者剩余（我愿意出的最高价格0.5元减去市场价格0.4元），我会购买。或者，它的定价为0.5元，没有消费者剩余，我也可以勉强买。但现在它的价格为1.5元，与我愿意支付的最高价格0.5元相比，我的消费者剩余为-1元，我当然不会买了。除非它的内容好到让我不读就吃不香、睡不着，或者其他同类报纸办得极糟或价格上升到与它相近的水平，我愿意支付的最高价格也上升到1.5元以上，否则打死我也不买。理由很简单，不值，买了有一种挨宰的感觉。

这里要注意的是，消费者对一种物品的评价完全是主观的，所以，愿意支付的最高价格也是主观的。消费者剩余并不是实际货币收入的增加，仅仅是一种心理上满足的感觉。即使购买了消费者剩余为负的物品也不是金钱的实际损失，无非是心理上挨宰的感觉而已。我们购物时说的“值”与“不值”也是这种含义。

而且，对同样一种物品，不同的消费者完全有不同的主观评价，所愿意支付的最高价格也不同，但在购买时支付的市场价格是相同的，因此，不同的消费者从购买同一种物品中得到的消费者剩余也不同。尽管我不买这份报纸，但仍然会有人买。这些人的评价高，愿意支付的最高价格高于1.5元，他们购买就得到了消费者剩余。正因为如此，这份价格如此之高的报纸也还是在顽强地生存着。

据说这份报纸定价高的原因之一是销售量太少。其实用高定价来弥补销售量少的亏损是陷入了一种恶性循环。价格越高，卖得越少，卖得越少，越想卖高价，这岂不走上一条灭亡之路了吗？换一种思路，这类报纸替代品相当多，从而需求弹性高，如果降价，可以大幅度增加销售量，反而能走出困境，也扩大了自己的影响。

定价是企业的自由，也是这家报社的自由，我无意指责。但消费者剩余的概念不仅指导消费者理性消费，也告诉企业，定价要合理。那种“头戴三尺帽”（价格定得高高的），“准备砍一刀”（让消费者讨价还价）的做法往往会吓倒许多像我这样胆小的消费者。我主编的一本书，内容还是有市场的，但16开精装，2册共1 000多页，纸张印刷都平常，居然被出版者定价为495元。这样的天价谁敢问津呢？果然销路极差，出版一年多了还堆在仓库里享受精品的荣耀呢！

资料来源　梁小民. 微观经济学纵横谈［M］. 北京：生活·读书·新知三联书店，2000.

思考：

（1）调查一下你周围的报纸，看看报纸的成本与实际的售价相差得远吗？

（2）报纸当中会有很多广告，这些广告和报纸的价格有什么联系？

（3）什么是消费者剩余？日常生活中你体会到了吗？

[第四章]

生产理论

本章开始转入对生产理论（Production Theory）的讨论，在生产理论中所要研究的经济行为主体是生产者，我们称之为厂商或企业（Firm）。

第一节 生产函数

厂商被定义为是可以对生产和销售做出统一决策的经济单位，厂商可以是生产产品的企业，也可以是提供服务的企业，因此厂商可以是工厂、农场、银行，甚至医院、学校等。作为一种经济决策单位，除了消费者与政府外，其余的经济组织都是厂商。以下讨论中，我们假定厂商的行为是追求利润最大化，这是为了方便问题的讨论而进行的抽象，实际上厂商还有其他目标。不过这一假定是符合实际的，因为大多数厂商在大多数情况下都追求利润最大化。

利润是总收益与总成本的差额，成本与收益都与生产有关。成本是生产中的耗费，收益是出售产品的收入。若没有生产，就既不会有成本发生，也不会有任何收益。在讨论成本、收益以及利润之前，有必要对生产理论进行探讨，我们在后面的讨论中还会发现，从生产函数可以导出成本函数。

经济学中所研究的生产问题既涉及生产的技术方面，也涉及经济方面。企业生产要讲求效率，既要讲求技术效率，又要讲求经济效率。所谓技术上有效率，是指在既定的投入下产出最大，或者生产既定的产出所花费的投入最小。所谓经济上有效率，是指生产既定的产出所耗费的成本最小，或者在既定的成本下获得的利润最大，这两种效率既有联系，又有区别。我们举例加以说明，假定技术状况既定，生产100台某种小型机械有几种生产方法可供选择（见表4-1）。

表4-1 **某种小型机械几种可能的生产方法**

方法	要素投入量	
	资本	劳动
A	6	200
B	10	250
C	10	150
D	40	50

表4-1给出了四种可能的生产方法，方法B从技术上讲是无效率的，因为生产100台小型机械所耗费的劳动与资本都比方法A多；或者说与方法C比，虽然所投入的资本数量同样多，但是它投入的劳动数量较多。

排除了方法B后，难以判断A、C、D三种方法何者在技术上为有效。因为没有哪一种方法比别的方法既多使用了资本，又多使用了劳动。如果从这三种方法的任一种中减少1单位资本或1单位劳动投入都将使小型机械的产量低于100台，那么这三种方法在技术上就都是有效的。

技术上有效并不意味着经济上有效，在技术上有效的方法在经济上可能是有效的，也可能是无效的。技术上有效是经济上有效的必要条件，而不是充分条件。我们来看看A、C、D三种方法哪一种在经济上是有效的。由于经济上有效涉及成本与利润，而成本或利润同要素与产品的价格有关，因此不给出资本与劳动的价格，我们就无法确定哪一种方法有效。我们在表4-2中给出资本与劳动的三组不同的价格，看看经济上有效的方法的选择如何随着要素价格的变化而变化。

表4-2 **不同要素价格下不同生产方法所产生的不同成本**

	要素单价（元）		要素成本（元）		
	资本	劳动	A	C	D
第一种情况	50	3	<u>900</u>	950	2 150
第二种情况	20	5	1 120	<u>950</u>	1 050
第三种情况	15	5	1 090	900	<u>850</u>

表4-2表明，随着资本与劳动相对价格的变化，所需要选择的有效方法也在发生变化。劳动比资本相对价格（劳动的价格比资本的价格）低时，方法A有效；随着劳动比资本的价格逐步提高，可行的是方法C，然后是方法D成为有效的方法。我们通过在表4-2中最低成本数字下划一横线的方法标出不同价格下最有效的方法。例如，资本单价为50元，劳动单价为3元时，方法A最有效，该方法耗费的成本为900元，低于方法C（950元成本）与方法D（2 150元成本）。

厂商在进行决策时，既要考虑技术上的效率，又要考虑经济上的效率。经济上的效率对于经济分析更为重要。不过本章所讨论的问题大多属于技术效率的问题。经济效率的问题将在后面进行讨论。我们先从生产函数开始分析，并分别就一变量投入的生产函数与多变量投入的生产函数进行讨论。

在讨论生产函数之前，我们先简要地探讨以下与生产函数有关的一些概念。

一、固定投入与变动投入，长期与短期

为了便于分析，经济学在讨论生产问题时把投入分为两种类型：固定投入（Fixed Input）与变动投入（Variable Input）。

固定投入是指当市场条件的变化要求产出变化时，其投入量不能立即随之变化的投入。例如，工业产品生产中工厂的厂房、设备等投入在一定时期内是不变的。农业生产中土地的投入是不变的。

变动投入是指当市场条件的变化要求产出变化时，其投入量能立即随之变化的投入。例如，工业产品生产中所投入的原材料、燃料等投入在短期内与产量一起变化。农产品生产中，种子、化肥等投入在一定时期内与生产量一起变化。

固定投入与变动投入的划分是建立在长期（Long Run）与短期（Short Run）划分的基础之上的。

短期是指这样的时期，在这段时期内，一种或多种投入是固定的，产量的变化完全是变动要素投入变化的结果。例如，在某些行业，短期内厂商的厂房、设备投入是固定的，劳动的投入是变动的。企业要在短期内增加产出，只有增加变动投入量劳动。若企业减产通常也是先解雇工人，厂房、设备等固定的投入不会在短期内处理掉，至多是闲置不用，但是固定投入仍然在折旧。

长期也称为计划期，它是指这样一种时期，在这段时期，所有的投入都是可以变动的。例如，长期内厂商要想扩大产量，可以通过扩大厂房、增加设备达到目的，而不一定像短期那样通过劳动的加班加点与机器设备的超常规使用达到目的，若厂商在长期内降低产量，可以处置掉一些设备。

这里所谈的时期的长短并不存在一个绝对的尺度，随着所分析问题的性质的不同，长期与短期的绝对长度也不同，在一些问题中，1年作为一种长期，但是，在另一些问题中，1年可能只作为一种短期。

第二节所讨论的一种变动投入的情况是一种短期的分析。第三节所讨论的所有投入同时变动的情况属于长期的分析。

二、生产函数的一般形式

企业为了获得最大利润，必须将各种生产要素组织起来进行生产，企业的功能就是将各种生产要素转化为产出。如前所述，生产要素一般分为四大类：劳动、资本、土地和企业家才能。而在每一个大类下又可以分为若干小类，以劳动为例，劳动实际上包括了生产过程中除企业家才能以外的所有人力因素，我们可以看到，在任何一个企业里，至少存在以下几类人员：一线工人、技术人员、门卫、采购员、推销员、保管员、质检员、会计等，这些都应归于劳动一类。而资本从具体形态上来看也可以分为很多种，如货币资金、厂房、机器设备、原材料、燃料等。土地则被定义为所有大自然的恩赐物，其中既包括耕地和荒地，也包括森林、河流、山川，还包括矿藏、野生动物，等等。企业的生产就是要将这些生产要素的一部分或大部分组织起来，将各种投入转化为人们所需要的产出。这就是说，生产或经营任何一种产品，都需要投入一定的人力、物力、财力。这些人力、物力、财力也就是经济学中的生产要素，生产或经营任何一种产品，其产量都是随着这些生产要素投入量的变化而变化的。比如，要生产一定数量的粮食，需要一定的土地、人工、农机具、种子、肥料、农药等投入，要生产更多的粮食，就需要投入更多的不同要素，由此，这些要素的投入量和粮食产量之间就存在一种因果关系。又如，要生产电视机，就需要相应的厂房、设备、流动资金、原材料、辅助材料、技术人员等投入，此外还需要企业家把这些投入组织起来，而电视机的产量就取决于这些要素的投入量。换言之，这些要素的投入量与电视机的产量之间也存在因果关系。推而广之，几乎所有产品的生产都存在这种投入产出关系。经济学把这种投入产出关系用数学语言来表示，就得出了生产函数。

所谓生产函数，就是指在一定技术条件下，生产要素的投入量与其最大产出量之间的物质数量关系。之所以要强调在一定技术条件下，是因为不同的技术水平不仅会带来生产要素的不同组织方式，而且会使同样的要素带来不同的产出，因而只有假定技术条件不变，才能得出生产要素的投入与其产出量之间唯一的一一对应关系。之所以要用最大产出量，是因为既定的生产要素如果使用方式或效率不同，其产出量也会不同，只有假定是最大产出量，才能得出生产要素投入量和产出之间的唯一关系。

以Q代表总产量，L、K、N、E分别代表劳动、资本、土地、企业家才能这四种生产要素，则生产函数的一般形式为：

$$Q = f(L, K, N, E)$$

仅考虑劳动与资本，生产函数又可以写为：

$$Q = f(L, K) \tag{4.1}$$

这一生产函数也可以理解为，生产过程中使用的其他生产要素的数量不变，只有劳动和资本两种生产要素是可以变动的。在这种情况下，企业的产量就随着劳动量和资本量投入的变化而变化。比如在现代工业生产中，土地资源已不像在传统农业生产中那么重要，并且在一般情况下是固定不变的，企业家才能也可视作是相对不变的。因而，现代企业主要通过改变劳动与资本的投入量来改变产量，这就使我们可以用两要素的生产函数来描述企业的生产情况。

三、常见的生产函数

为了对生产函数有一个更为清晰的了解，下面对经济分析中常见的两个生产函数进行说明。

1.柯布-道格拉斯生产函数

柯布-道格拉斯（Cobb-Dauglas）生产函数是由数学家柯布和经济学家道格拉斯于20世纪30年代初一起提出来的。柯布-道格拉斯生产函数被认为是一种很有用的生产函数，因为该函数以其简单的形式描述了经济学家关心的一些性质，它在经济理论分析和实证分析中都具有一定意义。该生产函数的一般形式为：

$$Q = AL^{\alpha}K^{\beta} \tag{4.2}$$

式中，Q为产量；L和K分别为劳动和资本投入量；A、α和β为三个参数，$0<\alpha$、$\beta<1$。

柯布-道格拉斯生产函数中的参数α和β的经济含义是：当$\alpha+\beta=1$时，α和β分别表示劳动和资本在生产过程中的相对重要性，α为劳动所得在总产量中所占的份额，β为资本所得在总产量中所占的份额。根据柯布和道格拉斯两人对美国1899—1922年期间有关经济资料的分析和估算，α值约为0.75，β值约为0.25。它说明，在这一期间的总产量中，劳动所得的相对份额为75%，资本所得的相对份额为25%。

此外，根据柯布-道格拉斯生产函数中的参数α与β之和，还可以判断规模报酬的情况。若$\alpha+\beta>1$，则为规模报酬递增；若$\alpha+\beta=1$，则为规模报酬不变；若$\alpha+\beta<1$，则为规模报酬递减。

2.固定比例投入生产函数

固定比例投入生产函数，也称为里昂惕夫生产函数。该生产函数表示：在每一产量水平上任何一对要素的投入量之间的比例都是固定的，假设在生产过程中只使用资本（K）和劳动（L）两种要素，该生产函数通常可以表示为：

$$Q = \min\left(\frac{L}{u}, \frac{K}{v}\right) \tag{4.3}$$

式中，Q为产量；L、K分别为劳动和资本的投入量；u、v分别为劳动和资本的生产技术系数，表示生产一单位产品所需的劳动和资本的投入量是固定的。函数表达式（4.3）表示，该生产过程中的产量Q取决于$\frac{L}{u}$和$\frac{K}{v}$中较小的一个，即通常所说的短板效应或木桶理论。这是因为，生产过程的正常进行要求资本（K）和劳动（L）必须按照固定搭配比例，因为生产技术系数u和v是固定的，两个要素之间不存在替代关系。因此，为了简化，通常假设生产过程是最小要素的组合要求，即生产过程可以继续且按照较小投入量的那个要素所要求产量进行生产，所以该函数又可以表示为：

$$Q = \frac{L}{u} = \frac{K}{v} \tag{4.4}$$

对于固定投入比例生产函数而言，只有当各要素的投入量以相同的比例增加时，产量才会增加。但是，只要有其中一个要素投入量减少，产量将随着减少的要素的变化而变化。对于此类生产函数，现实生活中并不少见，如一副镜框与两个镜片组成一副完整的眼镜。在眼镜的生产过程中，镜框与镜片构成了固定比例的组合，两者之间不存在任何替代关系。只有按照1∶2的组合投入到生产过程中，才能生产出期望的产量。

对于劳动和资本而言，虽然在某些场合两者可以部分地相互替代，但是，两者也会存在按照固定比例投入的情况。例如，某出租汽车公司一辆出租车如果24小时不停地运营，那么至少需要3个司机配置到该车上轮流作业，只有这样才可能在不违反相关劳动法规的基础上使公司成本最小。这样，如果使公司所拥有的200辆出租车（K）全部正常运营至少需要600名司机（L），因此可以将该生产函数看成是固定比例生产函数。如果用横轴表示劳动（L）的投入量，纵轴表示资本（K）的投入量，则该函数可以表示成图4-1的形式。其中Q_1、Q_2、Q_3分别代表该公司不同投入量下的服务产量。

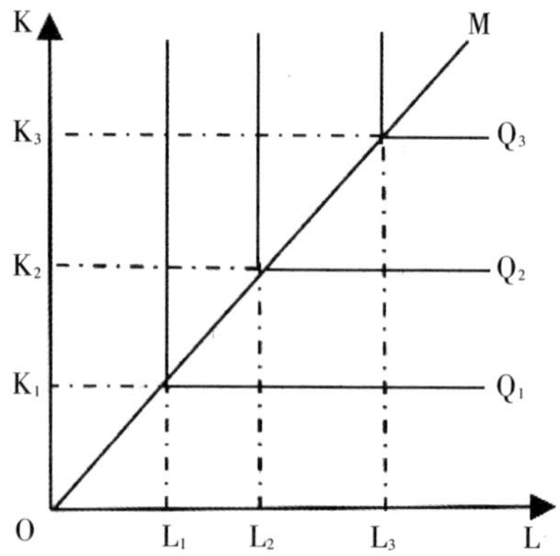

图4-1 固定投入比例生产函数

在图4-1中，含有直角的三对直线分别代表了满足既定产量水平的资本（K）和劳动（L）的要素投入组合，如（K_1，L_1）的要素组合代表的产量水平为Q_1，在K_1不变的情况下，L_1的投入无论增加多少，都不会带来产量的增加；同样，（K_2，L_2）、（K_3，L_3）组合所代表的产量水平Q_2和Q_3也不会在组合中的某个要素的投入量发生变化的时候改变。只有在投入要素资本和劳动同时改变，如劳动要素逐渐增加，即$L_1 \to L_2 \to L_3$，而资本要素的投入以相同比例增加，即$K_1 \to K_2 \to K_3$时，产量水平才可能变化，即$Q_1 \to Q_2 \to Q_3$。两种要素以同等比例增加，它们之间的搭配比例不发生变化。

因此，从原点出发的直线OM就是由所有最佳投入要素组合所带来的产量的集合，也表示这一固定比例生产函数的所有产量水平的最小要素投入量的组合。

第二节　一种可变生产要素的生产函数

本节所讨论的问题是假定只有一种要素的投入是变动的，其余要素的投入是固定的。做出这样的假定表明我们所进行的是一种短期分析。短期内一种要素投入变动、其余要素投入固定的情况在农业中最为典型。在农产品生产中，土地是固定的，劳动投入可以变化。假定我们所讨论的生产函数形式为：

$$Q = f(\bar{K}, L) \tag{4.5}$$

式中，$\bar{K}$表示固定的资本投入。我们借助于这种变动投入的生产函数来讨论产出变化与投入变化之间的关系。

一、总产量、平均产量和边际产量

总产量（Total Product），用TP表示，它是指在某一给定时期生产要素所能生产的全部产量。就（4.5）式的生产函数而言，总产量表示为：

$$TP_L = f(\bar{K}, L) \tag{4.6}$$

由于总产量随变动要素投入的变化而变化，因此，经济分析中把总产量看作变动要素的总产量。就（4.6）式而言，由于我们假定资本投入保持不变，只有劳动投入发生变化，因此，我们把总产量TP看作劳动的总产量，表示为TP_L。

平均产量（Average Product），用AP表示。一种要素的平均产量是以总产量除以该要素的投入量。平均产量总是指变动要素的平均产量。就（4.5）式的生产函数而言，劳动的平均产量表示为：

$$AP_L = TP_L/L \tag{4.7}$$

劳动的平均产量又称为产出-劳动比率。

边际产量（Marginal Product），用MP表示。一种要素的边际产量是该生产要素的增量所引起的总产量的增量。由边际产量的定义可知，只有变动要素才会有边际产量。就（4.5）式的生产函数而言，劳动的边际产量表示为：

$MP_L = \Delta TP_L/\Delta L$（若函数不可导）

或　$MP_L = dTP_L/dL$（若函数可导）　(4.8)

我们举例说明总产量、平均产量与边际产量如何随投入量的变化而变化。以农产品为例，观察1亩地中劳动投入的变化所引起的某种农产品产量的变化。表4-3描述了这种变化。

我们利用表4-3中的数据绘成图4-2的总产量曲线与图4-3的平均产量曲线及边际产量曲线。

表4-3 **劳动投入变化所引起的农产品产出变化**

土地投入（亩）	劳动投入	总产量	平均产量	边际产量
1	0	0		
1	1	100	100	
1	2	240	120	140
1	3	390	130	150
1	4	520	130	130
1	5	610	122	90
1	6	660	110	50
1	7	660	94.29	0
1	8	640	80	-20

表4-3中的数据具有特殊性，尽管实际生产中可能并不存在一个实际的例子与该表中的数据完全相符，但是表中的数据揭示了许多种产品生产的共同特征。现在结合表4-3与图4-2、图4-3来讨论这种特征。

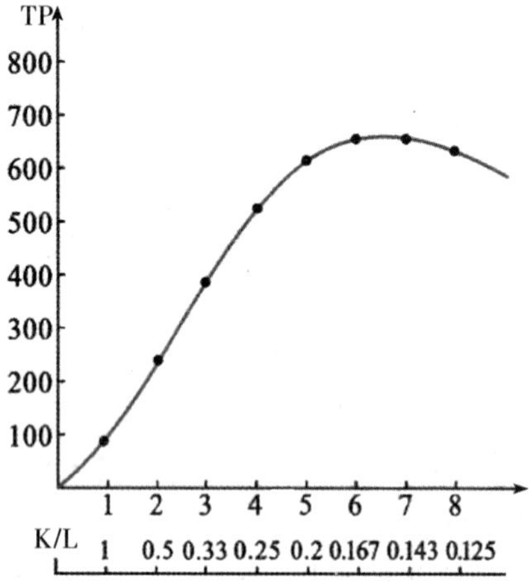

图4-2 总产量曲线

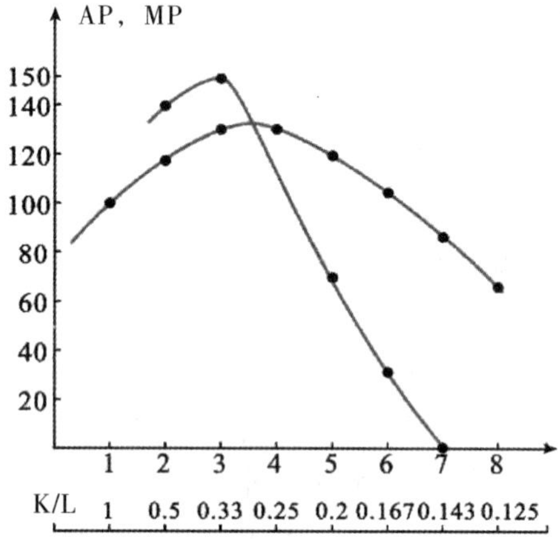

图4-3 平均产量曲线、边际产量曲线

先看表4-3中第三栏总产量的数据与图4-2中的总产量曲线。在例子中，土地的投入始终不变，为1亩。劳动的投入连续发生变化，随着劳动投入的变化，总产量随之变化。直到劳动投入为6个单位之前，总产量一直是上升的。当劳动的投入从6个单位增加到7个单位时，总产量保持不变（为660单位）。当劳动投入增加到7个单位后，若再增加劳动投入，总产量将不仅不会增加，反而会下降。例如，当劳动投入从7个单位增加到8个单位时，总产量从660单位下降到640单位。对我国农村农业生产的实际调查表明，在农村实行经济体制改革后，许多地方投入农作物生产的劳动力数量绝对减少，但是农作物的总产量绝对提高。这说明在生产中，当某种要素投入增加到一定点以后，不能再继续增加该要素的投入，否则，不仅不会使总产量增加，反而会使总产量减少。从表4-3与图4-2还可以看出，尽管在劳动投入为6个单位之前总产量都一直是增加的，但是在劳动投入的不同阶段总产量递增的速率不同。在劳动投入的初期阶段，总产量以递增的速率增加；在劳动投入的后期阶段，总产量以递减的速率增加。虽然并非各种产品的生产都体现这一特征，但是，许多产品的生产都显示了这一特征。在讨论了平均产量与边际产量的变化以后，我们会更进一步理解这一特征的含义。

再看表4-3中第四栏与第五栏平均产量和边际产量的数据以及图4-3中平均产量曲线和边际产量曲线。随着劳动投入的增加，平均产量先上升，后下降。边际产量也先上升，后下降，达到某一点后（当劳动力投入为7个单位以后）边际产量为负值。平均产量与边际产量变化的这些特征既体现了劳动分工的优越性，又体现了边际报酬递减规律。

劳动分工的优越性表明，由两个人（或多个人）分别专门干两项（或多项）不同的工作所产生的生产力要高于由一个人干两项（多项）工作所产生的生产力。就农作物的生产来讲，若一个人又犁田又播种，其生产力显然要低于一人犁田一人播种这种两人合作条件下所产生的生产力。因此，劳动投入的初期阶段，随着劳动投入的增加，劳动分工与专业化所产生的生产力不断提高，表现为平均产量与边际产量的上升。

边际报酬递减规律在相反的方向对产出发生作用。所谓边际报酬递减规律（the Law of Diminishing Marginal Return），是指当增加变动要素投入量而保持其他投入不变的情况下，在产量达到某点以后，继续增加变动要素的投入会引起该要素边际报酬递减。这里的边际报酬是指边际产量。在劳动投入的初期阶段，资本-劳动比率较高，随着劳动投入的增加，不仅产生了分工的优越性，而且，也使固定要素得到较好的利用，因此边际产量是递增的。当劳动投入继续增加到某点，边际产量开始递减。若再继续增加劳动投入，资本-劳动比率将不断降低。达到某一点后，由于固定要素已经得到集约化使用，再进一步增加劳动投入将会使平均产量下降。

二、总产量、平均产量以及边际产量之间的关系

首先分析总产量与边际产量之间的关系。总产量先以递增的速率增加，后以递减的速率增加，达到某一点后，总产量将会随劳动投入的增加绝对减少；边际产量先上升，后下降，达到某一点后成为负值。总产量的变化与边际产量的变化方向是完全一致的。当边际产量上升时，总产量以递增的速率增加；当边际产量为负值时，总产量绝对减少。产生这种结果是毫不奇怪的。因为根据定义，边际产量是总产量的一阶导数，边际产量恰好就是总产量的变化率。

再分析平均产量与边际产量之间的关系。平均产量与边际产量都是先上升后下降，但是边际产量上升的速率与下降的速率都要大于平均产量上升的速率与下降的速率。从图形上看这一特征表现为：当平均产量上升时边际产量大于平均产量；当平均产量下降时边际产量小于平均产量。在表4-3与图4-3中，劳动投入大约在4个单位时，平均产量达到最大。这时，边际产量等于平均产量。产生这一特征是由边际产量与平均产量的定义所决定的。只要额外增加一单位要素投入所引起的总产量增加大于增加这一单位要素之前的平均量，那么增加这一单位要素后的平均量就大于原来的平均量。若额外投入一单位要素所引起的总产量增量小于增加这一单位要素之前的平均量，那么新的平均量就小于原来的平均量。在这二者中间必有一点，即在平均量达到最大时平均量等于边际量。这一特征可以概括为，如果平均量先上升后下降，那么与之相对应的边际量必在平均量的最大值点与平均量相等。从图形上看，表现为边际量过平均量的最高点。这一点在数学上可以得到证明。令式（4.7）$AP_L = TP_L/L$对变动要素L求一阶导数，得到：

$$\frac{d\left(TP_L/L\right)}{dL}=\frac{\left(dTP_L/dL\right)L-TP_L}{L^2}=\frac{dTP_L/dL-TP_L/L}{L}=\frac{MP_L-AP_L}{L} \quad (4.9)$$

由于 $L>0$，所以我们根据 MP_L-AP_L 大于、等于还是小于0来判断平均产量的变化以及它与边际产量之间的关系。若 $MP_L-AP_L=0$，表示平均产量 AP_L 达到最大值（极值的必要条件），即在 AP_L 达到最大时，$MP_L=AP_L$；若 $MP_L-AP_L>0$，表明 $MP_L>AP_L$，此种情况下 AP_L 上升；若 $MP_L-AP_L<0$，表明 $MP_L<AP_L$，此种情况下 AP_L 下降。

图4-4直观地给出了平均产量、边际产量及其变化的几何意义。

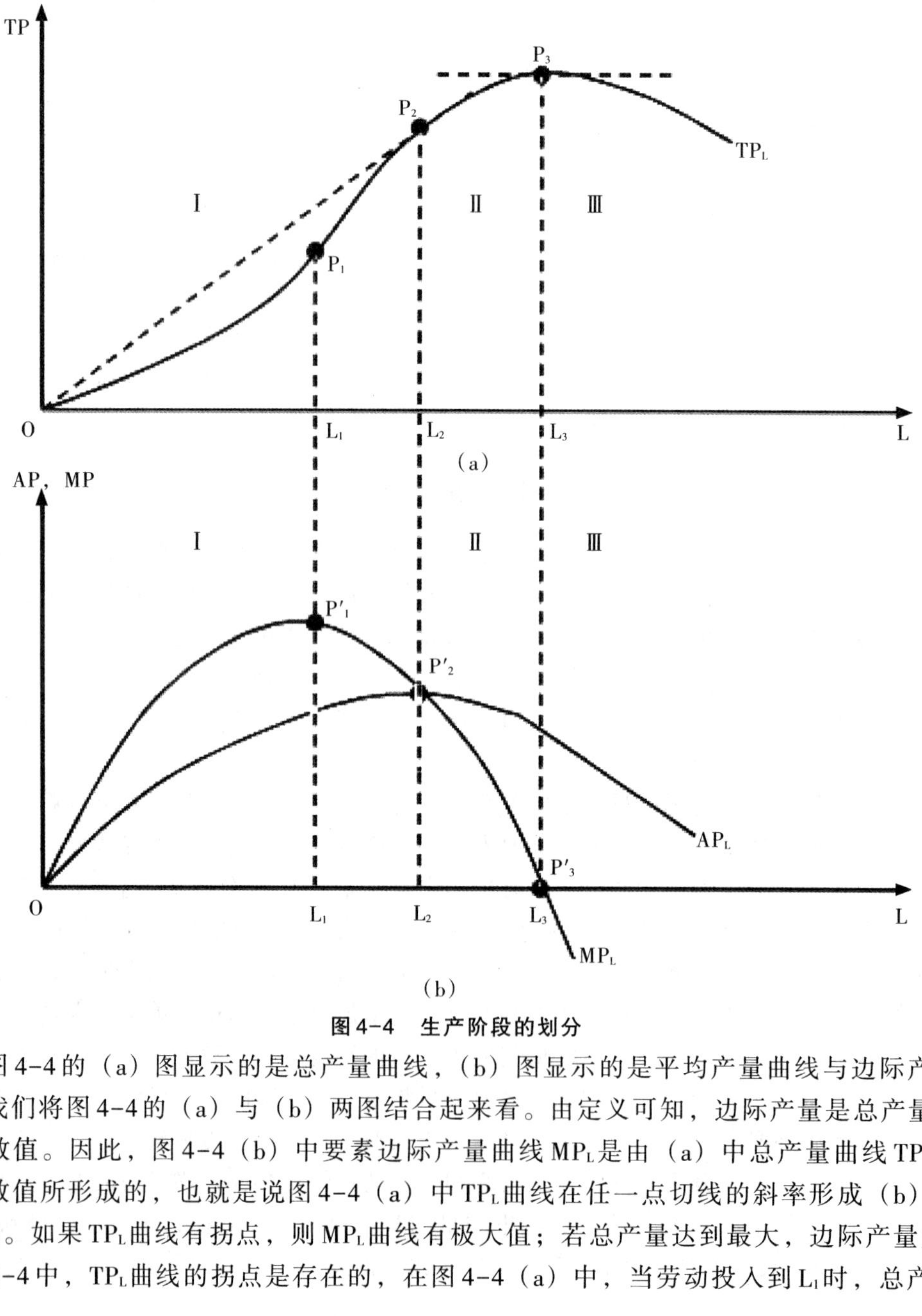

图4-4 生产阶段的划分

图4-4的（a）图显示的是总产量曲线，（b）图显示的是平均产量曲线与边际产量曲线。我们将图4-4的（a）与（b）两图结合起来看。由定义可知，边际产量是总产量的一阶导数值。因此，图4-4（b）中要素边际产量曲线 MP_L 是由（a）中总产量曲线 TP_L 的一阶导数值所形成的，也就是说图4-4（a）中 TP_L 曲线在任一点切线的斜率形成（b）中的 MP_L 线。如果 TP_L 曲线有拐点，则 MP_L 曲线有极大值；若总产量达到最大，边际产量为零。在图4-4中，TP_L 曲线的拐点是存在的，在图4-4（a）中，当劳动投入到 L_1 时，总产量曲

线 TP_L 有拐点，为 P_1 点。与该点相对应，图4-4（b）中的 MP_L 存在最大值点，为 P'_1。在图4-4（a）中，当劳动投入达到 L_3，总产量达到最大时（图4-4（a）中的 P_3 点），图4-4（b）中的边际产量为零（图4-4（b）中的 P'_3 点）。

由平均产量的定义可知，平均产量是总产量除以要素投入量，即 $AP_L=TP_L/L$。从总产量曲线来看，任一种要素投入量下的平均产量都由与该要素投入量相对应的总产量曲线上的点到原点之间的直线的斜率表示。当其中一条这样的直线与总产量曲线相切时，与该切点相对应的要素的平均产量达到最大，因为连接总产量曲线上任一点与原点的直线的斜率都小于过原点的切线的斜率。在图4-4（a）中，当劳动投入到 L_2 时，平均产量达到最大。这时总产量为 P_2，与 P_2 相切的切线过原点。可以看出，该切线的斜率大于连接原点到总产量曲线上任一点的直线的斜率。与图4-4（a）中的 P_2 相对应，图4-4（b）中的 P'_2 点是平均产量曲线的最大值点。由于与 P_2 相切的切线既代表劳动投入为 L_2 时的边际产量，又代表劳动投入为 L_2 时的平均产量，因此，图形直观地反映了在平均产量达到最大时边际产量与平均产量相等。从图4-4（b）看，边际产量过平均产量曲线的最高点（P'_2 点）。

三、生产阶段的划分

根据总产量、平均产量、边际产量的变化，可以把生产划分为三个阶段：Ⅰ、Ⅱ、Ⅲ，参见图4-4。当劳动投入从0增加到 L_2 时，平均产量从0到最大，这一阶段为生产阶段Ⅰ。当劳动投入从 L_2 增加到 L_3 时，边际产量从正的值减少到0，总产量增加到最大值，这一阶段为生产阶段Ⅱ。当劳动投入增加到 L_3 后，边际产量为负值，总产量随劳动投入的增加而下降，这一阶段为生产阶段Ⅲ。

对于生产者而言，为了达到技术上的效率，应该把生产推进到第二阶段。至于推进到第二阶段的哪一点，要看生产要素的价格。如果相对于资本的价格而言，劳动的价格较高，则劳动的投入量靠近 L_2 点对于生产者较有利；若相对于资本的价格而言，劳动的价格较低，则劳动的投入量靠近 L_3 点对于生产者较有利。无论如何，都不能将生产维持在第一阶段或推进到第三阶段。

有不少行业产品的生产不存在这样三个阶段的划分。这些行业可能不存在边际产量递增阶段，而边际产量一直是递减的。这些行业可能也不存在边际产量为负值的阶段。尽管其边际产量是递减的，但是边际产量始终是正的值。其图形如图4-5所示。

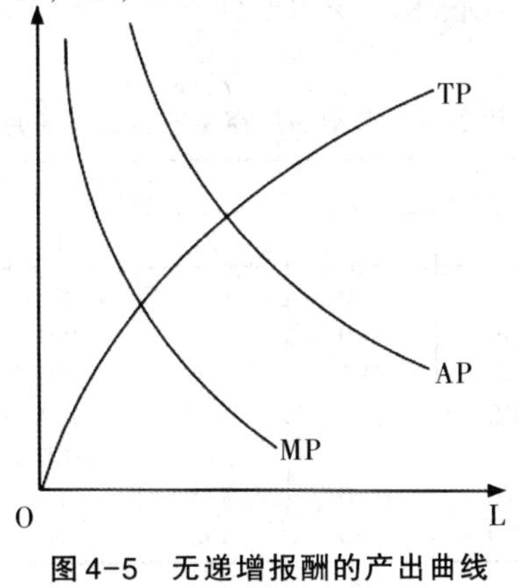

图4-5　无递增报酬的产出曲线

即使对于可以划分为三个阶段的产品生产而言，由于生产只能选择在第二阶段，因此我们在以后的讨论中往往不再涉及第一阶段与第三阶段。在做平均产量与边际产量的几何图形时，我们也往往只画出第二阶段的图形，如图4-6所示。在涉及边际产量与平均产量的讨论时，人们既可以采用图4-5中那种形式的平均产量与边际产量图形，也可以采用图4-6中那种形式的平均产量与边际产量图形，因为两幅图都表现了边际产量递减的特征。

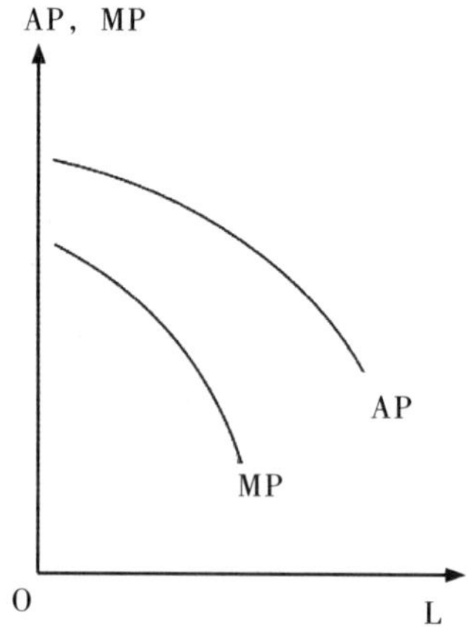

图4-6　生产第二阶段的MP与AP曲线

第三节　所有生产要素皆可变动的生产函数

前面对短期生产函数进行了考察，分析了一种可变生产要素的投入量和产出量之间的关系。在长期内，所有投入要素皆可以变动，因此，长期生产函数可表示为 $Q = f(L,K)$，这里劳动（L）和资本（K）皆会随着产量的变动而变动。

一、等产量曲线及其特征

表4-4是一家使用资本和劳动的厂商生产函数，从表4-4中可以看出，生产中投入要素的不同组合可以生产出相同的产量。例如，利用资本和劳动的几种组合，如（1，7）、（2，5）、（5，2）、（7，1），每月都可以生产出290单位的产量。表4-4中提供的一些要素投入组合与产出量之间的关系可以用一系列曲线图形更清晰地表现出来，这些曲线被称为等产量曲线。等产量曲线是指在技术不变的条件下，生产同一产量所必须使用的两种投入要素的各种不同组合的轨迹。

表4-4　**一家使用资本和劳动的厂商生产函数：每月产量**

		每月劳动使用量						
		1	2	3	4	5	6	7
每月资本使用量	1	40	90	150	200	240	270	290
	2	90	140	200	250	290	315	335
	3	150	195	260	310	345	370	390
	4	200	250	310	350	385	415	440
	5	240	290	345	385	420	450	475
	6	270	320	375	415	450	475	495
	7	290	330	390	470	470	495	510

在图4-7中，横轴表示劳动的使用量L，纵轴表示资本的使用量K。依据表4-4中给出的数据可知图中a、b、c和d各点表示能够生产290单位产量的投入的四种组合。把这些点连接起来便形成一条等产量曲线Q_1。它表示每月能够生产290单位产量的两种投入要素的各种可能的组合。同样，Q_2表示能够生产415单位产量的投入的各种组合，Q_3表示能够生产475单位产量的投入的各种组合。

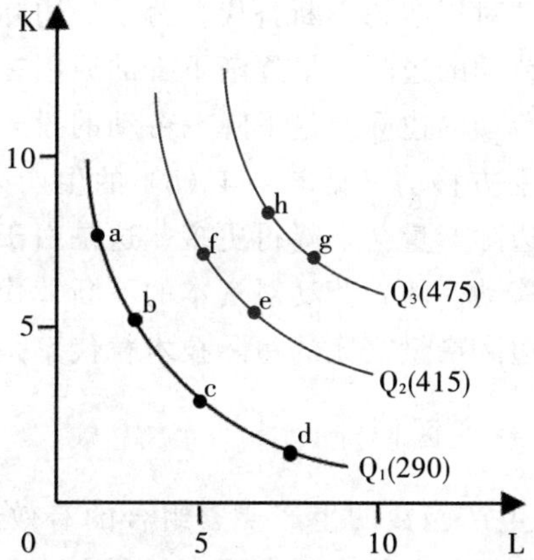

图4-7　等产量曲线

等产量曲线的形状、特性和之前所介绍的无差异曲线相类似，现在再简单予以说明如下：

①等产量曲线的斜率为负。

②任一点必有一条等产量曲线通过。

③任两条等产量曲线不相交。

④愈往右上方的等产量曲线，其产量愈大。

⑤等产量曲线凸向原点。

二、边际技术替代率及其递减规律

根据等产量曲线的特性，可定义等产量曲线的斜率为边际技术替代率（Marginal Rate Technical Substitution，$MRTS_{LK}$）。边际技术替代率是指在技术不变的条件下，为维持相同的产量，在放弃一单位的劳动后，所必须弥补的资本的数量。

$$MRTS_{LK} = -\frac{\Delta K}{\Delta L} \tag{4.10}$$

$$MRTS_{LK} = \lim\left(-\frac{\Delta K}{\Delta L}\right) = -\frac{dK}{dL} \tag{4.11}$$

因为放弃一单位的劳动，产量将减少MP_L，故若放弃ΔL的劳动，产量将减少$MP_L \cdot \Delta L$；为了维持原产出水平，势必要增加资本的投入，而每增加一单位的资本可增加的产量为MP_K，因此增加ΔK的资本，可以增加$MP_K \cdot \Delta K$的产量。在相同的产量水平之下，劳动减少而异致下降的产量必须和资本增加所提高的产量相同，即$MP_L \cdot \Delta L + MP_K \cdot \Delta K = 0$，所以：

$$MRTS_{LK} = -\frac{\Delta K}{\Delta L} = \frac{MP_L}{MP_K} \tag{4.12}$$

从等产量曲线的特性看，等产量曲线的斜率是递减的，也即边际技术替代率是递减的，这就是边际技术替代率递减规律。过际技术替代率递减规律是指维持产量不变的前提下，当一种要素的投入连续增加时，每一单位的这种投入要素所能替代的另一种投入要素的数量是递减的。

之所以存在边际技术替代率递减规律，主要是因为边际报酬递减规律在起作用。在同一条等产量曲线上，随着劳动对资本的不断替代，劳动的边际产量是逐渐递减的，而资本的边际产量是逐渐上升的。劳动的边际产量逐渐下降的原因在于：当资本的边际产量固定时，劳动投入量的增加会使劳动的边际产量卜降，劳动的投入和产出组合会沿着一条既定的劳动的边际产量曲线向右下方移动（见图4-4（b）的生产第Ⅱ阶段）。不仅如此，当资本投入量也下降时，劳动的边际产量会下降得更多，这是由于资本投入量的减少会使劳动的边际产量曲线的位置向下移动。随着劳动对资本的不断替代，作为逐渐下降的劳动的边际产量与逐渐上升的资本的边际产量之比的边际技术替代率是递减的。

三、生产函数的有效经济区间

为了清楚地显示出长期生产函数的生产要素组合的有效经济区间，需要给出其分界线。这里，分界线由在不同等产量曲线上生产要素的所有边际产量为零的点所组成。在图4-8中，曲线OZ是在所有等产量曲线上生产要素K的边际产量为零的点的连线；曲线OW是在所有等产量曲线上生产要素L的边际产量为零的点的连线。

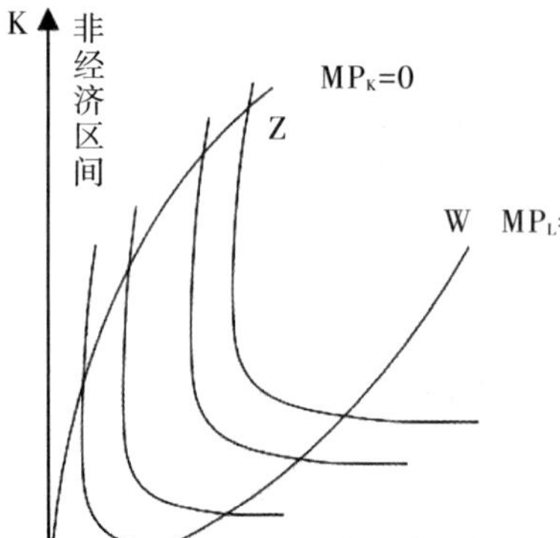

图4-8 生产的有效经济区间

图4-8中的OZ和OW曲线被称为“脊线”（Ridge Line）。“脊线”将等产量曲线上斜率为正值的区域与斜率为负值的区域分开。“脊线”以内的区域为有效经济区间，以外的区域为非经济区间。因此，生产的有效经济区间就可以定义为所有等产量曲线斜率为负的区间，在此区间内，增加任何一种生产要素的使用量都会导致总产量的增加。

第四节 投入要素的最佳组合：生产者均衡的实现

长期内，厂商可以根据其利润最大化的要求调整所有投入要素，实现最优的投入要素组合，此时也就达到生产者均衡状态。下面首先介绍等成本线，然后把等成本线和等产量线结合起来分析生产者的最优投入的决策问题。

一、等成本线

等成本线是指在一给定的时期，在现行市场要素价格下，厂商花费同样的总成本所能够购买的两种要素使用量的所有可能的组合的轨迹。

如图4–9所示，以L与K分别表示使用要素劳动和资本的数量，以w与r分别表示要素L与K的价格，C表示总成本，则在要素价格不变的条件下，等成本线可写成：

$$w \cdot L + r \cdot K = C \tag{4.13}$$

把上式变形为：$K = \frac{C}{r} - \frac{w}{r} \cdot L$

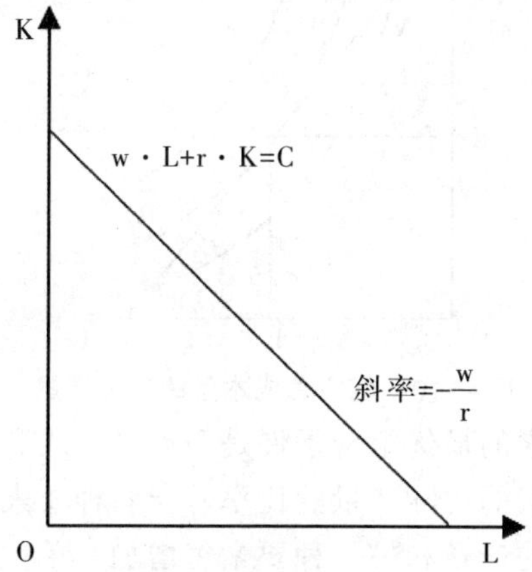

图4–9　等成本线

显然，等成本线为一条直线，其斜率等于要素的相对价格之比（w/r）的负值，等成本线与消费者的预算线非常类似。

二、投入要素的最佳组合

等产量曲线说明了厂商生产任一既定产量所需两种要素的各种可能组合，反映了投入要素数量与产出量之间的技术关系。等成本线则说明了任一既定总成本可能买进的两种要素的各种可能的组合，反映了各种要素组合的经济关系。所谓要素的最优组合，是指以最小的成本生产最大产量的要素组合。在现实的生产经营决策中，要素的最优组合又具体表现为这样两种情况：一是在成本既定条件下，产量最大的要素组合（生产的技术效率）；二是在产量既定条件下，成本最低的要素组合（生产的经济效率）。下面分别以这两种情况来说明要素的最优组合。

（1）既定总成本下的最大产量。

假定在一定的技术条件下，厂商的总成本固定不变，并已知生产要素的价格，为了使产量最大，厂商应如何确定要素的投入量，使两种要素达到最优组合呢？

图4–10中的Q_1、Q_2、Q_3代表三条不同水平的等产量曲线，并且$Q_3>Q_2>Q_1$，等成本线FG表示既定的成本。Q_3与FG既不相切也不相交，显然，Q_3所代表的产量是现有成本支出所无法达到的。Q_1与FG相交于A点和B点，虽然它们所代表的总成本与既定总成本相等，但Q_1所代表的产量低于Q_2代表的产量。在Q_2曲线上，除E点之外的其他各点（如C点和D

点）虽然代表的产量与E点相等，但这些点均在FG线的右上方，表明所花费的成本都大于既定成本。所以，最优要素组合点只能是等成本曲线与等产量曲线相切的那一点，即图4-10中的E点。此时，最优的要素投入量分别为L_E和K_E。

由于过等产量曲线Q_2上E点所作切线的斜率是E点的劳动与资本的边际技术替代率，即$MRTS_{LK}=-\Delta K/\Delta L=MP_L/MP_K$。而等成本线FG的斜率的绝对值为w/r，因此，在E点上，有：

$$\frac{MP_L}{MP_K}=\frac{w}{r} \quad 或 \quad \frac{MP_L}{w}=\frac{MP_K}{r}$$

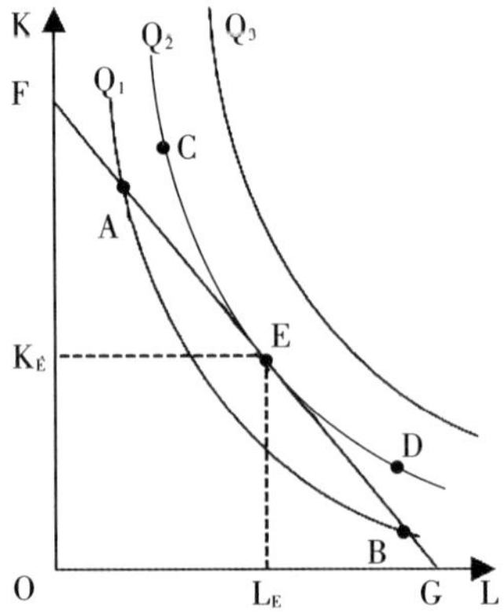

图4-10 既定总成本下的最大产量

这就是说，两种投入要素的最优组合条件是等产量曲线和等成本线相切，或两种要素的边际技术替代率（两种要素的边际产量的比率）与两种要素的价格比率相等，或一种要素每增加一单位货币所增加的产量和另一种要素每增加一单位货币所增加的产量相等。在投入要素价格既定条件下，如果两种要素的边际技术替代率大于要素的价格比率（比如图4-10中的C点，$MP_L/MP_K>w/r$，就意味着使用劳动要素有利，厂商应设法增加L要素，相应减少K要素，直到边际技术替代率降低到与两种要素的价格比率相等为止。同理，当两种要素的边际技术替代率小于要素的价格比率时（如图4-10中的D点，$MP_L/MP_K<w/r$），厂商则应减少L要素，增加K要素，直到$MP_L/MP_K=w/r$为止。

（2）既定产量下的最小成本。

假定在一定的技术条件下，厂商的产量既定，并已知生产要素价格，则两种要素的最优组合可利用图4-11说明。

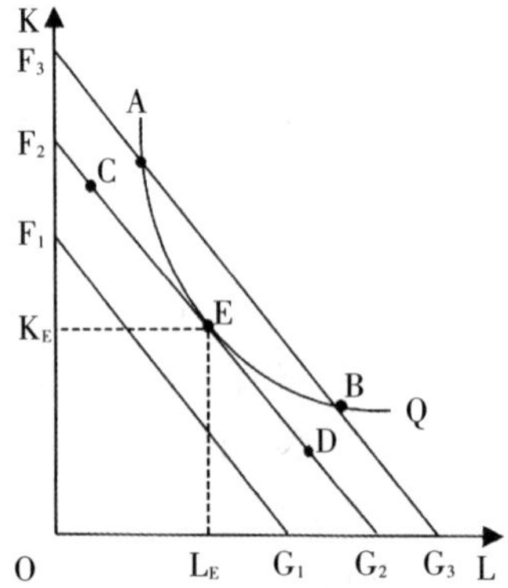

图4-11 既定产量下的最小成本

在图4-11中，Q代表既定产量的等产量曲线，F_1G_1、F_2G_2和F_3G_3分别代表不同水平的等成本线，且$F_1G_1<F_2G_2<F_3G_3$。等产量曲线Q与等成本线F_2G_2相切于E点，切点E即为最优要素投入组合点。这是因为，F_1G_1与Q既不相交，也不相切，表明只花费F_1G_1所代表的总成本，根本无法达到Q的产量水平；F_3G_3与Q曲线在A点和B点相交，虽然它们代表的产量与既定产量相等，但所花费的总成本均高于F_2G_2所代表的成本水平，所以最优组合点不可能在F_3G_3线上；在F_2G_2线上，除E点之外的其他各点（如C和D点）虽然代表的总成本水平与E点相等，但产量均低于既定产量。因此，只有E点表示的要素投入组合才是成本最低的组合。在E点，最优的投入要素使用分别为L_E和K_E。

一定产量下最小成本的要素组合条件，与一定成本下最大产量的要素组合条件是一样的。要素的组合不符合最优组合条件时，厂商就应该进行相应调整，使之符合前面所概括的条件，这样才能保证以最小的成本花费取得既定的产量。

三、扩展线

等产量曲线与等成本线的切点所代表的生产要素组合，被认为是厂商最优要素组合。那么，当生产要素价格既定不变，而厂商的总成本支出变动时，厂商应如何按最优要素组合的要求进行扩大生产呢？一般认为，厂商应按照扩展线（Expansion Path）所表示的要素组合进行生产。扩展线是指在生产要素价格不变条件下，与不同总成本支出相对应的最优要素投入组合点的轨迹。

图4-12中等产量曲线Q_1、Q_2、Q_3顺次与等成本线C_1、C_2、C_3相切于E_1、E_2、E_3点。连接E_1、E_2和E_3点所形成的EP曲线，即为扩展线。

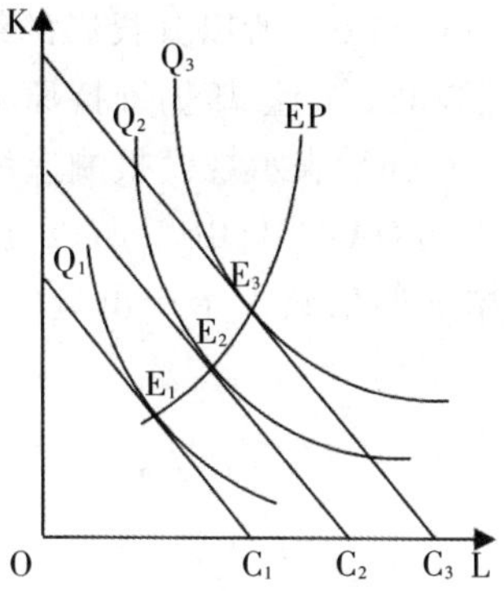

图4-12　扩展线

扩展线为厂商的生产决策提供了依据，厂商只要沿着扩展线的路径扩大生产，均能实现要素的最优组合，因而扩展线有时亦称为最优扩展线。总之，扩展线反映了在生产要素价格不变的前提下，总成本支出变动时厂商的最佳生产行为。

四、规模报酬

从生产函数中，可进一步分析所有投入要素按相同比例变动与相应的产出量变动之间的关系。企业按相同的比例改变各种投入量的过程也就是企业规模变动的过程。由投入要素按相同比例变动所引起的产出量的变动被称为规模报酬（Returns to Scale）。企业规模扩大——各种投入量按相同的比例增加——所导致的企业的产量变动有三种情况：规模报酬递增、规模报酬固定和规模报酬递减。

规模报酬递增 （Increasing Return to Scale）：所有投入要素如增加λ倍，则产出增加会大于λ倍，即：

$$f(\lambda L,\lambda K) > \lambda f(L,K) \tag{4.14}$$

规模报酬固定 （Constant Return to Scale ）：所有投入要素如增加λ倍，则产出亦会增加λ倍，即：

$$f(\lambda L,\lambda K) = \lambda f(L,K) \tag{4.15}$$

规模报酬递减 （Decreasing Return to Scale）：所有投入要素如增加λ倍，则产出会少于λ倍，即：

$$f(\lambda L,\lambda K) < \lambda f(L,K) \tag{4.16}$$

现实中，有些行业属于规模报酬递增，如钢铁、汽车行业等；有些则属于规模报酬固定，还有些行业属于规模报酬递减，如手工业。至于如何判别某个行业属于哪种类型的规模报酬情况，则可以从等产量曲线的图形来说明。

如图4-13所示，从原点作一射线OE，分别交等产量曲线$Q_1=50$，$Q_2=100$，$Q_3=150$于A、B、C点。若AB=BC=OA成立，则我们可判断此为规模报酬固定，如图4-13（a）所示。因为AB=BC=OA，其投影的距离（对横轴及纵轴）亦应相等，即$OL_1=L_1L_2=L_2L_3$，且$OK_1=K_1K_2=K_2K_3$，亦即当劳动量增加一倍（由L_1增至L_2），资本亦增加了一倍（K_1增至K_2）时，总产出量亦会提高一倍（等产量曲线由$Q_1=50$移至$Q_2=100$）。同理，当劳动与资本各增为原来的三倍时，产量会提高为原产量的三倍，如图4-13（a）中由等产量曲线$Q_1=50$移至$Q_3=150$，因此我们可知图4-13（a）表示规模报酬固定。

在图4-13（b）中，因为OA>AB>BC，所以其投影的结果是：$OL_1>L_1L_2>L_2L_3$，且$OK_1>K_1K_2>K_2K_3$，这表示投入要素呈递减时，产量却仍维持原倍数增加；或者说投入要素的增加小于产出量的增加，因此图4-13（b）表示规模报酬递增。

相反，在图4-13（c）中，因为OA<AB<BC，所以其投影的结果是：$OL_1<L_1L_2<L_2L_3$，且$OK_1<K_1K_2<K_2K_3$，即投入要素增加的倍数大于产出量增加的倍数，因此图4-13（c）表示规模报酬递减。

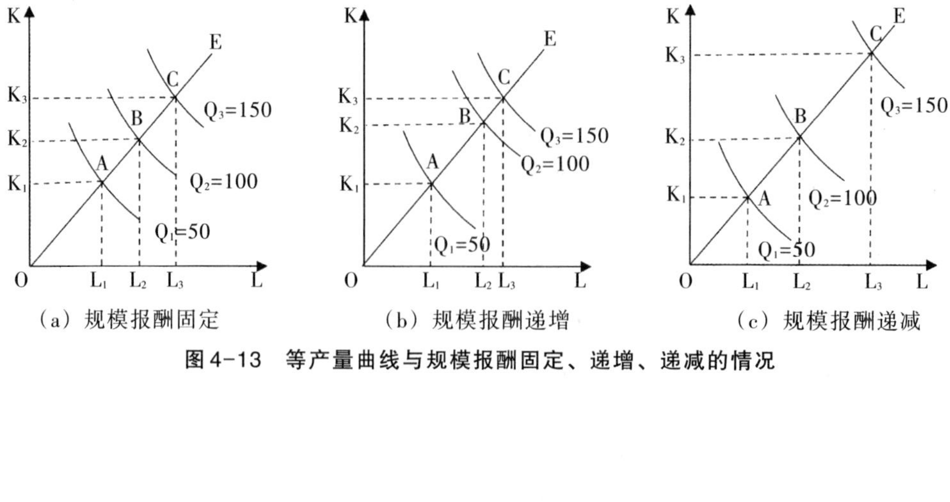

图4-13 等产量曲线与规模报酬固定、递增、递减的情况

简要评析

从总体上看，生产理论所研究的是一般生产中的技术方面，而不是具体经济制度的社会方面。但是，说到生产，总是指在一定社会发展阶段上的生产，即某个历史发展阶段上的生产。一般生产是普遍存在的，但如果只注重各社会的这种一般生产，就会忽视了它们之间本质的区别。马克思比较了资本主义生产与其他社会的生产，指出："作为劳动过程和价值形成过程的统一，生产过程是商品生产过程；作为劳动过程和价值增值过程的统一，生产过程是资本主义生产过程，是商品生产的资本主义形式。"由于西方经济学家所研究的生产是一般生产，所以研究的结果不完全适用于包括资本主义制度在内的任何社会形态。由于西方的生产理论存在缺陷，因此，当把该理论用于中国的现实时，我们必须对此加以考虑。

复习思考题

一、名词解释

1.边际报酬递减规律（中山大学2005研；北京理工大学2003研；武汉大学2001研；中国政法大学2005研）

2.边际技术替代率（北京大学1997，1998研；北京师范大学2006研；西安交通大学2006研）

3.边际产量（东南大学2003研）

4.规模报酬不变生产函数（北京大学1999研）

5.扩展线（武汉大学2002研；中国人民大学2000研）

二、简答题

1.试说明生产函数的边际报酬递减与边际技术替代率递减之间的关系。（华中科技大学2004研）

2.等产量曲线具有哪些特点？（武汉大学2003研）

3.生产的三个阶段是如何划分的？为什么生产者通常会选择在第二阶段生产？（东北财经大学2006研）

4.什么是生产者均衡？生产者均衡的条件是什么？（北京交通大学2005研）

5.在下列生产函数中，哪些属于规模报酬递增、不变和递减？

（1）$F(K,L)=K^2L$；

（2）$F(K,L)=K+2L$；

（3）$F(bK,bL)=\sqrt{b}\,F(K,L)$。（北京大学2000研）

6.判断此观点是否正确：如果生产函数具有规模报酬不变的特征，那么，要素在生产上的边际替代率是不变的。（北京大学1996研）

7.为什么说扩展线上的任何一点都是生产者均衡点？（中国人民大学1996研）

8.某公司的雇员包括20位非熟练工人、45位半熟练工人与60位熟练工人。经实际考察后发现，目前非熟练工人每人日边际实物产量为10单位，而半熟练工人及熟练工人每人日边际实物产量分别为20单位和50单位。每人日工资率分别是：非熟练工人20元，半熟练工人30元，熟练工人50元。该公司目前的产量水平不变。在上述情形下，你认为该公司的员工组合有无改革的必要，为什么？

三、计算题

1.某公司生产函数为$Q=60X+7X^2-2X^3$，Q为产量，X为投入要素数量，试求：

（1）确定边际产量和平均产量方程式。

（2）当可变投入为5个单位时，边际产量为多少？

（3）当可变投入从5个单位上升到6个单位时，产出上升多少？

（4）在多少可变投入单位上边际产量达到递减点？

2.已知生产函数为$Q=L^{0.5}K^{0.5}$，试证明：

（1）该生产过程是规模报酬不变的。

（2）假定资本K不变，证明生产要素L的边际报酬是递减的。

3.已知生产函数为$Q=KL-0.5L^2-0.32K^2$，Q为产量，K为资本，L为劳动。令式中的K=10。

（1）写出劳动的平均产量AP_L函数和边际产量MP_L函数。

（2）分别计算当总产量、平均产量和边际产量达到极大值时厂商雇用的劳动量。

（3）当一种可变要素劳动投入量L=7时，是否处于生产三阶段理论中合理要素投入区。

4.已知某厂商的生产函数为$Q=L^{\frac{3}{8}}K^{\frac{5}{8}}$，又设$P_L$=3元，$P_K$=5元。

（1）求产量Q=25时的最低成本支出和使用的L与K的数量。

（2）求总成本为160元时厂商均衡的Q、L与K的值。

5.从边远小镇到县城要绕很远的山路，政府考虑修一条隧道，并通过对过往车辆征收费用回收投资。设Q为每天过往车辆数，P为征收费用（元），需求函数为$P=25-0.5Q$。隧道建成后，每天分摊建设费用500元，不计维护费用。如果建设费用和征收费用都归承包商，有人愿意承包吗？若需要补贴，应如何补贴？（华中科技大学2004研）

6.某企业的生产函数为$Q=A\left[aX_1^{-p}+(1-a)X_2^{-p}\right]^{-k/p}$，其中，A、a、p均为常数，试问：

①$k>1$时，其他条件不变，将该企业分为两个规模相等的企业，总利润如何变化？（比较企业分立前后的总利润）

②$k<1$时，其他条件不变，将该企业与另一个完全相同的企业合并，总利润如何变化？（比较企业分立前后的总利润）（北京大学1997研）

四、论述题

1.运用等产量曲线和等成本线作图论证厂商在既定成本条件下实现产量最大化的最优生产要素组合原则。（中南财经政法大学2000研）

2.作曲线图并分析说明在一种生产要素投入可变的条件下，总产量、平均产量和边际产量的变动趋势及其相互关系。（中南财经政法大学1997研）

3.试述消费者理论中的边际替代率和生产者理论中的边际技术替代率的异同。（上海财经大学2002研）

4.根据经济学理论分析下列命题：

(1) 如果企业从使用第一个投入要素开始，生产就处于要素的边际报酬递减规律中，那么总产量曲线将会以递减的速度下降。

(2) 假定企业生产某种产品需要用到两种投入要素，如果这两种生产要素的价格相等，则该企业最有效的生产是用同等数量的这两种要素。(西安交通大学2005研)

五、案例题

案例一：

三季稻不如两季稻——边际产量递减规律

1958年"大跃进"是一个不讲理性的年代，时髦的口号是"人有多大胆，地有多高产"。于是一些地方把传统的两季稻改为三季稻，结果总产量反而减少了。从经济学的角度看，这是因为违背了一个最基本的经济规律：边际产量递减规律。

边际产量递减规律又称边际收益递减规律，最早是在18世纪由法国重农学派经济学家杜尔阁提出的。19世纪英国古典经济学家威斯特、李嘉图、马尔萨斯等人也提出了这个规律。马尔萨斯的人口论正是以这一规律为基础的。正因为这一规律与人口论相关，所以，在马尔萨斯人口论遭到彻底否定的中国，这一规律也受到最严厉、最广泛的批判。

边际产量递减规律的内容是：在生产技术没有发生重大变化的情况下，我们在短期中可以把生产要素分为固定生产要素和可变生产要素。当固定生产要素不变而可变生产要素增加时，产量的变动分为三个阶段。起初随着可变生产要素增加，由于固定生产要素得到充分利用，边际产量（即增加的产量）递增，总产量以递增的速率增加。然后，随着固定生产要素接近于充分利用，可变生产要素增加引起的产量的增加仍可以是正数，但增长率递减，这时总产量仍在增加，但速率是递减的。最后，当生产要素得到充分利用时，可变生产要素的增加反而会使边际产量小于零，总产量绝对减少。举个例子说，一个面包坊有两个烤炉为固定不变，作为可变生产要素的工人从1个增加到2个时，面包的边际产量和总产量都会增加。如果增加到3个工人，其中1个工人打杂，尽管这个工人增加的产量不如第2个工人（边际产量递减），但总产量仍会增加。如果增加第4个工人，面包坊内拥挤，工人之间发生矛盾，总产量反而会减少。

边际产量递减规律在各部门都存在，但在农业中最突出。三季稻不如两季稻正说明了这一点。在农业仍为传统生产技术的情况下，土地、设备、水利资源、肥料等都是固定生产要素。两季稻改为三季稻并没有改变这些固定生产要素，只是增加了可变生产要素劳动与种子。两季稻是农民长期生产经验的总结，它行之有效，说明在传统农业技术下，固定生产要素已经得到了充分利用。改为三季稻之后，土地过度利用引起肥力下降，设备、肥料、水利资源等由两次使用改为三次使用，每次使用的数量不足。这样，三季稻时的总产量就低于两季稻了。

四川省把三季稻改为两季稻之后，全省粮食产量反而增加了。江苏省邗江县1980年的试验结果表明，两季稻每亩总产量达2 014斤，而三季稻只有1 510斤。更不用说两季稻还节省了生产成本，群众总结的经验是"三三见九，不如二五一十"。这就是对边际产量递减规律的形象说明。

1958年"大跃进"年代也是一个大批资产阶级的时代。与"大跃进"并行的是经济学界对边际产量递减规律的口诛笔伐。否定规律不等于规律不存在，违背规律则要受到规律的惩罚。

1958年这样风调雨顺的年份农业产量减少，以及以后引起的大饥荒，正是边际产量递减规律的惩罚。经过共和国这段历史的人，肯定会对这个规律有更深刻的认识。改革开始之后对西方经济学的重新认识正是从给边际产量递减规律的“翻案”开始的。

当然，如同一切规律一样，边际产量递减规律的作用也是有条件的。只有在生产技术没有发生重大变化和固定生产要素不变的情况下才正确。在长期中，如果生产技术进步或固定生产要素增加（或者说一切生产要素都是可变的），边际产量递减规律也就不起作用了，代之而起作用的是其他经济规律。所以，我们也不能把边际产量递减规律绝对化。

边际产量递减规律不仅对农业重要，对其他部门也同样重要。企业富余人员存在，机关人浮于事，都是边际产量递减规律的表现形式。“减人增效”就是这一规律的运用。从这种意义上说，认识边际产量递减规律不仅有助于我们总结1958年的教训，也有助于当前的改革。

资料来源 梁小民. 微观经济学纵横谈［M］. 北京：生活·读书·新知三联书店，2000.

思考：

（1）边际产量递减规律发生作用的条件是什么？

（2）边际产量递减规律给生产要素投入带来什么启示？

案例二：

“喜剧频道”中的经济学

商业企业的目标就是获得利润。但是，要做到这一点，总收入就必须大于总成本。通常，一个企业的总收入依赖于市场规模的大小。我们知道，总收入的定义是“产品的价格×销售量”，销售量反映了市场的规模。比如说，我们通常都认为，小城市的电视机销售量低于大城市的销售量，从而小城市的利润低于大城市。

在20世纪80年代后期，维业康姆旗下的MTV广播公司和HBO公司这两家公司都决定开设专门的喜剧有线电视频道。MTV广播公司以“Ha!”频道为先锋，而HBO公司则开设了“喜剧频道”。两家公司都花费了大约500万美元用于启动这一有线频道。

到1989年年末，两个频道都经营惨淡。部分原因在于市场规模不足以支撑两个喜剧频道。有线电视运营商只会选择其中一个频道，而不是同时选择两个。

1990年秋季，两家公司的CEO——MTV广播公司的汤姆·弗雷斯顿和HBO公司的迈克尔·福克斯举行了一连串的会晤。他们协商，由于市场规模不足以支撑两个喜剧频道（双方都不能在一半市场中获得足够的收入），两家公司应进行合作。他们一致同意，只开设一个喜剧频道，成本和收益均由双方平分。

由于联合经营，成本自然下降。以前两家公司都制作整个频道的喜剧节目，而现在只需要制作较少的节目即可。另外，弗雷斯顿和福克斯聘请了经验丰富的电视节目管理人罗伯特·克里克负责管理该频道。克里克上任后的第一步行动就是裁员40%，接着是削减过多的节目。这两项措施大大降低了成本。

接下来，克里克增加了一些原创性的节目，如非常受欢迎的“政治笑话”节目。很快，MTV和HBO合资经营的喜剧频道就拥有了足够的观众。到1991年愚人节，亏损就开始减少。1995年，喜剧频道挣得了第一笔利润。

资料来源 陈建萍. 微观经济学——原理、案例与应用［M］. 北京：中国人民大学出版社，2012.

基于以上案例请回答：

（1）为什么MTV广播公司和HBO公司进行联合经营后开始盈利？其盈利的来源是什么？

（2）请以现实中的案例说明联合经营带来的经济性或不经济性。

［第五章］

成本理论

成本是企业、政府乃至消费者个人进行经济决策需要考虑的重要因素。厂商要取得最大化的利润，政府要想实现资源在全社会范围内的有效配置，个人想实现资产的有效组合，都必须进行成本与收益的分析。厂商的利润最大化理论、政府公共工程的评价等，主要是建立在成本分析的基础之上的。本章将从厂商决策的角度讨论成本理论（Theory of Cost），将在成本分析的基础上结合收益分析研究厂商的利润最大化问题。

第一节　成本的性质

经济学中的成本概念与会计中的成本概念是有区别的。会计中的成本通常是指显成本（Explicit Cost）。经济学中的成本除了显成本外，还包括隐成本（Implicit Cost）。

一、显成本与隐成本

影响厂商决策的成本是机会成本。使用一种资源的机会成本是指把该资源投入某一特定用途后所放弃的在其他用途中所能获得的最大利益。机会成本包括显成本与隐成本两个部分。显成本是厂商购买所需投入物的实际支出。隐成本是厂商在生产过程中或经营活动中所使用的自己所拥有的投入物的价值。

举例来说明显成本与隐成本概念。假定某一店主每年花费40 000元的资金租赁商店设备。年终该店主从销售中所获得的毛利为50 000元。该店主赚了多少钱？从显成本的角度看，该店主赚了10 000元，因为厂商的显成本是40 000元。但是从隐成本的角度看，该店主可能一点也没赚。

厂商的隐成本是什么？计算隐成本是一件比较复杂的事，只能进行粗略的估算。假定市场利率为10%，该店主从事其他职业所能获得的收入是20 000元，则该店主的隐成本是24 000元（20 000+40 000×10%）。厂商的机会成本是64 000元。从机会成本的角度看，该店主不仅没有赚钱，反倒赔了钱。也可以说该店主获得的会计利润是10 000元，但是获得的经济利润是-14 000元（50 000-64 000）。会计利润以会计成本的计算为基础。经济利润以机会成本的计算为基础。表5-1所列的数据有助于进一步理解会计成本、机会成本以及经济利润之间的关系。

在表5-1中，直接成本加间接成本为显成本，也是通常的会计成本。所得税前的“净

表5-1 **经济利润的计算**

销售总收益	1 000 000
减：直接成本（原料、劳动、电力等）	650 000
毛利	350 000
减：间接成本（折旧、企业一般管理费用等）	140 000
所得税前的“净利润”	210 000
减：自有资金估算费用等（即隐成本）	100 000
所得税前的经济利润	110 000
减：应支付的所得税	36 300
所得税后的经济利润	73 700

利润”为会计利润。显成本加隐成本为机会成本。销售总收益减机会成本等于经济利润。对于厂商来讲，所谓利润最大化是指经济利润最大化。因此，厂商必须从机会成本的角度考虑问题。厂商从事一项经济活动不仅要能够弥补显成本，还要能够弥补隐成本；否则，厂商可以从事另一项更能获利的经济活动。不同的行业，隐成本包括的范围不一样。有风险的行业通常把风险费用也列入隐成本中，风险越大，所要考虑的隐成本越大。如果厂商使用自己所拥有的专利进行生产，那么该项专利也应该列入隐成本之列。可以设想，如果厂商不是用自己拥有的专利进行生产，而是购买别人的专利进行生产，那么他所支出的是一笔实实在在的成本。

并不是厂商所耗费的所有成本都要列入机会成本之中。只有那些与厂商决策有关的成本才列入机会成本之中，一些与厂商决策无关的成本则不会列入。例如，有一种成本，称为沉没成本，不列入机会成本之中。沉没成本是已经花费而又无法补偿的成本。比方说，某家公司打算将公司总部从A市迁往B市，该公司去年已经花了40万元获得在B市购买某项建筑的权利。这40万元支出属于沉没成本。假定该公司实际购买B市的建筑物时还需要支付400万元。又假定该公司发现另一处同样的建筑物只要花费420万元的总费用就可以获得其所有权。该公司究竟购买哪一座建筑物？当然是前一座建筑物。尽管前一座建筑物前后花费的支出为440万元，而后一处建筑物只需花费420万元总支出，但是在进行决策前，公司已经在前一处建筑物上花费了40万元，公司只需要再花费400万元就可以获得前一处建筑物的所有权。而公司若要取得后一处建筑物的所有权，还需要花费420万元。可见，机会成本是与决策有关的成本。

二、社会成本与私人成本

社会成本（Social Cost）是从社会整体来看待的成本。社会成本也是一种机会成本，即把社会的资源用于某一种用途就放弃了该资源最有利可图的其他机会。

私人成本（Private Cost）是个人活动由他本人负担的成本。私人经济活动往往对社会造成影响，从而产生社会成本。在稍后关于厂商理论的讨论中可以发现，如果市场是一个完全竞争的市场，并且私人经济活动不产生外部性（Externality），则私人成本与社会成本完全一致。若存在外部性，则私人成本与社会成本不一致。

以下所讨论的厂商的成本是从私人成本的角度讨论的，所使用的成本的概念是指机会成本，即包括显成本与隐成本两个方面。

第二节　短期成本分析

一、短期成本与生产

我们曾经在生产函数理论中讨论时期的划分问题时指出，关于长期与短期，并不存在一个绝对的长度界限来区分它们。不同行业长期与短期的期限不同。

二、短期总产量与短期总成本

本节论述的成本函数表示产量和成本之间的关系。成本函数是在生产函数的基础上建立起来的。短期生产函数与短期成本函数之间，相应地，短期总产量曲线和短期总成本曲线之间都存在着密切的关系。

在短期内，假定企业仅用劳动和资本两种要素生产一种产品，其中，劳动投入量是可变的，以L代表；资本投入量是不变的，以$\bar{K}$代表，则短期生产函数为：

$$Q = f\left(L,\bar{K}\right) \tag{5.1}$$

上式表示产量和可变要素劳动投入量之间存在着一一对应的相互依存关系，即：在资本投入量不变的条件下，厂商可以通过对可变要素劳动投入量的调整来变动产量水平。也可以说，厂商可以根据不同的产量水平的要求，来确定可变要素劳动的投入量。根据这种关系，在劳动价格w和资本价格r已知的条件下，用STC代表短期总成本，则可以用下式来表示厂商在每一产量水平上的短期总成本：

$$STC\left(Q\right) = w \cdot L\left(Q\right) + r \cdot \bar{K} \tag{5.2}$$

其中，$w \cdot L\left(Q\right)$为可变成本部分，$r \cdot \bar{K}$为不变成本部分，两部分之和构成短期总成本。若以$\Phi\left(Q\right)$表示可变成本$w \cdot L\left(Q\right)$，以b表示不变成本$r \cdot \bar{K}$，则短期总成本函数可以写成以下的形式：

$$STC\left(Q\right) = \Phi\left(Q\right) + b \tag{5.3}$$

由（5.1）式、（5.2）式和（5.3）式可以看到，企业的短期生产函数和要素的价格两者共同确定了短期总成本函数。

根据（5.2）式，可以很容易地由厂商的短期总产量曲线求得相应的厂商的短期总成本曲线。具体做法是：在总产量TP_L曲线上，找到与每一产量水平相对应的可变要素劳动的投入量L，再用所得到的L去乘已知的劳动价格w，便可得到每一产量水平上的可变成本。将这种产量与可变成本的对应关系描绘在以横轴代表产量Q和纵轴代表成本C的平面坐标图中，即可得到短期总可变成本曲线，如图5-1所示。

图5-1中从原点出发的曲线$w \cdot L\left(Q\right)$为短期总可变成本曲线。由于短期内总固定成本为$r \cdot \bar{K}$，所以，将$w \cdot L\left(Q\right)$曲线向上垂直平移$r \cdot \bar{K}$单位，就可得到短期总成本曲线STC。

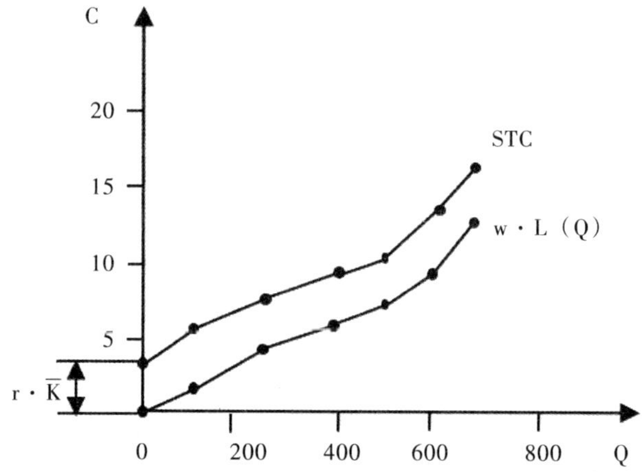

图5-1　短期总可变成本及总成本曲线

三、短期成本的分类和各种短期成本曲线

1.短期成本的分类

在短期内，厂商的成本可以分为不变成本部分和可变成本部分。具体地讲，厂商的短期成本有以下七种：总不变成本、总可变成本、短期总成本、平均不变成本、平均可变成本、平均总成本和边际成本。它们的英文缩写顺次为：TFC、TVC、STC、AFC、AVC、SAC和SMC。

（1）短期总成本

总不变成本（TFC）是厂商在短期内为生产一定量的产品对不变生产要素所支付的总成本。例如，建筑物和机器设备的折旧费等。由于在短期内不管企业的产量为多少，不变要素的投入量都是不变的，所以，总固定成本不随产量的变化而变化，即使产量为零时，总固定成本也仍然存在。

总可变成本（TVC）是厂商在短期内为生产一定量的产品对可变生产要素所付出的总成本。例如，厂商对原材料、燃料动力和工人工资的支付等。由于在短期内厂商是根据产量变化的要求来不断地调整可变要素的投入量的，所以，总可变成本随产量的变动而变动。当产量为零时，总可变成本为零。在这以后，总可变成本随着产量的增加而增加。它的函数形式为：

$$TVC = TVC(Q) \tag{5.4}$$

短期总成本（STC）是厂商在短期内为生产一定量的产品对全部生产要素所付出的总成本。它是总固定成本和总可变成本之和，用公式表示为：

$$STC(Q) = TFC + TVC(Q) \tag{5.5}$$

（2）短期平均成本

平均不变成本（AFC）是厂商在短期内平均每生产一单位产品所消耗的不变成本，用公式表示为：

$$AFC(Q) = \frac{TFC}{Q} \tag{5.6}$$

平均可变成本（AVC）是厂商在短期内平均每生产一单位产品所消耗的可变成本，用公式来表示为：

$$AVC(Q)=\frac{TVC(Q)}{Q} \tag{5.7}$$

平均总成本（SAC）是厂商在短期内平均每生产一单位产品所消耗的全部成本。它等于平均不变成本和平均可变成本之和，用公式表示为：

$$AC(Q)=\frac{STC(Q)}{Q}=AFC(Q)+AVC(Q) \tag{5.8}$$

（3）短期边际成本

边际成本（SMC）是厂商在短期内增加一单位产品时所增加的成本，用公式表示为：

$$SMC(Q)=\frac{\Delta STC(Q)}{\Delta Q} \tag{5.9}$$

或 $$SMC(Q)=\lim\frac{\Delta STC(Q)}{\Delta Q}=\frac{dSTC}{dQ} \tag{5.10}$$

从以上各种短期成本的定义公式中可见，从一定产量水平上的总成本（包括TFC、TVC和STC）出发，是可以得到相应的平均成本（包括AFC、AVC和SAC）和边际成本（即SMC）的。

2.短期成本的图形分析

为了分析各类短期成本的变动规律及其关系，我们先列出某厂商的短期成本表（见表5-2）。表中的平均成本和边际成本的各栏均可以分别由相应的总成本的各栏推算出来。该表体现了各种短期成本之间的相互关系。

表5-2　**短期成本表**

产量	总成本			平均成本			边际成本
Q	总不变成本 TFC	总可变成本 TVC	短期总成本 STC	平均不变成本 AFC	平均可变成本 AVC	平均总成本 SAC	边际成本 SMC
0	1 200	0	1 200				
1	1 200	600	1 800	1 200.0	600.0	1 800.0	600
2	1 200	800	2 000	600.0	400.0	1 000.0	200
3	1 200	900	2 100	400.0	300.0	700.0	100
4	1 200	1 050	2 250	300.0	262.5	562.5	150
5	1 200	1 400	2 600	240.0	280.0	520.0	350
6	1 200	2 100	3 300	200.0	350.0	550.0	700

图5-2是根据表5-2绘制的短期成本曲线图。图中的横轴表示产量Q，纵轴表示成本C。在图5-2中，总不变成本TFC曲线是一条水平线。它表示在短期内无论产量如何变化，总不变成本是固定的。

总可变成本TVC曲线是一条由原点出发的向右上方倾斜的曲线。在达到一定的产量水平（2.5单位）之前，总可变成本的增量是递减的。在达到这个产量水平（2.5单位）之后，总可变成本的增量是递增的。或者说，在一定的产量水平（2.5单位）上，总可变成本存在着一个拐点（C点）。在拐点之前，TVC曲线的斜率是递减的，在拐点之后，TVC曲线的斜率是递增的。TVC曲线的这一特征来源于边际报酬递减规律。这一点在下一个问题中会得到进一步的说明。

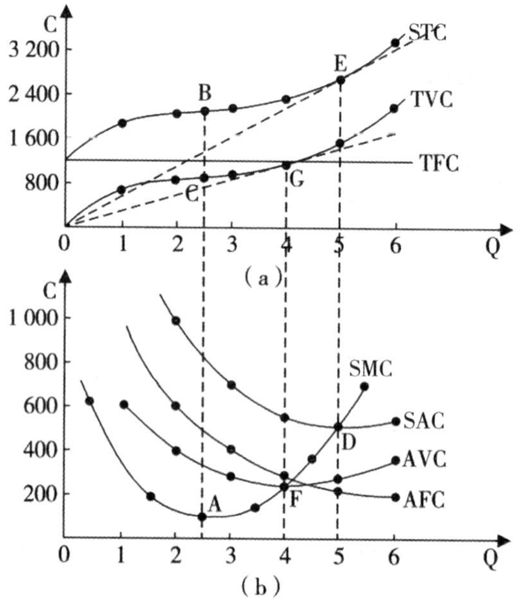

图5-2 各种短期成本曲线

总成本STC曲线是通过把每一产量水平上的总不变成本和总可变成本垂直相加而得到的。因此，STC曲线是一条由水平的TFC曲线与纵轴的交点出发的向右上方倾斜的曲线。在每一个产量点上，不仅STC曲线的斜率和TVC曲线的斜率相等，而且，STC曲线和TVC曲线之间的垂直距离都等于固定的总不变成本TFC。

此外，平均不变成本AFC曲线是一条向两轴渐近的双曲线，它表示平均不变成本随产量的增加而减少。平均可变成本AVC曲线、平均总成本SAC曲线和边际成本SMC曲线都呈U形，即它们都表现出随产量的增加而先降后升的特征。它们的这种U形特征都需要用边际报酬递减规律来解释。这也将在下一个问题中作进一步分析。

3.边际报酬递减规律在短期成本函数中的体现

SMC曲线的U形特征表现了边际成本SMC随产量增加而先递减后递增的性质。这一性质是由短期生产中的边际报酬递减规律所决定的。边际报酬递减规律是指在其他条件不变时，随着一种可变要素投入量的连续增加，它所带来的边际产量先是递增的，达到最大值以后再递减。边际报酬递减规律的作用也可以通过以下的形式表示出来：在其他条件不变时，尤其是不变要素投入量和要素价格不变时，当产量由零开始不断增加时，起初由于可变要素投入量相对不变要素投入量是较少的，因此，增加可变要素投入量会提高生产效率，边际成本是递减的。但当可变要素投入量增加到最佳比例以后，再继续增加可变要素投入量，就会降低生产效率，边际成本是递增的。这就说明，短期生产函数和短期成本函数之间存在着某种对应关系。这种对应关系表现为：边际报酬的递增阶段对应的是边际成本的递减阶段，边际报酬的递减阶段对应的是边际成本的递增阶段，与边际报酬的极大值相对应的是边际成本的极小值。正因为如此，SMC曲线表现出先降后升的U形特征。

4.各种短期成本曲线之间的相互关系

用由边际报酬递减规律所决定的SMC曲线的U形特征，可以解释其他一些短期成本曲线的特征和短期成本曲线相互之间的某些关系。

（1）关于STC曲线、TVC曲线和SMC曲线之间的关系

由于$SMC=\frac{dSTC}{dQ}$，又由于每一产量点上的STC曲线和TVC曲线的斜率是相等的，所以，每一产量点上的SMC值就是相应的STC曲线和TVC曲线的斜率。这种关系在图5-2中表现为：在边际报酬递减规律的作用下，当SMC曲线逐渐地由下降变为上升时，相应地，STC曲线和TVC曲线的斜率也由递减变为递增。当SMC曲线在A点达到极小值时，STC曲线和TVC曲线相应地各自存在一个拐点——B点和C点。显然，STC曲线和TVC曲线的形状特征取决于边际报酬递减规律。

（2）关于SAC曲线、AVC曲线和SMC曲线之间的关系

先分析SAC曲线和SMC曲线之间的关系。在图5-2中，U形的SAC曲线与U形的SMC曲线相交于SAC曲线的最低点D。在SAC曲线的下降段，即在D点之前，SMC曲线低于SAC曲线。在SAC曲线的上升段，即在D点之后，SMC曲线高于SAC曲线。并且，不管是下降还是上升，SMC曲线的变动都快于SAC曲线的变动。

形成这种特征的原因在于：对于任何两个相应的边际量和平均量而言，只要边际量小于平均量，边际量就把平均量拉下，只要边际量大于平均量，边际量就把平均量拉上。当边际量等于平均量时，平均量必然达到其本身的极值点。而在边际报酬递减规律的作用下，SMC曲线是呈先降后升的U形的，所以，SAC曲线也必呈先降后升的U形，且两线必相交于SAC曲线的最低点。除此之外，还应该看到：对于产量变化的反应，边际成本SMC要比平均总成本SAC敏感得多。因此，不管是减少还是增加，SMC曲线的变动都快于SAC曲线。

再分析AVC曲线和SMC曲线的关系。在图5-2中，U形的AVC曲线与U形的SMC曲线相交于AVC曲线的最低点F。在AVC曲线的下降段，即在F点之前，SMC曲线低于AVC曲线。在AVC曲线的上升段，即在F点之后，SMC曲线高于AVC曲线。而且，不管是下降还是上升，SMC曲线的变动都快于AVC曲线。

对AVC曲线和SMC曲线之间的关系的解释，与对SAC曲线和SMC曲线之间的关系的解释是相似的。读者可以自己进行具体分析。

还要指出的是，比较SAC曲线和SMC曲线的交点D与AVC曲线和SMC曲线的交点F，可以发现，前者的出现慢于后者，并且前者的位置高于后者。也就是说，AVC曲线降到最低点F时，SAC曲线还没有降到最低点D，而且SAC曲线的最小值大于AVC曲线的最小值。这是因为：在平均总成本中不仅包括平均可变成本，还包括平均不变成本。正是由于平均不变成本的作用，才使得SAC曲线的最低点D的出现既慢于又高于AVC曲线的最低点F。

（3）关于STC曲线、SAC曲线、TVC曲线、AVC曲线、TFC曲线和AFC曲线之间的关系

STC上的点与原点连线的斜率为SAC，该斜率先递减，并在原点发出的射线与STC线相切的切点处达到最小，然后递增。TVC曲线上的点与原点连线的斜率为AVC，该斜率

先递减，并在原点发出的射线与TVC相切的切点处达到最小，然后递增。在各产量水平上，SAC与AVC之间的垂直距离就是相应的AFC，并且它也是TFC曲线上的点与原点连线的斜率，它随着产量的增加而不断减少，直至趋近于零。

四、短期产量曲线与短期成本曲线之间的关系

本部分将就短期生产条件下的生产函数和成本函数之间的对应关系作进一步的分析。

本部分所讨论的短期生产函数为：

$$Q=f(L,\bar{K}) \tag{5.11}$$

短期成本函数为：

$$STC(Q)=TVC(Q)+TFC \tag{5.12}$$

$$TVC(Q)=w\cdot L(Q) \tag{5.13}$$

而且假定生产要素的价格是既定的。

1.边际产量和边际成本

由（5.12）式可得：

$$SMC=\frac{dSTC}{dQ}=\frac{dTVC}{dQ}+\frac{dTFC}{dQ} \tag{5.14}$$

根据（5.13）式，$\frac{dTVC}{dQ}=w\cdot\frac{dL}{dQ}$，且TFC是一个常数，于是有$\frac{dTFC}{dQ}=0$，所以，（5.14）式可以写为：

$$SMC=\frac{dSTC}{dQ}=w\cdot\frac{dL}{dQ}$$

$$SMC=w\cdot\frac{1}{MP_L} \tag{5.15}$$

由此可得出以下两点结论：

第一，由于边际报酬递减规律的作用，可变要素的边际产量MP_L先上升，达到一个最高点以后再下降，所以，边际成本SMC是先下降，达到一个最低点以后再上升。这种对应关系如图5-3所示，MP_L曲线的上升段对应SMC曲线的下降段；MP_L曲线的下降段对应SMC曲线的上升段；MP_L曲线的最高点对应SMC曲线的最低点。

第二，由以上的边际产量和边际成本的对应关系可以推知，总产量和总成本之间也存在着对应关系。如图5-3所示，当总产量TP_L曲线下凸时，总成本STC曲线和总可变成本TVC曲线是下凹的；当总产量了TP_L曲线下凹时，总成本STC曲线和总可变成本TVC曲线是下凸的；当总产量TP_L曲线存在一个拐点时，总成本STC曲线和总可变成本TVC曲线也各自存在一个拐点。

2.平均产量和平均可变成本

根据（5.13）式有：

$$AVC=\frac{TVC}{Q}=w\cdot\frac{L}{Q}=w\cdot\frac{1}{AP_L} \tag{5.16}$$

由此可得出以下两点结论：

第一，可变生产要素的平均产量AP_L和平均可变成本AVC之间存在着一种对应关系，

如图5-3所示。前者呈递增时，后者呈递减；前者呈递减时，后者呈递增；前者的最高点对应后者的最低点。

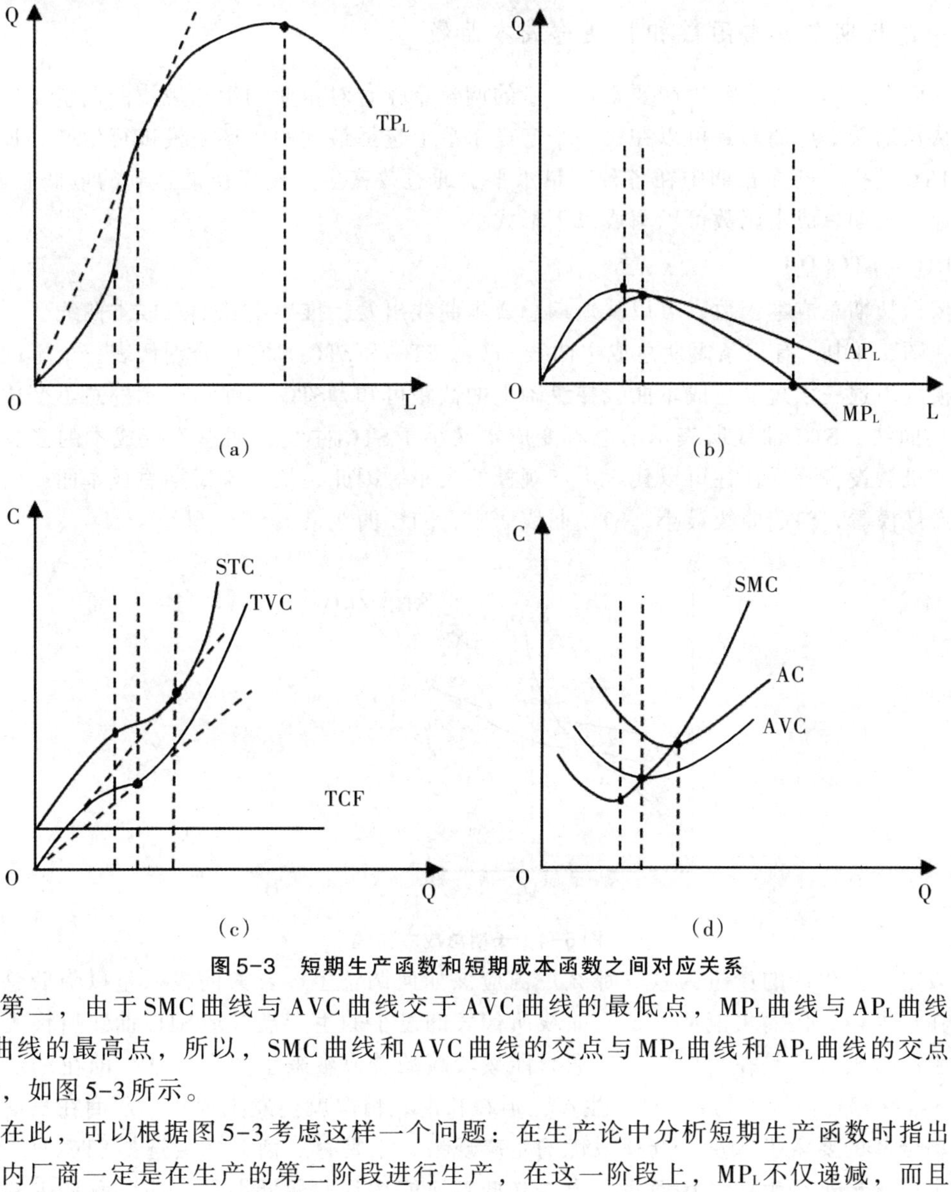

图5-3　短期生产函数和短期成本函数之间对应关系

第二，由于SMC曲线与AVC曲线交于AVC曲线的最低点，MP_L曲线与AP_L曲线交于AP_L曲线的最高点，所以，SMC曲线和AVC曲线的交点与MP_L曲线和AP_L曲线的交点是对应的，如图5-3所示。

在此，可以根据图5-3考虑这样一个问题：在生产论中分析短期生产函数时指出，在短期内厂商一定是在生产的第二阶段进行生产，在这一阶段上，MP_L不仅递减，而且还小于或等于AP_L。现在，根据短期生产函数和短期成本函数之间的对应关系，是否可以这样说：在短期内厂商一定是在边际成本SMC不仅递增，而且还大于或等于平均可变成本AVC的阶段进行生产呢？这个推论是正确的，以后的分析会证明这一点。

第三节　长期成本分析

在长期内厂商可以根据产量的要求调整全部的生产要素投入量，甚至进入或退出一个行业。在长期内，厂商所有的成本都是可变的。厂商的长期成本可以分为长期总成本、长期平均成本和长期边际成本。它们的英文缩写顺次为LTC、LAC和LMC。本节将分别予以分析。

一、长期总成本函数和长期总成本曲线

厂商在长期内对全部生产要素投入量的调整意味着对企业的生产规模的调整。也就是说，从长期看，厂商总是可以在每一个产量水平上选择最优的生产规模进行生产。长期总成本LTC是指厂商在长期中在各种产量水平上通过改变生产规模所能达到的最低总成本。相应地，长期总成本函数可以写成以下形式：

$$LTC = LTC(Q) \tag{5.17}$$

依据长期总成本函数，可以从短期总成本曲线出发，推导出长期总成本曲线。

在图5-4中，有三条短期总成本曲线STC_1、STC_2和STC_3，它们分别代表三个不同的生产规模。由这三条短期总成本曲线在纵轴上的截距可知，STC_1曲线所表示的总不变成本小于STC_2曲线，STC_2曲线所表示的总不变成本又小于STC_3曲线，而总不变成本的多少（如厂房、机器设备等）往往可以代表生产规模的大小。因此，从三条短期总成本曲线所代表的生产规模看，STC_1曲线最小，STC_2曲线居中，STC_3曲线最大。

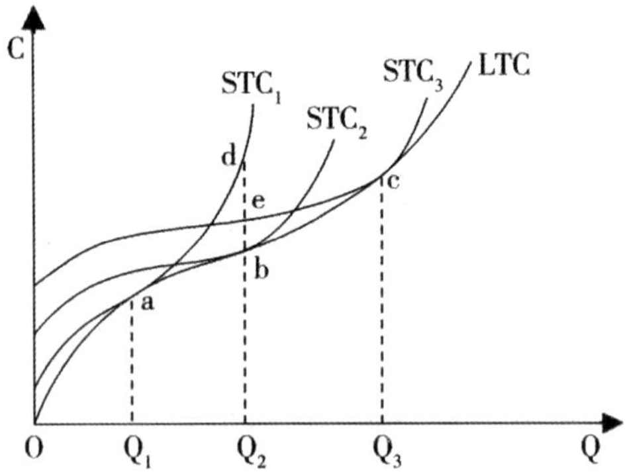

图5-4　长期总成本曲线

假定厂商生产的产量为Q_2，那么厂商应该如何调整生产要素的投入量以降低总成本呢？在短期内，厂商可能面临STC_1曲线所代表的过小的生产规模或STC_3曲线所代表的过大的生产规模，于是在短期内，厂商只能按较高的总成本来生产产量Q_2，即在STC_1曲线上的d点或STC_3曲线上的e点进行生产。但在长期，情况就会发生变化。厂商在长期内可以变动全部的要素投入量，选择最优的生产规模，于是，厂商必然会选择STC_2曲线所代表的生产规模进行生产，从而将总成本降低到所能达到的最低水平，即厂商是在STC_2曲线上的b点进行生产。类似地，在长期内，厂商会选择STC_1曲线所代表的生产规模，在a点上生产Q_1的产量；选择STC_3曲线所代表的生产规模，在c点上生产Q_3的产量。这样，厂商就都实现了既定产量下的最低总成本。

虽然在图中只有三条短期总成本线，但在理论分析上可以假定有无数条短期总成本曲线。这样一来，厂商可以在任何一个产量水平上，都找到相应的一个最优的生产规模，都可以把总成本降到最低水平。也就是说，可以找到无数个类似于a、b和c的点，这些点的轨迹就形成了图中的长期总成本LTC曲线。显然，长期总成本曲线是无数条短期总成本曲

线的包络线。在这条包络线上，在连续变化的每一个产量水平上，都存在着LTC曲线和一条STC曲线的相切点，该STC曲线所代表的生产规模就是生产该产量的最优生产规模，该切点所对应的总成本就是生产该产量的最低总成本。所以，LTC曲线表示长期内厂商在每一产量水平上由最优生产规模所带来的最小生产总成本。

长期总成本LTC曲线是从原点出发向右上方倾斜的。它表示：当产量为零时，长期总成本为零，以后随着产量的增加，长期总成本是增加的。而且，长期总成本LTC曲线的斜率先递减，经拐点之后，又变为递增。

二、长期平均成本函数和长期边际成本函数

长期平均成本LAC表示厂商在长期内按产量平均计算的最低总成本。长期平均成本函数可以写为：

$$LAC(Q)=\frac{LTC(Q)}{Q} \tag{5.18}$$

长期边际成本LMC表示厂商在长期内增加一单位产量所引起的最低总成本的增量。长期边际成本函数可以写为：

$$LMC(Q)=\frac{\Delta LTC(Q)}{\Delta Q} \tag{5.19}$$

或

$$LMC(Q)=\lim\frac{\Delta LTC(Q)}{\Delta Q}=\frac{dLTC(Q)}{dQ} \tag{5.20}$$

三、长期平均成本曲线

1.长期平均成本曲线的推导

在分析长期总成本曲线时强调指出，厂商在长期内是可以实现每一个产量水平上的最小总成本的。因此，根据（5.18）式便可以推知：厂商在长期内实现每一产量水平上的最小总成本的同时，必然也就实现了相应的最小平均成本。所以，长期平均成本曲线可以根据（5.18）式由长期总成本曲线画出。具体的做法是：把长期总成本LTC曲线上每一点的长期总成本值除以相应的产量，便得到每一产量上的长期平均成本值。再把每一个产量和相应的长期平均成本值描绘在产量和成本的平面坐标图中，便可得到长期平均成本LAC曲线。此外，长期平均成本曲线也可以根据短期平均成本曲线求得。为了更好地理解长期平均成本曲线和短期平均成本曲线之间的关系，在此着重介绍后一种方法。

在图5-5中有三条短期平均成本曲线SAC_1、SAC_2和SAC_3，它们各自代表了三个不同的生产规模。在长期内，厂商可以根据产量要求，选择最优的生产规模进行生产。假定厂商生产Q_1的产量，则厂商会选择SAC_1曲线所代表的生产规模，以OC_1的平均成本进行生产。而对于产量Q_1而言，平均成本OC_1是低于其他任何规模下的平均成本的。假定厂商生产的产量为Q_2，则厂商会选择SAC_2曲线所代表的生产规模进行生产，相应的最小平均成本为OC_2；假定厂商生产的产量为Q_3，则厂商会选择SAC_3曲线所代表的生产规模进行生产，相应的最小平均成本为OC_3。

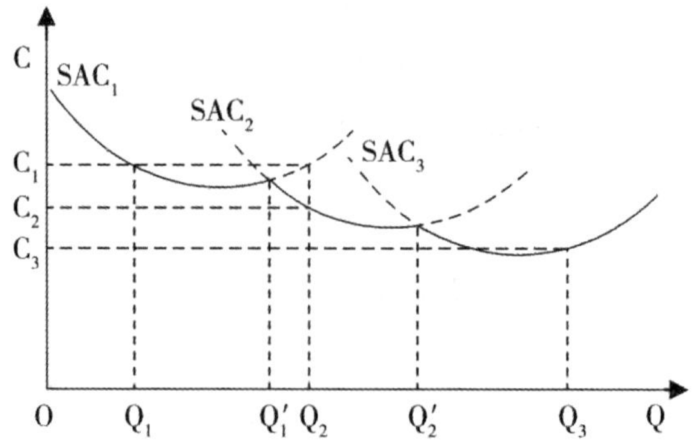

图5-5 最优生产规模的选择

如果厂商生产的产量为Q'_1，则厂商既可选择SAC_1曲线所代表的生产规模，也可选择SAC_2曲线所代表的生产规模。因为，这两个生产规模都以相同的平均成本生产同一个产量。这时，厂商有可能选择SAC_1曲线所代表的生产规模，因为，该生产规模相对较小，厂商的投资可以少一点。厂商也有可能考虑到今后扩大产量的需要，而选择SAC_2曲线所代表的生产规模。厂商的这种考虑和选择，对于其他的类似的每两条SAC曲线的交点，如Q'_2的产量，也是同样适用的。

在长期生产中，厂商总是可以在每一产量水平上找到相应的最优的生产规模进行生产。而在短期内，厂商做不到这一点。假定厂商现有的生产规模为SAC_1曲线所代表，而厂商需要生产的产量为OQ_2，那么，厂商在短期内就只能以SAC_1曲线上的OC_1的平均成本来生产，而不可能是SAC_2曲线上的更低的平均成本OC_2。

由以上分析可见，沿着图中所有的SAC曲线的实线部分，厂商总是可以找到长期内生产某一产量的最低平均成本的。由于在长期内可供厂商选择的生产规模是很多的，在理论分析中，可以假定生产规模可以无限细分，从而可以有无数条SAC曲线，于是，便得到图5-6中的长期平均成本LAC曲线。显然，长期平均成本曲线是无数条短期平均成本曲线的包络线。在这条包络线上，在连续变化的每一个产量水平，都存在LAC曲线和一条SAC曲线的相切点，该SAC曲线所代表的生产规模就是生产该产量的最优生产规模，该切点所对应的平均成本就是相应的最低平均成本。LAC曲线表示厂商在长期内在每一产量水平上可以实现的最小的平均成本。

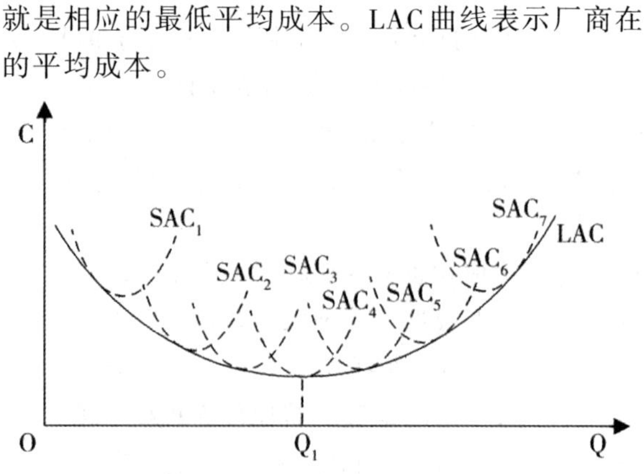

图5-6 长期平均成本曲线

此外，从图5-6还可以看到，在LAC曲线的下降段，LAC曲线相切于所有相应的SAC曲线最低点的左边；在LAC曲线的上升段，LAC曲线相切于所有相应的SAC曲线最低点的右边。只有在LAC曲线的最低点上，LAC曲线才相切于相应的SAC曲线（图中为SAC_4曲线）的最低点。

2.长期平均成本曲线的形状

图5-6中的长期平均成本曲线呈先降后升的U形，这种形状和短期平均成本曲线是很相似的。但是，这两者形成U形的原因并不相同。如前所述，短期平均成本曲线呈U形的原因是短期生产函数的边际报酬递减规律的作用。但在长期内所有生产要素投入量都可变的情况下，边际报酬递减规律不对长期平均成本曲线的形状产生影响。长期平均成本曲线的U形特征主要是由长期生产中的规模经济和规模不经济所决定的。

在企业生产扩张的开始阶段，厂商由于扩大生产规模而使经济效益得到提高，这叫规模经济。当生产扩张到一定的规模以后，厂商继续扩大生产规模，就会使经济效益下降，这叫规模不经济。这种规模经济和规模不经济都是由厂商变动自己的企业生产规模所引起的，所以，也被称作规模内在经济和规模内在不经济。长期生产的规模报酬作用是引起规模内在经济和规模内在不经济的主要原因。一般说来，在企业的生产规模由小到大的扩张过程中，会先后出现规模内在经济和规模内在不经济。规模内在经济和规模内在不经济决定长期平均成本LAC曲线表现出先下降后上升的U形特征。

此外，外在经济和外在不经济会影响长期平均成本LAC曲线的位置。外在经济是由于厂商的生产活动所依赖的外界环境得到改善而产生的。例如，整个行业的发展，可以使行业内的单个厂商从中受益。相反，如果厂商的生产活动所依赖的外界环境恶化了，则是外在不经济。例如，整个行业的发展，使得生产要素的价格上升，交通运输紧张，从而给行业内的单个厂商的生产带来困难。外在经济和外在不经济是由企业以外的因素所引起的，它影响厂商的长期平均成本曲线的位置。在图5-7中，外在经济使LAC_1曲线向下移至LAC_2曲线的位置。相反，外在不经济使LAC_2曲线向上移至LAC_1曲线的位置。

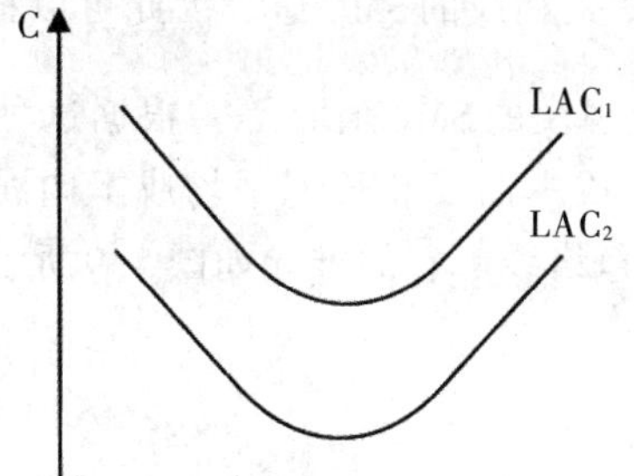

图5-7　长期平均成本曲线的移动

通过由规模内在经济和内在不经济所决定的长期平均成本曲线的U形特征，不仅可以解释下面将要分析的长期边际成本曲线的形状特征，而且还可以进一步解释上一节所分析的长期总成本曲线的形状特征。这些都将在下面的有关内容中得到说明。

此外，需要指出的是，关于LAC曲线的形状，西方经济学家近些年来的经验性研究结果表明，在大多数行业的生产过程中，企业在得到规模内在经济的全部好处之后，规模内在不经济的情况往往要在很高的产量水平上才会出现。换句话说，下降的LAC曲线需在经历了很大范围的产量变化以后，才会转变成上升的LAC曲线，如图5-8所示。LAC曲线的这种形状被称为L形。尽管如此，在微观经济分析中，仍然使用LAC曲线为U形的假定。

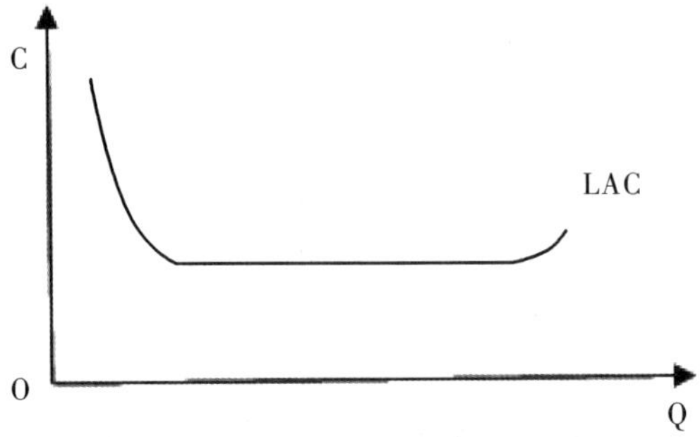

图5-8 L形的长期平均成本曲线

四、长期边际成本曲线

1.长期边际成本曲线的推导

长期边际成本LMC曲线可以由长期总成本LTC曲线得到。因为$LMC(Q)=\frac{dLTC(Q)}{dQ}$，所以，只要把每一个产量上的LTC曲线的斜率值描绘在产量和成本的平面坐标图中，便可得到长期边际成本LMC曲线。

长期边际成本LMC曲线也可以由短期边际成本SMC曲线得到。下面将对这种方法予以说明。

从推导长期总成本曲线的图5-4中可见，长期总成本曲线是短期总成本曲线的包络线。在长期内的每一个产量上，LTC曲线都与一条代表最优生产规模的STC曲线相切，这说明这两条曲线的斜率是相等的。由于LTC曲线的斜率是相应的LMC值（因为$LMC=\frac{dLTC}{dQ}$），STC曲线的斜率是相应的SMC值，因此可以推知，在长期内的每一个产量上，LMC值都与代表最优生产规模的SMC值相等。根据这种关系，便可以由SMC曲线推导LMC曲线。但是，与长期总成本曲线和长期平均成本曲线的推导不同，长期边际成本曲线不是短期边际成本曲线的包络线。它的推导如图5-9所示。

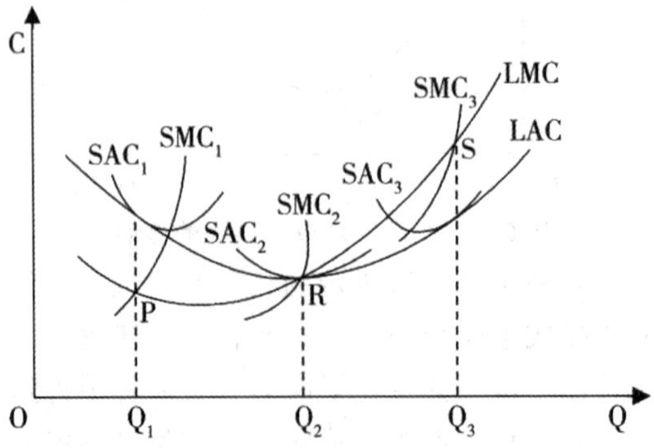

图5-9 长期边际成本曲线

图5-9中的每一个产量上的代表最优生产规模的SAC曲线都有一条相应的SMC曲线，每一条SMC曲线都过相应的SAC曲线最低点。在Q_1的产量上，生产该产量的最优生产规模由SAC_1曲线和SMC_1曲线所代表，相应的短期边际成本由P点给出，PQ_1既是短期

边际成本，又是长期边际成本，即有LMC = SMC_1 = PQ_1。同理，在Q_2的产量上，有LMC =SMC_2=RQ_2。在Q_3的产量上，有LMC=SMC_3=SQ_3。在生产规模可以无限细分的条件下，可以得到无数个类似于P、R和S的点，将这些点连接起来便得到一条光滑的长期边际成本曲线LMC。

2.长期边际成本曲线的形状

如图5-9所示，长期边际成本曲线呈U形，它与长期平均成本曲线相交于长期平均成本曲线的最低点。其原因在于：根据边际量和平均量之间的关系，当LAC曲线处于下降段时，LMC曲线一定处于LAC曲线的下方，也就是说，此时LMC < LAC，LMC将LAC拉下；相反，当LAC曲线处于上升段时，LMC曲线一定位于LAC曲线的上方，也就是说，此时LMC > LAC，LMC将LAC拉上。因为LAC曲线在规模内在经济和规模内在不经济的作用下呈先降后升的U形，这就使得LMC曲线也必然呈先降后升的U形，并且，两条曲线相交于LAC曲线的最低点。

根据LMC曲线的形状特征，可以进一步解释LTC曲线的形状特征。因为LMC曲线呈先降后升的U形，而LMC值又是LTC曲线上相应的点的斜率，所以，LTC曲线的斜率必定随着产量的增加表现出先递减后递增的特征。

简要评析

本章根据上一章的总产量、平均产量和边际产量曲线，得到了总成本、平均成本和边际成本曲线。作为上一章的延续和引申，本章也具有和上一章相似的缺点和有用之处，即脱离社会形态的影响而论述一般性的成本，这种论述的缺点是脱离了资本主义的本质而仅从技术方面考察厂商的成本。同时，西方经济学家假设的长期平均成本曲线呈U形，下一章的分析表明，U形的平均成本曲线对于说明不同市场结构的价格决定具有重要的作用。然而，根据西方经济学者对现实资料的研究，厂商的长期平均成本曲线大致呈L形。由此可见，作为微观经济学的一个关键性的假定，在一定程度上不符合事实。

复习思考题

一、名词解释

1.私人成本与社会成本（北京大学1997研）

2.经济利润（武汉大学2001研）

3.机会成本与会计成本（重庆大学1999研）

4.规模经济（西安交通大学2005研；中山大学2005研）

5.隐成本（北京交通大学2003研；中国人民大学2002研，2005研）

二、简答题

1.平均成本曲线和边际成本曲线的关系是什么？证明之。（北京工业大学2005研）

2.简述TC曲线上与过原点直线切点的意义。（复旦大学2001研）

3.如果生产函数是不变规模报酬的生产函数，企业长期平均成本曲线是否一定是下降的？为什么？（北京大学1996研）

4. 简要说明短期和长期平均成本曲线形成U形的原因。（中国人民大学1999研）

5. 简要说明短期生产函数与短期成本函数之间的关系。（北京交通大学2002研）

6. 规模报酬递增的工厂会不会面临要素报酬递减的情况？（复旦大学1995研）

7. 设某企业有两个生产车间，车间1使用的年限已经比较长，规模小，设备陈旧，但比较灵活，适合于小规模生产。车间2建成不久，规模大，设备现代化，适合于大规模生产。请根据题意，粗略地画出两个车间的边际生产成本。假设现在企业接到一笔订单任务，要生产Q单位的产出，请画图说明企业如何在这两个车间分配生产任务才能使生产成本达到最小。（中山大学2006研）

三、计算题

1. 已知某企业的短期总成本函数是 $STC(Q) = 0.04Q^3 - 0.8Q^2 + 10Q + 5$，计算该企业最小的平均可变成本值。（中南财经政法大学2001研）

2. 假定某厂商需求如下：$Q = 5\,000 - 50P$。其中，Q为产量，P为价格。厂商的平均成本函数为：$AC = \dfrac{6\,000}{Q} + 20$。

（1）使厂商利润最大化的价格与产量是多少？最大化的利润是多少？

（2）如果政府对每单位产品征收10元税收，新的价格与产量是多少？新的利润是多少？（北京大学1995研）

3. 某企业长期生产函数为 $Q = 2x^{0.5}y^{0.5}z^{0.5}$，其中Q为产量，$x > 0$为常数，x、y、z为三种要素，且三种要素的价格分别为 $P_x = 1$，$P_y = 9$，$P_z = 8$，试导出其长期总成本函数。（重庆大学1999研）

4. 设某厂商的生产函数为 $Q = L^{\frac{1}{2}}K^{\frac{1}{2}}$，且L的价格w=1，K的价格r=3。

（1）试求长期总成本函数（LTC）、长期平均成本函数（LAC）和长期边际成本函数（LMC）。

（2）设在短期内K=10，求短期总成本函数（STC）、短期平均成本函数（SAC）和短期边际成本函数（SMC）。（北京大学1999研）

5. 假定某种产品的生产函数为 $Q = F(L,K) = LK^2$，单位资本的价格为20元，单位劳动的价格为5元。求：产量一定时成本最小化的资本与劳动的组合比例。（中国人民大学2003研）

6. 中天国际的生产函数为：

$$y = l^{\frac{3}{4}}k^{\frac{1}{4}}$$

其中y、l和k分别代表产量、劳动和资本。劳动和资本的价格分别为w和r。请计算该公司的长期成本函数。（武汉大学2003研）

8. 一项生产专利技术为 $q = \{\min(2l, 2k)\}^{1/2}$，资本和劳动的价格均为1。某厂商若购买此项专利技术，则在专利的有效期内可垄断该产品市场，有效期过后，任何厂商都可以生产该产品。市场对该产品的需求函数为 $p = 1000 - 1.5q$。

（1）求该产品的要素需求函数和成本函数。

（2）该厂商最多愿意出多少钱购买此项技术？

（3）若政府对该产品征收50%的从价税，该厂商愿意出多少钱购买此项技术？（北京大学2006研）

9.某厂商的成本函数是$TC = 200 + 15Q + 0.5Q^2$，计算Q=10时的平均成本和边际成本，并计算厂商应确定的合理产量和合理产量下的平均成本。（南京大学2007研）

四、论述题

1.试用图说明短期边际成本曲线和短期平均成本曲线、短期平均可变成本曲线是什么关系，为什么？

2.机会成本对决策分析有什么意义？为什么？

3.厂商的短期成本函数是如何得到的？其中平均成本和边际成本与变动要素的平均产量和边际产量有何联系？

4.短期平均成本曲线与长期平均成本曲线都呈U形，请解释它们形成U形的原因有何不同。

五、案例题

案例一：

别让沉没成本误导决策

沉没成本是决策非相关成本，但与其相伴随的机会成本是决策相关成本，需要在决策时予以考虑。

现实经济中，骑虎难下的投资项目比比皆是，到底是继续投资还是决然退出，总是令投资决策者左右为难。在本文中详细介绍了决策成本的概念，澄清了沉没成本和机会成本的区别，并提出了如何利用沉没成本建立企业竞争优势和减少沉没成本的办法。相信各位读完本文后，能在投资决策时拨开各类似是而非的成本因素的困扰，从而做出明智的投资决定。

中国航空工业第一集团公司在2000年8月决定今后民用飞机不再发展干线飞机，而转向发展支线飞机。这一决策立时引起广泛争议。

该公司与美国麦道公司于1992年签订合同合作生产MD90干线飞机。1997年项目全面展开，1999年双方合作制造的首架飞机成功试飞，2000年第二架飞机再次成功试飞，并且两架飞机很快取得美国联邦航空局颁发的单机适航证。这显示中国在干线飞机制造和总装技术方面已达到20世纪90年代的国际水平，并具备了小批量生产能力。

就在此时，MD90项目下马了。在各种支持或反对的声浪中，讨论的角度不外乎两大方面：一是基于中国航空工业的战略发展；二是基于项目的经济因素考虑。本文不想就前一角度展开讨论，在这方面航空专家最有发言权。单从经济角度看，干线项目上马、下马之争可以说为“沉没成本”提供了最好的案例。

许多人反对干线飞机项目下马的一个重要理由就是，该项目已经投入数十亿元巨资，上万人倾力奉献，耗时六载，在终尝胜果之际下马造成的损失实在太大了。这种痛苦的心情可以理解，但丝毫不构成该项目应该上马的理由，因为不管该项目已经投入了多少人力、物力、财力，对于上下马的决策而言，其实都是无法挽回的沉没成本。

1.什么是沉没成本

究竟什么是沉没成本呢？沉没成本是指业已发生或承诺、无法回收的成本支出，如因失误造成的不可收回的投资。沉没成本是一种历史成本，对现有决策而言是不可控成本，不会影响当前行为或未来决策。从这个意义上说，在投资决策时应排除沉没成本的干扰。

从成本的可追溯性来说，沉没成本可以是直接成本，也可能是间接成本。如果沉没成本可追溯到个别产品或部门则属于直接成本；如果由几个产品或部门共同引起则属于间接成本。

从成本的形态看，沉没成本可以是固定成本，也可以是变动成本。企业在撤销某个部门或是停止某种产品生产时，沉没成本中通常既包括机器设备等固定成本，也包括原材料、零部件等变动成本。通常情况下，固定成本比变动成本更容易沉没。

从数量角度看，沉没成本可以是整体成本，也可以是部分成本。例如，中途弃用的机器设备，如果能变卖出售获得部分价值，那么其账面价值不会全部沉没，只有变现价值低于账面价值的部分才是沉没成本。

一般说来，资产的流动性、通用性、兼容性越强，其沉没的部分就越少。“现金为王”的观念也可以从这个角度去理解。固定资产、研究开发、专用性资产等都是容易沉没的，分工和专业化也往往与一定的沉没成本相对应。此外，资产的沉没性也具有时间性，会随着时间的推移而不断转化。以具有一定通用性的固定资产为例，在尚未使用或折旧期限之后弃用，可能只有很少一部分会成为沉没成本，而中途弃用沉没的程度则会较高。

2.认识中的盲点

仅仅认识了沉没成本尚不足够。事实上，这当中仍有认识上的盲点。

（1）必须建立决策成本的观念。有这样一些例子：一些审慎的决策者因为将一些不相关的成本纳入决策成本考虑而错失了本来可行的项目；另一些冒进的决策者则因为将相关成本错误排除在决策成本之外而对项目做出盲目乐观的估计。可见，在行动和决策时，建立决策成本的观念十分重要。

（2）衡量投资项目成本，只能包含因进行或选择该行动方案而发生的相关成本。相关成本指与特定决策、行动有关的，在分析评价时必须加以考虑的成本，包括差额成本、未来成本、重置成本、机会成本等。非相关成本则指在决策之前就已发生或不管采取什么方案都要发生的成本，它与特定决策无关，因而在分析评价和最优决策过程中不应纳入决策成本的范畴，如过去成本、账面成本等。

从决策的相关性来看，沉没成本是决策非相关成本，若决策时计入沉没成本，将使项目成本高估，从而得到错误的结论。

已投入资源的沉没成本是决策非相关成本，但与其相伴随的机会成本是决策相关成本，需要在决策时予以考虑。

（3）机会成本不是通常意义上的成本，它不是一种支出或费用，而是选定某方案可能损失的收入或收益。以中国干线飞机项目为例，终止该项目的机会成本是什么呢？显然应当是继续进行该项目未来可能获得的净收益（扣除新增投资后）。如果不能产生正的净收益，下马就是最好的出路。即使有了正的净收益，也还必须看其投资回报率（净收益/新增投资）是否高于企业的平均回报率。倘若低于平均回报率，也应当忍痛下马。

事实上，干线项目下马完全是“前景堪忧”使然。从销路看，原打算生产150架飞机，到1992年首次签约时定为40架，后又于1994年降至20架，并约定由中方认购。但民航局只同意购买5架，其余15架没有着落。可想而知，在没有市场的情况下，继续进行该项目会有怎样的未来收益？

当然，决策中某一既定行动的机会成本有时是很难衡量的，成本估计可能是高度主观和随意的。此外，有关评价应当考虑资金的时间价值，以贴现指标为依据。这些都应引起决策者的注意。

（4）正确区分决策成本与会计成本。一般说来，沉没成本是就决策或经济评估而言的。从会计成本核算角度看，其实并不存在什么沉没成本。例如，一个已发生了咨询费和开办费的投资项目，当环境发生某种变化需要重新决策时，这些费用作为沉没成本不应当纳入决策成本范围考虑。但在具体会计核算时，则应视决策结果的不同而进行相应的处理：如果最后决定放弃该项目，这些费用应当计入当期投资损益；如果项目继续，则根据会计准则在该项目的受益期内进行成本分摊。可见，为财务报告目的而获得的某项经济活动的成本对于决策目的来说，并不总是恰当的。

3.变劣势为优势

用“拿钱买教训”“交学费”的观点来看待沉没成本是片面的。事实上，除了投资决策失误造成沉没成本这一极端的情况外，很多时候沉没成本是一种必不可少的支出。沉没成本也可以给企业在某些方面带来优势。

对一个行业或产业来说，其沉没成本的状况往往构成了进出壁垒的关键，并最终决定市场结构。贝恩咨询公司（Bain & Company）早在1956年就指出，若一个产业的固定成本或沉没成本很高，就会形成进入门槛。

那些具有明显规模经济和庞大硬件投入的资本密集型产业，如能源、通信、交通、房地产、集成电路、医药等产业，其超额回报可谓诱人，但其惊人的初始投入和高退出成本则往往使许多市场“准进入者”却步，因为这首先是一场“谁输得起”的比拼。

由于这些高沉没成本的产业往往同时具备低边际成本的特性，“输得起”的一方最终会成为市场的赢家。许多资本实力雄厚的企业正是利用沉没成本来建立自己的竞争优势。小企业通常只能选择沉没成本较低的竞争性行业求得发展。

4.如何减少沉没成本

无论怎样，在实现同样战略目标的同时，尽可能减少沉没成本的支出无疑是所有企业都希望的。正如2000年前后网络公司竞争白热化时那样，比谁“烧钱”最快、最多，可以说是大多数投资者所不愿意看到的。

5.尽量避免决策失误导致的沉没成本

这要求企业有一套科学的投资决策体系，要求决策者从技术、财务、市场前景和产业发展方向等方面对项目做出准确判断。

当然，市场及技术发展瞬息万变，投资决策失误难免。在投资失误已经出现的情况下，如何避免将错就错对企业来说才是真正的考验。

英特尔公司（Intel）决定取消整个Timna芯片生产线就是这样一个例子。Timna是英特尔公司专为低端PC设计的整合型芯片。当初在上这个项目的时候，公司认为今后计算机减少成本将通过高度集成（整合型）的设计来实现。可后来，PC市场发生了很大变化，PC制造商通过其他系统成本降低方法，已经达到了目的。英特尔公司看清了这点后，果断决定让项目下马，从而避免更大的支出。

通过合资或双边契约减少沉没成本。很多时候，沉没成本并不是由企业自身造成的，而是由合作方或供应链的上、下游方中断合作引起的。

由于一项用于某一特定交易的耐用性投资往往具有专用性的特征，在这种情况下，如果交易突然终止，则所投入的资产将完全或很大部分会报弃，从而产生相当一部分“沉没成本”。因此，通过合资或双边契约确保交易的连续性便显得格外重要，因为契约性或组织性的保障可以大大降低交易费用。

从减少沉没成本的角度来看，采用非市场的规制结构对企业是比较有利的，因为这一结构能为交易提供更有效的保障，可最大限度地减少投资风险。现代企业经营中，技术合作、策略或战略联盟已经成为一个重要的趋势，其内在原因，其实就包含了分散技术开发和市场拓展风险、减少沉没成本方面的考虑。

资料来源 佚名. 别让沉没成本误导决策［EB/OL］.（2010-01-17）. http://www.qc99.com/lunwen/guanli/kuaiji/lunwen11823.Html.

思考：

（1）沉没成本和机会成本的区别有哪些？

（2）如何利用沉没成本建立企业竞争优势？

案例二：

投出去的钱泼出去的水

某旅行社在旅游淡季打出从保定到北京1日游50元，早上出发到天安门广场看升国旗，吃过了早饭到香山公园游玩，下午5点半坐车回保定。50元的费用包括所有的车费和门票外加一顿早餐！熟悉保定和北京的朋友一定知道，一人坐火车从保定到北京往返最少也得25元，如果是坐汽车，50元的价格打着灯笼才能找到！真的会有这么便宜的事吗？

资料来源 佚名. 两种成本［EB/OL］.（2012-09-21）. http://blog.sina.com.cn/s/blog_924221b80101as8n.html.

思考：

请运用成本理论解释这么便宜的事确实存在的原因。

[第六章]

完全竞争市场

在学习了消费者和生产者选择理论后，我们的研究对象将转向市场结构分析。在前面各章知识的基础上，从本章开始将建立各种市场结构——完全竞争、垄断、垄断竞争和寡头市场的理论模型，说明厂商在不同的外部条件下利润最大化均衡产量的决定，以及整个行业的总产量和价格的决定，本章将着重介绍完全竞争市场。

完全竞争市场是一种理想的市场类型。在现实中很少存在纯粹的完全竞争市场，但通过对完全竞争市场的分析得出的结论对分析现实中的市场价格的决定具有重要的意义。本章将说明完全竞争市场中厂商的价格和产量决定。

第一节　市场的类型

市场是从事物品买卖的交易场所或接洽点。一个市场可以是一个有形的买卖物品的交易场所，也可以是利用现代化通信工具进行物品交易的接洽点。从本质而言，市场是物品买卖双方相互作用并得以决定其交易价格和交易数量的一种组织形式或制度安排。任何一种交易物品都有一个市场。经济中有多少种交易物品，就相应地有多少个市场。例如，可以有汽车市场、石油市场、钢铁市场、大豆市场、苹果市场等。我们可以把经济中所有可交易的物品分为生产要素和商品这两类，相应地，经济中所有的市场也可以分为生产要素市场和商品市场这两类。我们先在本章和下一章研究商品市场，生产要素市场将在之后的章节中进行讲解。

厂商理论将市场结构划分为完全竞争市场、垄断竞争市场、寡头市场和垄断市场四种类型。决定市场类型划分的主要因素有以下四个：市场上厂商的数目、厂商所生产的产品的差别程度、单个厂商对市场价格的控制程度、资源的流动性，即厂商进入或退出一个行业的难易程度。关于四种类型市场的划分及其相应的特征如表6-1所示。

与市场这一概念相对应的另一个概念是行业。行业指为同一个商品市场生产和提供商品的所有的厂商的总体。市场和行业是属于同一个范畴的概念。譬如，完全竞争市场对应的是完全竞争行业，垄断竞争市场对应的是垄断竞争行业，如此等等。

厂商理论学者之所以将市场进行分类，是由于在不同类型的市场条件下，商品的供给和需求状况不同，从而对均衡价格和产量会产生不同的影响，因而必须区分不同的市场类型进行具体分析。

表6-1 **市场的类型**

市场类型	完全竞争	垄断竞争	寡头	垄断
厂商数量	无数	很多	两个或两个以上的少数几个	唯一
产品差别程度	无差别	有差别	有差别或无差别	唯一，无替代品
对价格控制程度	价格被动接受者	有一些	相当程度	很大程度，但受到管制
进出一个行业的难易程度	很容易	比较容易	比较困难	几乎不可能
具备相近特征的现实市场	一些农产品市场	轻工业或零售业	钢铁、汽车、石油业	水电供应业

第二节　完全竞争市场与完全竞争厂商

在一般人的心目中，竞争总让人想起商场上你死我活的斗争，每家公司做出决策时，都要考虑自己的行动会如何引起竞争对手的反应和对策。完全竞争是充分竞争的极致状态，与一般的竞争状态不同。

一、完全竞争市场的含义与条件

1.完全竞争市场的含义

完全竞争市场，又称为纯粹竞争市场，指不存在垄断因素的市场。供给者之间意识不到相互间的竞争，只要符合完全竞争的条件，谁都可以加入供给的行列。购买者也意识不到自己相互间的竞争。实际上，在完全竞争的条件下，经济运行主体之间不存在直接的、真正意义上的竞争，因为这些经济运行主体在确定自己产品的价格与产量时不需要采取任何竞争性的策略。

2.完全竞争市场的条件

（1）市场上有无数的买者和卖者

由于市场上有无数的买者和卖者，所以，每个买者的购买量和每个卖者的销售量都只占据市场极小的份额，从而无法通过自己的买卖行为影响市场价格。完全竞争市场中的单个厂商对市场没有任何影响能力，它们不是市场价格的制定者，而是市场价格的被动接受者。比如世界小麦市场，该市场的卖方由无数个麦农所组成，每个麦农的产量仅是生产市场总量的极小部分。即使某个麦农将其产量提高四五倍，其对市场总量和市场价格的影响也可以忽略。而自身由于价格高于市场价格的平均水平而使自己的产品卖不出去，这种状况只有在其将价格下降至市场价格才能得到改观。

（2）产品同质

产品同质是指所有厂商生产的产品是完全相同的，产品在品种、质量、性能、外观，甚至在销售地点上也不存在差别。这意味着产品具有完全的替代性，即在完全竞争市场上，买者把任何一个生产者的产品看作完全可以用另一个生产者的产品来替代，或者说，在买者看来，买哪家的产品都一样；对卖者来说，都不能随意提高价格，如果一个厂商稍微提高其产品价格，所有顾客就会转向购买其他同质产品。在所有生产者的产品卖价相同时，消费者购买哪个生产者的产品完全是随机的。

（3）资源具有完全的流动性

每个厂商都可以根据自己的意愿自由进入或退出某个行业。在现实的经济环境中，很少有免费进入市场的情况。新的卖方进入市场往往必须投入一些费用，如投入费用开设商店、从事生产、广告宣传、与顾客签订合同等。但是，完全竞争市场不存在阻止新进入者进入的明显障碍，任何一家想进入市场的企业，都可以在与现有企业同等的条件下开展经营。除了容易进入以外，完全竞争还要求容易退出，即经受长期损失的厂商必须能够没有阻碍地卖掉它的工厂和设备并离开该行业。

（4）信息是完全的

经济主体都能掌握自己所要掌握的全部信息。这样，每一个消费者和每一个厂商可以根据自己所掌握的完全的信息，做出自己的最优经济决策，从而获得最大的经济利益。而且，由于每一个买者和卖者都知道既定的市场价格，都按照这一既定的市场价格进行交易，这也就排除了由于信息不通畅而可能导致的一个市场同时按照不同的价格进行交易的情况。

上面四个假设看上去是十分苛刻的，可能没有一个行业完全满足这些条件（可能只有一些标准化产品市场，如初级产品、农产品比较接近完全竞争），但完全竞争模型仍不失为微观经济理论中最关键的部分。即使许多现实情况多多少少偏离了完全竞争的假设前提，但对完全竞争模型的有效解释性和预测性并没有太大的影响。从对完全竞争市场模型的分析中，可以得到关于市场机制及其配置资源的一些基本原理。而且，完全竞争市场作为最理想的市场类型，可以为我们理解其他类型的市场提供标尺，后面我们将会发现，随着完全竞争假定的不断放松，市场将会出现不同的价格和均衡产出，由此将导致不同的经济效果。

二、完全竞争厂商的需求曲线

在完全竞争市场中，市场和厂商面临着不同的需求曲线。如图6-1（a）所示，完全竞争市场中，整个市场所面临的需求曲线D是一条向右下方倾斜的曲线，供给曲线S是一条向右上方倾斜的曲线。市场的需求曲线D和供给曲线S相交的均衡点E所决定的市场均衡价格为P_e，即完全竞争市场中产品的均衡价格是由整个市场的需求和供给共同决定的。

市场上对某一个厂商的产品的需求状况，可以用该厂商所面临的需求曲线来表示，该曲线也被简称为厂商的需求曲线。在完全竞争市场条件下，厂商的需求曲线是什么形状的呢？在完全竞争市场上，由于厂商是既定市场价格的接受者，所以，完全竞争厂商的需求曲线是一条由既定市场价格水平出发的水平线，如图6-1所示。在图6-1（a）中，市场的需求曲线D和供给曲线S相交的均衡点E所决定的市场均衡价格为P_e，相应地，在图6-1（b）中，由给定的价格水平P_e出发的水平线d就是厂商的需求曲线。水平的需求曲线意味着：厂商只能被动地接受给定的市场价格，且厂商既不会也没有必要去改变这一价格水平。

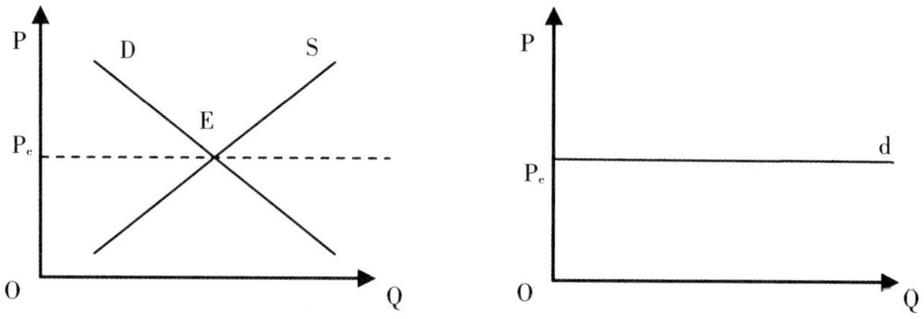

（a）完全竞争市场供求曲线　　（b）完全竞争厂商的需求曲线

图6-1　完全竞争市场和完全竞争厂商的需求曲线

当市场价格确定之后，对个别厂商来说，只要按照既定的价格出售其所有产品即可，有多少卖多少。例如，在湖南省柑橘主产区石门县，2012年10月蜜橘收购价格是每500克0.8元，一旦价格确定下来，对于当地果农张三而言，他的蜜橘产量无论是100千克还是10 000千克都只能在这个价格上销售他全部的产量。市场对个别厂商来说需求是无限的，所以完全竞争厂商的需求曲线是一条由既定市场价格出发的平行于横轴的水平线。但是，需要注意的是，完全竞争厂商面对的需求曲线是一条水平线，并不意味着价格水平不能改变，它只是表明厂商自身行为不能影响价格。假如一个完全竞争市场上所有的厂商或大部分厂商同时增加或减少产量，供给曲线会发生移动，市场价格必然会发生变动，变化后的价格对某单个厂商来说是一个既定的价格水平，可按此价卖出任何数量的商品，而不会影响价格水平。

三、完全竞争厂商的收益曲线

我们首先基于一般性的视角提出所有类型厂商均适用的厂商收益的相关概念，然后再具体分析完全竞争厂商收益曲线的特征及其相互之间的关系。

1.厂商的收益

厂商的收益可以分为总收益、平均收益和边际收益，它们的英文简写分别为TR、AR和MR。以P表示既定的市场价格，以Q表示销售总量。

总收益（TR）指厂商按一定价格出售一定量产品时所获得的全部收入。总收益的定义公式为：

$$TR(Q)=P\cdot Q \tag{6.1}$$

平均收益（AR）指厂商在平均每一单位产品销售上所获得的收入。平均收益的定义公式为：

$$AR(Q)=\frac{TR(Q)}{Q}=\frac{PQ}{Q}=P \tag{6.2}$$

上式表明，平均收益就是商品的价格。

边际收益（MR）指厂商增加一单位产品销售所获得的总收入的增量。边际收益的定义公式为：

$$MR(Q)=\frac{\Delta TR(Q)}{\Delta Q} \tag{6.3}$$

或　$$MR(Q)=\lim_{\Delta Q\to 0}\frac{\Delta TR(Q)}{\Delta Q}=\frac{dTR(Q)}{dQ} \tag{6.4}$$

由（6.4）式可知，每一销售水平上的边际收益MR就是相应的总收益曲线在该销售量上的切线的斜率。

2.完全竞争厂商的收益曲线

（1）完全竞争厂商的总收益

在完全竞争条件下，价格是一常量，厂商是市场价格的接受者。所以，总收益曲线是一条过原点的直线，向右上方倾斜，表明TR随销售量的增加而同比例增加，如图6-2所示。

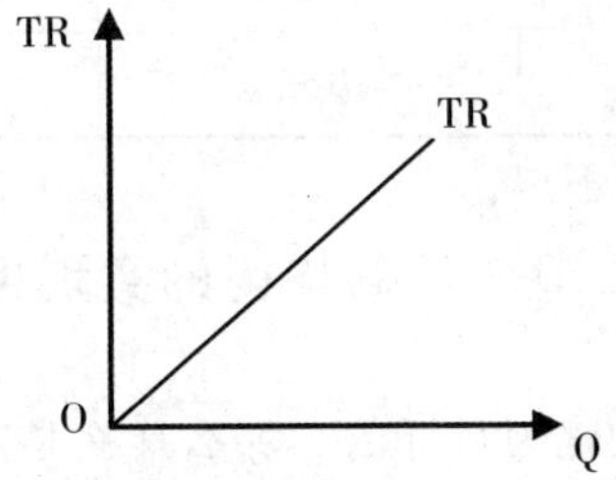

图6-2　总收益曲线

（2）完全竞争厂商的平均收益

由平均收益的公式可知，平均收益就是商品的价格。平均收益也是销售量的函数，反映了平均收益随销售量的变动而变动的规律，即价格与销售量之间的关系。因此，平均收益曲线就是商品的需求曲线。在完全竞争条件下，价格是一常量，因此，平均收益曲线是一水平线，表明AR不随销售量的变动而变动，如图6-3所示。

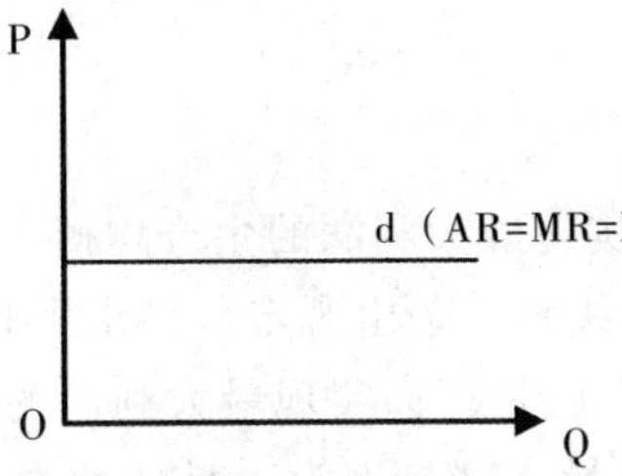

图6-3　平均收益曲线与边际收益曲线

（3）完全竞争厂商的边际收益

在完全竞争市场环境中，由于价格是一常量，所以总收益关于销售量的一阶导数就是价格P，即边际收益等于固定不变的价格水平P。

可见，完全竞争厂商的平均收益曲AR、边际收益曲线MR和需求曲线d三条线重合，AR=MR=P，它们都用一条既定的价格水平线来表示。

表6-2是某完全竞争厂商的收益表，可以进一步表明在完全竞争市场中，厂商平均收益、边际收益与产品价格之间的相等关系。

从表6-2中可见，对每一单位商品，厂商都按既定的市场价格30出售。随着商品销售量的增加，厂商的总收益TR不断增加。但由于商品的单位销售价格是固定不变的，这就不仅使得厂商的平均收益AR保持不变，且等于商品的单位销售价格30，而且使得厂商每增加一单位商品的销售所获得的边际收益MR也保持不变，且等于商品的单位销售价格30。这表明完全竞争厂商在任何商品销售量水平上都有AR=MR=P。

表6-2 **完全竞争厂商的收益表**

价格（P）	销售量（Q）	总收益（TR）	平均收益（AR）	边际收益（MR）
30	1	30	30	30
30	2	60	30	30
30	3	90	30	30
30	4	120	30	30
30	5	150	30	30

第三节 厂商均衡的实现条件

厂商是以追求经济利润最大化为目标的，那么什么是厂商实现利润最大化的均衡条件呢？由于利润是总收益与总成本之差，因而需要对成本和收益进行比较分析，然后从二者的比较中求得实现利润最大化的条件。

设总收益为TR，总成本为TC，π表示利润，则：

$$\pi=TR-TC \tag{6.5}$$

利润最大化的必要条件是：

$$\frac{d\pi}{dQ}=\frac{dTR}{dQ}-\frac{dTC}{dQ}=0$$

即 MR-MC=0

$$MR=MC \tag{6.6}$$

下面利用图6-4来寻找厂商实现最大利润的生产均衡点。图中，有某完全竞争厂商的一条短期生产的边际成本SMC曲线和一条由既定价格水平P_e出发的水平的需求曲线d，这两条线相交于E点。我们说，E点就是厂商实现最大利润的生产均衡点，相应的产量Q_e就是厂商实现最大利润时的均衡产量。这是因为，具体地看，当产量小于均衡产量Q_e，例如为Q_1时，厂商的边际收益大于边际成本，即有MR>SMC。这表明厂商增加一单位产量所带来总收益的增加量大于所付出的总成本的增加量，也就是说，厂商增加产量是有利的，可以使利润得到增加。所以，如图6-4中指向右方的箭头所示，只要MR>SMC，厂商就会增加产量。同时，随着产量的增加，厂商的边际收益MR保持不变而厂商的边际成本SMC是逐步增加的，最后，MR>SMC的状况会逐步变化成MR=SMC的状况。在这一过程中，厂商得到了扩大产量所带来的全部好处，获得了厂商所能得到的最大利润。相反，当产量大于均衡产量Q_e，例如为Q_2时，厂商的边际收益小于边际成本，即有MR<SMC。这表明厂商增加一单位产量所带来的总收益的增加量小于所付出的总成本的增加量，也就是说，厂商增加产量是不利的，会使利润减少。所以，如图6-4中指向左方的箭头所示，只要MR<SMC，厂商就会减少产量。同时，随着产量的减少，厂商的边际收益仍保持不变，而厂商的边际成本SMC是逐步下降的，最后MR<SMC的状况会逐步变为MR=SMC的状况。在这一过程中，厂商所获得的利润逐步达到最高的水平。

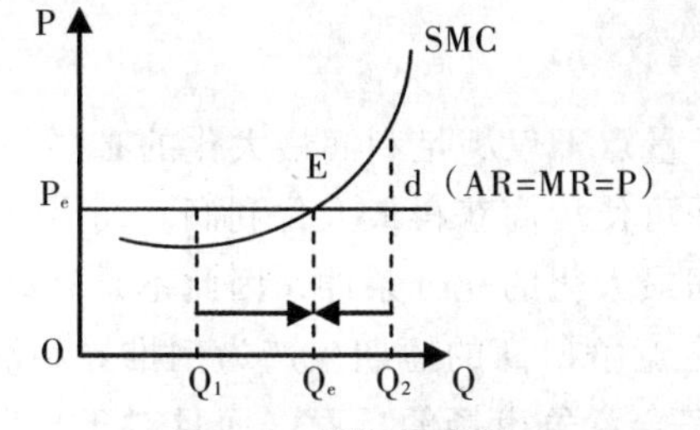

图6-4　利润最大化

由此可见，不管是增加产量，还是减少产量，厂商都是在寻找能够带来最大利润的均衡产量，而这个均衡产量就是使得MR=SMC的产量。所以，我们说，边际收益MR等于边际成本MC是厂商实现利润最大化的均衡条件。

下面利用图6-5来进一步说明边际收益等于边际成本的利润最大化的均衡条件。在图6-5中，MR曲线和SMC曲线的相交点E就是利润最大化的均衡点，相应的利润最大化的产量为Q_e。与图6-5（a）相对应，在图6-5（b）中均衡产量水平Q_e处的斜率和总成本STC曲线的斜率相等（取决于在Q_e处有MR=SMC），这两条曲线之间的垂直距离表示厂商实现的最大利润。在图6-5（c）中，利润π曲线在均衡产量水平Q_e处达到最高点。

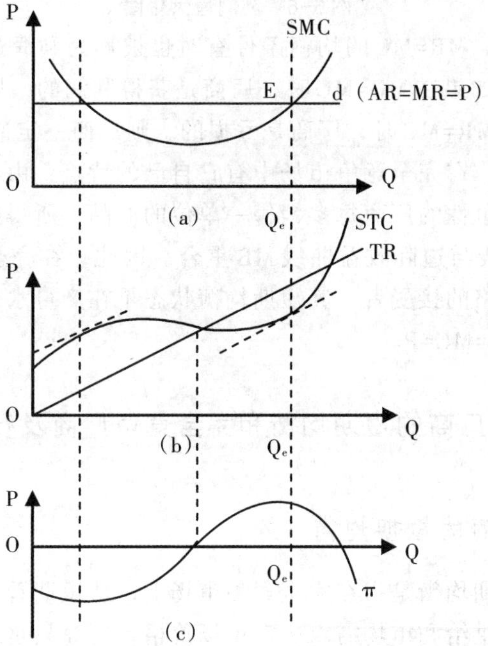

图6-5　利润最大化

但是仅仅满足利润最大化的必要条件并不能保证厂商获得最大化的利润，图6-5中的MR曲线和SMC曲线的另一个交点也满足利润最大化的必要条件，但并非达到利润最大而是亏损最大。所以，除了给出利润最大化的必要条件外，还要给出利润最大化的充分条件。利润最大化的充分条件是：

$$\frac{d^2\pi}{dQ^2} < 0$$

即 $\frac{d^2 TR}{dQ^2} < \frac{d^2 TC}{dQ^2}$ (6.7)

显然，图6-5中的Q_e产量点不仅满足利润最大化的必要条件，而且满足利润最大化的充分条件，因此该产出水平可使厂商获得最大化利润。而另外一个交点只满足利润最大化的必要条件，而不满足利润最大化的充分条件，因此不是利润最大化的均衡点。在此需指出一点，虽然以上是以完全竞争厂商的短期生产为例推导利润最大化的均衡条件，但是，这一均衡条件不仅对于非完全竞争市场的厂商，而且对于长期生产也都是适用的。总之，对于任何一种类型厂商，边际收益等于边际成本是厂商实现最大利润的均衡条件，如图6-6所示，E点为MR=MC时的均衡点。

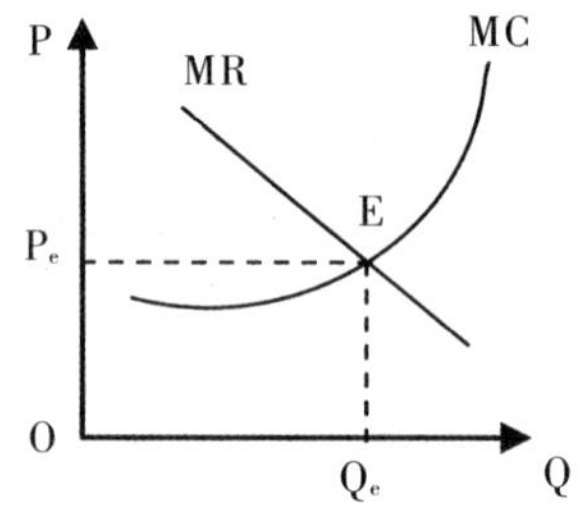

图6-6 利润最大化图

最后需要说明的是，MR=MC的均衡条件有时也被称为利润最大或亏损最小的均衡条件，即应该这样理解：如果在MR=MC时，厂商是获得利润的，则厂商所获得的一定是最大利润；相反，如果在MR=MC时，厂商是亏损的，则厂商一定遭受的是最小亏损。

上述这项普遍原则，在完全竞争市场中有它自己的特点：由于在完全竞争市场中需求曲线是一条水平线，竞争性的厂商每多销售一单位的商品，所得到的平均收益及边际收益都等于价格P，需求曲线与边际收益曲线MR重合。因此，在完全竞争市场中，追求利润最大化的厂商由于是价格的接受者，其短期均衡状态是在产量水平达到其边际成本等于价格P时才实现的，即MR=MC=P。

第四节 完全竞争厂商的短期均衡和完全竞争厂商及行业的短期供给曲线

一、完全竞争厂商的短期均衡

完全竞争厂商的短期均衡是指在完全竞争市场上，从短期看，单个厂商所处的生产均衡状态。短期中，市场供给和市场需求决定市场价格，厂商只是既定价格的接受者；而且生产中的不变要素的投入量是无法变动的，厂商只能在既定的生产规模下，通过对产量的调整来实现MR=MC的利润最大化的均衡条件。厂商可以通过产量的调整来实现利润最大化，但这并不意味着厂商就一定可以获得正的利润。事实上，厂商是否盈利取决于市场价格与厂商平均成本的相对关系。因而当厂商实现MR=MC时，有可能获得利润，也可能亏损。把各种可能的情况都考虑在内，完全竞争厂商的短期均衡可以具体表现为图6-7中的五种情况。

第一种：获得超额利润的均衡。如图6-7（a）所示，如果市场价格高于厂商的平均成本最低点（$P > SAC_{min}$），此时厂商在短期内可以获得超额利润。厂商为获得最大利润，应根据MR=SMC的均衡条件，把产量水平确定在MR曲线和SMC曲线的交点E对应的均衡产量Q^*上。在Q^*产量水平上，平均收益为EQ^*，平均成本为FQ^*，平均收益大于平均成本，厂商获得利润。厂商的单位产品的利润为EF，产量为OQ^*，总利润为$EF \cdot OQ^*$，它相当于图中的阴影部分矩形P_0MFE的面积。若产量超过Q^*，$SMC > P_0$，增加任何产量都会降低总利润；若产量小于Q^*，$SMC < P_0$，每增加一单位的产量，都能增加总利润。产量恰为Q^*时，MR=SMC，总利润最大。应当注意，厂商是价格的接受者，其不能改变既定的价格P_0，所能做的只是调整自己的产量直至满足MR=SMC。

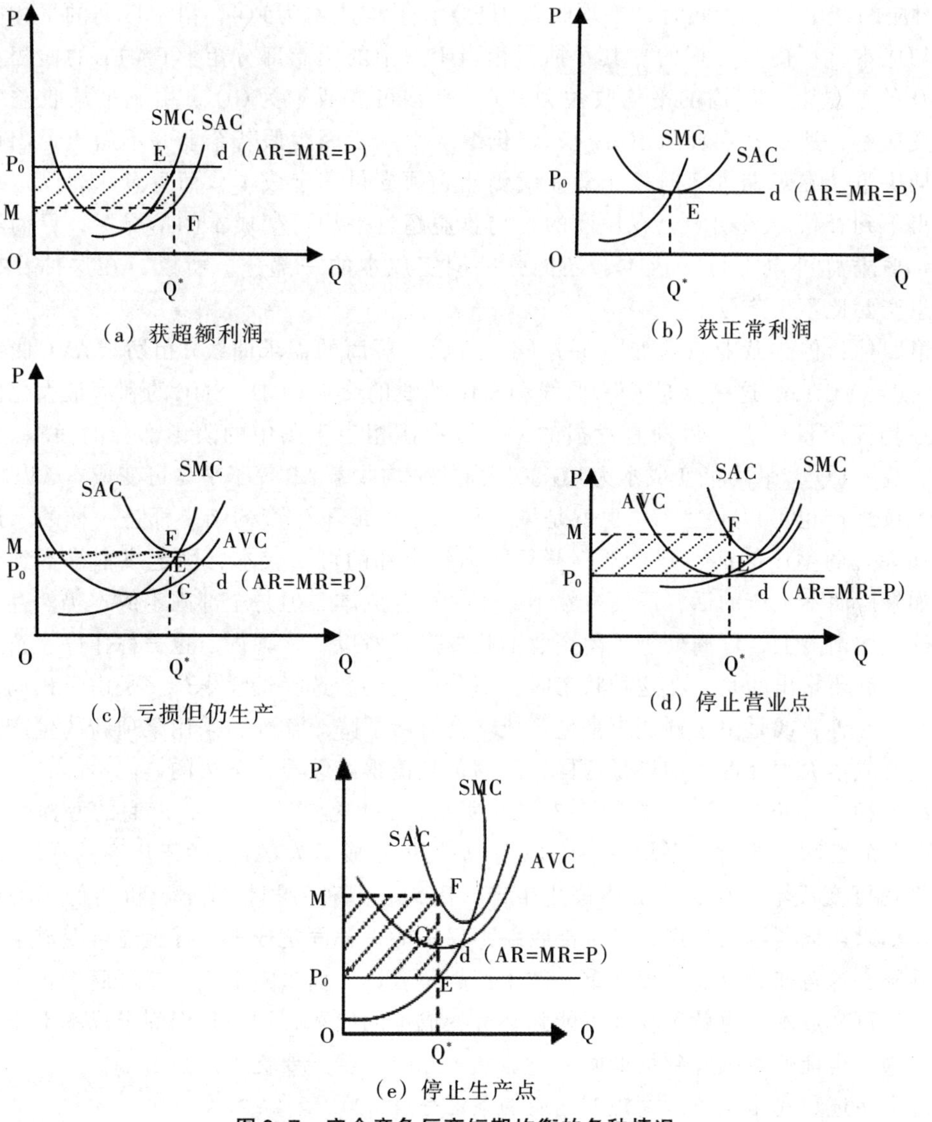

图6-7 完全竞争厂商短期均衡的各种情况

第二种：获得正常利润的均衡。如图6-7（b）所示，如果市场价格下降或厂商的平均成本曲线上移，正好使P与SMC曲线交于SAC曲线的最低点（$P=SAC_{min}$），那么厂商就无法获得超额利润，将处于盈亏平衡的状态。厂商的需求曲线d相切于SAC曲线的最低点，这一点是SAC曲线和SMC曲线的交点，这一点恰好也是MR=SMC的利润最大化的均衡点E，对应的均衡产量为Q^*。在均衡产量Q^*上，平均收益为EQ^*，平均成本为EQ^*，由于平均收益等于平均成本，该厂商的利润为零，但厂商的正常利润实现了。由于在这一均衡点E上，厂商既无利润也无亏损，所以，该均衡点也被称为厂商的收支相抵点。

第三种：亏损，但生产可弥补部分固定成本。如图6-7（c）所示，面对既定的市场价格，当平均收益低于平均成本但高于平均可变成本时（$AVC_{min}<P<SAC_{min}$），厂商存在亏损但仍选择继续生产。但是，需要指出的是，由于厂商确定产量的原则是利润最大化，因此，亏损状态也是亏损最小的均衡。在图6-7（c）中，MR曲线和SMC曲线的交点E对应的产量为Q^*，此时，平均收益为EQ^*，平均成本为FQ^*，由于厂商的平均收益小于平均成本，厂商是亏损的。其亏损量相当于图中的阴影部分矩形P_0MFE的面积。但由于在Q^*的产量上，厂商的平均收益为EQ^*，平均可变成本为GQ^*，由于平均收益大于平均可变成本，所以，厂商虽然亏损，但仍继续生产。因为假若企业并不做出退出该行业的长期决策，在短期内暂时停止营业就仍然必须支付固定成本，而且意味着固定成本丝毫也得不到补偿。短期中，在厂商的平均收益超过平均可变成本的情况下，厂商不仅能用全部收益弥补全部可变成本，还能弥补固定成本的一部分。所以，在这种亏损情况下，生产要比不生产强。

第四种：停止营业点。如图6-7（d）所示，厂商的需求曲线d相切于AVC曲线的最低点（$P=AVC_{min}$）。这一点是AVC曲线和SMC曲线的交点，MR=SMC的利润最大化的均衡点。在均衡产量Q^*上，厂商是亏损的，其亏损额相当于图中的阴影部分的面积。此时，平均收益为EQ^*，平均可变成本为EQ^*。厂商的平均收益AR等于平均可变成本AVC，厂商可以继续生产也可以不生产，也就是说，厂商生产或不生产的结果都是一样的。这是因为，如果厂商生产的话，则全部收益只能弥补全部的可变成本，固定成本得不到任何弥补。如果厂商不生产的话，厂商虽然不必支付可变成本，但是全部固定成本仍然存在。由于在这一均衡点上，厂商处于关闭企业的临界点，所以，该均衡点也被称作停止营业点或关闭点。需要指出的是，在这种状态时，部分厂商仍会选择继续生产，是由于预期未来环境会有所改善，或是由于预期未来生产成本会有所下降。比如，采用某项新的生产技术将会使生产成本大大降低。如果是这样，厂商也是值得继续经营下去的。

第五种：停止生产点。如图6-7（e）所示，在均衡产量Q^*上，厂商的亏损额相当于阴影部分的面积。此时，平均收益为EQ^*，平均可变成本为GQ^*。由于厂商的平均收益AR小于平均可变成本AVC，厂商将停止生产。因为在这种亏损情况下，价格低于平均可变成本，如果厂商还继续生产，则全部收益不仅不能弥补固定成本，甚至连可变成本都无法全部弥补，这意味着企业亏损严重，越生产越不合算。而事实上，只要厂商停止生产，就不再产生可变成本，也就不存在不能弥补可变成本的问题，即使是因固定成本不能弥补而存在亏损，也能使亏损降到最低限度。显然，此时不生产要比生产强。

综上所述，完全竞争厂商短期均衡的条件是：

MR=SMC

式中，MR=AR=P。在短期均衡时，厂商的利润可以大于零，也可以等于零，或者小于零。

二、完全竞争厂商的短期供给曲线

供给曲线是用来表示在每一个价格水平上厂商愿意而且能够提供的产品的数量的。在完全竞争市场上，厂商的短期供给曲线可以用短期边际成本SMC曲线来表示。

对完全竞争厂商来说，短期均衡的实现条件为MR=SMC，由于完全竞争厂商MR=AR=P，所以，完全竞争厂商的短期均衡条件又可以写成P=SMC。此式可以这样理解：对每一个给定的价格水平P，完全竞争厂商应该选择最优的产量Q，使得P=SMC成立，从而实现最大的利润。这意味着在价格P和厂商的最优产量Q（即厂商愿意而且能够提供的产量）之间存在着一一对应的关系，而厂商的SMC曲线恰好准确地表明了这种商品的价格和厂商的短期供给量之间的关系。我们将图6-7关于厂商短期均衡的五种可能的情况置于一张图中进行分析，如图6-8（a）所示。

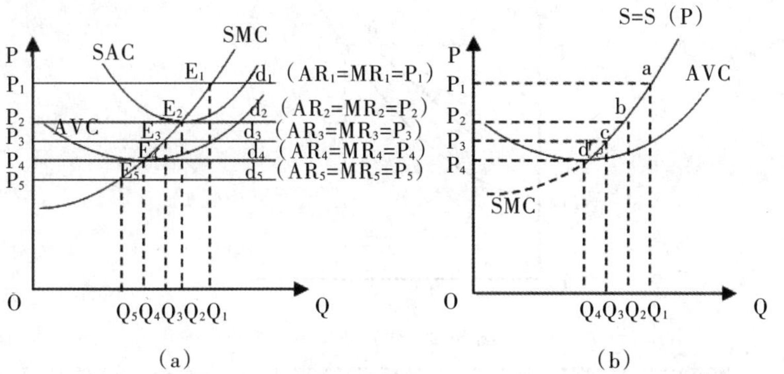

图6-8　由完全竞争厂商的短期成本曲线到短期供给曲线

由图6-8（a）可以看到，当市场价格分别为P_1、P_2、P_3和P_4时，厂商根据MR=SMC（即P=SMC）的原则，选择的最优产量顺次为Q_1、Q_2、Q_3和Q_4。SMC曲线上的E_1、E_2、E_3和E_4点明确地表示了这些不同的价格水平与相应的不同的最优产量之间的对应关系。但必须注意到，厂商只有在P≥AVC时，才会进行生产，而在P<AVC时，厂商会停止生产。

由此，可以得出这样的结论：完全竞争厂商的短期供给曲线可以用SMC曲线上大于和等于AVC曲线最低点的部分来表示，即用SMC曲线大于和等于停止营业点的部分来表示。如图6-8（b）所示，图中SMC曲线上的实线部分就是完全竞争厂商的短期供给曲线S=S（P），该线上的a、b、c和d点分别与图6-8（a）中SMC曲线上的E_1、E_2、E_3和E_4点相对应。

由图6-8（b）可见，完全竞争厂商的短期供给曲线是向右上方倾斜的，它表示了商品的价格和供给量之间同方向变化的关系。更重要的是，完全竞争厂商的短期供给曲线表示厂商在每一个价格水平上的供给量都是能够给其带来最大利润或最小亏损的最优产量。

三、生产者剩余

根据厂商的短期供给曲线，可以引申出一个与实际生产生活紧密相连的概念，即生产者剩余。生产者剩余指厂商在提供一定数量的某种产品时实际接受的价格总额和愿意接受的最小价格总额之间的差额。比如，一位大学生为中、小学生提供家教劳务。如果他得到的工钱（价格）超过了他愿意接受这项工作的最低价格，他就会愿意接受这份工作。这个可以接受的最低价格应该为该大学生的机会成本，如果该大学生很容易就找到一份每小时30元的家教或其他工作，则该大学生愿意接受的最低价格为每小时30元。当雇主愿意为这份家教支付50元时，该大学生很高兴接受这份工作。这也就是说，该大学生愿意以每小时30元的价格从事这项工作，却得到了每小时50元的价格。所以，微观经济学认为该大学生得到了20元（50−30）的生产者剩余。

生产者剩余通常用市场价格线以下、厂商的供给曲线（即SMC曲线的相应部分）以上的面积来表示，如图6−9中的阴影部分面积所示。其原因在于：我们知道，在生产中，只要每一单位产品的价格大于边际成本，厂商进行生产总是有利的。这时，厂商就可以得到生产者剩余。因此，在图6−9中，在生产零到最大产量Q_0之间的价格线以下和供给曲线（即短期边际成本曲线）以上的阴影部分面积构成生产者剩余。

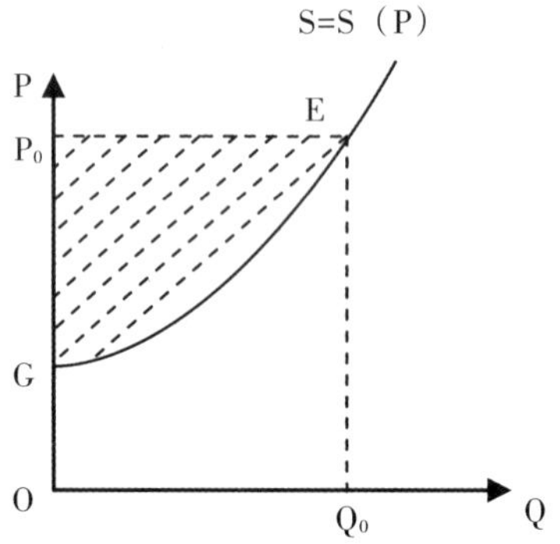

图6−9 生产者剩余

生产者剩余也可以用数学公式定义。令反供给函数$P=f(Q)$，且价格为P_0时的厂商的供给量为Q_0，则生产者剩余为：

$$PS = P_0Q_0 - \int_0^{Q_0} f(Q)\,dQ \tag{6.8}$$

式中，PS为生产者剩余的英文简写，式子右边的第一项表示总收益，即厂商实际接受的总支付，第二项表示厂商愿意接受的最小总支付。

在了解了生产者剩余的概念和衡量方法后，很容易推知，高价格可以增加生产者剩余。西方经济学通常将生产者剩余和效用论分析中消费者剩余两个概念结合在一起使用，用生产者剩余来衡量生产者的福利，用消费者剩余来衡量消费者的福利。

四、完全竞争行业的短期供给曲线

在任何价格水平上，一个行业的供给量等于行业内所有厂商的供给量的总和。在假定生产要素价格不变的前提下，一个行业的短期供给曲线由该行业内所有厂商的短期供给曲线的水平加总而得到。具体情况如图6−10所示。

在图6−10中，假定某完全竞争行业中有100个相同的厂商，每个厂商都具有相同的短期成本曲线和相应的短期供给曲线，用图6−10（a）中的实线S表示。将这100个相同的厂商的短期成本曲线水平相加，便得到图6−10（b）中的行业的短期供给曲线S。很清楚，在每一个价格水平上，行业的供给量等于这100个厂商的供给量的总和。例如，当价格为P_1时，每个厂商的供给量为25，则行业的供给量为2 500（25×100），当价格为P_2时，

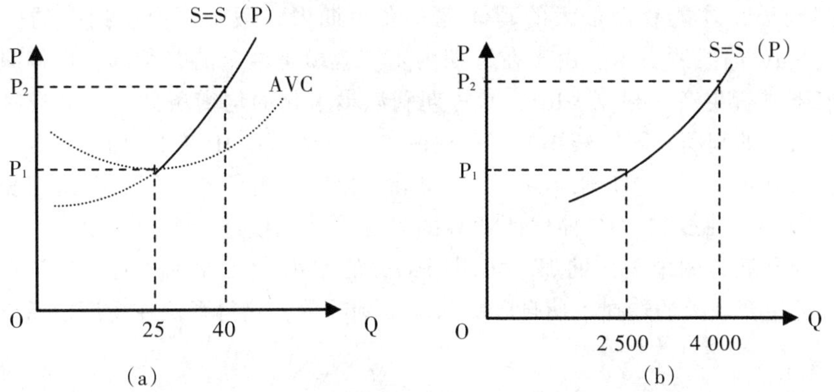

图6-10　由完全竞争厂商的短期供给曲线到完全竞争行业的短期供给曲线

每个厂商的供给量为40，则行业的供给量为4 000（40×100），如此等等。用一条光滑的曲线把这些点连接起来就得到图6-10（b）的行业短期供给曲线S。

完全竞争行业的短期供给曲线和完全竞争厂商的短期供给曲线一样向右上方倾斜。而从需求来看，虽然单个厂商面临的是一条水平的需求曲线，整个行业则面临向下倾斜的需求曲线，如图6-1所示的D曲线，我们看到行业需求曲线和供给曲线的交点决定了均衡价格P_e。完全竞争厂商的需求曲线d为水平线，在数值上等于P_e。

显然，完全竞争行业的短期供给曲线保持了完全竞争厂商的短期供给曲线的基本特征。这就是，行业的短期供给曲线也是向右上方倾斜的，它表示市场的产品价格和市场的短期供给量成同方向的变动。而且，行业的短期供给曲线上与每一价格水平相对应的供给量都是可以使全体厂商在该价格水平获得最大利润或最小亏损的最优产量。

学习到这里，我们对需求-供给模型有了更深刻的理解。需求曲线是由消费者的行为决定的，在需求曲线的每一点上，价格和需求量的组合都代表了消费者的效用达到了最大化；而供给曲线是由生产者的行为决定的，在供给曲线的每一点上，价格和产量的组合都代表了生产者的利润达到了最大化。因此，两条曲线交点决定的市场均衡也就意味着消费者的效用和生产者的利润同时达到了最大。

第五节　完全竞争厂商的长期均衡

在短期，厂商不能对所有生产要素的投入数量都进行调整。但长期生产中，所有的生产要素都是可变的，厂商可以通过对全部生产要素的调整，来实现MR=LMC的利润最大化的均衡原则。在完全竞争市场价格给定的条件下，厂商在长期生产中对全部生产要素的调整可以表现为两个方面：一方面表现为对最优的生产规模的选择；另一方面表现为进入或退出一个行业的决策选择。

一、厂商对最优生产规模的选择

首先，我们分析厂商在长期生产中对最优生产规模的选择，从而获取现有条件下最大的经济利润。

如图6-11所示，假定完全竞争市场的价格为P_1。在P_1的价格水平上，厂商应该选择哪一个生产规模，才能获得最大的利润呢？在短期内，假定厂商已拥有的生产规模以 SAC_1 曲线和 SMC_1 曲线所表示。由于在短期内生产规模是给定的，所以，厂商只能在既定的生产规模下进行生产。根据MR=SMC短期利润最大化的均衡条件，厂商选择的最优产量为 Q_1，所获得的利润为图中较小的那一块阴影部分的面积 HP_1E_1I。而在长期内，情况就不同了。在长期内，根据MR=LMC长期利润最大化的均衡条件，厂商会达到长期均衡点 E_2，并且选择 SAC_2 曲线和 SMC_2 曲线所代表的最优生产规模进行生产，相应的最优产量为 Q_2，所获得的利润为图中更大的那一块阴影部分的面积 NP_1E_2M。从而可知，在长期，厂商通过对最优生产规模的选择，使自己的状况得到改善，获得了比在短期内所能获得的更大的利润。

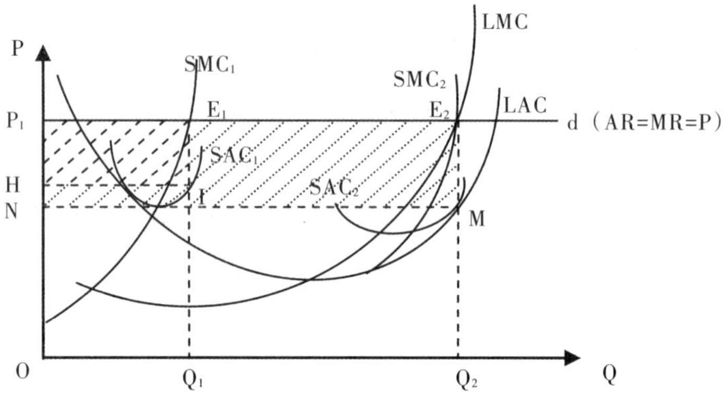

图6-11 完全竞争厂商长期生产中对最优生产规模的选择

二、厂商进入或退出一个行业

现在我们分析一下厂商选择进入或退出某一个行业的决策。在长期中，如果行业内的单个厂商能够获得经济利润或面临亏损，厂商会选择进入或退出该行业。同时，如果一个行业中有厂商获得经济利润，会吸引其他的厂商加入到这一行业的生产中来。随着新厂商的加入，行业内的厂商数目增加，整个行业的供给就会增加，这将导致市场价格下降，直至降到使单个厂商的经济利润消失为止。相反，如果行业中的单个厂商面临亏损，则亏损厂商会选择停止生产，退出该行业。随着原有厂商的逐步退出，行业内厂商的数目会减少，行业总供给也随之减少，此时的市场价格就会上升，而且价格会上升到使单个厂商不再遭受亏损为止。当行业中的每一个厂商都处于一种既无经济利润又无亏损的状态时，将不再有厂商选择进入或者退出该行业，这时候，完全竞争的市场就处于一种长期均衡的状态了。

具体情况，如图6-12所示，如果开始时的市场价格较高为 P_1，根据MR=LMC的利润最大化的原则，厂商选择的产量为 Q_1，相应的最优生产规模由 SAC_1 曲线和 SMC_1 曲线所代表。此时，厂商获得利润，这便会吸引一部分厂商进入到该行业生产中来。随着行业内厂商数量的逐步增加，市场上的产品供给就会增加，市场价格就会逐步下降，相应地，单个厂商的利润就会逐步减少。只有当市场价格水平下降到使单个厂商的利润减少为零时，新厂商的进入才会停止。相反，如果市场价格较低为 P_3 时，则厂商根据MR=LMC的利润最大化原则选择的产量为 Q_3，相应的最优生产规模由 SAC_3 曲线和 SMC_3 曲线所代表。此时，厂商是亏损的，这使得行业内原有厂商中的一部分退出该行业的生产。随着行业内厂商数量的逐步减少，市场的产品供给就会减少，市场价格就会逐步上升。相应地，单个厂商的亏损就会减少。只有当市场价格水平上升到使单个厂商的亏损消失即利润为零时，原有厂商的退出才会停止。总之，不管是新厂商的进入，还是原有厂商的退出，最后，这种调整一定会使市场价格达到等于长期平均成本的最低点的水平，即图中的价格水平 P_2。在这一价格水平上，行业内的每个厂商既无利润，也不亏损，但都实现了正常利润。于是，厂商失去了进入或退出该行业的动力，行业内的每个厂商都实现了长期均衡。图6-12中的 E_2 点是完全竞争厂商的长期均衡点。在厂商的长期均衡点 E_2，LAC曲线达到最低点，相应的LMC曲线经过该点；厂商的需求曲线 d_2 与LAC曲线相切于该点；代表最优生产规模的 SAC_2 曲线相切于该点，相应的 SMC_2 曲线经过该点。总之，完全竞争厂商的长期均衡出现在LAC曲线的最低点。这时，生产的平均成本降到长期平均成本的最低点，商品的价格也等于最低的长期平均成本。

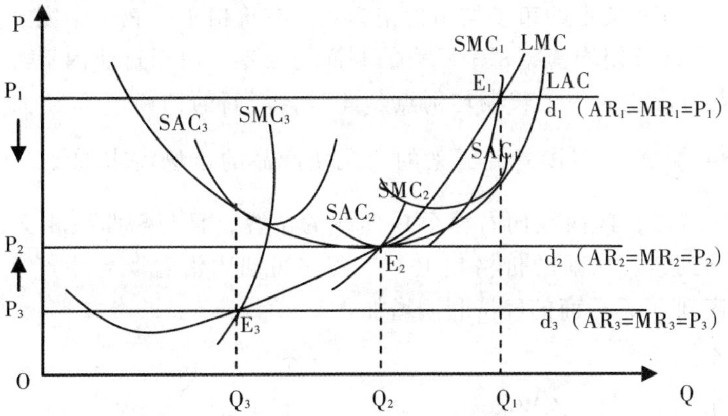

图6-12　完全竞争厂商进入或退出行业

由此，我们得到完全竞争厂商的长期均衡条件为：

$$MR=LMC=SMC=LAC=SAC \qquad (6.9)$$

式中，MR=AR=P。此时，单个完全竞争厂商的利润为零。达到完全竞争市场中的长期均衡时，行业中的每一个厂商都处于既无利润又无亏损的状态；同时市场中既没有新的厂商进入，原有厂商也不会退出该行业或继续调整生产规模。这种状况表明完全竞争市场的长期均衡是有效率的，因为每个厂商都会在长期成本的最低点生产，并以最低的价格出售给消费者。后面将说明，帕累托最优只有在价格等于边际成本（即P=MC）时才能实现，而只有完全竞争市场的长期均衡才符合这一条件。

第六节　完全竞争行业的长期供给曲线

在第四节中我们谈到，短期内行业总供给曲线是单个厂商供给曲线的水平加总，这是因为短期内无论价格如何变化，原有厂商无法退出，新厂商也无法进入该行业，厂商数量是固定的，并假定生产要素价格是不变的。但在长期内，厂商可以自由进入退出，厂商的数目是不确定的，显然我们不能将已有厂商的供给曲线相加来导出行业的供给曲线。并且，当我们分析行业的长期供给曲线时，生产要素价格不变这个假定显然是很不合理的。因为，当厂商进入或退出一个行业时，整个行业产量的变化有可能对生产要素市场的需求产生影响，从而影响生产要素的价格。根据行业产量变化对生产要素价格所可能产生的影响，我们将完全竞争行业区分为成本不变行业、成本递增行业和成本递减行业。

一、成本不变行业的长期供给曲线

成本不变行业是指该行业的产量变化所引起的生产要素需求的变化，不对生产要素的价格产生影响。这可能是因为这个行业对生产要素的需求量，只占生产要素市场需求量的很小一部分。比如，生产订书钉的厂商对钢铁的需求量，只占整个钢铁市场中需求量非常小的一部分，因而订书钉产量的变化不会引起钢铁价格的改变。成本不变行业的长期供给曲线是一条水平线，具体情况如图6-13所示。依据完全竞争厂商和行业的长期均衡点，能够推导出完全竞争行业的长期供给曲线。在图6-13中，由市场需求曲线D_1和市场短期供给曲线S_1的交点A所决定的市场均衡价格为P_1。在价格水平P_1上，完全竞争厂商在LAC曲线的最低点E实现长期均衡，每个厂商的利润均为零。由于行业内不再有厂商的进入和退出，故称A点为行业的一个长期均衡点。此时，厂商的均衡产量为Q_{i1}，行业均衡产量为Q_1，且有$Q_1 = \sum_{i=1}^{n} Q_{i1}$。假设外界因素的变化使产品的市场需求增加，例如政府削减税收，使市场需求增加，D_1曲线向右移至D_2曲线的位置，且与S_1曲线相交，相应的市场价格水平由P_1上升到P_2。在新的价格P_2上，厂商在短期内沿着既定生产规模的SMC曲线，将产量由O_{i1}提高到Q_{i2}，厂商的经济利润增加。

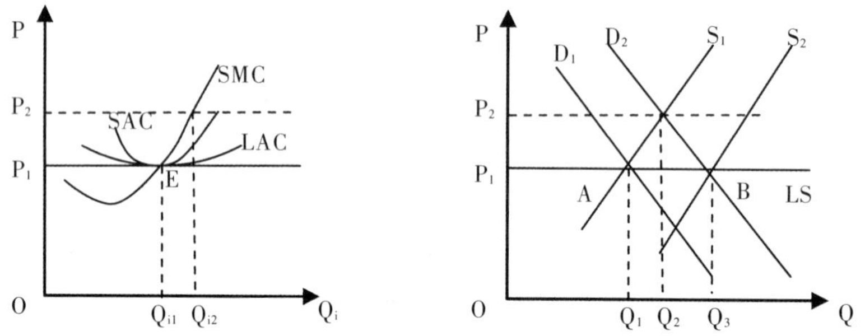

（a）单个厂商的供给　　（b）整个行业的供给

图6-13　成本不变行业的长期供给曲线

获得利润会吸引新厂商进入该行业，导致行业供给增加。行业供给增加会产生两方面的影响：一方面，它会增加对生产要素的需求，但由于是成本不变行业，所以，生产要素的价格不发生变化，企业的成本曲线的位置不变；另一方面，行业供给增加会使厂商的S_1曲线不断向右平移，随之，市场价格逐步下降，单个厂商的利润也逐步下降。这个过程一直要持续到单个厂商的利润消失为止，即S_1曲线一直要移动到S_2曲线的位置，从而使得市场价格又回到了原来的长期均衡价格水平P_1，单个厂商又在原来的LAC曲线的最低点E实现长期均衡。所以，D_2曲线和S_2曲线的交点B是行业的又一个长期均衡点。此时有$Q_3 = \sum_{i=1}^{n+m} Q_{i1}$。市场的均衡产量的增加量为$Q_1Q_3$，它是由新加入的m个厂商提供的，但行业内每个厂商的均衡产量仍为Q_{i1}。连接A、B这两个行业的长期均衡点的直线LS就是行业的长期供给曲线。

成本不变行业的长期供给曲线是一条水平线。它表示：成本不变行业是在不变的均衡价格水平提供产量，该均衡价格水平等于厂商的不变的长期平均成本的最低点。在高于此价格时，存在正的经济利润，会诱使新的厂商进入，从而使短期供给增加，对价格形成向下的压力。当价格低于此价格时，厂商亏损，导致厂商退出，从而使短期供给减少，对价格形成向上的拉力。总之，在成本不变行业中，当产出市场的条件发生变化时，若投入价格不发生变化，成本不变行业也就有一条水平的长期平均成本曲线。

二、成本递增行业的长期供给曲线

成本递增行业是指该行业产量增加所引起的生产要素需求的增加，会导致生产要素价格的上升。成本递增行业是较为普遍的情况。例如，如果行业使用的熟练劳动力因短期需求增加而出现供给短缺，那么就会出现用工成本增长的情况；又如，企业需要的自然资源只能在某种既定约束的条件下得到，那么随着对产品需求的增加，作为投入的资源使用成本也会增加。成本递增行业的长期供给曲线是一条向右上方倾斜的曲线，具体分析如图6-14所示。开始时单个厂商的长期均衡点E_1和行业的一个长期均衡点A是相互对应的。它们表示：在市场均衡价格水平P_1上，厂商在LAC_1曲线的最低点实现长期均衡，且每个厂商的利润为零。假定市场需求增加使市场需求曲线向右移至D_2曲线的位置，并与原市场短期供给曲线S_1相交形成新的更高的价格水平。在此价格水平，厂商在短期内将仍以SMC_1曲线所代表的既定的生产规模进行生产，并由此获得利润。

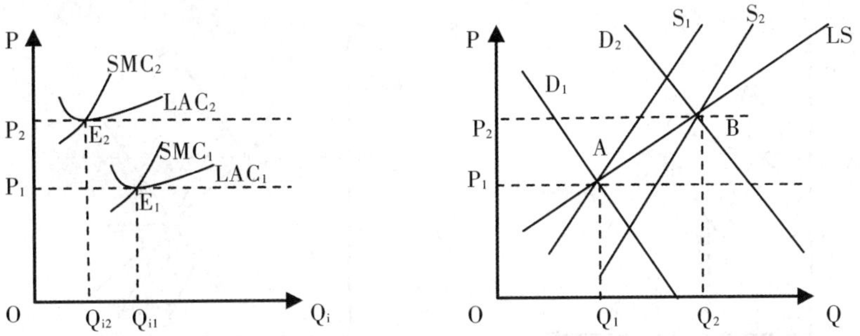

图6-14 成本递增行业的长期供给曲线

新厂商会由于利润的吸引而进入到该行业的生产中来，整个行业供给增加。一方面，行业供给增加，会增加对生产要素的需求。与成本不变行业不同，在成本递增行业，生产要素需求的增加使得生产要素的市场价格上升，从而使得厂商的成本曲线的位置上升，即图6-14中的LAC_1曲线和SMC_1曲线的位置向上移动。另一方面，行业供给增加直接表现为市场的S_1曲线向右平移。那么，这种LAC_1曲线和SMC_1曲线的位置上移以及S_1曲线的位置右移的过程，一直要持续到什么水平才会停止呢？如图6-14所示，它们分别达到LAC_2曲线和SMC_2曲线的位置及S_2曲线的位置，从而分别在E_2点和B点实现厂商的长期均衡和行业的长期均衡。此时，在由D_2曲线和S_2曲线所决定的新的市场均衡价格水平P_2，厂商在LAC_2曲线的最低点实现长期均衡，每个厂商的利润又都为零，且$Q_2=\sum_{i=1}^{n}Q_{i2}$。连接A、B这两个行业长期均衡点的直线LS就是行业的长期供给曲线。

成本递增行业的长期供给曲线是向右上方倾斜的。它表示：在长期，行业的产品价格和供给量成同方向变动。因为只有价格高到可以弥补增加的投入成本时，行业才能生产更多的产出。"成本增加"的意思是指长期平均成本曲线向上移动，而不是指成本曲线的斜率为正。

三、成本递减行业的长期供给曲线

成本递减行业是指该行业产量增加所引起的生产要素需求的增加，反而使生产要素的价格下降了。行业成本递减的原因是外在经济的作用。这可能主要是因为生产要素行业的产量的增加，使得行业内单个企业的生产效率提高，从而使得所生产出来的生产要素的价格下降。成本递减行业的长期供给曲线是向右下方倾斜的，具体分析如图6-15所示。开始时，厂商在E_1点实现长期均衡，行业在A点实现长期均衡，E_1点和A点是相互对应的。所不同的是，当市场价格上升，新厂商由于利润吸引而加入到该行业中来的时候，一方面，在成本递减行业的前提下，行业供给增加所导致的对生产要素需求的增加，却使得生产要素的市场价格下降了，它使得图6-15中原来的LAC_1曲线和SMC_1曲线的位置向下移动。另一方面，行业供给增加仍直接表现为S_1曲线的位置向右移动。这两种变动一直要持续到厂商在E_2点实现长期均衡和行业在B点实现长期均衡为止。此时，在由D_2曲线和S_2曲线所决定的新价格水平P_2，厂商在LAC_2曲线的最低点实现长期均衡，每个厂商的利润又恢复为零，且$Q_2=\sum_{i=1}^{n}Q_{i2}$。连接A、B这两个行业长期均衡点的直线LS就是行业的长期供给曲线。

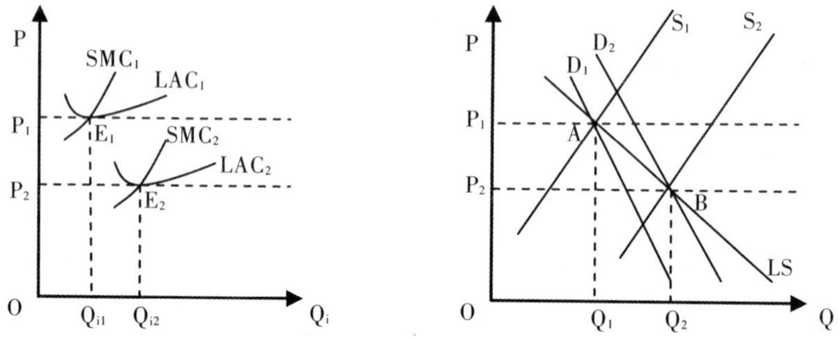

图6-15　成本递减行业的长期供给曲线

成本递减行业的长期供给曲线是向右下方倾斜的。它表示：在长期，行业的产品价格和供给量成反方向变动。市场需求的增加会引起行业长期均衡价格的反方向变动，还同时会引起行业长期均衡产量的同方向变动。行业的扩张反而引起成本的下降，这种下降可能是由于行业的规模经济带来的，也可能是使用新技术或新资源带来的。

简要评析

本章主要介绍了市场的类型、完全竞争市场的特征、完全竞争市场的短期均衡和长期均衡以及完全竞争厂商的长期供给曲线。完全竞争是一种设想的市场类型，其存在的目的在于衡量理想与现实的差距。完全竞争可以有效地提高资源的配置效率，但需要强调的是，完全竞争也存在一定的局限性（如不利于促进技术进步）。

复习思考题

一、名词解释

1. 完全竞争市场（中央财经大学2004研；北京交通大学2007研）

2. 停止营业点（中央财经大学2000研）

3. 成本递增行业（华中科技大学2004研；北京交通大学 2007研）

4. 厂商均衡原则（北京理工大学2012研）

二、简答题

1. 完全竞争市场必须具备哪些条件？（北京大学1997研）

2. 为什么完全竞争市场的一般均衡能够实现帕累托最优？（中南财经政法大学2014研）

三、计算题

1. 完全竞争市场中，产品售价为82元，某厂商的短期成本函数为 $STC = Q^3 - 3Q^2 + 10Q + 200$，请计算：

（1）利润最大化时的产量和利润。

（2）若市场条件发生变化，均衡价格下降至19元，此时厂商是否会亏损？若亏损，其最小亏损额是多少？

（3）在上述问题（2）中，厂商是否会停产？为什么？（中南财经政法大学2015研）

2. 已知某完全竞争市场的成本不变行业的单个厂商长期总成本函数为 $LTC = Q^3 - 4Q^2 + 10Q$，求：

（1）该行业实现长期均衡时单个厂商的产量和市场价格。

（2）当市场需求函数为 $Q=200-10P$ 时，行业长期均衡时的企业数目。

（3）当行业长期均衡时市场需求的价格点弹性是多少？（中央财经大学 2011研）

3. 假设某完全竞争行业有100个相同的厂商，每个厂商的成本函数为 $STC = 0.1Q^2 + Q + 10$。

（1）求市场供给函数。

（2）假设市场需求函数为 $Q_D = 4\,000 - 400P$，求市场的均衡价格和产量。

（3）假定对每单位产品征收0.9元的税，新的市场均衡价格和产量又为多少？厂商和消费者的税收负担各为多少？（中山大学 2009研）

4. 假设某完全竞争行业有200个相同的企业，企业的短期成本函数为 $TC = 0.2Q^2 + Q + 15$，市场的需求函数为 $Q_D = 2\,475 - 95P$，厂商的长期总成本函数为 $LTC = 0.1Q^3 - 1.2Q^2 + 11.1Q$，求：

（1）市场短期均衡价格、产量及厂商利润。

（2）市场长期均衡价格与产量。

（3）说明是否会有厂商退出经营。（西安交通大学 2011研）

四、论述题

1.试论述在完全竞争市场中处于长期均衡状态时，各个厂商为什么只能获得正常利润。(财政部财科所2009研)

2.家电行业的制造商发现，为了占有市场份额，它们不得不采取一些竞争策略，包括广告、售后服务、产品外形设计等，其竞争是很激烈的，因此家电行业是完全竞争行业。请分析上述说法是否正确。(南开大学2015研)

3.“在长期均衡点，完全竞争市场中每个厂商的利润都为零。因而，当价格下降时，所有这些厂商就无法继续经营。”这句话对吗？(武汉大学2007研)

五、案例题

农村春联市场：完全竞争的缩影

临近春节，我有机会对某村农贸市场的春联销售进行调查，该农贸市场主要供应周围7个村5 000余农户的日用品需求。贴春联是中国民间的一大传统，春节临近，春联市场红红火火，而在农村，此种风味更浓。

在该春联市场中，需求者有5 000多农户，供给者为70多家零售商，市场中存在许多买者和卖者。供应商的进货渠道大致相同，且产品的差异性很小，产品具有高度同质性(春联所用纸张、制作工艺相同，区别仅在于春联所书写内容的不同)。供给者进入、退出没有限制，农民购买春联时的习惯是逐个询价，最终决定购买，信息充分。供应商的零售价格水平相近，提价基本上销售量为零，降价会引起利润损失。原来，我国有着丰富文化内涵的春联，其销售市场结构竟是一个高度近似的完全竞争市场。

供应商在销售产品的过程中，都不愿意单方面降价。春联是农村家庭过年的必需品，购买春联的支出在购买年货的支出中只占很小的比例，因此其需求弹性较小。某些供应商为增加销售量、扩大利润而采取的低于同行价格的竞争方法，反而会使消费者认为其所经营的产品存在瑕疵（例如上年库存，产品质量存在问题等），反而不愿购买。

该农贸市场条件简陋，春联商品习惯性席地摆放，大部分供应商都将春联放入透明的塑料袋中以保持产品质量。而少部分供应商则更愿意损失少部分产品暴露于阳光下、寒风中，以此展示产品，因此就产生了产品之间的鲜明对照。暴露在阳光下的春联更鲜艳，更能吸引消费者目光、刺激购买欲望，在同等价格下，该供应商销量必定高于其他同行。由此可见，在价格竞争达到极限时，价格外的营销竞争对企业利润的贡献不可小视。

在商品种类上，例如“金鸡满架”一类的小条幅，批发价为0.03元/副，零售价为0.3元/副；小号春联批发价为0.36元/副，零售价为0.50元/副。因小条幅在春联中最为便宜且为春联中的必需品，统一价格保持五六年不变，因此消费者不对此讨价还价。小条幅春联共7类，消费者平均购买量为3～4类，总利润可达1.08元，并且人工成本较低。而小号春联相对价格较高，在春联支出中所占比重较大，讨价还价较易发生，由此，价格降低和浪费的时间成本会造成较大利润损失，对小号春联需求量较大的顾客也不过购买7～8副，总利润至多1.12元。因此，我们不难明白浙江的小小纽扣风靡全国，使一大批人致富的原因。这也提醒我们，在落后地区发展劳动密集、技术水平低、生产成本低的小商品生产不失为一种快速而行之有效的致富方法。

春联市场是一个特殊的市场，时间性很强，仅在年前存在十天左右，供应商只有一次批发购进货物的机会。供应商对于该年购入货物的数量主要基于上年销售量和对新进入者的预期分析。如果供应商总体预期正确，该春联市场总体商品供应量与需求量大致相同，则价格相对稳定。一旦出现供应商总体预期偏差，价格机制就会发挥巨大的作用，将会出现暴利或者亏损。

资料来源　杨晓东. 农村春联市场：完全竞争的缩影［N］. 经济学消息报，2004-06-25.

思考：上述春联市场是否可以视为一个近似的完全竞争市场？为什么？

[第七章]

不完全竞争市场

完全竞争市场是一种理论上的抽象模型，它是在许多假设条件下来讨论问题的。为了使经济分析更接近现实经济生活，西方经济学专门研究了不完全竞争市场。不完全竞争市场是除完全竞争市场以外的所有带有一定垄断程度的市场。不完全竞争市场分为完全垄断、垄断竞争、寡头垄断三种类型。我们这一章将主要考察这三种不完全竞争市场的均衡价格和均衡产量的决定问题，并对不同市场类型进行比较分析。

第一节　完全垄断市场

一、完全垄断市场的含义与特征

完全垄断市场是指整个行业中只存在唯一一家厂商的市场类型。完全垄断市场中，不存在任何竞争因素，由独家垄断厂商控制整个行业的生产和销售，从而可以控制和操纵市场的供给和价格，其所面对的关键问题与完全竞争厂商不同，是发现最优价格。

完全垄断市场的特征主要有：

②市场上只有唯一一家厂商控制商品的生产和销售；

②这唯一一家厂商生产和销售的商品没有相近的替代品；

③市场进入障碍使其他厂商不可能进入该行业。

形成完全垄断的原因主要有：

1.资源垄断

资源垄断指独家厂商控制着生产某种产品的全部资源或关键资源。

如果一个厂商控制了某种特殊的资源，而该资源又是生产产品或提供服务所必需的，那就等于该生产者垄断了整个市场的产出，因为其他生产者无法得到这种关键的资源，也就排除了他们能够为市场提供产品和服务的可能性。例如，戴比尔斯控制了世界天然钻石80%以上的供给量，全球91%的计算机用户正在使用微软公司提供的Windows操作系统。进入21世纪以来，人力资本对生产的贡献提高到了前所未有的高度，拥有特殊人力资本的劳动者也可能握有这种垄断力量。

2.专利垄断

专利垄断指独家厂商在特定条件下拥有生产、供给某种商品的专利权。

法律赋予厂商拥有某一产品的生产专利权或生产工艺的专利权的同时，也给企业提供了生产上的垄断权力。各国的专利法均准许申请人或组织在相当长的年限内拥有该专利的排他性权利。当产品生产的技术被排他性地给予申请者后，其垄断地位也就随之确定了。专利保护制度虽然在一定期限和区域内限制了竞争，但它为创新者提供了优先享有为其带来利益的权利，成为激励技术进步的动力。

3.特许垄断

特许垄断指政府在特定行业实行私人垄断政策，使独家厂商成为行业的垄断者。

政府会对涉及公共安全、健康和教育等方面的产品和服务实行许可证制度或颁布相关的准入条例，如武器、药品的生产，铁路、航空运输，教育机构的设立等。虽然这种行政干预行为本身不是为了制造行业垄断，但它确实起到了限制竞争的作用。

4.自然垄断

自然垄断指某些行业的生产在达到很大规模时才能充分体现规模经济效益，并且独家厂商的产量即可满足整个行业市场的需求，从而完全垄断整个行业。

在这种情况下，若该市场上同时存在两个或者两个以上的生产者，那么可能出现的情况将是行业出现严重的生产过剩，或者是每个企业都无法实现规模经济，会有企业退出该行业，直至最后留下的那一个企业为整个市场提供产品。

二、完全垄断厂商的需求曲线和收益曲线

1.完全垄断厂商的需求曲线

由于完全垄断市场只有一个厂商，所以市场的需求曲线即为完全垄断厂商的需求曲线。它是一条向右下方倾斜的曲线，销售量与市场价格成反方向变动，减少销售量则价格提高，增加销售量则价格降低，完全垄断厂商可以用改变销售量的办法控制市场价格。完全垄断厂商的需求曲线有直线型和曲线型，图7-1中完全垄断厂商的需求曲线为直线型。

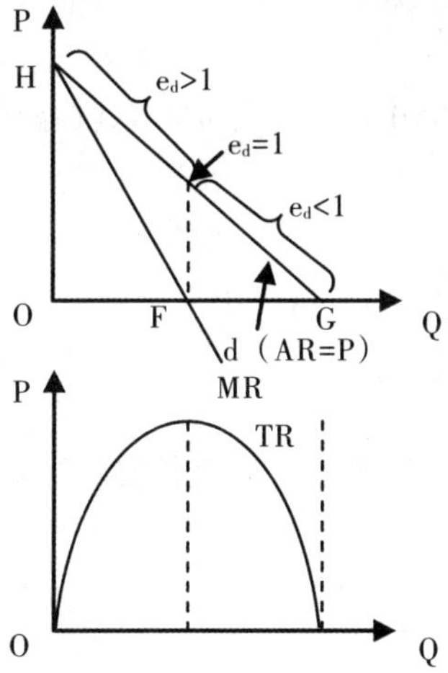

图7-1　垄断厂商的收益曲线

2.完全垄断厂商的收益曲线

完全垄断厂商的总收益、平均收益、边际收益和价格之间的关系可以通过表7-1和图7-1进行具体展示。

表7-1 **某完全垄断厂商的收益表**

商品销售量（Q）	0	1	2	3	4	5	6	7
商品市场价格（P）	10	9	8	7	6	5	4	3
总收益（TR）	0	9	16	21	24	25	24	21
平均收益（AR）	10	9	8	7	6	5	4	3
边际收益（MR）	0	9	7	5	3	1	-1	-3

分析表7-1中的数据可知：

①商品的市场价格P随着垄断厂商销售量Q的不断上升而下降，即垄断厂商的销售量和商品的市场价格的变化方向相反，也就是说，垄断厂商的需求曲线是向右下方倾斜的。

②垄断厂商的平均收益AR与商品的市场价格P相等，因此垄断厂商的平均收益曲线与厂商的需求曲线完全重合。

随着垄断厂商销售量Q的增加、市场价格P的下降，边际收益MR不断减少，即边际收益与商品销售量的变化方向相反，由此可见边际收益曲线也是一条向右下方倾斜的曲线，并且在每一销售量上，厂商的边际收益MR小于平均收益AR，即边际收益曲线在平均收益曲线的下方。例如，垄断厂商的销售量从3增加到4时，商品的市场价格由7降为6，此时厂商从第4个单位商品中所得的MR为3，AR为6。图7-1中垄断厂商的需求曲线d是直线型的，该图进一步体现了垄断厂商的AR曲线、MR曲线和TR曲线相互之间的一般关系。在此，需要提出的是，当垄断厂商的需求曲线d为直线型时，相应的MR曲线还有其他一些重要的特征。

关于这一点具体分析如下：

假定线性的反需求函数为：

$$P_d = a - bQ \tag{7.1}$$

式中，a、b为常数，且a、b>0。由上式可得总收益函数、平均收益函数和边际收益函数分别为：

$$TR(Q) = PQ = aQ - bQ^2 \tag{7.2}$$

$$AR(Q) = PQ/Q = (aQ - bQ^2)/Q = a - bQ = P \tag{7.3}$$

$$MR(Q) = \frac{dTR(Q)}{dQ} = a - 2bQ \tag{7.4}$$

根据（7.1）式和（7.4）式可求得需求曲线和边际收益曲线的斜率分别为：

$$\frac{dP}{dQ} = -b \tag{7.5}$$

$$\frac{dMR}{dQ} = -2b \tag{7.6}$$

根据以上分析可以得出以下结论：当垄断厂商的需求曲线为向右下方倾斜的线性曲线时，其边际收益曲线也是一条向右下方倾斜的线性曲线；垄断厂商的需求曲线和边际收益曲线在纵轴上的截距相等；垄断厂商的边际收益曲线的斜率是其需求曲线斜率的2倍，即垄断厂商的边际收益曲线在横轴上的截距是需求曲线在横轴上的截距的一半，也就是说，边际收益曲线平分由纵轴到需求曲线之间的任何一条水平线。

3.边际收益、价格和需求的价格弹性

垄断厂商的边际收益不仅与价格有关，而且还和需求弹性有关。结合图7-1，假设垄断厂商需求的反函数为$P=P(Q)$，则有：

$$TR(Q)=P(Q)\cdot Q$$

$$MR(Q)=\frac{dTR(Q)}{dQ}=P+Q\cdot\frac{dP}{dQ}=P(1+\frac{dP}{dQ}\cdot\frac{Q}{P})$$

$$MR=P(1-\frac{1}{e_d}) \tag{7.7}$$

式中，e_d为需求的价格弹性，即$e_d=-\frac{dQ}{dP}\cdot\frac{P}{Q}$。

（7.7）式就是表示垄断厂商的边际收益、商品价格和需求的价格弹性之间关系的式子。

由（7.7）式可得以下三种情况：

当$e_d>1$时，有$MR>0$。此时，TR曲线斜率为正，表示厂商总收益TR随销售量Q的增加而增加。

当$e_d<1$时，有$MR<0$。此时，TR曲线斜率为负，表示厂商总收益TR随销售量Q的增加而减少。

当$e_d=1$时，有$MR=0$。此时，TR曲线斜率为零，表示厂商总收益TR达极大值点。

最后需要指出的是，以上对垄断厂商的需求曲线和收益曲线所作的分析，对于其他非完全竞争市场条件下的厂商也同样适用。只要非完全竞争市场条件下厂商所面临的需求曲线是向右下方倾斜的，相应地，厂商的各种收益曲线就具有以上所分析的基本特征。

4.垄断厂商的定价原则

与完全竞争厂商不同，垄断厂商不是价格的接受者，而是价格的决定者，在垄断行业中只有一个生产者，因而垄断厂商可以根据自身的成本状况和面临的市场需求来决定自己的产量与价格。因此，相对于完全竞争企业而言，决策变量除了产量外，垄断者的另一个决策变量是价格，垄断者可以通过决定产品价格和产量来实现利润最大化的目标。但是，价格和产量两个决策变量并不是相互独立的，而是相互联系的，企业既可以选择价格也可以选择产量。由于大多数厂商一般只具有平均收益、边际收益与边际成本的有限知识，因而，根据边际成本和边际收益相等的原则来选择产量与价格存在一定的操作困难。其实，我们可以通过一定的转换，将利润最大化的原则变成简单的定价法则。

由于利润最大化时有$MR=MC$，带入式（7.7），有：

$$MR=P(1-\frac{1}{e_d})=MC \tag{7.8}$$

因此：

$$\frac{P-MC}{P}=\frac{1}{e_d} \tag{7.9}$$

经整理：

$$P=\frac{MC}{1-\frac{1}{e_d}} \tag{7.10}$$

上式表明，在垄断条件下，企业利润极大化时的价格其实就是在边际成本上加成，而加成的大小取决于需求弹性。具体来说，需求弹性越小，垄断者在边际成本的基础上加成的幅度越大；反之，加成的幅度越小。在完全竞争条件下，由于需求弹性趋于无穷大，因而价格等于边际成本。

三、完全垄断厂商的短期均衡

完全垄断厂商为获得最大利润，必须遵循MR=MC即利润最大化原则。在短期内，完全垄断厂商无法调整固定生产要素，只能在既定生产规模下，通过调整产量和价格，使MR=SMC以实现利润最大化。完全垄断厂商短期均衡时，有获利、保本和亏损三种情况。

完全垄断厂商短期均衡的获利情况如图7-2所示，完全垄断厂商根据MR=SMC利润最大化原则，将产量和价格分别确定为Q_1和P_1，在MR＞SMC和MR＜SMC两种情况下，完全垄断厂商均会调整产量和价格，以使其利润在MR=SMC处即图中E点达到最大值。在短期均衡点E上，完全垄断厂商的平均收益为FQ_1，平均成本为GQ_1，平均收益大于平均成本，完全垄断厂商获得利润，单位产品的平均利润为FG，总利润量相当于图中的P_1FGH的面积。

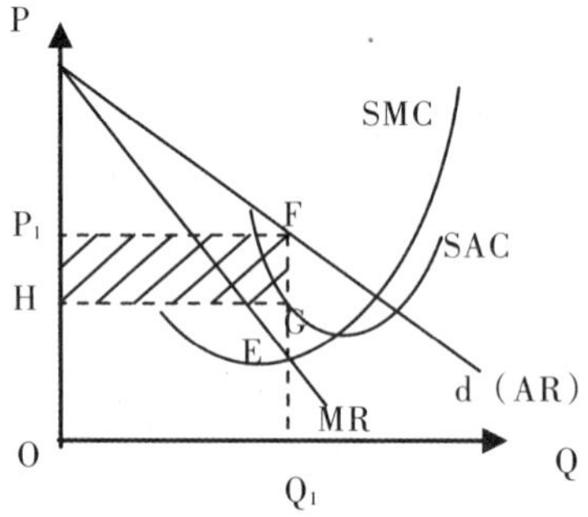

图7-2　垄断厂商的短期均衡（获利）

完全垄断厂商短期均衡的保本情况如图7-3所示，完全垄断厂商根据MR=SMC利润最大化原则，将产量和价格分别确定为Q_1和P_1，P_1=AR=SAC，完全垄断厂商只能保本，并且，d曲线与SAC曲线的切点与均衡点在同一产量线上。

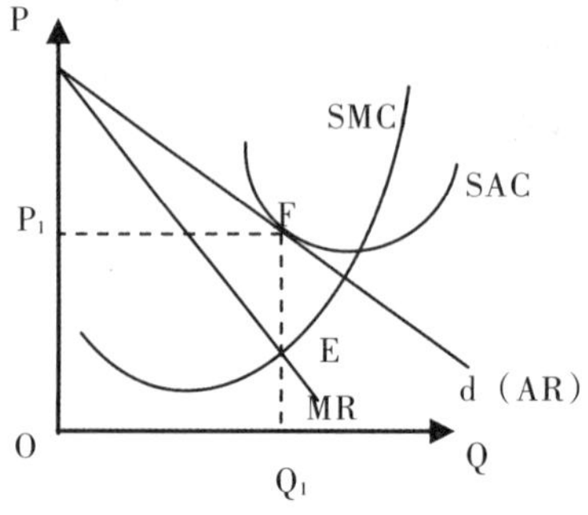

图7-3　垄断厂商的短期均衡（保本）

完全垄断厂商短期均衡的亏损情况如图7-4所示，完全垄断厂商根据MR=SMC利润最大化原则，将产量和价格分别确定为Q_1和P_1，P_1=AR＜SAC，完全垄断厂商亏损，单位产品的平均亏损额为GF，总亏损额相当于图中矩形P_1FGH的面积。在亏损情况下，若AR＞AVC，完全垄断厂商继续生产；若AR＜AVC，完全垄断厂商则停止生产。图7-4中平均收益FQ_1大于平均可变成本IQ_1，完全垄断厂商将继续生产。

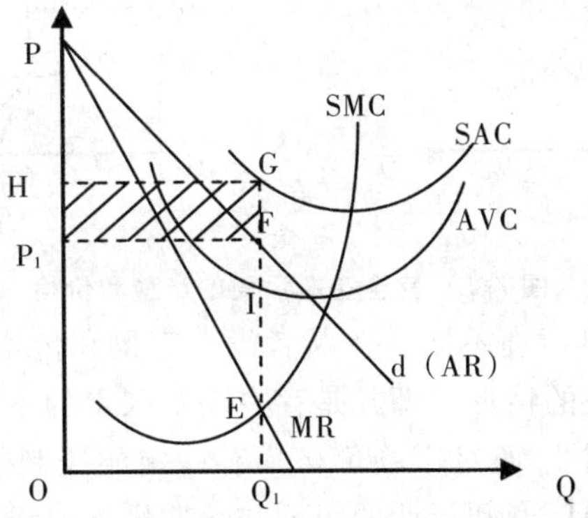

图7-4　垄断厂商的短期均衡（亏损）

由此可以得到垄断厂商短期均衡条件为：

MR=SMC　(7.11)

垄断厂商在短期均衡点上可以获得最大利润，可以利润为零，也可以蒙受最小亏损。并且，由垄断厂商的短期均衡分析可以进一步体会到，在垄断市场中，企业不再是价格的接受者，而是价格的操纵者。

四、完全垄断厂商的短期供给曲线

在完全竞争市场条件下，每一个厂商都无法控制市场价格，它们都是在每一个既定的市场价格水平，根据P=SMC的均衡条件来确定唯一的能够带来最大利润（或最小亏损）的产量。但是，垄断市场条件下的情况就不同了。

当垄断厂商的成本状况一定时，随着市场需求的变化，完全垄断厂商能够在同一个价格水平下实现多个产量水平，也可能在同一产量上对应多个价格。垄断厂商是通过对产量和价格的同时调整来实现MR=SMC的原则的，而且，P总是大于MR的。随着厂商所面临的向右下方倾斜的需求曲线的位置移动，厂商的价格和产量之间不再必然存在如同完全竞争条件下的那种一一对应的关系，而是有可能出现一个价格水平对应几个不同的产量水平，或一个产量水平对应几个不同的价格水平的情形。

具体情况如图7-5所示，MC曲线是固定的。在图7-5（a）中，当垄断厂商的需求曲线为d_1和边际收益曲线为MR_1时，由均衡点E_1所决定的产量为Q_1，价格为P_1。当需求曲线移为d_2和边际收益曲线移为MR_2时，由均衡点E_2所决定的产量为Q_2，价格仍为P_1。于是，同一个价格P_1对应两个不同的产量Q_1和Q_2。在图7-5（b）中，MC曲线仍是固定的，d_1曲线、MR_1曲线和d_2曲线、MR_2曲线分别为两组不同的需求曲线和边际收益曲线。比较MR_1=SMC和MR_2=SMC的两个均衡点E_1和E_2（为同一均衡点），可以发现，同一个产量Q_1，对应的却是两个不同的价格P_1和P_2。因此，在垄断市场条件下无法得到如同完全竞争市场条件下具有规律性的可以表示产量和价格之间一一对应关系的厂商和行业的短期供给曲线。

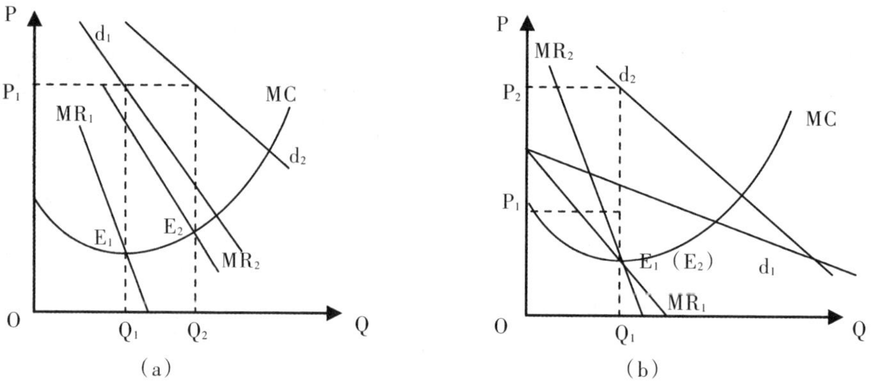

图7-5 完全垄断厂商的产量和价格

简而言之，与完全竞争厂商不同，垄断者没有产量和价格之间一一对应的供给曲线。这一结论可以推广到更一般的情形，即凡是存在垄断因素的不完全竞争市场（如寡头市场和垄断竞争市场）中，单个厂商对市场价格均有一定的控制能力，它不再是价格的接受者，是不存在具有规律性的厂商和行业的短期和长期供给曲线的。

五、完全垄断厂商的长期均衡

在长期中，完全垄断厂商同完全竞争厂商一样，可以调整生产规模以适应长期需求的变动，并尽可能地降低平均成本。所不同的是，完全竞争厂商的利润为零，而垄断厂商排除了其他厂商进入的可能性，因此，与完全竞争厂商不同，如果垄断厂商在短期内获得利润，那么，垄断厂商的利润在长期内不会因为新厂商的加入而消失，垄断厂商在长期内是可以保持利润的。如果长期中无利可图，垄断厂商就会将资源转移到有利可图的行业。

垄断厂商在长期内对生产规模的调整可能产生三种不同的结果：第一种结果，垄断厂商在短期内是亏损的，但在长期，又不存在一个可以使它获得利润（或至少使亏损为零）的最优生产规模，于是，该厂商退出生产。第二种结果，垄断厂商在短期内是亏损的，在长期内，它通过对最优生产规模的选择，摆脱了亏损的状况，甚至获得利润。第三种结果，垄断厂商在短期内利用既定的生产规模获得了利润，在长期中，它通过对生产规模的调整，使自己获得更大的利润。第一种结果在这里不作进一步叙述。对第二种结果与第三种结果的分析过程类似。下面对第三种结果进行分析。

如图7-6所示，假定开始时垄断厂商是在由SAC_1曲线和SMC_1曲线所代表的生产规模上进行生产。在短期内，垄断厂商只能按照MR=SMC的原则，在现有的生产规模上将均衡产量和均衡价格分别调整到Q_1和P_1。在短期均衡点E_S上，垄断厂商获得的利润为图中较小的阴影部分面积HP_1AB。在长期中，垄断厂商通过对生产规模的调整，能进一步增大利润。按照MR=LMC的长期均衡原则，垄断厂商的长期均衡点为E_L，长期均衡产量和均衡价格分别为Q_2和P_2，垄断厂商所选择的相应的最优生产规模由SAC_2曲线和SMC_2曲线所代表。此时，垄断厂商获得了比短期更大的利润，其利润量相当于图中较大的阴影部分面积IP_2FG。

由此可见，垄断厂商之所以能在长期内获得更大的利润，其原因在于长期内企业的生产规模是可调整的和市场对新加入厂商是完全关闭的。

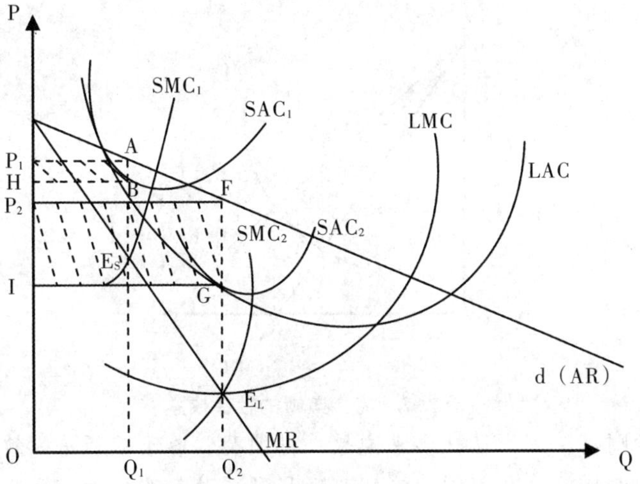

图7-6　垄断厂商的长期均衡

如图7-6所示，在垄断厂商的MR=LMC长期均衡产量上，代表最优生产规模的SAC曲线和LAC曲线相切于G点，相应的SMC曲线、LMC曲线和MR曲线相交于E_L点。所以，垄断厂商的长期均衡条件为：

$$MR=LMC=SMC \tag{7.12}$$

由于垄断厂商所面临的需求曲线就是市场的需求曲线，垄断厂商的供给量就是全行业的供给量，所以，本节所分析的垄断厂商的短期和长期均衡价格与均衡产量的决定，就是垄断市场的短期和长期的均衡价格与均衡产量的决定。垄断厂商之所以能在长期中获得更大的经济利润，就是由于厂商在长期中可以调整生产规模，并且垄断市场能够阻止新的厂商进入。

六、垄断的社会成本

我们运用消费者剩余和生产者剩余的概念来研究完全垄断所产生的社会成本。如图7-7所示，在完全竞争市场环境中，均衡的条件为P=AR=MC，故P_0与Q_0为完全竞争市场的价格和产量。而完全垄断市场的均衡条件为MC=MR，相应的均衡点为P_1与Q_1。完全垄断市场的均衡价格高于完全竞争市场的均衡价格，完全垄断市场的均衡产量低于完全竞争市场的均衡产量。在完全垄断条件下，由于价格较高，消费者剩余的总损失为图7-7中的矩形A与三角形B的面积之和（A+B）。其中，A转化成利润，为垄断企业所得，而B则是一种社会福利损失。对生产者来说，完全垄断厂商通过较高市场价格获得A的利润，却损失了不规则三角形C的利润，即由于垄断所产生的生产者剩余为A-C。可以看到，由于完全垄断所造成的社会无谓损失为B+C，这是完全垄断所产生的无效率的社会成本。

这些损失的社会成本，包括垄断厂商为了维持或获得垄断地位，可能会进行一些寻租活动。所谓寻租活动，其范围广泛，包括游说、贿赂政府官员，制定对自己有利的政策；通过政府行动来限制或打击竞争对手。垄断者还可能进行一些公益活动或科学艺术的资助活动，以宣传和美化自己的形象。大的垄断组织甚至可能干涉别国内政。我们在贸易保护政策、生产许可证的发放、行业标准的制定、特定产业的政府扶持政策等的背后都可以看到垄断组织的身影。这些非生产性努力为垄断组织带来了收益，却没有创造相应的财富，

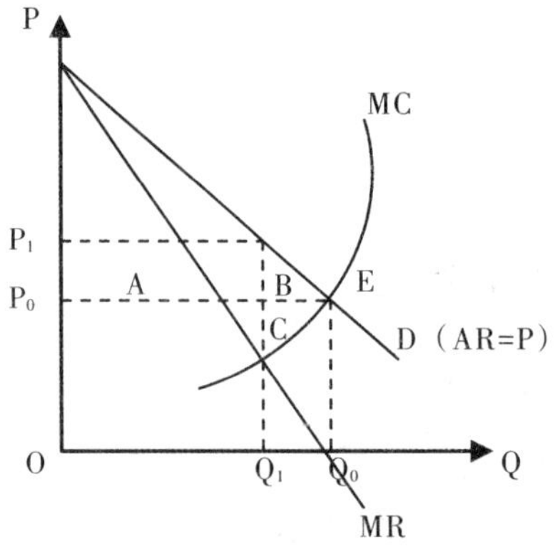

图7-7 完全垄断的社会成本

只是再分配现有的财富，因而从社会来说是一种浪费。鉴于垄断是无效率的，因而各国都对垄断行为采取限制措施。在美国，一切垄断和试图垄断的行为或活动都属于非法，一旦证据确凿，政府会采取相应的制裁措施，包括罚款、取缔、解散或分割企业组织直至对当事人判刑。但是，对于自然垄断，政府不能采取同样的措施。因为自然垄断是指一些行业存在巨大的规模经济，单个厂商的生产在达到规模经济后就能够满足整个市场的需求。这时，让一个厂商来提供全部产品是最有效率的，否则，行业中存在超过一个厂商就会造成生产的严重过剩，或者每个厂商都不能实现规模经济。

七、价格歧视

在有些情况下，垄断厂商会对同一种产品收取不同的价格，这种做法往往会增加垄断厂商的利润。以不同价格销售同一种产品，被称为价格歧视。

价格歧视可以分为一级、二级和三级价格歧视，下面分别予以分析。

1.一级价格歧视

一级价格歧视又被称为完全价格歧视，是指完全垄断厂商按照不同消费者购买不同数量产品所愿意支付的最高价格分别定价，即按照需求价格定价。从理论上来讲，如果完全垄断厂商对每个销售增量都收取需求价格，就能够占有全部消费者剩余。如图7-8（a）所示，当厂商销售第一单位产品Q_1时，消费者愿意支付的最高价格为P_1，于是，厂商就按此价格出售第一单位产品。当厂商销售第二单位产品时，厂商又按照消费者愿意支付的最高价格P_2出售第二单位产品。依此类推，直到厂商销售量为Q_3为止，即以价格P_3销售最后一单位的产品。这时，垄断厂商得到的总收益相当于图中的阴影部分面积。而如果厂商不实行价格歧视，都按同一个价格P_3出售Q_3的产量，总收益仅为OP_3BQ_3的面积。

如图7-8（b）所示，我们进一步分析一级价格歧视所产生的影响。垄断厂商根据MR=MC原则所确定的均衡价格为P_m，均衡数量为Q_m。假定产量和价格的变化是连续的。如果存在一级价格歧视，我们发现，在产量小于Q_3的范围内，消费者为每一单位产品所愿意支付的最高价格均大于P_3，所以，厂商增加产量就可以增加利润。在产量达到Q_m以后，消费者为每一单位产品所愿意支付的最高价格仍均大于MC，所以，厂商增加产量还可以增加利润。因此，厂商始终有动力增加产量，一直到将产量增加到Q_3的水平为止。这时，厂商总收益相当于$OAEQ_3$的面积，厂商获得了比按同一价格P_3销售全部产量Q_3时的

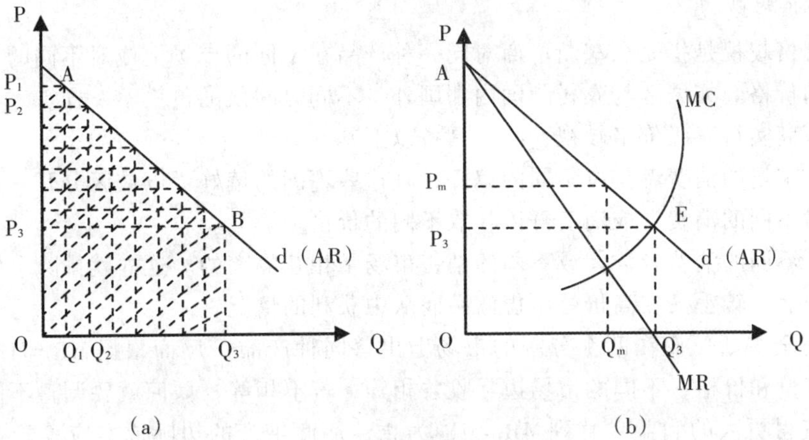

（a）　　　　　（b）

图7-8　一级价格歧视

更大的利润，消费者剩余全部被垄断厂商所占有。此外，从图中还可以发现，在Q_3的产量上，有P=MC。这说明此时P_3和Q_3竟然等于完全竞争时的均衡价格和均衡产量。所以，一级价格歧视下的资源配置是有效率的，尽管此时垄断厂商剥夺了全部的消费者剩余。

2.二级价格歧视

二级价格歧视是指对不同的消费数量段规定不同的价格。二级价格歧视不如一级价格歧视那么严重。一级价格歧视要求垄断者对每单位的产品都制定一个价格，而二级价格歧视只要求对不同的消费数量段规定不同的价格。例如，当消费者购买6单位产品时，其价格为6元；当消费者再购买4单位产品时，这新增4单位产品购买量的价格便下降为5元，如此等等。

如图7-9所示，当消费者购买OQ_1单位产品时，其价格为P_1；当消费者购买量增加Q_1Q_2单位时，新增购买量的价格便下降为P_2；再增加购买量Q_2Q_3，其价格为P_3。如无价格歧视，完全垄断厂商的总收益为矩形OP_3DQ_3的面积，消费者剩余为$\triangle AP_3D$的面积。实行二级价格歧视，垄断厂商的总收益的增加量或利润的增加量为矩形P_1P_3EB加矩形GEFC的面积，均为消费者剩余的损失量；消费者剩余仅相当于$\triangle AP_1B$、$\triangle BGC$和$\triangle CFD$的面积之和。由此可知，二级价格歧视剥夺了部分消费者剩余，垄断厂商可能达到或接近P=MC的有效资源配置效率的产量。

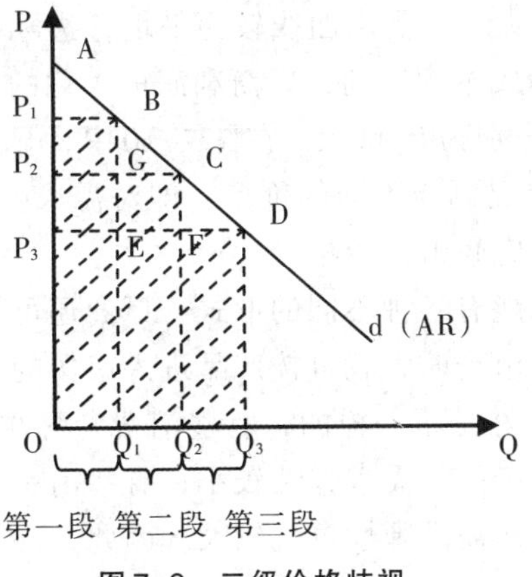

图7-9　二级价格歧视

3.三级价格歧视

三级价格歧视是指完全垄断厂商对同一种产品在不同的市场上或对不同的消费者群体收取不同的价格。如城区与农村、国内和国外、不同时间段的价格不一样。

垄断厂商实行三级价格歧视，必须具备以下基本条件：

第一，市场的消费者具有不同的偏好，且这些不同的偏好可以被区分开。这样，厂商才有可能对不同的消费者或消费群体收取不同的价格。

第二，不同的消费者群体或不同的销售市场是相互隔离的。这样就排除了中间商从低价处买进商品，转手又在高价处出售商品而从中获利的情况。

假设完全垄断厂商在两个分割的市场上出售同种产品，厂商根据 $MR_1=MR_2=MC$ 的原则来确定产量和价格，不同的市场边际收益相等，若不相等，厂商就要调整不同市场的销售量，以获得更大的利益，直到 $MR_1=MR_2$ 为止；厂商生产的边际成本应等于各市场相等的边际收益，只要两者不等，厂商就会调整产量来获得更大的利益，直至实现 $MR_1=MR_2=MC$ 的条件。

在市场1有：$MR_1 = P_1(1-\frac{1}{e_{d_1}})$；在市场2有：$MR_2 = P_2(1-\frac{1}{e_{d_2}})$。

再根据 $MR_1=MR_2$ 的原则，可得：

$$MR_1 = P_1(1-\frac{1}{e_{d_1}})=MR_2 = P_2(1-\frac{1}{e_{d_2}}) \tag{7.13}$$

整理得：

$$\frac{P_1}{P_2} = \frac{1-\frac{1}{e_{d_2}}}{1-\frac{1}{e_{d_1}}} \tag{7.14}$$

由上式可知，厂商在需求价格弹性小的市场即对价格变化反应不敏感的市场上制定较高的价格；而在需求价格弹性大的市场即对价格变化反应敏感的市场上制定较低的价格，使完全垄断厂商获得更大的利润。

具体如图7-10所示，假定厂商把市场划分为两个子市场A和B，它们的需求曲线分别为 D_A 和 D_B。为了分析方便，厂商为规模报酬不变，因此其边际成本MC为一条水平线。现在我们假定A市场的需求弹性较小，其需求曲线较为陡峭，边际收益曲线 MR_A 也相对陡峭；而B市场的需求弹性较大，其需求曲线较为平坦，边际收益曲线 MR_B 也相对平坦。这样，按照边际收益等于边际成本的原则，厂商利润极大化的产量在A市场是 Q_A，在B市场是 Q_B，而相应的均衡价格分别为 P_A 和 P_B，在图7-10中，显然 P_A 高于 P_B。从中可以看出，厂商针对不同的市场需求状况制定不同的价格，即对需求弹性小的市场索取较高的价格，而对需求弹性较大的市场制定较低的价格。

在实践中，价格歧视可能有各种不同的形式，厂商还可按时间的不同来对市场进行划分。比方说，在新产品进入市场时，就可按产品进入市场的时期的长短来区分市场。对任何一种新产品，消费者的偏好是不一样的，有些消费者喜欢标新立异，新产品价格再高，也会迫不及待地购买，对新产品的需求弹性较小；有些消费者则比较谨慎，当价格较高时他就会等待降价，对新产品的需求弹性也就较大。因此，许多新产品在刚刚进入市场时定

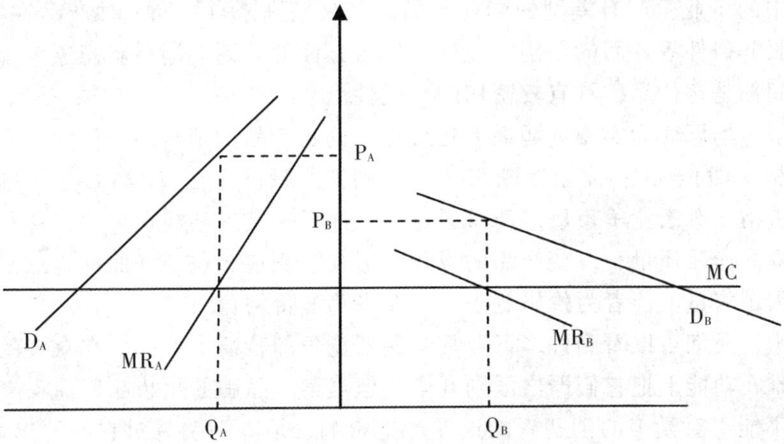

图7-10　三级价格歧视

价相当高，但在进入市场一段时间之后以较大的幅度降价销售，这就是针对两种不同类型的消费者实行了价格歧视。这种定价方法也叫作撇脂定价法，在实践中被大量采用。例如，当“电子宠物”从日本流入中国市场时，消费者争相购买，此时价格相当惊人，每个“电子宠物”可以卖到100多元。但曾几何时，这些“电子宠物”降价到一二十元，放在柜台里几乎无人问津。时装的销售是更典型的例子，在正当时令的季节，时装的价格令一般的消费者望而却步，而时令一过，大甩卖的广告到处都是。

价格歧视是好是坏很难判断，因为与单一价格相比，价格歧视损害了低需求弹性组消费者的利益，而有利于高需求弹性组消费者。通常来讲，低收入者比高收入者对价格更敏感（需求弹性高），如果这样的话，价格歧视可能会得到许多人的赞扬。价格歧视经常出现在国际贸易的倾销中。由于国际市场需求弹性一般要大于国内市场，所以垄断厂商常常实行国内国外区别定价，同一商品出口价格要低于国内售价。日本被认为是倾销嫌疑最大的国家，20世纪80年代末90年代初，日元强劲升值，国内价格若折算成美元或其他货币，几乎翻了一倍，为了保住国外市场，日本厂商将出口产品的美元定价保持在日元升值前的水平，这样两者价格日趋扩大，构成了价格歧视。

第二节　垄断竞争市场

一、垄断竞争市场的含义与特征

垄断竞争市场是指一个市场中有很多厂商生产和销售有差别的同种产品。完全垄断市场和完全竞争市场是理论分析中两种极端的市场类型，在实际生活中这两种情况是罕见的。现实中常见的是垄断竞争市场和寡头垄断市场。由于产品差别化的存在，垄断竞争中整个行业的概念变得相当模糊。

垄断竞争市场的特征主要有：

①行业中的企业数量非常多，每个厂商都认为自己的影响很小，不会引起竞争对手的注意和反应，也不会受到竞争对手的报复。

②厂商的生产规模比较小，进入和退出一个行业比较容易。

③行业中的企业生产有差别的同种产品。产品差别来自：同一种产品在质量、构造、外观、销售服务条件等方面的差别，商标、广告方面的差别，消费者想象、虚构及认知的差别。产品间都是替代品，具有较密切的替代性。

完全竞争市场厂商为实现利润最大化目标，确定产品产销量的条件为边际成本等于既定的市场价格，即P=MC；完全垄断市场厂商则把产量确定在MR=MC上，再根据需求曲线确定销售价格。垄断竞争市场厂商可通过三个途径来实现利润最大化：一是调整价格和产量；二是提高产品质量，改变产品的设计、形式、颜色、包装和商标；三是通过广告等促销活动扩大销售量。前者为价格竞争，后两者为非价格竞争。

在现实中，我们可以看到许多行业具有垄断竞争的特征。例如，在众多的化妆品品牌中，虽然很难在功能上把它们严格区别开来，但当某一品牌的化妆品厂商反复强调其特有的功能时，不能不对爱美的消费者的选择产生影响，培养消费者对它的“忠诚度”，使厂商在一定程度上产生了垄断市场的能力。但在面临其他品牌竞争的压力下，厂商又不可能任意提高其品牌的价格，否则就会失去市场，因此，化妆品行业是一个典型的垄断竞争行业。此外，肥皂、洗发水、牙膏、服装、文具、食品、烟酒等大量的日用工业品行业都具有垄断竞争的市场结构。在服务行业中，理发店、餐馆、洗衣店、小百货店都属于垄断竞争的行业。

一些厂商可以通过赋予垄断竞争市场产品以差别性特征赚取更多的利润。例如，精明的比利时地毯商范德维格将扁平的指南针嵌入地毯，且指南针不是指向正南，而是指向麦加。这样，穆斯林无论走到哪里，只要将地毯一铺，就能面向麦加祷告。这种并无技术创新却极具创意的新产品，一上市就成为抢手货，范德维格也因善于制造产品差异而成为巨富。

二、垄断竞争厂商的需求曲线

由于垄断竞争厂商的产品是有差别的，对其产品具有一定程度的垄断能力，因此垄断竞争厂商所面对的需求曲线不再像完全竞争厂商那样是一条水平线，而是一条向右下方倾斜的曲线；又由于垄断竞争厂商的产品之间具有很强的替代性，面临市场竞争的压力，因此也不像垄断厂商那样是整个市场的需求曲线，而是一条向下倾斜、相对平坦的需求曲线。

为了更好地分析垄断竞争的市场均衡，我们对垄断竞争厂商的需求曲线还有两个假定，由于这两个假定产生于垄断竞争市场的两条不同需求曲线，它们通常被区分为d需求曲线和D需求曲线。下面用图7-11分别说明这两条需求曲线。

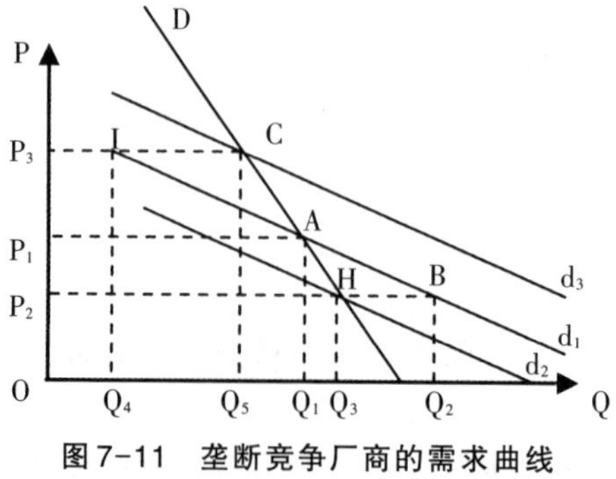

图7-11　垄断竞争厂商的需求曲线

第一，当厂商降价时，它设想其他厂商都不会采取降价措施。这样，该厂商不仅可能增加对原有顾客的销售量，而且还能把较多的顾客从其他厂商那里吸引过来，厂商的销售量可望有较大幅度的增加。这种情况用图7-11的需求曲线d表示。d需求曲线较为平坦，表示需求弹性较大，厂商一旦降价可以增加很大的销售量。在图7-11中，假定某垄断竞争厂商开始时处于价格为P_1和产量为Q_1的A点上，它想通过降价来增加自己产品的销售量。因为，该厂商认为，它降价以后不仅能增加自己产品的原有买者的销售量，而且还能把买者从生产集团内的其他厂商那里吸引过来。该垄断竞争厂商相信其他厂商不会对它的降价行为做出反应。随着它的商品价格由P_1下降为P_2，它的销售量会沿着d_1需求曲线由Q_1增加为Q_2。因此，它预期自己的生产可以沿着d_1需求曲线由A点运动到B点。由于d需求曲线出现的情况仅存在于厂商的设想中，也被称为“想象”的需求曲线或主观的需求曲线。

第二，实际上当某厂商降价时，其他厂商也会做出同样的反应。这样，该厂商就无法从其他厂商那里吸引新的顾客，而只可能增加原有顾客的销售量，由此增加的销售量是十分有限的，反映在图7-11中就是D曲线。D需求曲线表示：在垄断竞争生产集团的某个厂商改变产品价格，而且集团内的其他所有厂商也使产品价格发生相同变化时，该厂商的产品价格和销售量之间的关系。D需求曲线较为陡峭，表示需求弹性较小，厂商一旦降价可以增加的销售量有限，在同样的降价幅度下，厂商实际的销售量只能由Q_1增加到Q_3，Q_3小于它的预期销售量即d_1需求曲线上的Q_2。这是因为集团内其他厂商的买者没有被该厂商吸引过来，每个厂商的销售量增加仅来自于整个市场的价格水平的下降。所以，该垄断竞争厂商降价的结果是使自己的销售量沿着D需求曲线由A点运动到H点。同时，d_1需求曲线也相应地从A点沿着D需求曲线平移到H点，即平移到d_2需求曲线的位置。d_2需求曲线表示当整个生产集团将价格固定在新的价格水平P_2以后，该垄断竞争厂商单独变动价格时在各个价格下的预期销售量。所以，关于D需求曲线，还可以说，它表示垄断竞争生产集团内的单个厂商在每一市场价格水平上的实际销售份额，因此D需求曲线也被称为“市场份额”需求曲线和客观的需求曲线。若生产集团内有n个垄断竞争厂商，不管全体n个厂商将市场价格调整到何种水平，D需求曲线总是表示每个厂商的实际销售份额为市场总销售量的$\frac{1}{n}$。

依据上述分析，可以得到关于d需求曲线和D需求曲线的一般关系：

第一，当垄断竞争生产集团内的所有厂商都以相同方式改变产品价格时，整个市场价格的变化会使得单个垄断竞争厂商的d需求曲线的位置沿着D需求曲线发生平移。

第二，由于d需求曲线表示单个垄断竞争厂商单独改变价格时所预期的产品销售量，D需求曲线表示每个垄断竞争厂商在每一市场价格水平上实际所面临的市场需求量，所以，d需求曲线和D需求曲线相交意味着垄断竞争市场的供求相等状态。

第三，d需求曲线的弹性大于D需求曲线，即前者较之于后者更平坦一些。

三、垄断竞争厂商的短期均衡

垄断竞争厂商和其他类型的厂商一样，按照MR=MC的基本原则来实现利润最大化，但是由于垄断竞争市场的特殊性，达到均衡的过程又和其他市场有所区别。

垄断竞争厂商的短期均衡可以借助于图7-12进行分析。在短期内，垄断竞争厂商是在现有的生产规模下通过对产量和价格的调整来实现MR=SMC的均衡条件。在图7-12（a）中，SAC曲线和SMC曲线表示代表性企业的现有生产规模，d曲线和D曲线表示代表性企业的两种需求曲线，MR_1曲线是相对于d_1曲线的边际收益曲线，MR_2曲线是相对于d_2曲线的边际收益曲线。假定代表性企业最初在d_1曲线和D曲线相交的A点上进行生产。就该企业在A点的价格和产量而言，与实现最大利润的MR_1=SMC的均衡点E_1所要求的产量Q_1和价格P_1相差很远。于是，该厂商决定将生产由A点沿着d_1需求曲线调整到B点，即将价格降低为P_1，将产量增加为Q_1。然而，由于生产集团内每一个企业所面临的情况都是相同的，而且，每个企业都是在假定自己改变价格而其他企业不会改变价格的条件下采取了相同的行动，即都把价格降为P_1，都计划生产Q_1的产量。于是，当整个市场价格下降为P_1时，每个企业的产量都毫无例外是Q_2，而不是Q_1。相应地，每个企业的d_1曲线也都沿着D曲线运动到了d_2的位置。所以，首次降价的结果是使代表性企业的经营位置由A点沿D曲线运动到C点。在C点位置上，d_2曲线与D曲线相交，相应的边际收益曲线为MR_2。很清楚，C点上的代表性企业的产品价格P_1和产量Q_2仍然不符合在新的市场价格水平下的MR_2=SMC的均衡点E_2上的价格P_2和产量Q_3的要求。因此，该企业又会再一次降价。与第一次降价相似，企业将沿着D曲线由C点运动到G点。相应地，d_2曲线将向下平移，并与D曲线相交于G点（图中从略）。依次类推，代表性企业为实现MR=SMC的利润最大化原则，会继续降低价格，d曲线会沿着D曲线不断向下平移，并在每一个新的市场价格水平与D曲线相交。上述的过程一直要持续到代表性企业没有理由再继续降价为止，即一直要持续到企业所追求的MR=SMC的均衡条件实现为止。

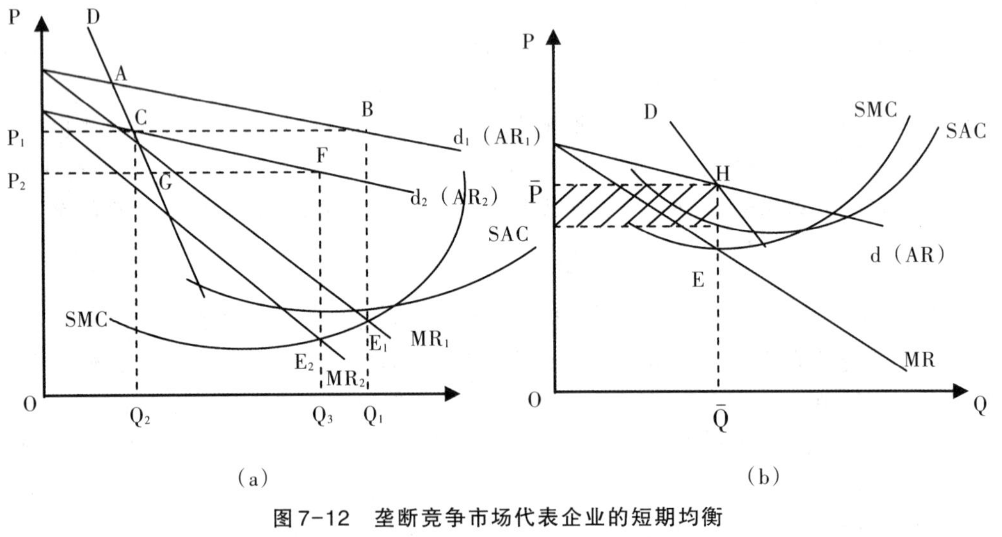

图7-12 垄断竞争市场代表企业的短期均衡

如图7-12（b）所示，代表性企业连续降价行为的最终结果，将使得d曲线和D曲线相交点H上的产量和价格，恰好是MR=SMC时的均衡点所要求的产量$\bar{Q}$和价格$\bar{P}$。此时，企业便实现了短期均衡，并获得了利润，其利润量相当于图7-12（b）中的阴影部分的面积。垄断竞争厂商短期均衡的条件是：

$$MR=SMC \quad 且 \quad d=D \tag{7.15}$$

在MR=SMC短期均衡的产量上，必定存在一个d曲线和D曲线的交点，它意味着市场上的供求是相等的。当然，垄断竞争厂商在短期均衡点上并非一定能获得最大的利润，还有可能利润为零或蒙受最小亏损，读者可以以此为基础进一步分析利润为零和亏损的情况。在厂商亏损时，只要均衡价格大于AVC，企业在短期内总是继续生产的；只要均衡价格小于AVC，企业在短期内就会停产。

四、垄断竞争厂商的长期均衡

在长期内，垄断竞争厂商可以调整生产规模，还能较自由地进出市场。

在图7-13（a）中，代表性厂商开始在A点，产量为Q_1，最优生产规模由SAC_1曲线和SMC_1曲线所代表；MR、LMC和SMC_1曲线相交于均衡点E_1；d曲线和D曲线相交于A点，即市场供求相等；厂商获得利润，其利润量为P_1BCA的面积。

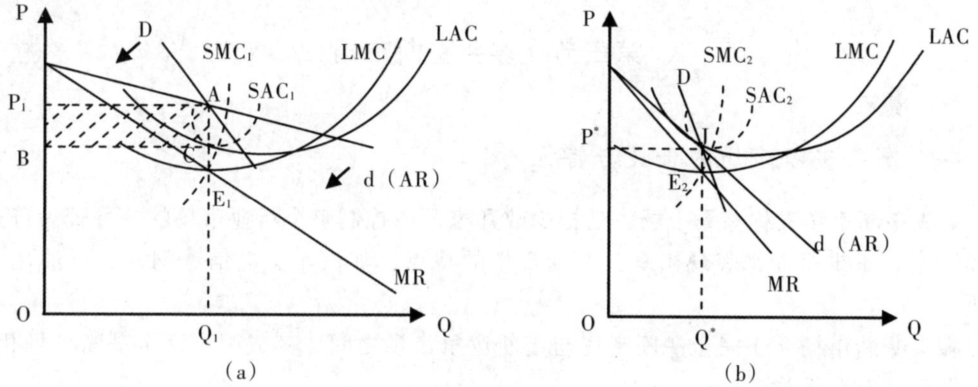

图7-13　垄断竞争市场代表性企业的长期均衡

市场存在利润，其他厂商就会进入，随着厂商数量的增加，在市场需求规模不变的条件下，每个厂商的市场份额就会减少。厂商的D曲线便向左下方平移，如图7-13（a）中箭头所示。

厂商为达到新的均衡而降低价格，导致d曲线沿着D曲线向左下方平移，如图7-13（a）中箭头所示。D曲线和d曲线不断向左下方移动，直到不再有新厂商进入为止，此时厂商的利润为零，并在图7-13（b）中的E_2点实现长期均衡。

长期均衡点E_2有：MR=LMC=SMC；d曲线与LAC曲线相切于LAC曲线与SAC_2曲线的切点J，即有AR=LAC=SAC，厂商的超额利润为零；D曲线与d曲线也相交于J点，意味着生产上的供求相等。

进而，垄断竞争厂商长期均衡的条件为下述三个等式同时满足：

$$MR=LMC=SMC;\ AR=LAC=SAC;\ D=d \quad (7.16)$$

需要强调的是，在垄断竞争市场上，厂商的需求曲线也是向右下方倾斜的，厂商的产量和价格之间不存在一一对应的关系。厂商和行业同样不存在具有规律性的供给曲线。

五、非价格竞争

在垄断竞争市场上，价格竞争与非价格竞争同时存在。从长期看，价格竞争会导致价格持续下降，利润消失；而非价格竞争是垄断竞争厂商普遍采取的竞争方式，即通过改进产品品质、精心设计商标和包装、改善售后服务以及广告宣传等手段，扩大自己产品的市场销售份额，这就是非价格竞争。但是这些方式可能会导致总成本的增加，但如果由此产生的总收益增加量大于总成本增加量，则企业会认为是可取的，否则就是不值得的。

如“舒肤佳”在进入市场前，已早有“力士”占据市场主要份额。“舒肤佳”之所以能够后来居上，自然有很多因素，但关键的一点在于它找到了一个新颖而准确的“除菌”概念。在舒肤佳的营销传播中，以“除菌”为核心概念，“有效除菌护全家”，并在广告中通过踢球、挤车、扛煤气等场景告诉大家生活中随处都会感染大量的细菌，并在放大镜下显示出细菌群落的状态，巩固了“除菌”的必要性这一概念。然后，舒肤佳再通过“内含抗菌成分——迪保肤”的理性诉求和实验来证明舒肤佳可以让你把手洗“干净”。通过广告活动，垄断竞争企业获得了更多的市场份额，但也增加了成本，因而广告活动的限度在于加上广告成本以后，企业的边际成本与边际收益相等。

第三节　寡头垄断市场

一、寡头垄断市场的含义与特征

寡头垄断市场又称寡头市场，是指少数几家厂商控制整个行业市场的一种较为普遍的市场类型。不少行业都表现出寡头垄断市场的特点，如汽车、电信、钢铁、石油化工等行业。

寡头垄断市场介于完全垄断市场与垄断竞争市场之间，其成因和完全垄断市场相似，只是在程度上有所差别。

寡头垄断市场形成的主要原因有：某产品必须在相当大的规模上生产才能充分体现规模经济；几家厂商控制了生产所需资源；政府的扶持和支持等。

寡头厂商的价格和产量的决定是一个很复杂的问题。寡头市场具有如下特征：

1.厂商数量极少

由于厂商数量极少，每个厂商的产量都在全行业中占有一个较大的份额，每个厂商的产量和价格变动都会对其他竞争对手以至于整个行业的产量和价格产生举足轻重的影响。如美国的汽车工业就是高度集中的，主要由福特、通用、克莱斯勒三大厂商所控制。

2.厂商之间存在着相互制约、相互依存的关系

由于在寡头垄断市场中，厂商数量很少，每家厂商都占有举足轻重的地位，它们各自在价格或产量方面的决策都会影响整个市场和其他竞争者的行为。因此，寡头垄断市场中各厂商之间存在着极为密切的关系，每家厂商在进行价格、产量决策时，不仅要考虑到本身的成本与收益情况，而且还要考虑到这一决策对市场的影响，以及其他厂商可能做出的反应。

3.产品同质或异质

按照产品有无差别可以分为纯粹寡头和差别寡头。纯粹寡头出现在钢铁、水泥、电力等集中化生产的重工业市场，差别寡头出现在纺织业、轮胎业、罐头食品业、香烟业等经常更新换代的非耐用消费品市场，而汽车、电冰箱、电视机、计算机等耐用消费品市场上，则普遍形成纯粹寡头与差别寡头的混合寡头。

4. 规模经济显著

某些产品必须在相当大的生产规模上运行才能达到最好的经济效益，其平均成本随着产量的增加而下降。但是，平均成本的降低不会是无止境的。当成本在一个很大的产量范围内降低时，大企业的发展会受到鼓励。但如果在企业的产量还达不到市场总需求量以前，平均成本已开始上升，那就不可能再鼓励大企业继续扩大规模而发展成独家垄断的局面。

5. 存在较高的进入壁垒

构成这种进入壁垒的主要来源是这些行业存在着规模经济。规模经济的存在使得大规模生产占有强大的优势，大企业不断壮大，小企业无法生存，最终形成少数厂商激烈竞争的局面。此外，在某些情况下，行业内的厂商刻意构筑较高的进入壁垒，以阻止其他厂商的进入，这种现象的出现主要是因为厂商数量较少，厂商之间的串通就比较容易。

寡头垄断市场的状况非常复杂，企业之间的行动是相互依存的，使得单个企业的行动结果变得不确定。一个企业采取一种行动会导致的结果，取决于竞争对手对其行动的反应；并且即使企业正确估计了对方的决策集，还必须假设竞争对手是理性的经营者。因此，无法确定对手的反应，就无法建立寡头企业的决策模型。在西方经济学中，还没有一般性的寡头垄断模型能够对市场达到均衡状态时的价格和产量做出确切的回答。

寡头垄断理论是根据企业相互串通的程度和它们的对手对其行动反应的差异建立起来的，因此企业之间的相互依存关系有多种可能性。在有些行业中，寡头企业之间存在着非常激烈的竞争，各个寡头独立行动，对应的模型有古诺模型、斯威齐模型、斯塔克博格模型等；而在另一些行业中，寡头之间却能和平相处，它们或者心照不宣地把价格维持在同一水平上，或者相互勾结，通过协商定价的方式瓜分市场，如价格领导制，或者公开组成卡特尔，通过限制产量从而提高价格来谋取更高额利润。本书着重介绍独立行动寡头的两种决策模型：古诺模型和斯威齐模型。

二、古诺模型

古诺模型是由法国经济学家奥古斯丁·古诺（Augustin Cournot）于1838年在《财富理论的数学原理研究》一书中首先提出的。古诺模型是一个只有两个寡头厂商的简单模型，又称“双寡头模型”，但其结论可推广到对多个寡头厂商的分析。

古诺模型以天然矿泉水为例，基本假定如下：

①假定两个企业生产和销售相同的产品，它们的生产成本为零。

②双方都知道市场需求状况，它们共同面临的市场的需求曲线是线性的。

③双方都是在已知对方产量的情况下，各自确定能够给自己带来最大利润的产量，即每一个厂商都是消极地以自己的产量去适应对方已确定的产量，一旦做出决策后不会改变。

④市场价格由需求状况和双方的供给量之和共同决定。

可以看出，古诺模型是不存在任何正式或非正式串通的独立行动模型，即每个企业都是消极地以自己的产量去适应对方的决策。下面结合图7-14来说明各个寡头产量的决定。

在图7-14中，D为两个寡头共同的需求曲线。由于生产成本为零，故图中无成本曲线。

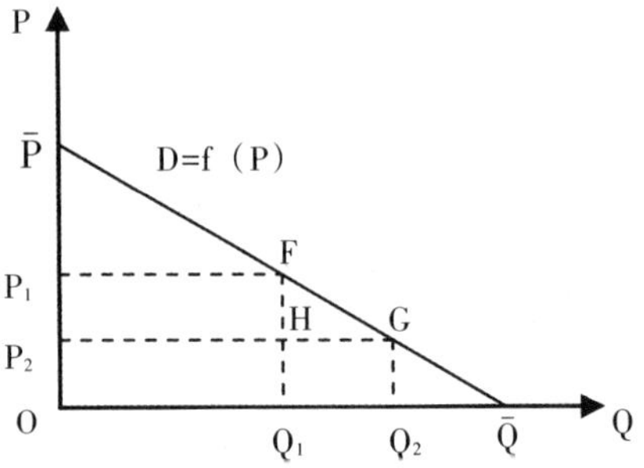

图7-14　古诺模型

在第一轮，假定寡头A先进入市场。由于生产成本为零，所以，厂商的收益就等于利润，A厂商面临D需求曲线，将产量定为市场总容量的$\frac{1}{2}$，即产量$OQ_1=\frac{1}{2}O\bar{Q}$，将价格定为OP_1，从而实现了最大的利润，其利润量相当于图中矩形OP_1FQ_1的面积（因为从几何意义上讲，该矩形是直角三角形$O\bar{P}\bar{Q}$中面积最大的内接矩形）。当寡头B进入市场后，B厂商准确地知道甲厂商在本轮留给自己的市场容量为$Q_1\bar{Q}=\frac{1}{2}O\bar{Q}$，B厂商也按相同的方式行动，生产它所面临的市场容量的$\frac{1}{2}$，即市场容量为$Q_1Q_2=\frac{1}{4}O\bar{Q}$。此时，市场价格下降为$OP_2$，B厂商获得的最大利润相当于图中矩形$Q_1HGQ_2$的面积。而A厂商的利润因价格下降而减少为矩形$OP_2HQ_1$的面积。

第二轮开始时，寡头A知道B厂商在本轮中留给它的市场容量为$\frac{3}{4}O\bar{Q}$。为了实现最大利润，A厂商将产量定为自己所面临的市场容量的$\frac{1}{2}$，即$\frac{3}{8}O\bar{Q}$。与上一轮相比，A厂商的产量减少了$\frac{1}{8}O\bar{Q}$。留给寡头B的市场剩余需求量为$\frac{5}{8}O\bar{Q}$。为了获得最大利润，寡头B便按市场剩余需求量$\frac{5}{8}O\bar{Q}$的半数确定自己的供给量为$\frac{5}{16}O\bar{Q}$，比原来供给量$\frac{1}{4}O\bar{Q}$增加了$\frac{1}{16}O\bar{Q}$。

寡头A、B的竞争将如此进行下去，寡头A每后退一步，寡头B便前进一步，直到寡头A、B平分总供给量，市场便达到了均衡状态。实现均衡时，寡头A的供给量为：

$$[\frac{1}{2}-\frac{1}{8}-\frac{1}{32}-\cdots-\frac{1}{2}\times(\frac{1}{4})^{n-1}]O\bar{Q}=\frac{1}{3}O\bar{Q}$$

寡头B的供给量为：

$$[\frac{1}{4}+\frac{1}{16}+\frac{1}{64}+\cdots+(\frac{1}{4})^{n}]O\bar{Q}=\frac{1}{3}O\bar{Q}$$

市场总供给量为：

$$\frac{1}{3}O\bar{Q}+\frac{1}{3}O\bar{Q}=\frac{2}{3}O\bar{Q}$$

以上双寡头古诺模型的结论可以推广，当市场上有n个寡头时，总供给量为$\frac{n}{n+1}O\bar{Q}$，每个寡头的供给量为$\frac{1}{n+1}O\bar{Q}$。

由此可见，双头垄断的总供给量$\frac{2}{3}O\bar{Q}$大于完全垄断的总供给量$\frac{1}{2}O\bar{Q}$，小于完全竞争的总供给量$O\bar{Q}$。随着进入的厂商增多，总供给量$\frac{n}{n+1}O\bar{Q}$逐渐接近$O\bar{Q}$。

古诺模型也可以运用寡头厂商的反应函数的方法来加以说明。在古诺模型的假设条件下，设市场的线性反需求函数为：

$$P = 120 - Q = 120 - (Q_A + Q_B) \tag{7.17}$$

式中，P为商品的价格；Q为市场的总需求量；Q_A和Q_B分别为市场对两个寡头厂商的产品需求量，即$Q = Q_A + Q_B$。

对于A寡头厂商来说，其利润等式为：

$$\pi_A = TR_A - TC_A = P \cdot Q_A - 0 \text{（因为已假定}TC_A = 0\text{）}$$

$$= [120 - (Q_A + Q_B)] \cdot Q_A = 120Q_A - Q_A{}^2 - Q_AQ_B$$

A寡头厂商利润最大化的一阶条件为：

$$\frac{\partial \pi_A}{\partial Q_A} = 120 - 2Q_A - Q_B = 0$$

$$Q_A = 60 - \frac{Q_B}{2} \tag{7.18}$$

（7.18）式就是A寡头厂商的反应函数，它表示A厂商的最优产量是B厂商的产量的函数。也就是说，对于B厂商的每一个产量Q_B，A厂商都会做出反应，确定能够给自己带来最大利润的产量Q_A。

类似地，对于B寡头厂商来说：

$$\pi_B = 120Q_B - Q_B^2 - Q_AQ_B$$

$$\frac{\partial \pi_B}{\partial Q_B} = 120 - 2Q_B - Q_A = 0$$

$$Q_B = 60 - \frac{Q_A}{2} \tag{7.19}$$

（7.19）式是B寡头厂商的反应函数，它表示B厂商的最优产量是A厂商的产量的函数。

联立A、B两个寡头厂商的反应函数，便得到如下方程组：

$$Q_A = 60 - \frac{Q_B}{2}$$

$$Q_B = 60 - \frac{Q_A}{2}$$

由此方程组得到A、B两个寡头厂商的均衡产量解：

$$Q_A = 40，Q_B = 40$$

可见，每个寡头厂商的均衡产量是市场总容量的三分之一，即有：

$$Q_A = Q_B = \frac{120}{3} = 40$$

行业的均衡总产量是市场总容量的三分之二，即有：

$$Q_A + Q_B = 2 \times \frac{120}{3} = 80$$

将$Q_A = Q_B = 40$代入市场反需求函数（7.17）式，可求得市场的均衡价格：

P = 40

以上方法可以在图7-15中得到说明。图中的横轴 OQ_A 和纵轴 OQ_B 分别表示A、B两个寡头厂商的产量。由于市场需求函数是线性的，所以，A、B两个寡头厂商的反应函数也是线性的。图中两条反应曲线的交点E就是古诺模型的均衡解。在均衡点E上，A、B两个寡头厂商的均衡产量都是40单位。

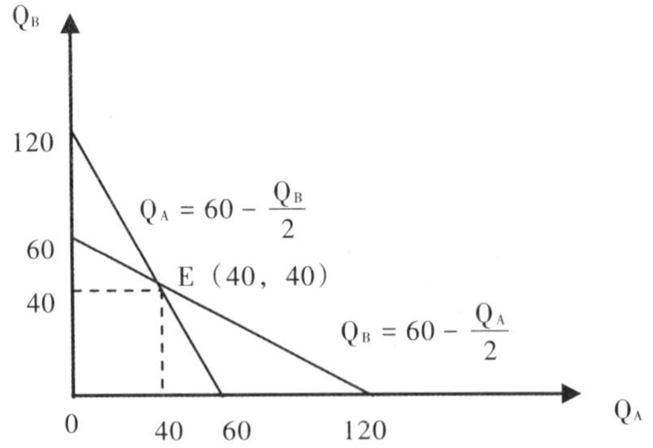

图7-15 古诺模型和反应函数

古诺模型所描述的寡头厂商的竞争状况，可能会出现在像制铝或钢铁等行业，在这类行业中，生产成本的主要部分是设备成本，一旦设备安装完毕，变动成本相对来说不大重要。于是，这类行业的生产，至少在短期，产量由厂商的设备生产能力所决定，即产量保持既定。这种状况与古诺模型的假定比较吻合。

三、斯威齐模型

斯威齐模型也被称为弯折的需求曲线模型。该模型由美国经济学家保罗·斯威齐（Paul Sweezy）于1939年在《寡头垄断条件下的需求》一文中提出。这一模型用来解释一些寡头市场上的价格刚性现象，就是说即使企业的生产成本或者面临的需求状况改变了，它们也不愿意改变价格。

该模型的基本假设条件如下：

①如果一个寡头厂商降低价格，行业中的其他寡头厂商会将价格下降到相同的水平，以避免销售份额的减少，因而该寡头厂商的销售量的增加是很有限的。

②如果一个寡头厂商提高价格，行业中的其他寡头厂商不会跟着改变自己的价格，因而首先提价的寡头厂商会损失很大一部分的销售量和市场份额。

下面借助于图7-16加以说明。图中有厂商的一条dd需求曲线和一条DD需求曲线，它们与上一节分析的垄断竞争厂商所面临的两条需求曲线的含义是相同的。dd需求曲线表示该寡头厂商变动价格而其他寡头厂商保持价格不变时的该寡头厂商的需求状况，DD需求曲线表示行业内所有寡头厂商都以相同方式改变价格时该厂商的需求状况。假定开始时的市场价格为dd需求曲线和DD需求曲线的交点B所决定的 $\bar{P}$，那么，根据该模型的基本假设条件，该垄断厂商由B点出发，提价所面临的需求曲线是dd需求曲线上左上方的dB段，降价所面临的需求曲线是DD需求曲线上右下方的BD段，于是，这两段共同构成的该寡头厂商的需求曲线为dBD。显然，这是一条弯折的需求曲线，折点是B点。这条弯折的需求曲线表示该寡头厂商从B点出发，在各个价格水平上所面临的市场需求量。

由弯折的需求曲线可以得到间断的边际收益曲线。图7-16中与需求曲线dB段所对应的边际收益曲线为MR_d，与需求曲线BD段所对应的边际收益曲线为MR_D，两者合在一起，便构成了寡头厂商的间断的边际收益曲线，其间断部分为垂直虚线FG。

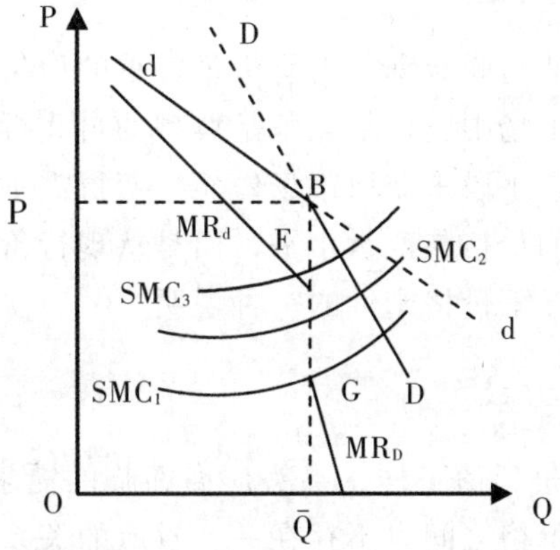

图7-16　弯折的需求曲线模型

利用间断的边际收益曲线，便可以解释寡头市场上的价格刚性现象。只要边际成本SMC曲线的位置变动不超出边际收益曲线的垂直间断范围，寡头厂商的均衡价格和均衡数量都不会发生变化。譬如，在图7-16中的边际收益曲线的间断部分FG，当SMC_1曲线上升为SMC_2曲线的位置时，寡头厂商仍将均衡价格和均衡产量保持在$\bar{P}$和$\bar{Q}$的水平。除非成本发生很大变化，如成本上升使得边际成本曲线上升为SMC_3曲线的位置时，才会影响均衡价格和均衡产量水平。

弯折的需求曲线模型为寡头市场较为普遍的价格刚性现象提供了一种解释，但是该模型并没有说明具有刚性的价格本身，如图7-16中的价格水平$\bar{P}$是如何形成的。也就是说，该模型的贡献在于描述了价格刚性现象，但并无法说明最初的均衡价格是如何决定的。

从以上的分析可见，在寡头垄断市场中，之所以出现价格刚性，是因为寡头厂商仅仅响应降价而不响应提价，这样使厂商的需求曲线出现弯折，而由此导致厂商的边际收益曲线出现间断。当厂商的成本出现变动时，但只要由此导致的边际成本变动在边际收益曲线的间断范围内，厂商的均衡价格都不会改变。由此我们可以得出两个结论：第一，寡头厂商所面对的需求曲线的形状取决于竞争对手对其产品价格变化的反应；第二，如果寡头厂商的竞争对手追随降价但不追随提价则其需求曲线是弯折的。寡头垄断市场所存在的价格刚性，也进一步说明了寡头垄断厂商对价格竞争的反感。

寡头厂商之间竞争的典型案例是"宝洁与联合利华的非价格竞争"。《环球时报》曾报道，当问及在全球500强企业中，哪两家企业最不可能倒闭也最不可能合并时，许多专家给出了同样的答案：全球日化行业的两大巨头——宝洁和联合利华。只要这个世界上的人们还在洗发、刷牙、洗衣服，就不得不与这两家公司打交道；而这对明争暗斗了几十年的冤家，哪怕衰败到砸锅卖铁的地步，也不会轻易向对手俯首称臣。且看这两家对手的竞争策略，一是广告战。宝洁公司每年仅广告费就为50亿美元，联合利华的广告开支则更为惊人，每年为60多亿美元。宝洁的广告宣传着重品牌个性，而联合利华的广告宣传则突出品牌的本土化。二是研发战。宝洁每年将销售额的4%用于研发，在全球范围内，宝洁拥有2.4万项专利，并且以每年新增3 800项的速度递增。联合利华每年研发经费占全年销售额的2%，且研发力量着重用于洗衣粉研究。两家公司不仅研发投资巨大，而且在研发速度上进行竞争。除此以外，两家公司都不惜重金聘请商业间谍窃取对方的商业机密，这已成了公开的秘密。

在全球日化市场上，宝洁与联合利华占有举足轻重的地位，而由它们之间的竞争我们不难看出在一个寡头垄断的市场中，价格竞争是典型的自我拆台的行为，寡头们主要依靠广告和产品差异等非价格竞争手段来获取市场份额。弯折需求曲线模型不是从已知的成本数据和需求数据中形成最佳的价格与产量水平，而是从现行价格与产量水平出发，提供了关于在成本与需求变化的情况下价格刚性的一种说明。

四、寡头厂商的供给曲线

如同垄断厂商和垄断竞争厂商一样，寡头厂商面临的需求曲线也是向右下方倾斜的，寡头厂商的均衡产量和均衡价格之间也不存在一一对应的关系，所以，不存在寡头厂商和行业的具有规律性的供给曲线。此外，再考虑到寡头厂商之间的行为的相互作用的复杂性，建立寡头厂商和市场的具有规律性的供给曲线也就更困难了。

第四节　博弈论基础

当厂商之间存在较强的相互依存关系的时候，厂商决策的结果不仅依赖于其决策本身，还要取决于竞争对手的反应。我们前一节中已经分析了寡头市场的一些经典模型，在这一节中我们将运用博弈论来进一拓展厂商在相互依存关系中的策略研究。寡头市场上，每一个寡头厂商事先都要了解其他厂商对自己行动的反应，之后再采取最有利于自己的行动，即博弈。

博弈论，又称对策论或竞赛论，首先出现于1944年由德国数学家冯·诺依曼和经济学家奥·摩根斯坦合作的《博弈论与经济行为》一书中，他们将博弈论引入经济学。20世纪80年代，博弈论被广泛运用于经济学中，发展了微观经济学理论。1994年的诺贝尔经济学奖颁发给了约翰·纳什等三位在博弈论研究中成绩卓越的经济学家，1996年的诺贝尔经济学奖又授予了在博弈论应用方面有着重大成就的经济学家，可见博弈论在现代经济学中的地位有多么重要。博弈论目前成为经济学的主要分析工具，对产业组织理论、委托代理理论、信息经济学等理论的发展做出了非常重要的贡献。

根据博弈各方能否达成具有约束力的协议，博弈论分为合作博弈和非合作博弈。如果能够形成一个有约束力的协议，就是合作博弈；否则，就是非合作博弈。合作博弈强调的是集体理性和效率，而非合作博弈则强调个人理性，博弈的结果可能是有效率的，也可能是无效率的。

一、博弈论的基本要素

博弈论的基本概念包括参与者、信息、策略、支付、均衡、结果等。虽然其中涉及的相互影响包括了多个参与者及其可能出现的多种策略，为了简化分析，在下面的讨论中，我们仅考虑只有两个参与者的博弈情况。

1.参与者

参与者（Players），也叫局中人，在一场博弈中，每一个有决策权的参与者都是一个局中人。他的目的是通过选择行动（或策略）以最大化自己的支付水平。博弈的参与者可以是个人，也可以是组织，例如企业、国家，甚至国际组织，并且每个参与者必须有可供选择的行动集。

2.信息

信息（Information）被理解为参与者在特定时刻有关变量值的知识。从信息的角度划分，博弈可以分为完全信息与不完全信息两类。所谓完全信息，是指每一个局中人对于自己以及其他局中人的知识有完全的了解，否则博弈就是不完全信息的。

3.策略

博弈中每个局中人，都可选择实际可行的、完整的行动方案。也就是说，方案集不是阶段性的，而是指导整个博弈全局的一个行动集合。局中人的一个可行的、全局筹划的行动方案，被称为局中人的一个策略（Strategies）。策略也叫战略，是参与人在给定信息集的情况下行动的一个完整说明。策略中包含了参与者及其他局中人的行动知识，并且告诉参与者如何应对其他局中人的行动，因而策略又被称为参与者的“相机抉择方案”。如果在一个博弈中，参与者总共有有限个策略，则称为“有限博弈”，否则称为“无限博弈”。

4.支付

支付（Payoffs）是指在一个特定的策略组合下参与者得到的结果，这个结果可能是收入，也可能是支出。对于企业而言，博弈的支付可能是利润，也可能是亏损。另外，博弈中的收益可以是有形的物质或货币收益，也可以是效用水平，或者是参与者得到的期望效用水平。每个局中人在博弈结束时的支付，不仅与他自身所选择的策略有关，还与其他参与者所选择的策略有关。因此，单个参与者的支付是所有参与者的策略的函数，它是每个博弈局中人真正关心的东西。每个参与者得到一笔支付，用支付矩阵也称报酬矩阵表示。

当所有参与者的策略固定下来不再改变，处于相对静止状态时，所有参与者的最优策略组合或行动组合即形成一个博弈的均衡。一个博弈可能有多个均衡的结果。

二、占优策略与纳什均衡

为了研究博弈的最终结局，或者说，为了分析博弈最后达到的均衡状态，西方经济学家展开了博弈均衡的研究，其中两个主要的博弈均衡的基本概念是占优策略均衡和纳什均衡。

1.占优策略均衡

一般说来，由于每个参与者的支付是博弈中所有参与者策略的函数，因此，每个参与者的策略选择都要依赖于其他人的选择结果。但在一些特殊的博弈中，单个参与者选择的策略可能并不依赖于其他参与者选择的策略。这种不论其他参与者的策略如何，参与者自身都有最优选择的策略叫作占优策略（Dominant Strategy）。

下面我们以两人博弈为例，说明什么是占优策略。在两人博弈模型中，我们通常会将双方的支付用一个收益矩阵来表示，如图7-17所示。支付矩阵表示的是不同决策下的收益组合，习惯上我们用左边的数表示支付矩阵左侧的局中人收益，右边的数代表矩阵上方的局中人收益。

有甲、乙两家通信公司，面对巨大的无线电通信市场，准备筹划各自的竞争性广告推广活动。在这次竞争中，每个企业必须在电视广告和网络广告中选择其一（假设两种广告支付的成本相同）。每一种策略组合下企业的市场收益如图7-17所示。在收益矩阵中，左上角的收益（12，10）表示当甲、乙同时选择电视广告时，各自的市场收益分别为12和10；右上角的支付为（14，9），表明当甲选择电视广告而乙选择网络广告时，它们的市场收益分别为14和9；左下角的支付为（8，12），表明当甲选择网络广告而乙选择电视广告时，它们的市场收益分别为8和12；右下角的支付则代表当两个企业都选择网络广告进行推广时，各自的市场收益为10和9。

		乙	
		电视广告	网络广告
甲	电视广告	12　10	14　9
	网络广告	8　12	10　9

图7-17　占优策略均衡

在这个例子中，两家企业都有各自的占优策略。对于甲企业而言，如果乙企业选择电视广告，则电视广告就是甲的占优策略（12>8）。如果乙选择网络广告，则电视广告仍是甲的占优策略（14>10），因而综合而言，选择电视广告就是甲企业的占优策略。运用同样的方式进行分析，可得出电视广告也是乙企业的占优策略。因而，综合而言，左上角的甲、乙均选择电视广告就成为这次博弈的博弈均衡组合，也就是占优策略均衡。

2.纳什均衡

在一个博弈中，只要每一个参与者都具有占优策略，那么，该博弈就一定存在占优策略均衡。但是需要指出的是，在有的博弈中，并不存在占优策略，仍可以达到博弈均衡。下面以图7-18说明这一点。

		乙	
		电视广告	网络广告
甲	电视广告	12　10	14　9
	网络广告	8　12	10　13

图7-18　纳什均衡

我们仍然以甲、乙两家通信公司为例，对图7-17的支付矩阵稍作修改得到如图7-18所示的新矩阵。在这个新矩阵中，两家企业都选择网络广告时的收益分别为10和13，其他的支付与原矩阵完全相同。根据这个新的支付矩阵，不难发现选择电视广告仍然是甲公司的占优策略。但对乙公司来说，在该博弈中没有占优策略，其最优策略取决于甲公司的最终决策。如果甲公司选择电视广告，则乙公司选择电视广告的收益将高于选择网络广告的收益；如果甲公司选择网络广告，乙公司选择网络广告，而不是坚持选用电视广告，将会得到更多的收益。

由此可见，占优策略均衡是比纳什均衡更强的一个博弈均衡概念。占优策略均衡要求任何一个参与者对于其他参与者的任何策略选择来说，其最优策略都是唯一的。而纳什均衡只要求任何一个参与者在其他参与者的最优策略选择给定的条件下，其选择也是最优的。所以，占优策略均衡一定是纳什均衡，而纳什均衡不一定是占优策略均衡。在我们前面分析的例子中，图7-17的博弈均衡既是占优策略均衡，同时又是纳什均衡。图7-18中两组均衡的策略组合都是纳什均衡，但都不是占优策略均衡。

为了做出对自己最有利的决策，乙公司必须了解甲公司最有可能采取怎样的策略。因为乙的最优支付与甲的决策是相互依存的，它必须根据甲的决策来做出最佳反应。在这个例子中，甲有一个占优策略，即选择电视广告为推广媒介，在完全信息条件下，乙公司也知道这一支付，它能够很容易地做出自身行动的决策，即也选择电视广告。因此，最终的博弈结果是两家企业都选择电视广告作为自己的推广方式。这个结果就是一个纳什均衡的解。一旦达到纳什均衡，竞争双方都不会改变其策略，因为一旦偏离均衡对自身是不利的。因而，纳什均衡是一种稳定的解，博弈的参与者没有改变这一结果的动力。

在上述广告竞争的例子中，只存在一个纳什均衡解。需要指出的是，在许多博弈中可能同时存在多个纳什均衡解。

在掌握了纳什均衡策略后，将其与占优策略的关系进行说明。回顾前面提到的占优策略，它是指不管其他局中人如何行动，每个局中人都有一个对自己来说是最优的选择；而在纳什均衡策略中，必须给定其他局中人的行动集，每个局中人才能管你做什么我所能做的最好的，你所做的是不管我做什么你所能做得最好的。在纳什均衡中，“我所做的是给定你所做的我所能做的最好的，你所做的是给定我所做的你所能做的最好的”。不难看出，占优策略均衡是纳什均衡的特例，占优均衡必然是纳什均衡。

3.囚徒困境

纳什均衡著名的例子是“囚徒困境”，囚徒困境有着广泛而深刻的意义。囚犯困境的博弈模型的假设条件是：甲、乙两个被怀疑为合谋偷窃的嫌疑犯被警方捉获，但警方对他们偷窃的证据并不充分。他们每一个人都被单独囚禁，并对他们进行单独审讯，即双方无法互通信息。警方向这两个嫌疑犯交待的量刑原则是：如果一方坦白，另一方不坦白，则坦白者从宽处理，被无罪释放；不坦白者从重处理，判刑10年。如果两人都坦白，则每人都各判刑8年。如果两个都不坦白，则警方由于证据不足，只能对每个人各判刑1年。图7-19的支付矩阵描述了这一博弈。图中的报酬均为负数，以表示判刑的年数。

		乙	
		坦白	不坦白
甲	坦白	-8　-8	0　-10
	不坦白	-10　0	-1　-1

图7-19　囚徒困境

在警方交待了量刑原则以后，甲、乙各自都有两个策略：坦白和不坦白。他们需要做出的决策是：为了自己的利益，每个人应该选择坦白策略，还是选择不坦白策略。于是，两个囚犯之间的博弈便开始了。这两个囚犯之间的博弈过程如下：先考虑囚犯甲的策略选择。囚犯甲要决定自己的选择，他必须先考虑囚犯乙的选择，即囚犯甲是在考虑了囚犯乙的策略选择的前提下来决定自己的策略选择的。那么，囚犯甲一定是这样思考的：根据已知的支付矩阵（即图7-19），如果囚犯乙选择坦白，则囚犯甲选择坦白，会判8年；选择不坦白，会判10年。于是，在囚犯乙坦白的前提下，囚犯甲会选择坦白（因为8<10）。如果囚犯乙选择不坦白，则囚犯甲选择坦白，无罪释放；选择不坦白，会判1年。于是，在囚犯乙不坦白的前提下，囚犯甲仍会选择坦白（因为0<1）。很清楚，无论囚犯乙选择的策略是坦白还是不坦白，囚犯甲都会选择坦白这一策略。也就是说，囚犯甲有一个占优策略即坦白。按照以上相类似的思路，当我们分析囚犯乙的策略选择时，我们也会得到类似的结论（具体分析从略）：无论囚犯甲选择的策略是坦白还是不坦白，囚犯乙都会选择坦白这一策略。也就是说，囚犯乙也有一个占优策略，这个占优策略也是坦白.我们得到的结论是：博弈双方都有一个占优策略，它们都是坦白。这就是说，囚犯困境的博弈有一个占优策略均衡（坦白，坦白）。

当我们得到这一个占优策略均衡之后，再回过头来仔细分析一下图7-19的支付矩阵，我们会发现：如果两人都选择不坦白（即合作），则都可以获得最好的结局（-1，-1）。但由于他们之间不能互通信息，所以每一方都担心由于对方坦白而自己不坦白时自己所遭受的重判（即对方坦白无罪释放，自己不坦白被判10年）。在这种情况下，每个囚犯从自己的利益考虑，最后的选择都是坦白。显然，（坦白，坦白）是囚犯困境博弈模型的一个必然的均衡结果，而且是一个很强的占优策略均衡。

最后，需要特别指出的是，囚犯困境的均衡反映了一个深刻的问题，即个人理性和团体理性的冲突。个人追求利己行为而导致的最终结局是一个纳什均衡，是对所有人都不利的结局，从利己目的出发，结果是损人不利己。从纳什均衡的“囚徒困境”中还可以悟出一个道理：合作是有利的“利己策略”，但是必须符合以下规则：按照你愿意别人对你的方式对别人，并且其他人也按照同样方式行事才行。

第五节　不同市场的比较

本节将以经济效益为衡量标准对不同市场进行比较分析。经济效益是指利用经济资源的有效性。高的经济效益表示对资源的充分利用或能以最有效的生产方式进行生产；低的经济效益表示对资源的利用不充分或没有以最有效的方式进行生产。不同市场组织下的经济效益是不同的，市场组织的类型直接影响经济效益的高低。下面借助于图7-20对不同市场的经济效益进行分析。

西方经济学家通过对不同市场条件下厂商的长期均衡状态的分析得出结论：完全竞争市场的经济效益最高，垄断竞争市场较高，寡头市场较低，垄断市场最低。可见，市场的竞争程度越高，则经济效益越高；反之，市场的垄断程度越高，则经济效益越低。其具体分析如下：

在完全竞争市场条件下，厂商的需求曲线是一条水平线，而且，厂商的长期利润为零，所以，在完全竞争厂商的长期均衡时，水平的需求曲线d_P相切于LAC曲线的最低点C，Q_C为理想的产量；产品的均衡价格最低，它等于最低的生产的平均成本；产品的均衡产量最高。在非完全竞争市场条件下，厂商的需求曲线是向右下方倾斜的。厂商的垄断程度越高，需求曲线越陡峭；垄断程度越低，需求曲线越平坦。在垄断竞争市场上，厂商的长期

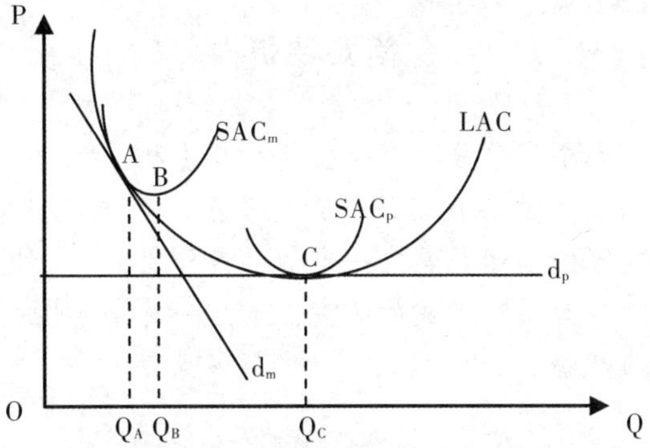

图7-20　不同市场经济效益比较

均衡利润为零，d_m曲线相切于LAC曲线最低点左边的A点，产品的均衡价格比较高，它等于生产的平均成本；A点对应的产量Q_A，小于C点对应的产量Q_C，企业存在着多余的生产能力。在垄断市场上，厂商在长期内获得利润，所以，在垄断厂商的长期均衡时，向右下方倾斜的、相对比较陡峭的需求曲线与LAC曲线相交；产品的均衡价格最高，且大于生产的平均成本；产品的均衡数量最低。设想，垄断厂商若肯放弃一些利润，价格就可以下降一些，产量就可以增加一些。在寡头市场上，没有统一的寡头厂商均衡模型。一般认为，寡头市场是与垄断市场比较接近的市场组织，在长期均衡时，寡头厂商的产品的均衡价格比较高，产品的均衡数量比较低。一般而言，经济效益与资源配置效率正相关。在完全竞争市场上，在厂商的长期均衡点上有P=LMC，它表明资源在该行业得到了有效的配置。在非完全竞争市场，在不同类型的厂商的长期均衡点上都有P>LMC，它表示资源在这些非竞争行业生产中的配置是不足的，如图7-20所示，存在着多余的生产能力（Q_C-Q_A）。尤其在垄断市场上，独家厂商所维持的低产高价，往往使得资源配置不足的现象更为突出。

由上述分析得出不同市场资源配置效率的排序如图7-21所示。

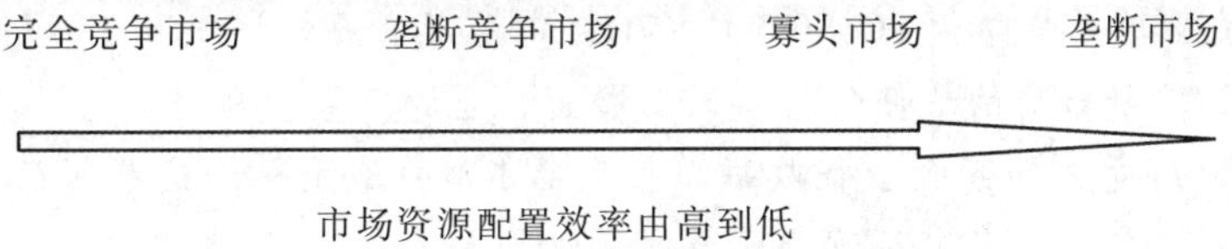

图7-21　不同市场资源配置效率排序

需要说明的是，在上述经济效益和资源配置效率的比较分析中，没有考虑规模经济、差别产品、非价格竞争所产生的影响。如果考虑到这些因素的有利影响，或可抵消一部分不完全竞争所带来的不利影响。

另外，上述分析也未考虑技术进步因素。关于垄断与技术进步的关系，需要强调说明。一些西方经济学家认为，垄断是有利于技术进步的。因为，一方面，垄断厂商利用高额利润所形成的雄厚经济实力，有条件进行各种科学研究和重大的技术创新，并将成果运用于生产过程；另一方面，垄断厂商可以利用自己的垄断地位，在长期内保持由于技术进步而带来的更高的利润。这些经济学家还认为，关于垄断有利于技术进步的观点，在一定程度上只要含有垄断因素的市场均是适用的。

简要评析

在西方经济学中，不完全竞争分为完全垄断、寡头和垄断竞争三种类型。和完全竞争市场相比，非完全竞争市场不能实现资源的最优配置。西方经济学关于垄断与技术进步、垄断与规模经济关系等内容的阐述是具有一定的参考价值的。但是，需要强调的是，一些西方学者把“产品差别”视为垄断形成的关键因素是一种误导性的说法。垄断实质上是生产集中发展到一定阶段的产物。

复习思考题

一、名词解释

1.古诺均衡（对外经济贸易大学2014研）

2.价格歧视（中南财经政法大学2015研）

3.纳什均衡（中南财经政法大学2015研）

4.垄断竞争（厦门大学2014研）

5.三级价格歧视（厦门大学2014研）

二、简答题

1.垄断厂商的一级价格歧视是否会造成无谓损失？请借助图形说明。（对外经济贸易大学 2015研）

2.政府如何对垄断进行管制？2014年诺贝尔经济学奖获得者让·梯若尔认为政府管制面临什么难题。（中南财经政法大学2015研）

三、计算题

1.某垄断企业的总成本为$TC = 0.5Q^2 + 7Q$，市场需求函数为$Q_D = 386 - 0.5P$。

（1）计算该垄断市场的均衡价格，以及垄断企业的产量和利润。

（2）假设政府对该垄断企业征收每单位商品1元的单元税，该垄断商品的市场价格、企业的产量和利润分别是多少？政府获得的税收收入是多少？（中央财经大学2015研）

2.假设某大宗商品的国际需求函数为$Q = a - P$。两个寡头公司向该市场提供同质产品，拥有不变的单位边际成本，分别为C_1和C_2，且有$a > C_1 > C_2$，若两个公司展开古诺竞争，则各自的均衡产量分别是多少？（中国人民大学 2015研）

3.动物园的管理人员了解到，对于票价有两种截然不同的需求曲线，一种适合18～60岁的成年人，另一种适合儿童和60岁以上的老人，这两种需求曲线分别为：成年人为$P_A = 9.6 - 0.08Q_A$，儿童和老人为$P_B = 4 - 0.05Q_B$。P_A和Q_A为成年人的票价和每日来园的数量，P_B和Q_B为儿童与老年人的票价和每日来园的数量，动物园并不拥挤，从而使管理者认为边际成本为零。

（1）如果动物园采取价格歧视，对于不同的人群，利润最大化下的价格和数量分别为多少？来自于不同人群的收入各为多少？

（2）计算（1）中，利润最大时每种人群的需求价格弹性。（中央财经大学 2015研）

四、论述题

1. 什么是价格歧视？什么是一级、二级、三级价格歧视？在三级价格歧视中，厂商利润最大化的定价准则是什么？（中央财经大学2014研）

2. 垄断是常见的经济现象，有人认为垄断提高了价格，造成社会福利的损失，但也有人认为垄断厂商具有规模经济的生产优势，降低了成本。请你根据垄断厂商理论分析：

（1）垄断产生的主要原因有哪些？它们怎样发生作用？

（2）与竞争市场相比，垄断导致了哪些经济损失？

（3）如果没有政府的干预，垄断造成的损失是否可以由垄断企业自身的行为得以弥补？如果可以，试举一例说明；如果不可以，请说明理由。（对外经济贸易大学2015研）

3. “垄断带来低效率”，那么：

（1）请结合图形说明垄断是如何造成低效率的。

（2）为什么在理论上，存在消费者？垄断者从而克服这种“无效率”的可能？

（3）为什么在实践上这种方案不可行？（东北财经大学2014研）

五、案例题

案例一：

凭什么我多花钱

在候机室里，两位即将乘坐同一航班的经济舱去华盛顿的乘客闲聊起来……后来谈起飞机票价，乘客甲说：“由于半年前就委托旅行社订购，所以以4折的价钱购买了机票。”一听这话，顾客乙的脸立即由晴变阴，他是刚刚以全价购买了机票。

资料来源　郑普飞. 7天教你读懂日常经济学［M］. 北京：金城出版社，2007.

思考：消费相同的商品，顾客乙为什么多花钱？

案例二：

新经济时代的微软反垄断案

从1997年微软公司第二次受到美国司法部的关注起，微软垄断案反反复复、起起伏伏，倍受世人瞩目。2001年11月1日，美国司法部和微软公司达成了一项临时性协议，宣布就“美国诉微软公司垄断案”双方进行庭外和解。至此，持续4年之久的“微软垄断案”暂告一段落，微软终于逃过被分割的一劫。微软的命运之所以能够发生如此戏剧性的转折，客观地说，有两个原因：一是与大企业有密切关系的共和党总统布什在2001年入主白宫及阿什克罗夫特掌管司法部；二是微软有强大的律师团和顾问团，因此，也就有向国会和法院进行强大游说的能力。但是，除此之外，专家们认为，更主要的是美国的反垄断法发生了变化，即从过去的维护价格竞争转向新经济时代的促进创新。

微软反垄断案之所以如此受人关注，不外乎存在如下原因：其一是因为微软公司在整个美国经济中占有举足轻重的地位，是美国经济当之无愧的“龙头”。无论微软的结局如何，都将对美国经济发生重大影响。其二是因为本案就像美国历史上标准石油和美国烟草两家公司以及美国电话电报公司等被支解结局的再现，是不是说明美国的反垄断制度有着注定与那些通过自由竞争发展来的大企业作对的传统。其三是因为微软案的具体内容反映了知识经济时代高科技的复杂性等新特征，使人们对新形势下如何判断垄断的危害产生了疑问。应当看到，“微软垄断案”在一年多的时间里发生这种扭转乾坤的变化并不是偶然的。该案从一开始就反映出传统反垄断理念在知识经济时代与技术进步、规模经济以及知识产权之间的冲突，也预示着反垄断法在知识经济时代的发展方向。这些冲突与发展集中体现在“微软垄断案”一审和二审的判决差异上。

一审法院与二审法院认定的差异在于“定罪”和“处罚”两方面的不同意见，也是微软最终能逃脱制裁的关键所在。一审法院杰克逊法官认定的事实包括：(1) 微软公司的产品Windows操作系统在同类的操作系统市场上占有高达90%的市场份额，而且这种市场份额受到极高的进入壁垒的保护，微软具有垄断力。(2) 微软公司从这种垄断地位中大获其利，同时，微软也对可能替代的其他技术心存警惕，采用反竞争的手段遏制竞争对手Navigator的发展。(3) 微软为了迅速打败对手，利用自己在操作系统市场上的垄断地位，将网络浏览器IE与Windows捆绑销售。该行为导致网景公司的Navigator在浏览器市场上的份额急剧下降，业绩一蹶不振，最终在1998年被美国在线收购。

根据上述事实，杰克逊法官认定微软的行为构成了下列罪名：(1)“维持垄断罪”，即以反竞争的手段维持其在操作系统软件市场上业已存在的垄断地位；(2)“企图垄断罪”，即微软企图通过捆绑，使自己的IE浏览器在浏览器市场上占有垄断地位；(3) 微软的捆绑行为本身构成“搭售”，违反了谢尔曼法的规定；(4) 微软与制造商之间签订的排他性协议构成纵向限制，违反谢尔曼法禁止合谋限制商业贸易行为的规定；(5) 微软的反竞争行为同样违反了原告各州的反垄断法。正是在以上法律结论的基础上，杰克逊法官做出了肢解微软的惩罚性裁决。2001年6月，美国哥伦比亚特区联邦上诉法院做出裁决，驳回地方法院法官杰克逊上年6月做出的将微软一分为二的判决，但维持有关微软从事了违反反垄断法的反竞争商业行为的裁决。上诉法院鉴于杰克逊法官一审时对微软的偏激态度和程序上的瑕疵，要求地方法院指定一位新法官重新审理这一历史性的反垄断案。二审法院裁定由杰克逊法官做出的分拆微软的判决无效，“微软垄断案”整体发回地区法院另选法官重新审理。

从美国两院对该案的不同态度中，我们不难发现这里面有一些东西值得我们思考。目前世界上对于垄断的规制有两种法律模式：一是结构主义规制制度；二是行为主义规制制度。结构主义侧重对垄断状态的判断，即企业是否现实地占有一定的市场份额，并形成对市场的支配力，造成其他企业无法与之竞争。行为主义关注的重点在于企业是否滥用市场支配力，限制其他企业的竞争。从制裁措施上，结构主义往往采取较为严厉的解散、切割等措施，从根本上改变市场结构，恢复竞争秩序。行为主义则通常采取责令停止垄断行为和损害赔偿的方法。美国的反垄断法经历了一个结构主义向行为主义转变的过程。

在美国传统反垄断法里，市场份额是判断被告是否享有市场垄断力最好的证据。根据美国的判例，占80%的市场份额或更多的事实本身就构成了谢尔曼法要求的垄断力的程度。显然，反垄断通常来说反的是大企业，但大就是恶吗？熊彼特的大企业创新模型是对“大就是恶”的最好回击。熊彼特特别强调大企业在技术创新中的作用。认为现代经济环境中技术创新会使企业获得超额利润，企业因而得以发展壮大形成暂时的垄断，而且正是大企业对垄断利润的期望为创新提供了激励。但是大量模仿者的加入及其在已有技术上的进一步研发，将使垄断者的地位具有短暂性。在现实中必须接受的一个事实是大企业已成为经济进步的发动机，单纯把市场份额作为反垄断依据的做法已不再合理。美国著名制度经济学家加尔布雷思认为在微软诉讼案中，判断其垄断是否违法的依据有三个方面：(1) 是否阻碍了科技进步，遏制了技术创新；(2) 是否造成了过高的垄断价格和低于合理水平的产量，损害了消费者利益；(3) 是否形成了高进入壁垒，妨害了公平自由的竞争。判断企业规模变大、市场份额集中是否有利于消费者，不在于其市场份额有多大，而在于潜在的竞争者是否可以自由进入，进入是否存在进入壁垒。由于知识经济下垄断者的市场份额受到潜在进入者的威胁，因此只有那些对自己的市场份额建立起了"进入壁垒"，使得潜在竞争者的进入成为不可能的垄断者，才真正拥有了"垄断力"。这种壁垒可以是技术、信息甚至消费者的习惯。正是因为这一考虑因素的作用，在微软一案中，上诉法院才同意地区法院对微软在操作系统市场上"维持垄断罪"的认定，同时撤销对微软"企图垄断浏览器市场"的裁决。

在微软案中，两院还存在对捆绑行为定性的差异。一审法院认为捆绑行为属于谢尔曼法第一条规定的反竞争行为，应适用"本身违法原则"进行规制。而二审法院认为捆绑行为确实存在一定的益处，避免了消费者分别购买零部件的多次交易契约的高成本，也避免了自己组合的不便利，使消费者获得更多的消费者剩余，并有一定的创新，因此不能贸然断定其违法，而应当比较其正负方面的影响，再作判断。微软之所以能控制操作系统的绝大部分市场，主要得益于本国知识产权的保护。微软的产品都是靠着相应的知识产权的保护才得以在世界各地销售，获得巨额利润。然而微软通过与经销商签订排他性协议，滥用其垄断地位。在知识产权领域的垄断比较复杂，因为知识产权本身即为合法垄断。但是，知识产权这种独占权往往会使得其拥有者形成垄断或者支配地位，限制市场竞争。因此，行使知识产权的行为，一旦超出了合理与正当的界限，同样要受到反垄断法的规制。

在美国经济学界，对反托拉斯法质疑的声音渐渐多了起来。一些学者认为，目前的反垄断措施经常是对取得市场支配地位的企业不利，哪怕企业的支配地位是通过高效和低价取得的；而在现实中，企业垄断与否，企业到底是推动了竞争还是抑制了竞争很难判断。比如，著名的自由派经济学家弗里德曼指出："多年来，我对反垄断法的认识发生了重大的变化。我刚入行的时候，作为一个竞争的支持者，我非常支持反垄断法，我认为政府能够通过实施反垄断法来推动竞争。但多年的观察告诉我，反垄断法的实施并没有推动竞争，反而抑制了竞争，因为官僚总舍不得放弃调控的大权。我得出结论，反垄断法的害处远远大于好处，所以最好干脆废除它。"美国经济学界的价格理论大师阿曼·阿尔钦说："我想根本没有经济学家会支持司法部对微软的起诉，至少我没有见过。"的确，对于当年曾困惑大经济学家马歇尔的垄断与竞争的关系问题，甚至对于微软的捆绑销售究竟是垄断还是竞争行为的问题，至今没有一个能令人折服的答案。但可以肯定的是，不管微软案结果如何，它必然对美国反垄断政策的走向产生影响。

许多论述表明垄断是一把双刃剑，对经济的影响既有负面的，也有正面的。相对应，竞争同样具有两面性，"在某种程度上可以说，竞争的消极方面正是垄断发挥积极作用的领域"。所以，在一些场合下，不管人们的主观意愿如何，反垄断的结果可能是反竞争。那么，如何解释这种悖论现象呢？结论是垄断有合法垄断与非法垄断之分，与此对应，竞争可分为有效竞争和过度竞争。合法垄断是竞争的必然结果，保护合法垄断有利于鼓励人们积极参与竞争，也有利于遏制过度竞争，维护有效竞争；非法垄断则是指拥有垄断优势地位者滥用其优势，以种种不正当手段抑制竞争对手，对有效竞争的市场秩序构成威胁，这才需要人们运用反垄断法这一武器制裁之，即"现代竞争法的一个重要目标就是要在合理集中和过分集中之间确立界限，制止过分集中及由此带来的经济力量的滥用"。当合法垄断成了反垄断制度利剑下的替罪羊时，反垄断就意味着反竞争，反垄断制度的悖论就难以避免，这恰是现代反垄断制度运行百年间恩恩怨怨之所在。由此看来，垄断和竞争如此相连，合法垄断与非法垄断恰好对竞争产生积极和消极之相反作用，使我们在制定和适用反垄断法时不得不小心翼翼、谨慎行事，唯恐因反垄断制度的不当实施而“伤害”了竞争。

资料来源 佚名. 微软垄断案对我国反垄断提出的几点思考［EB/OL］.（2014-09-25）. http：//www.doc88.com/p-6039864317843.html.

思考：

（1）反垄断行为的市场份额规制标准和行为主义的标准哪个更有利于经济发展？

（2）反垄断与重视知识产权矛盾吗？

（3）如何理解案例中所说的“反垄断的结果可能是反竞争”的含义？

[第八章]

生产要素的价格决定

第一节　要素市场概述

同产品市场一样，要素市场也是市场经济体系的一个重要组成部分。笼统地讲，要素市场就是生产要素的供给者与需求者以生产要素为标的进行交易的市场。生产要素是企业生产产品而需要投入的各种资源。例如，农民为了生产小麦、大米等农作物，需要土地来耕种，需要资金来购买种子、工具、化肥等，同时还需要付出自己的劳动或雇用他人的劳动。在这个生产过程中，农民所需要的土地、资金和劳动就是生产要素。

从具体表象来看，生产要素可以是自然资源，如土地、矿产、阳光、空气等，也可以是人工生产出来的各类产品，如机器设备、化工产品、能源电力等，当然它还包括一种特殊的资源，即人类的劳动。对社会的直观观察使我们认识到，生产不同的产品所需要的资源组合是不同的，社会上的生产资源在形式上也是各种各样的。因此，我们必须对各种生产要素进行简洁而清晰的分类，才能科学地分析、认识生产要素市场。

经济学一般将生产要素分为四类：资本、劳动、土地和企业家才能。可以说，人类社会进行的所有生产活动大都离不开这四类生产要素，而人类投入到生产活动中的任何一种资源都可以归为其中的一类。因此，我们所关注的生产要素市场也相应地被划分为四类：资本市场、劳动市场、土地市场和企业家市场。进行这样的分类，并不表明这四类市场的基本运行规律截然不同，相反，作为市场经济体系的重要组成部分，这四类要素市场都具备市场机制的基本特征和规律。例如，它们的运行都表现为供给和需求两股力量的矛盾运动；价格是调节供求平衡的媒介等。但是，它们又不是完全相同的，它们之间的差异源于其交易的生产要素所具有的某些独特的性质。因此，本章将首先对生产要素市场的一般规律进行探讨，然后再分别就各类生产要素市场进行具体的分析。

同产品市场一样，要素市场中也同样存在着市场结构的问题。根据要素市场的不同特征，经济学家一般将要素市场区分为完全竞争的市场、买方垄断的市场和卖方垄断的市场三种。

完全竞争的要素市场最为普遍，其对市场的基本假设类似于我们对产品市场的分析。买方垄断的要素市场假设市场中只有一个要素需求者，它对要素市场价格的决定具有很大的影响力。这类市场在现实世界中较为少见，在偏远山区的矿物采掘企业所面对的劳动要素市场是这类市场的一个代表。而在卖方垄断的要素市场中，则只有一个要素供给者，它在要素市场价格的决定上拥有很大的影响力。一般认为工会在劳动要素市场上扮演的即为这类角色。在不同结构的市场中，由于要素供给者相互之间和要素需求者相互之间的作用不同，市场上所表现出来的供给规律和需求规律也有所不同。在本章中将对此分别加以介绍。

由于交易标的物的不同，要素市场与产品市场存在着形式上的差异。在两个市场上，参与者的角色正好相反：作为产品市场上的需求方的消费者在要素市场上是供给者，他们出售劳动力、资本、土地等要素资源；而产品市场上的供给方——企业，则是要素市场上的需求者。所以，市场经济体系中的每一个个体都既是需求者，也是供给者。消费者个体或家庭通过在要素市场上向企业提供各类生产要素来获得收入，进而在产品市场上购买其所需要的消费品。而各个企业则在要素市场上购买生产要素，然后组织生产，生产出的产品用来供给产品市场。

市场机制的主要功能是进行资源的配置，在市场竞争的作用下，各种生产要素资源会流向效率更高的，即盈利水平更高的行业。在这一过程中，市场机制将决定生产什么、生产多少的问题。在本章中，我们将延续并深化这一讨论，我们将看到每一类生产要素资源是如何进行具体配置的。同时，我们将进一步揭示另一类资源的配置问题，即消费者个体（个人或家庭）的收入、时间等资源是如何在当前消费与未来消费之间、劳动与闲暇之间配置的。

通过回答这一类问题，我们将能够理解社会上各类生产要素资源的供给规模、供给价格是如何决定的，进而将理解每个消费者个体收入的决定问题。各类生产要素的价格及供给量确定了，各生产要素所有者的收入及其在国民收入中的份额也就确定了。生产要素的价格决定与收入分配是在同一个过程中实现的，所以，要素市场理论也就是收入分配理论。

关于生产要素价格决定的理论传统上有两种：一种是以美国经济学家J. B.克拉克为代表的边际生产力分配论；另一种是以马歇尔为代表的均衡价格论。前者认为，生产要素的报酬是由生产要素的边际生产力决定的，即最公平的分配方式是每种要素得到它的边际产品；后者则认为，生产要素的价格同产品的价格一样，也是由市场上的供给和需求两种力量决定的，不同的是，生产要素的供给者是各个家庭，而生产要素的需求方则是各个企业，二者在要素市场上相互作用，由此而形成要素的价格。当代西方经济学基本上继承了均衡价格沦，用要素的需求和供给来说明生产要素的价格决定。下面，我们从生产要素的供给开始介绍。

第二节　生产要素的供给

与前面的分析一样，我们对生产要素供给行为的分析，最终也要落脚于生产要素供给曲线的推导上，也就是要研究不同的价格水平及其对应的各生产要素供给者愿意提供数量的对应关系。鉴于各类生产要素各自的特征及供给来源的差异，我们推导其供给曲线的原理与方式也是不同的。因此，在本节中，我们将分别就劳动、资本及土地的市场供给展开讨论。

一、劳动的供给

1.单个劳动者的劳动供给曲线

劳动是来自人类自身并提供给生产活动的资源，包括体力资源和脑力资源。现在一般倾向于把劳动者提供劳动的能力称为人力资本。

劳动者的劳动供给量受到自然规律的约束，一个劳动者每天最多只能工作24小时。而要想长久地生存下去，还需要时间进行睡觉、吃饭及其他闲暇消费活动，以补充体力、能量等，只有这样，他才能够持续地提供劳动。

我们假定劳动本身对于消费者来说具有负效用，即排除那些以劳动为乐趣的情况。人们之所以劳动，是为了获取报酬——工资，以购买各种消费品进行消费，获得效用上的满足。这部分效用抵补了劳动的负效用，所以劳动者才会提供劳动。由于每个消费者所消费的物品都是千差万别的，所以分别计量它们所带来的效用水平是困难的。经济学中统一用闲暇来计量消费者的这类活动，闲暇包括了消费者的吃饭、娱乐等消费行为，也包含了睡眠等休息行为。之所以如此认识，是在于经济学中把睡眠等休息行为也看成是有成本的，其成本就是因休息而放弃工作所付出的机会成本。这是我们定义闲暇价格的基本思路。闲暇的价格就是消费者用于闲暇等活动而牺牲的单位时间所能赚取的报酬，即工资率w。

这样，就可以在一个统一的收入坐标尺度下刻画某一劳动者一天的活动。设劳动者在一天内享受H小时的闲暇，则他将工作（24-H）小时。那么，他一天的总收入为I=（24-H）w。如此，消费者的预算线如图8-1（a）所示。

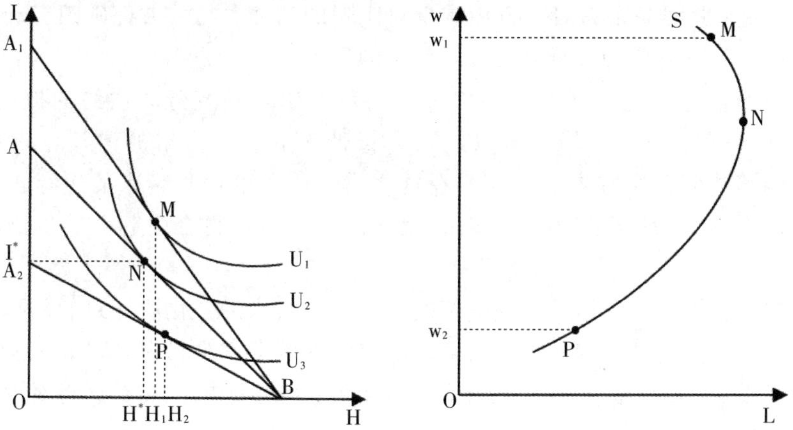

（a）预算线和无差异曲线　　（b）劳动供给曲线

图8-1　劳动供给曲线及其推导

下面要关注的问题是，劳动者（消费者）是如何具体分配一天中的劳动与闲暇时间的。毋庸置疑的是，劳动者（消费者）进行一切活动的最终目的是获得效用水平的最大化。

一方面，他不得不付出劳动，以获得收入，购买商品进行消费，从而得到效用的满足。因此，也可以用效用水平来衡量劳动者的劳动供给。显然，劳动者所提供的劳动越多，他获得的收入越高，进而其消费所得的效用也就越大。但是，根据边际生产力递减规律，随着劳动者付出劳动时间的递增，其边际收入水平将递减，故而他的边际效用水平亦递减，用数学公式表示为：$dU/dL>0$，$d^2U/dL^2<0$；$dU/dI>0$，$d^2U/dI^2<0$。

另一方面，作为消费者，他的消费闲暇行为符合边际效用递减规律，即闲暇越多，其边际效用越小。至此可以看出，我们对劳动及闲暇的效用水平的分析，类似于消费者理论中对两种商品的分析。因此，我们可以借用无差异曲线工具来刻画劳动与闲暇之间的替代关系。因为劳动与闲暇的边际效用均递减，所以它们的边际替代率也递减。因此，二者的无差异曲线U凸向原点。借用消费者行为理论的分析结果，可知，劳动者将在无差异曲线U和预算约束线相切的N点处获得最大的效用。此时，他的闲暇时间为H*，而付出的劳动为（24-H*），收入为I*。论述至此，我们已经明白了劳动者提供劳动要素的内在原理。下面，将在以上分析的基础上来讨论工资发生变化时，劳动供给的相应变化。

在以上分析中，能够注意到劳动者的预算约束线的斜率为工资率w。当w发生变化时，预算约束线将围绕着B点旋转。如果w增大到w_1，新的预算约束线为A_1B，它与无差异曲线相切于M点，此时，劳动者（消费者）提供（$24-H_1$）的劳动。再来考虑w减少到w_2时的情况，此时，预算约束线逆时针旋转到A_2B的位置上，劳动者（消费者）将提供（$24-H_2$）的劳动。同理，取其他不同的w值，就会得到相应的不同的劳动供给水平。将这些均衡点用一条光滑曲线连接起来，便可得到劳动的供给曲线。

图8-1（b）显示，劳动供给曲线的顶部是向后弯拐的。这与前文所推导的产品市场的供给曲线有着显著的不同。经济学中运用劳动与闲暇的替代效应与收入效应来解释这一现象。替代效应描述的是，在相对价格发生变化时，总效用维持不变的情况下，劳动与闲暇之间的替代关系。当工资率提高时，闲暇变得相对昂贵了，而劳动的收入也将相应增加。这一系列变化将导致消费者一方面减少对闲暇的消费，另一方面则因劳动收入的增长可抵消更多的劳动的负效用，而提高其对劳动的供给。

但劳动的增长并不是无限的。因为劳动的负效用是随着劳动供给的提高而递增的，收入带来的正效用却是递减的，所以收入增长带来的劳动供给的增长也是递减的。并且，我们总能够找到一个临界点，使得在这之后，收入的增长带来的边际正效用将无法抵消劳动供给增加的边际负效用，此时，收入的增长将不再会引起劳动供给的增加或闲暇的减少。

收入效应描述的是，在相对价格不变的情况下，收入的变化所导致的闲暇的变化。显然，收入的增长放松了消费者的预算约束，消费者的消费水平将得到提高，所以消费者会消费更多的闲暇。提高工资的另一影响就是消费者收入水平的提高，这将对他们产生收入效应。

综合考虑收入效应和替代效应，我们即可发现，在某一临界点之内，工资率的增长将带来劳动供给的增长与闲暇的减少。在这一过程中，由于收入效应的相反作用，劳动供给的增长幅度将小于替代效应单独作用时劳动供给的增长幅度。但在临界点之后，替代效应就变得相对微弱了，收入效应的作用使得工资率的增长将带来劳动的不增反减，闲暇的不减反增。这便是我们所得到的向后弯拐的劳动供给曲线。

美国制造业中工人工作时间与实际工资的历史变化可以印证这一规律。1890年，美国制造业工人的平均每周工作时间大约为60小时，实际工资率大约为每小时3.25美元（按照1990年消费品价格计算）。1929年的上述两个数据分别为40小时和5.85美元。1929年之后，随着工人收入的增长，他们的每周工作时间已降至40小时以下。

2. 劳动市场的供给曲线

如果劳动力市场上劳动者个体的劳动供给曲线不是同质的，那么市场上工资率的提高将会产生两种效果：一种是市场上的现有劳动者会提高劳动的供给量（向后弯拐的部分不予考虑）；另一种是将有更多的人进入劳动力市场成为劳动力的供给者。同对产品市场的分析一样，我们将市场上每个劳动者的供给曲线横向相加就可得到劳动市场的供给曲线。图 8-2 显示了这一过程。

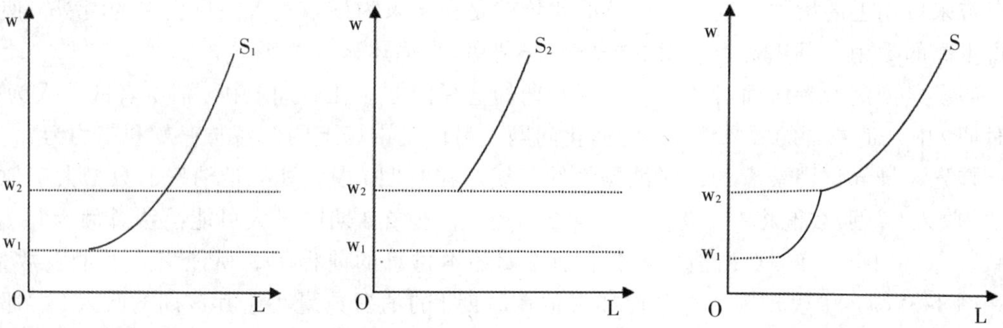

（a）劳动者一　（b）劳动者二　（c）劳动者一和二

图 8-2　劳动市场的供给曲线

说明：当 $w < w_1$ 时，劳动者都不提供劳动供给；当 $w_2 > w > w_1$ 时，劳动者一提供劳动；当 $w > w_2$ 时，劳动者一和劳动者二都提供劳动。

一项关于第二次世界大战后美国已婚妇女劳动供给行为的研究表明，自 1950 年以来，已婚妇女参与工作的百分率已由 32% 增长到 60% 以上（缺美国战后工资率的变化情况）。另一项研究表明，1948—1967 年，工程师进入社会的最初工资水平每增长 1%。注册学工程的新生人数就增加 2.9%，而当年毕业的工程师的人数会增长 1%。这两个例子部分说明了工资率的增长确实能够带来劳动市场上劳动供给者的增加。

二、资本的供给

在产品市场，企业所生产产品的一部分被消费者买去直接消费掉了，而另一部分则重新流入到其他企业的生产活动中，这部分产品是企业继续其生产行为的一项很重要的生产要素资源，我们称之为资本。抽象地说，在经济学的概念体系中，资本是用于生产新物品和劳务的过去生产所积累下来的物品。而从具体实物表现形态来看，资本即指生产中所用到的厂房、办公室及各类设备等存量。由于各类资本是企业过去生产的产品，所以它们的供给曲线也就是产品市场的供给曲线。但出于研究的需要，经济学一般致力于从货币形态的角度来研究资本。因此，研究货币形态的资本供给曲线将成为重点。

只有社会推迟即期的消费，企业才能进行资本的积累。这在生产活动中表现为，一部分企业以供给资本资产为其生产的目的，如厂房、机器、设备等，而不生产即期可以消费的商品，这一类生产活动以在未来生产更多的消费商品为最终目的。而对于消费者来说，这又表现为他们并不把当期的收入全部消费掉，而是把其中的一部分储蓄（消费者推迟即期消费的行为即为储蓄）起来。消费者的储蓄构成了企业投资资金的主体。在现实经济中，消费者把个人的储蓄通过某些中介机构（如银行、证券市场等）汇集起来，提供给需要资金的企业，用于资本、土地、劳动等生产要素的购买行为。但在抽象研究体系中，由于消费者的消费行为被设定为对过去所生产物品的积累，因而它只构成资本要素的供给。

沿用经济学的一贯研究方法，先以一个典型的消费者作为我们的研究对象，然后再涉及对整个市场的研究。

消费者在决策是否推迟即期消费以及推迟多少即期消费的问题时，实际上面对的是一个即期消费与未来消费之间的选择问题。这是因为消费者所推迟的即期消费将转化为其未来消费。当然，要消费者放弃当期的部分消费是需要代价的，除非这一部分消费不会给消费者带来效用上的增加。这里所提及的代价就是在未来为该消费者提供更多的消费，使其获得更高的效用。可用资本要素的报酬——利率r来描述这一关系。

假设典型消费者所面对的是一个两时期的选择问题。在时期1中，消费者的收入为I_1；在时期2中，消费者的收入为I_2。为简化问题，另假设市场上的储蓄与存款利率均为r。

首先，推导该消费者的跨时期预算约束线。在时期1中，如果他消费的数量大于他在1期的收入I_1，那么他将在1期借钱，在2期还钱。他在1期的最大可能消费总额为$I_1+I_2/(1+r)$，其中$I_2/(1+r)$是消费者在保证2期还本付息的前提下，所能借入的最大数量。这在图8-3（a）中表现为A点。而如果他在时期1的消费数量小于其该期的收入I_1，那么他在1期储蓄，增加在2期的消费。他在2期所能消费的最大数额为$I_2+I_1(1+r)$，其中$I_1/(1+r)$表示他把1期的全部收入都用于储蓄，而在2期所能获得的最大本息和。这在图8-3（a）中表现为B点。点A和点B之间的连线即为该消费者的预算约束线。线上的点代表了他的1期消费与2期消费的全部组合，其中点C（I_1，I_2）表示他既不借款，也不储蓄，当期的收入在当期全部消费掉。

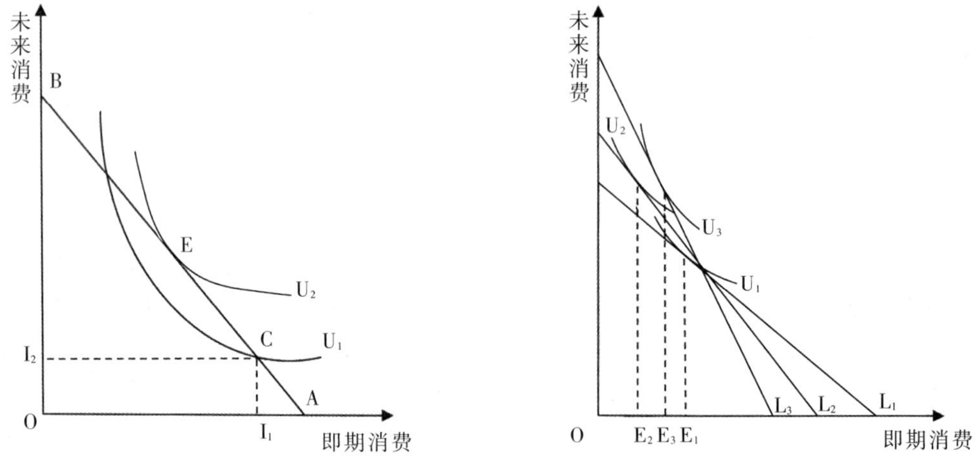

图8-3 即期消费与未来消费间的选择

有了预算约束线，再结合无差异曲线，就可以推导出消费者在即期消费与未来消费之间的选择决策结果。根据边际效用递减规律与边际替代率递减规律，消费者1期消费与2期消费之间的无差异曲线也是凸向原点的。无差异曲线与预算约束线之间的切点E即为消费均衡点。消费者在此点的消费组合使得他获得最大的效用满足。我们注意到，点C往往并不能使消费者得到最大的效用，这同时也说明了消费者在1期进行储蓄的内在原因。计算预算约束线的斜率，可得：

$$斜率 = (-1) \times \frac{I_1(1+r)+I_2}{I_1+\frac{I_2}{(1+r)}} = -(1+r)$$

当r增加时，预算约束线将围绕C点作顺时针旋转，这样消费者的消费均衡点也将随之变化。根据对消费者行为的分析，可将这一变化分解为收入效应和替代效应。简单地说，在r增加时，替代效应表现为未来消费对即期消费的替代，这是因为相对于即期消费来说，未来消费能给消费者带来更多的效用；而收入效应则表现为未来消费与即期消费的同时增加，这是由于r的增加带来了消费者总收入水平的提高。综合来看，替代效应和收入效应的共同作用，将导致未来消费的增加，但即期消费的变化不能确定。可借助于图形来说明这一问题。

取利率r_1、r_2、r_3，其中，$r_1 < r_2 < r_3$，分别对应预算约束线L_1、L_2、L_3。绘制无差异曲线U_1、U_2、U_3，与各预算约束线分别相切于E_1、E_2、E_3。由图形分析可以很清晰地看出，在利率上升的过程中，起初消费者的1期消费呈递减的变化趋势，但在达到某一临界值之后，它反而转为增多了。对于这一现象，可作如下理解：随着利率水平的上升，未来的消费对即期消费的替代效应是边际递减的，而收入效应则一直是递增的。两者的相反作用结果是：总会存在某一临界点，在此之前，即期消费呈减速度减少，而在此之后，即期消费则开始增加。

由于当期储蓄等于当期收入减去当期消费，所以可以很容易地将以上分析结果转化为对利率与当期储蓄之间作用关系的描述，即随着利率的增加，当期储蓄先增加，在达到某一临界程度之后，它反而又逐渐减少。图8-4描述了这一关系。显然，得到的储蓄（资本）的供给曲线也是向后弯拐的。但在现实生活中，由于利率水平一般较低，所以观察到的只是该供给曲线中向上倾斜的那一部分。将所有消费者的行为综合起来，就可以得出整个市场上的储蓄（资本）供给曲线。

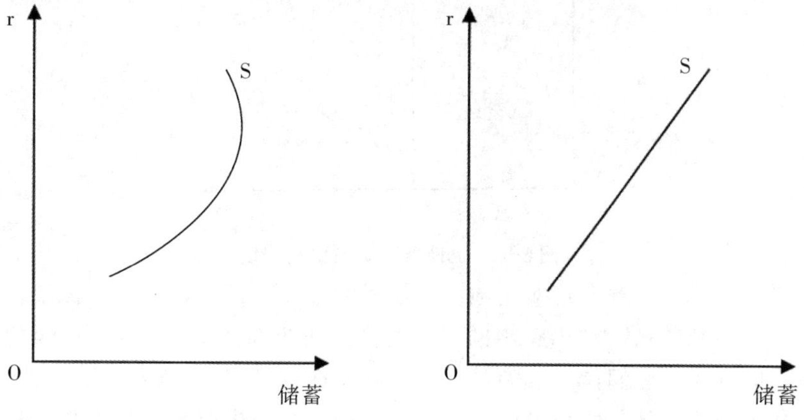

（a）消费者向后弯的资本供给曲线　　（b）市场的资本供给曲线

图8-4　储蓄（资本）的供给曲线

三、土地的供给

在现代经济学的分析中，土地这一范畴的生产要素已脱离了其最初专指土地资源的含义。它现在的含义更为宽泛，是指人类社会生产中所用到的一切自然天成的要素资源，如土地、阳光、水、生气、矿产等。这是我们借以区分劳动、土地和资本等生产要素的根本标准。同为生产活动所需，劳动是劳动者自身所有的体力、脑力资源，资本是人类过去生产的物品的积累，而土地则是人类由自然界取得的要素资源。当然，并不是所有生产所需的自然资源都须进入市场交易中，如空气、阳光等资源的使用就可被视为是免费的。一种自然资源是或不是免费的，并不是一成不变的。例如，水资源在人类早期的生产活动中是免费的，但随着人类生产活动规模的不断扩大，水也逐渐有了市场价格，并呈不断上涨之势。另外，人们在发现石油等自然矿产资源的用途之前，它们的获得也是免费的，但在人类能够利用这些资源为自身造福之后，它们就变成了市场交易的对象。显然，在此研究的对象就是那些人类使用起来需要付费的自然资源，因为只有它们才存在市场供给与需求的矛盾问题。自然资源供给的稀缺性与它在人类生产生活中的有用性是产生这一对矛盾的根源。

资源供给的稀缺性是一个相对的概念，它是相对于人类的需求而言的。从根本上来说，土地资源供给的稀缺性根源于这类资源的有限性。我们无时无处不在体验着这种有限性。虽然城市的“统治领地”每年都在扩张，但我们仍然能深刻地认识到市中心的土地资源并不会增长一分一毫。另外，我们生活区域的淡水资源似乎也是一个常数，谁也不能期待石油、煤矿、铁矿等自然矿产资源会如植物一般不断地从地下生长出来。因此，对这类资源供给的最好描述就是一条无弹性的供给曲线，图8-5即表明了这一观点。

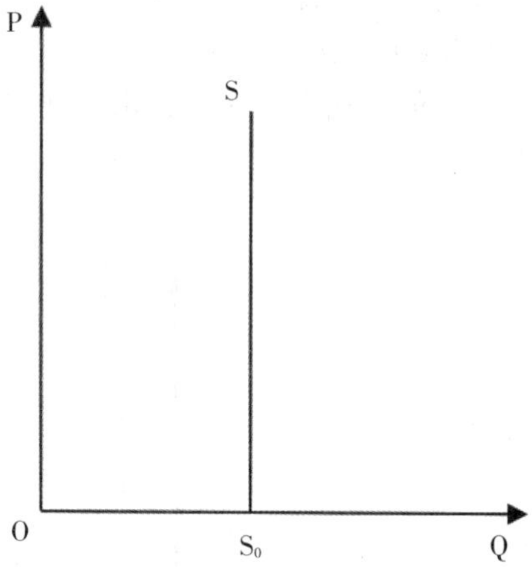

图8-5 土地类资源的供给曲线

当然，要更精确地理解上述对土地供给曲线的描述，还需避免以下混淆：水厂生产出来的水、铁厂炼出来的铁、油田钻出的石油的供给曲线都并不如图8-5所绘的那样，是一条垂直于横轴的直线。它们像一般商品一样，有着向上倾斜的供给曲线。这其中的原因就在于，它们并不是这一部分所讨论的土地资源，而是人类生产活动的结果——产品。

一般来说，土地资源的供给就像图8-5所示一样，不论其价格如何变化，供给量都是固定不变的。但从单个生产者和某一种作物生产的角度来看，土地资源的供给又不是完全固定的。从单个生产者的角度来看，土地资源的供给接近于无限，也就是说，只要他肯支付稍高于市场价格的代价，他就能得到他所需要的任何数量的土地，当然，他的需要量对整个社会来说是极其有限的，这就相当于整个社会可以向他供给的土地数量是无限的。另外，从单个作物的生产来看，只要该种作物的生产能够带来更大的收益，在市场机制的作用下，社会就会将更多的土地用来生产这种作物。这意味着，对该种作物的生产来说，社会对它的土地供给是有弹性的，但由于整个社会的资源是有限的，因而即使所有的土地都被用来生产这种作物，土地的供给量也不是无限的。

第三节 生产要素的需求

生产要素的需求者是企业，所以市场上对生产要素的需求情况取决于企业的最优生产决策。回顾前面的内容，生产企业在决定最优生产规模的同时，也决定了其所需要的成本投入，而此时它所需要付出的成本投入，即为它对各类生产要素的需求，由此，要素的需求被称为引致需求。这也表明，需要从企业的生产决策行为出发，来推导企业对生产要素的需求规律。引致需求也是相对于最终消费品的直接需求而言的。在产品市场上，消费者对各种产品和服务的需求是一种直接需求，因为这种需求的目的是满足最终的生活需要，但这种需求造成了企业对生产要素的需求。企业对生产要素的需求则并不是为了满足自己的生活需要，而是为了进行生产，以赚取利润。生产要素的需求还是一种联合需求，因为企业只有将各种要素结合起来，才能进行生产，故企业在需求一种要素的同时，也形成了对其他要素的需求。在了解了要素需求的这些特点后，来具体分析一下各种不同情况下生产要素的需求状况。

一、单一可变要素、单一企业的要素需求曲线

在此，分析的基础是已知的两个基本原理：一是边际成本等于边际收益原理，在分析企业的生产决策行为时已对这一原理有了较为透彻的认识；二是要素的边际报酬递减原理。

企业在产品市场上考虑的是产品的边际成本与边际收益的比较问题，当边际成本大于边际收益时，它就减少产量；当边际成本小于边际收益时，它就增加产量。这一原理同样适用于对要素市场的分析，不过企业此时所考虑的是其所投入要素的边际成本与边际收益之间的比较。由于企业投入的要素构成了它的成本，所以企业的边际成本是随着要素市场结构的不同而变化的。而企业的收益则来源于产品市场，所以它的边际收益因产品市场结构的不同而不同。

1.边际成本的讨论

首先来看完全竞争要素市场中企业的边际成本。此时，由于要素的购买者数目众多，单一企业只是市场价格的接受者，所以它所面对的要素供给曲线是一条平行于X轴的水平线，如图8-6（a）所示。企业使用生产要素的边际成本等于它的平均成本，二者都等于生产要素的市场购买价格P，用公式表示为：

$$MC=AC=P_i \tag{8.1}$$

其中，P_i为第i种生产要素的市场价格。

在买方垄断的要素市场上，由于企业是要素市场上的唯一买者，所以它面对的就是整个市场的要素供给曲线。它要增加该要素的投入，就会提高要素的市场价格；反之，就会降低该要素的市场价格。由于$AC_i=P_i(Q_i)\cdot Q_i/Q_i=P_i(Q_i)$，所以该要素的市场供给曲线

即为企业使用该要素的平均成本曲线。

由于 $MC=dTC/dQ=d(P_iQ_i)/dQ_i=Q_i \cdot dP_i/dQ_i+P_i$，而 $dP_i/dQ_i>0$，所以，企业使用该要素的边际成本大于平均成本。对此可以这样理解：企业增加要素的需求必然会抬高要素的市场价格，此时企业必须以这个较高的价格购买所需要的所有要素，所以此种情况下企业的边际成本要大于平均成本。我们用一个假想的例子来说明这其中的道理。假设一个买方垄断企业已雇用了10名工人，工资率为7元／小时；如果它增雇1名工人，那么就会带来劳动价格的上涨。假设工资率上涨为8元／时，此时它的边际成本为18元（8×11-7×10），远远高于此时的工资率8元／时。在图8-6（b）中，这表现为边际成本曲线在平均成本曲线之上。

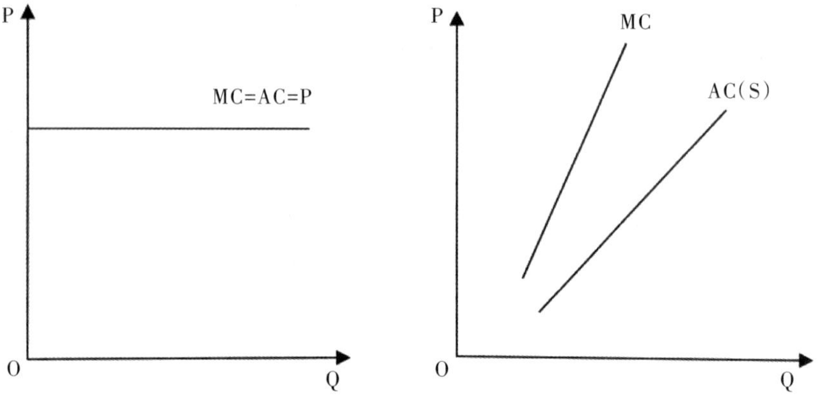

（a）完全竞争要素市场　　（b）买方垄断市场

图8-6　要素的边际成本与平均成本

2.边际收益的讨论

企业使用生产要素的收益则表现为这些生产要素的投入给企业带来的产出。相应地，边际收益即为企业使用该生产要素所带来产出的边际增加值，称之为要素的边际收益产品，记为 MRP_i。根据这一定义可知，MRP_i决定于使用该生产要素的边际产量 MP_i以及该产量下企业所生产产品的边际收益MR，用公式表示为：

$$MRP_i=MP_i \cdot MR \tag{8.2}$$

因此，要了解 MRP_i的运动规律，需要分别就 MP_i和MR的运动规律加以研究。根据边际报酬递减规律，企业在生产过程中，随着对某一生产要素投入的增加，其所获得的边际产量将递减，即 MP_i曲线具有负的斜率。

由前面所学到的知识可知，MR的运动规律取决于企业所处的产品行业的市场结构。在完全竞争的产品市场中，企业生产行为的边际收益等于产品的市场价格，即MR=P。而且对于企业个体来说，市场价格是既定的，所以 MRP_i的变化规律完全取决于 MP_i的变化规律。（8.2）式可改写为：

$$MRP_i=MP_i \cdot P \tag{8.3}$$

考虑到 MP_i是要素i投入量的减函数，所以 MRP_i也随着要素i投入的增加而减少，即 MRP_i曲线的斜率也是负的。

在垄断性的产品市场中，企业则面临着向下倾斜的边际收益曲线。由（8.2）式可知，该类企业的 MRP_i曲线的斜率也是负的，而且相对于完全竞争市场的企业来说，它将更为陡峭。图8-7表示了竞争性产品市场与垄断性产品市场中企业的MRP_i曲线的形状。

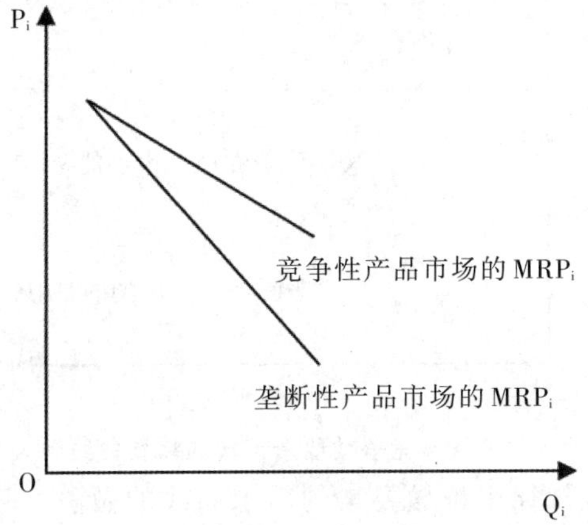

图8-7　企业的MRP_i曲线

3.要素需求曲线的讨论

在以上分析的基础上来推导单个企业的要素需求曲线。需求曲线描述的是在不同的价格水平下，企业对该要素的需求数量的变化。

比较MC与MRP_i，当$MC \neq MRP_i$时，企业将无法实现最大化利润的目标，它通过增加或减少该生产要素的使用，便可以提高它的盈利水平。只有当$MC=MRP_i$时，企业对该生产要素的需求才处于均衡状态。上文中的分析还说明，在不同结构的要素市场和产品市场上，MC与MRP_i的表现形式是不同的，因此需要针对各种结构的要素市场和产品市场的不同组合来分析企业的均衡状态。

（1）竞争性的要素市场。

由（8.1）式和（8.3）式可知，当$MRP_i=P_i$时，企业对要素i的需求达到均衡。也就是说，使得$MRP_i=P_i$的要素投入量（记作Q_i），即为价格P_i所对应的要素需求量。而当$MRP_i > P_i$时，边际收益大于边际成本，这时增加要素的投入可以为企业带来生产收益的提高，因而企业对该要素的需求会扩大；相反，当$MRP_i < P_i$时，企业减少该生产要素的使用会有利可图，故而企业对该要素的需求会缩减。这两个方向的运动都将促使MRP_i等于P_i。这表明，MRP_i曲线与边际收益曲线$MR=P_i$的交点即为P_i价格下的企业要素需求的均衡点。显然，不同价格所对应的这些均衡点都将落在MRP_i曲线上，所以MRP_i曲线同时也描述了不同的要素价格下，企业对该要素需求的变化，因此它即为单一企业的要素需求曲线。另外，竞争性产品市场的MRP_i曲线和垄断性产品市场的MRP_i曲线之间只在斜率上存在差异，所以以上分析对于这两类市场均适用。也就是说，对于竞争性要素市场中的企业来说，无论它所处的产品市场的结构如何，它在要素市场上的需求曲线都是它的MRP_i曲线，如图8-8所示。

（2）垄断性的要素市场。

在这类市场中，要素的垄断买主对于要素价格具有决定力量，所以在这类市场上，可直接观察到要素的市场均衡数量和均衡价格，而观察不到要素的市场需求曲线。

最后，需要强调的是，边际报酬递减规律成立的前提条件是生产技术不变和其他要素

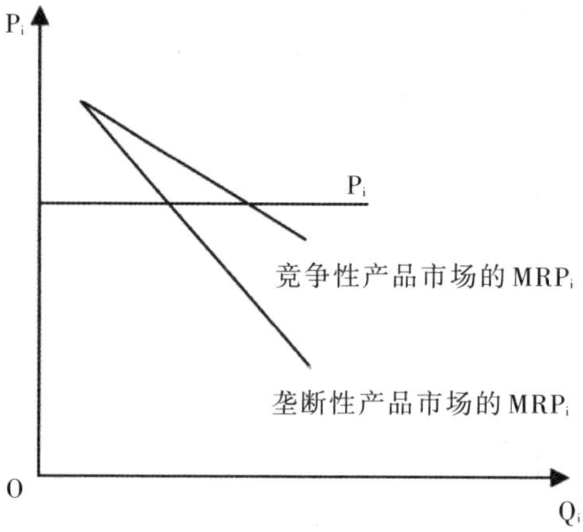

图8-8 竞争性要素市场的需要曲线

投入不变。因此，运用该规律来推导要素的需求曲线的做法，只适用于单一要素可变的情形。

二、多要素可变的要素需求曲线

由前文可知，在总成本不变的情况下，当一种投入要素的市场价格发生变化时，企业所有要素的投入数量都会发生相应的变化。因此，上文的分析因其假定只有一种可变要素，所以具有很大的理论局限性。这里放宽这一假定，运用等成本线与等产量线来推导多要素可变情况下的要素需求曲线。只考虑两种生产要素投入（资本与劳动）情况下的企业的生产行为。

如图8-9所示，在初始状态下，企业的等成本线为AA′，与之相切的等产量线为P_1，E_1点为企业的最优成本组合，即在均衡状态下，企业将投入L_1的劳动和K_1的资本。现假设劳动价格（工资）下降为w_2，等成本线将围绕着A点逆时针旋转至AB，此时，企业将选择最优投入组合E_2（L_2，K_2），产出增长为P_2。从图8-9中可以看出，企业对劳动与资本的需求都增加了。相反，当工资增加时，等成本线将围绕着A点作顺时针旋转。设在新的工资水平w_3下，等成本线为AC，与之相切的等产量线为P_3，E_3点代表了此时企业的最优成本组合，企业将选择投入L_3的劳动和K_3的资本，企业对资本和劳动的需求都减少了。

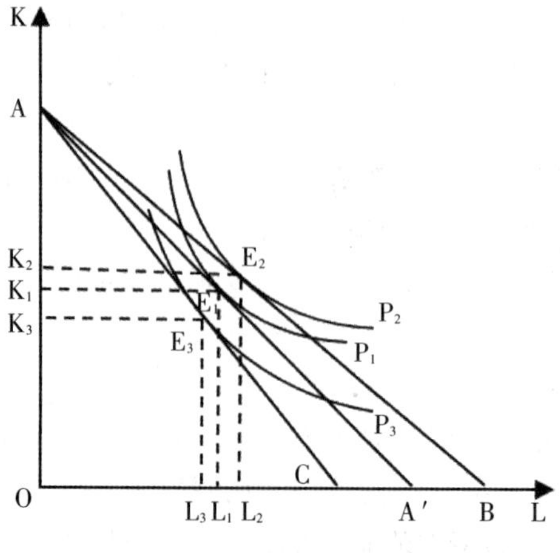

图8-9 多要素可变的要素需求决定

因此，在所有要素均可变的情况下，企业对劳动的需求仍然与劳动的价格（工资）呈反比关系，其关系如图8-10所示。同理，可以推证，在所有要素均可变的情况下，资本的需求亦与资本的价格（利率）呈反比关系。这样，就得出了各要素均可变时要素的需求曲线。

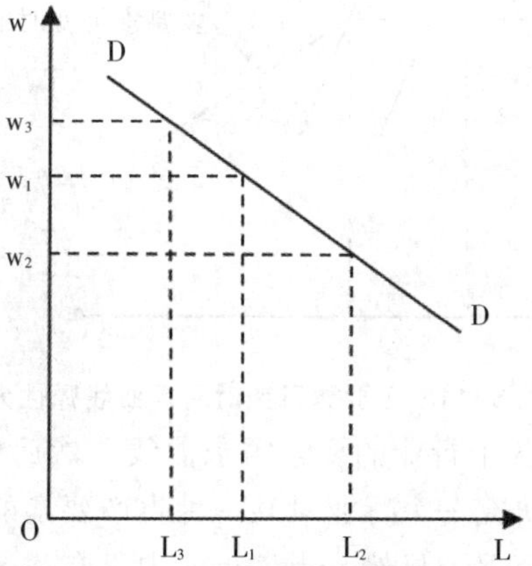

图8-10　多要素可变的要素需求曲线

要具体描述此类需求曲线的弹性，还需要进一步分析该生产要素与其他生产要素之间的相互关系。企业所需要的各类生产要素之间的关系可分为两类：互补或替代。如果两种生产要素是互补的，那么增加一种要素的投入会带来另一种要素边际生产力的提高；而如果两者的关系是替代的，则增加一种要素的投入会降低另一种生产要素的边际生产力。一般认为，资本和劳动之间是互补的，而同一类要素内部则是替代关系（边际生产率递减规律）。

现在分别考虑在这两种情况下，企业的要素需求曲线是如何变化的。

首先讨论企业所需要的各类生产要素是互补的情况。仍然以劳动与资本为例，当劳动的价格下降时，企业将增加对劳动的投入。根据定义，这将导致资本边际生产力的提高，所以企业也将扩大对资本的投入，而此举又将反过来提高劳动的边际生产力，带来企业对劳动投入的进一步增加。在这一过程中，劳动的MRP_l曲线将向右上方平移，企业对劳动的需求大于资本不变假定下的需求。

下面，考虑企业所需的各类生产要素间是替代关系时的情况。当劳动的价格下降时，企业会扩大劳动的投入，这将降低资本的边际生产力，从而带来资本投入的减少，此举反过来又将增加劳动的边际生产力，进而带动对劳动的需求进一步扩大。在这一过程中，劳动的MRP_l曲线也将向右上方平移，企业对劳动的需求同样大于资本不变假定下的需求。

显然，无论是互补关系，还是替代关系，一种要素价格的下降都将带来该要素需求的扩大；反之亦然。而且，此种情况下，需求曲线的弹性比只有一种要素可变时需求曲线的弹性要大。图8-11表示了这一结论。

三、市场的要素需求曲线

每一类生产要素的需求者往往并不局限在某一个行业内，因此要得到某一类生产要素的市场需求曲线，就必须加总不同行业中的各个企业对该生产要素的需求曲线。可分两步

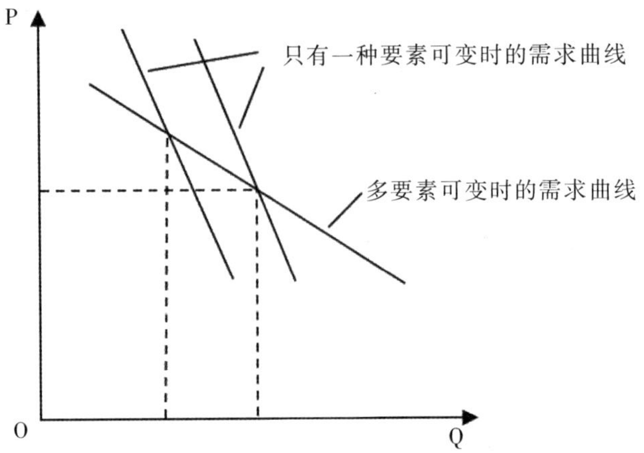

图8-11 多要素可变时需求曲线弹性大

来进行这一操作：首先得出各个行业的要素需求曲线，然后加总各行业的要素需求曲线，从而得出市场的需求曲线。研究一个行业对某一种生产要素的需求，也需要总体考虑该行业所有企业对该要素的需求情况。显然，当该行业中只有一个垄断企业时，它的要素需求曲线就是该行业的要素需求曲线。而如果该行业中含有相当数量的竞争企业时，我们就得考虑当这些企业统一行动时所带来的影响。

在本节推导单个竞争性企业的要素需求曲线时，曾假定其所面对的产品市场价格不变；但对于整个行业来说，情况却非如此。当要素价格下降时，行业内的每个企业都将扩大要素的投入量，从而获得更大的产出。这样，行业的供给就扩大了。在产品市场需求不变的情况下，该产品市场的价格将下降。由（8.1）式和（8.2）式可知，该生产要素的MRP亦将下降，具体表现为MRP曲线向右下方平移。因此，在考虑了行业内各竞争企业之间的相互影响，即放松产品市场价格不变的假定之后，我们得到企业的一个弹性更小的要素需求曲线dd，如图8-12（a）所示。加总每一个企业的需求曲线，便可推知整个行业的要素需求曲线DD，如图8-12（b）所示。

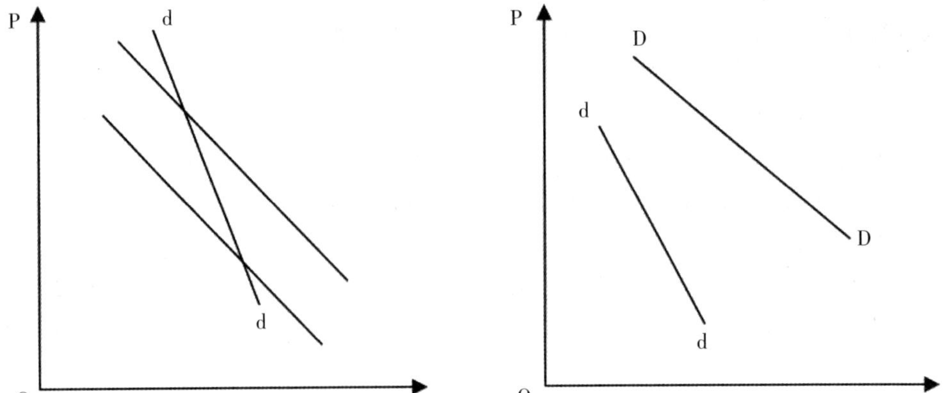

图8-12 企业及行业的要素需求曲线

在行业之间，并不存在以上的相互影响关系，因此简单地水平加总各行业的需求曲线DD，即可得到整个要素市场的需求曲线。

第四节　要素市场的均衡

一、竞争性要素市场的均衡

市场均衡的条件是供给等于需求。如产品市场中的分析一样，将要素供给曲线与需求曲线叠加在一起来描述市场的均衡状态。

图 8-13 描述的是某一行业所面对的要素供需情况。图 8-13（a）描述的是当该行业是完全竞争性市场时，要素市场的供给、需求及市场均衡情况。需求曲线与供给曲线的交点 A 即为此时市场的均衡点，均衡价格为 P_1，均衡数量为 Q_1。而图 8-13（b）描述的是当产品市场是垄断性市场时，要素市场的供给、需求及市场均衡情况，其中均衡点为 B，均衡价格和均衡数量分别为 P_2 和 Q_2。可以看出，在后一种情况中，要素市场的均衡价格和均衡数量均低于完全竞争产品市场条件下的均衡价格和数量。这表明产品市场上的垄断者在要素市场上也具有一定的市场力量。回忆前文中对产品市场的分析可知，在垄断性产品市场中，垄断企业所供给的产品数量少于竞争市场的均衡供给量，而价格却高于后者的均衡价格。两相比较可以看出，产品市场上的垄断企业在要素市场上的表现与其在产品市场上的表现是相称的。产量少，自然所用要素的数量也就少了，而它在产品市场均衡位置上所表现出的较低的边际成本，也与要素市场上较低的价格相对应。

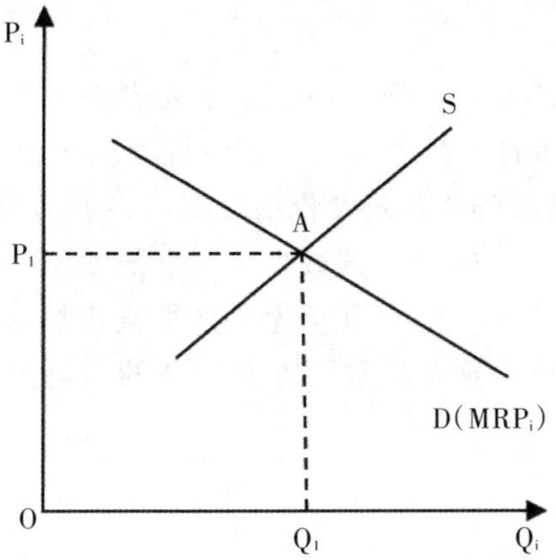

（a）产品市场完全竞争时的要素供求

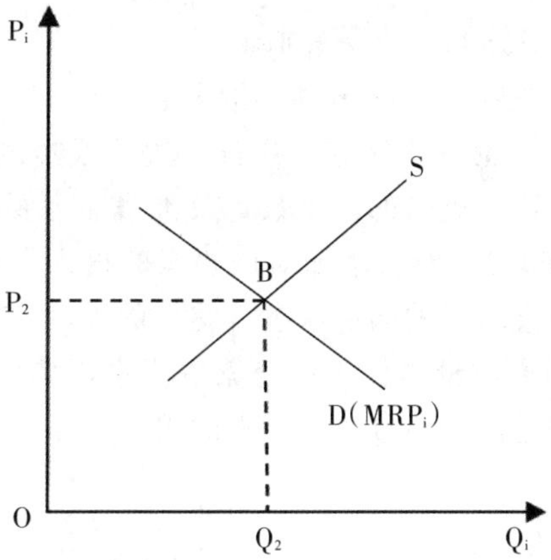

（b）产品市场垄断时的要素供求

图 8-13　竞争性要素市场的价格决定

然而现实情况并非如此简单，第三节中已经讨论了每一类生产要素的需求者往往并不局限在某一个行业内，因此即使某一行业的产品市场是垄断的，但它所面对的要素市场的市场需求曲线并不一定是如图 8-13（b）所示的那般。由于是加总了每一行业中各单个企业对该生产要素的需求曲线，所以市场需求曲线相对平缓一些。但是无论如何，对竞争性要素市场均衡的分析方法是一样的。要素市场上供给曲线或需求曲线的变动将改变市场均衡点的位置。

黑死病使劳动力供给曲线左移。1348—1351 年，黑死病袭击英国及其他欧洲国家。

在很短的时间内，英国人口的17%～40%死于这场瘟疫。人口的大量减少造成了劳动力供给曲线的左移，在原工资水平上出现了劳动力的严重短缺，雇主之间对幸存工人的竞争加剧，从而使得工资水平大幅度上升。据估计，3年间工资水平上升了50%～100%。图8-14描述了这一过程。

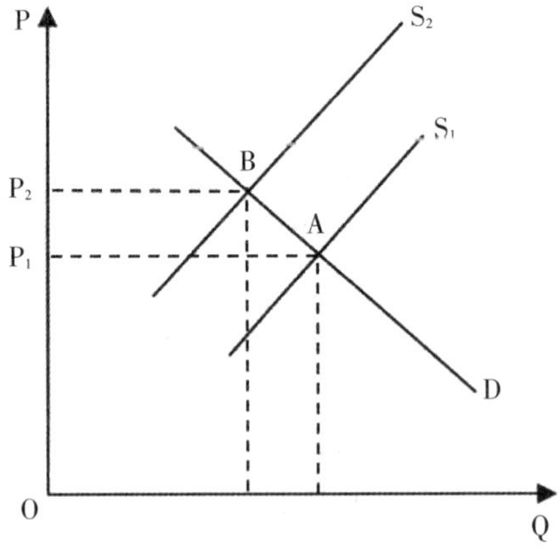

图8-14 要素供给曲线左移

黑死病使得劳动力供给曲线由S_1左移至S_2，市场均衡由A点上移到B点，均衡价格由P_1上升为P_2。

二、垄断性要素市场的均衡

1.买方垄断的要素市场

同垄断性产品市场中的分析一样，买方垄断的企业面对的是整个要素市场的供给曲线，企业也将根据边际收益与边际成本的比较来进行生产决策，即它在MRP_i=MC的C点组织生产，此时的需求数量及价格即为要素的市场均衡数量及价格（如图8-15所示）。而当MRP_i＞MC时，增加对该要素的投入；当MRP_i＜MC时，则减少该要素的使用。与完全竞争要素市场的均衡状态（图中的A点）相比，可以看出，买方垄断的要素市场的均衡价格和均衡数量均低于完全竞争要素市场的均衡值。这是要素买方垄断者的市场力量的表现，即它能够通过减少要素的需求来压低要素的市场价格。

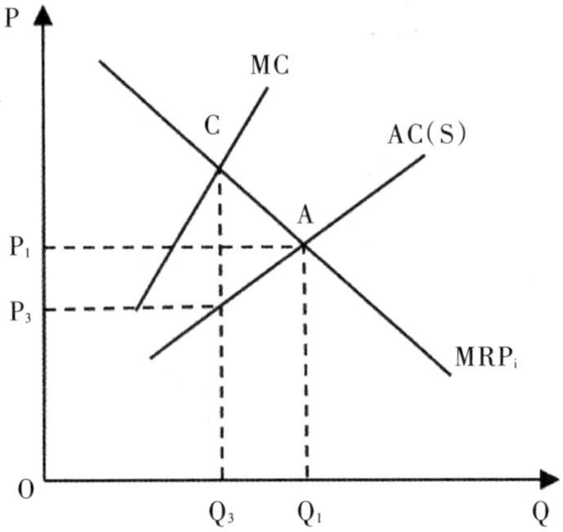

图8-15 垄断要素市场的均衡

这一类市场虽然很少见，但是，如果竞争性要素市场中的单个企业所面临的劳动力供给曲线因某种原因而变得向上倾斜时，买方垄断模型就可为我们所用；实际上，现实中的这种情况并不少见。那么，为什么竞争性要素市场中的企业会有一条正斜率的劳动供给曲线？

一种解释是现实中劳动的流动是有成本的。劳动者的这类成本包括寻找其他的就业机会、终止现有雇佣关系以及向新的居住地迁移、在一个新的工作中立住脚等方面的成本。如果劳动者从变换工作中所获得的收益小于这些成本的话，他就不会变换工作。因此，当企业提供的工资在一定范围内偏离市场工资水平时，劳动者有可能并不会离职而去，于是短期内企业面对的劳动供给曲线就是向上倾斜的。这类成本在理论上的竞争性要素市场中并不存在。我们将这一类成本称为交易成本（费用）。在我们前面的讨论中，交易费用为零是一个隐含的假定。当劳动者转换工作无成本时，企业所提供工资的任何偏离都将造成劳动者的流动，从而保持了劳动供给曲线具有完全弹性的特征。

另一种解释与企业内部的监督成本有关，随着企业规模的扩大，要想监督工人的努力水平或者衡量单个工人对利润的贡献，就需要付出越来越大的代价。此种情况下企业需要利用效率工资来诱导工人付出更大的努力，这就使得企业的工资付出与其雇用规模呈正比关系，即企业面临的是一条向右上方倾斜的劳动供给曲线。需要说明的是，企业的内部监督成本在前面对企业的分析中也未曾涉及，它是现代企业理论的基本概念。

2.卖方垄断的要素市场

在某些垄断性的产品市场中，如果垄断企业所生产的产品是作为资本要素供给其他企业的，那么该市场也可以近似地看作卖方垄断的要素市场。正因如此，这类市场的分析等同于我们对垄断产品市场模型的分析。在要素市场中，具有代表性的卖方垄断市场是存在工会的劳动市场。工会已广泛存在于现代市场经济的很多行业中，美国每6个非农业工人中就有1个属于工会。而在西方国家中，美国的这一比例还是相当低的。欧洲国家的工会会员在总就业人数中所占的比例基本上都超过30%，其中瑞典的这一比例更是达到了96%。

工会在19世纪诞生之初，就是作为工人阶级联合起来，与资本家就工资、工作条件、福利等进行斗争的工具。随着社会的进步，现代发达资本主义国家的工会已逐渐演变为劳动市场的垄断供给者。

工会增加其成员工资水平的手段主要有以下三种：

①使劳动供给曲线向左移动。其基本原理与前面对黑死病的分析相似，这里不再赘述。为达到这一效果，工会一般采取的措施有限制工人的入会条件，不让雇主雇用非会员工人等。

②工会可以通过罢工或其他方式来设法使雇主直接提高工资水平。由图8-16可以看出，这一举措同样会减少劳动的均衡就业量，从而使得一部分工人面临失业的困境。当工资水平上升为w_1时，劳动的需求数量为Q_1，同时供给数量为Q_2，供求差额为（Q_2-Q_1）。

③工会也可以使劳动的需求曲线向右上方移动来提高工资水平。为达到这一目的，工会可能会帮助雇主为产品做广告，提高企业的效率，增强企业的竞争力等，或者工会还可作为一种政治力量参与政策法规的制定，以保护本国产品不受外国企业的竞争。例如，美国国际女装工人工会多年来一直在通过广告等形式来鼓励美国人购买“美国货”，美国工

会在历史上也一直支持对移民进行限制性立法。

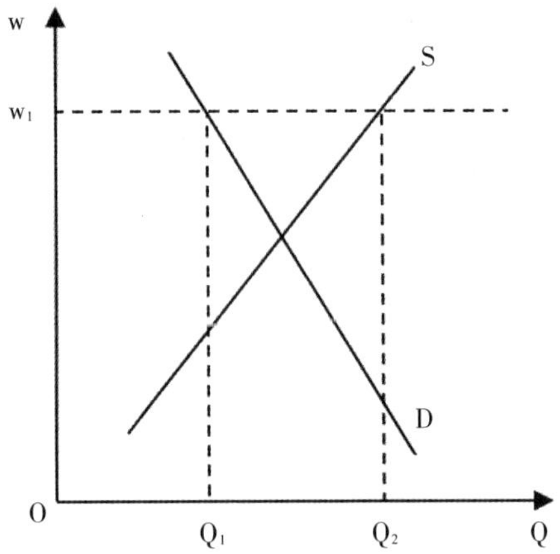

图 8-16 工会使雇主提高工资却增加了失业

三、土地市场的均衡

由于土地要素的供给存在特殊性，需要对土地要素市场的均衡情况做专门的分析。土地的市场价格一般称为地租。由于某地土地的数量是一定的，即土地的市场供给曲线是完全没有弹性的，因此土地租金的大小完全取决于市场对土地的需求情况。比如，城市中心商业区的土地由于能够创造很高的边际收益产品，所以具有较高的地租；城市边缘的土地因为所能带来的收益不大，其需求曲线在前者的左下方，因而具有较低的地租；而荒山野岭则无法创造收益，故而一文不值。本章第二节中提及的石油等矿产资源的市场同样具有这个规律。在人们还未发现石油或其他某种自然资源的用途之前，该自然资源之所以可免费得到，正是因为当时还没有人需要它。

土地所有者的报酬如图 8-17 中的阴影部分所示。我们将在下一节中继续对它进行讨论。

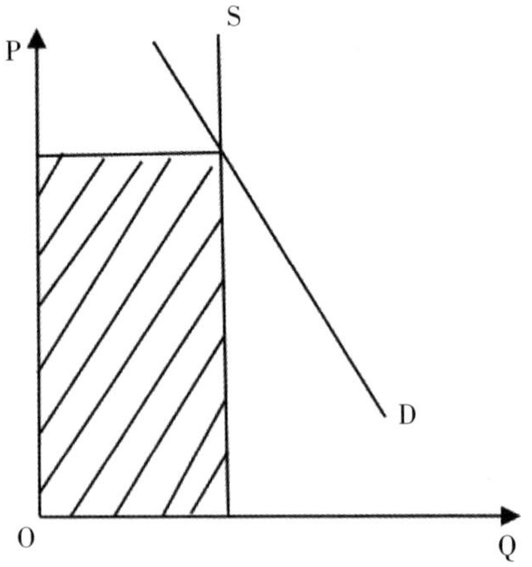

图 8-17 土地市场的供求均衡

第五节 要素报酬、收入分配与资源配置

一、劳动要素报酬的差异

各类生产要素的市场价格分别构成它们的报酬，其中工资是劳动的报酬，利息是资本的报酬，租金是土地的报酬。在前几节中假设这三类生产要素各自的内部是同质的，并以此为基础来分析这三类要素市场的基本供求规律，因此，以上理论无法进一步讨论每一类要素报酬之间的差异。然而在现实中，这些差异却极为普遍。例如，在我国东南沿海等发达地区，金融证券、高科技等行业中职员的年收入大多已达到数十万元之上，而广大中西部地区的不少农民的年收入仍然还不足千元。

要解释这些差异存在的内在机理，需要细致地探讨存在于同一类要素内部的不同质性。对现实的直接观察说明，各种劳动是不同质的。知识分子的脑力劳动和工人、农民的体力劳动之间的差异是最为典型的例子。这些不同带来了要素市场的分割。工程师不会去寻找种地的工作，而农民也无法在高技术企业中设计软件。存在于同类要素之间的这些不同，表现为它们各自市场中的需求曲线和供给曲线的不同，而要素报酬的差异在很大程度上就取决于此。

前面的分析说明，竞争性要素市场的需求曲线是该要素在生产过程中所创造的边际收益产品（MRP_i），而不同质的劳动的边际收益产品是不同的。这些不同源自这些劳动的生产率（MP）的不同和所生产产品在产品市场上的边际收益（MR）的不同。

生产率的大小通常与劳动工资的大小成正比。边际收益（MR）的变化则取决于该要素所生产的产品在市场上供求的变化。产品价格的上涨必然带来要素边际收益产品（MRP_i）的增长，从而带来要素报酬的上涨；反之亦然。

经济学中假定劳动带给劳动者负的效用。不同的工作环境和条件所造成的负效用的程度是不同的。例如，清洁工的工作环境要比服务员的工作环境脏一些，警察、煤矿采掘工的工作危险程度高，地质勘探则需要劳动者在荒郊野岭工作。因此，要想有劳动者愿意从事这类工作，就必须付给他们超过其他工作工资水平的报酬，这些超额的要素报酬即是补偿性工资差别。对此，我们也可以这样来理解：上述工作环境、条件恶劣的工作带给劳动者的负效用要大于其他工作带来的负效用，因此就需要付给在这些行业中工作的劳动者以更高的工资，以补偿他们所承担的更高的负效用。

二、经济租金

在产品市场的分析中，我们引入了“生产者剩余”的概念，用来表示生产者接受的市场价格与它的边际成本之间的差额所带给生产者的超额收入。在要素市场中有一个类似的概念——经济租金，它是要素市场价格超过要素供给者所愿意接受的最低报酬水平的部分。

类似地，可以借助于图形分析来描述这一概念。图 8-18 中的阴影部分便是经济租金。同生产者剩余一样，只有当供给缺乏弹性时，经济租金才会存在，而且经济租金的大小取决于供给曲线弹性（斜率）的大小。供给曲线的弹性越大，也就是说供给曲线越平坦，经

济租金就越小；反之亦然。作为一个特例，当供给曲线完全无弹性时，要素供给者的全部收入都是经济租金，土地便是这类要素的典型代表。由图8-18可以知道，完全无弹性要素的经济租金的大小将完全取决于要素的需求情况，对这类要素的需求量越大，要素的租金收入就越高。

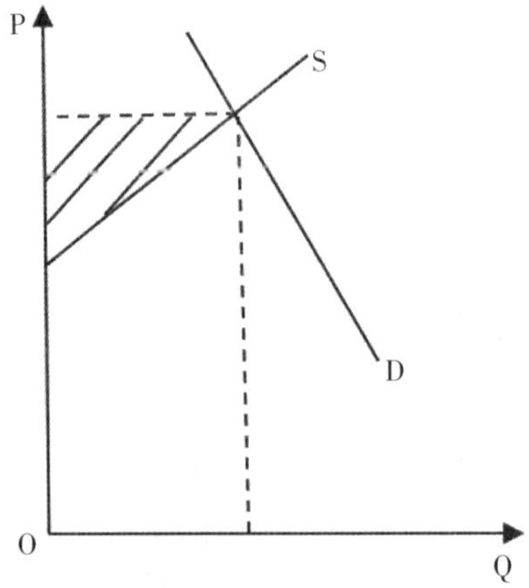

图8-18 经济租金

三、收入分配与资源配置

企业把各种所需要素组合起来进行生产，然后提供产品给产品市场的消费者，或要素市场上的其他企业。企业支付给各类要素所有者的货币总和等于该企业的全部收益。一国所有企业的收益汇总为该国的国民收入，而各企业生产所需的劳动、资本和土地等要素则均归该国的国民所有。所以，推而广之，一个国家的全部国民收入也就等于该国所有生产要素的报酬总和。

国民收入的分配是通过要素市场来完成的。各要素市场的供求矛盾运动确定了要素的均衡价格与均衡数量，要素供给者（即所有者）根据其所能提供的生产要素数量来获取收益。其收益额即为要素供给量与要素价格的乘积。一国国内不同国民所拥有要素的类别与数量是不同的，比如有人能提供脑力劳动，有人只能进行体力工作，有的人拥有土地资源，而有的人提供资本，有人提供的多，有人提供的则相对较少。这样，拥有不同数量与种类生产要素资源的国民的收入便会不同。这是现实社会中居民收入千差万别的根本原因。

在产品市场的分析中已经明白，市场机制配置资源功能的实现方式是：效率更高、盈利水平更高的行业或企业会吸引更多的社会资源；而效率低、盈利能力差的行业和企业将面临原有要素资源流失的形势。但是，当时的分析还仅仅是一个粗略的框架，尚没有解释各种要素资源是如何具体地在各行业与企业之间配置的，本章对要素市场的分析完成了这一任务。具体来说，企业在要素市场上购买各种要素资源的过程，也就是要素在各生产行业中具体配置的过程。

在完全竞争的要素市场上，企业按照各要素在生产过程中边际收益产品的大小和要素价格大小的对比关系，来决定对该要素的需求量。要素边际收益产品的变化和要素价格的变化都将引起企业要素需求量的变化。当劳动的价格相对于资本的价格变得昂贵时，企业对劳动的需求就会减少，而对资本的需求则会增加，也就是说，配置在该企业生产过程中的劳动要素减少，资本要素增多。而当劳动产生的边际收益产品相对于资本的边际收益产品提高时，企业对劳动的需求就会增加，对资本的需求也就会相应减少。

在推导企业的长期成本曲线时，得出的企业选择不同投入要素的基本规则是：各投入要素的边际替代率等于要素价格的比值。用公式表述为：

$$MRTS = \frac{MP_L}{MP_K} = \frac{w}{r} \tag{8.4}$$

由于 $MP_i = \frac{MRP_i}{P}$（其中，i=L，K），而且当市场处于均衡时，有 $MRP_L=w$，$MRP_K=r$。所以，由（8.4）式可得：

$$MRTS = \frac{MP_L}{MP_K} = \frac{MRP_L/P}{MRP_K/P} = \frac{MRP_L}{MRP_K} = \frac{w}{r}$$

这说明，当企业按照要素的边际成本等于边际收益的规则决定某一要素的使用量时，它所采用的各要素的组合也是最优的。

第六节　欧拉定理

某种生产要素（例如劳动L）的价格由它的市场供求曲线的交点决定，而要素的需求曲线的基础是所谓厂商使用要素的原则。在完全竞争条件下，厂商的均衡的要素需求为：要素的边际收益产品等于要素价格，即：

$$P \cdot MP_L = w \tag{8.5}$$

这里的 MP_L 为劳动L的边际产品。在劳动的边际产品的符号中加上下标L，是为了与下面的资本的边际产品相区别。如果将（8.5）式两边同时除以产品价格P，则得到：

$$MP_L = \frac{w}{P} \tag{8.6}$$

式中，等式右边的w / P为劳动价格与产品价格之比，可以看成是劳动的实际价格或实际工资。于是，（8.6）式表示劳动的实际价格等于劳动的边际产品，或者说，劳动的实际报酬等于劳动的实际贡献。

如果除劳动要素之外，还存在另外一种生产要素，例如资本K，则根据与上述相同的理由，可以认为：在完全竞争条件下，资本（服务）的实际价格或实际利率等于资本的边际产品，即：

$$MP_K = \frac{r}{P} \tag{8.7}$$

式中，MP_K 为资本的边际产品，r为利率。上式同样可以解释为：资本的实际报酬等于其实际贡献。

假定整个社会的劳动量和资本量分别为L和K，则劳动要素和资本要素各自所得的实际报酬分别为 $L \cdot MP_L$ 和 $K \cdot MP_K$。现在的问题是：上述全部要素的实际报酬是否恰好等于整个社会的总产品呢？换句话说，若设整个社会的总产品为Q，那么是否存在下述等式：

$$Q = L \cdot MP_L + K \cdot MP_K \tag{8.8}$$

如果上式成立，则在完全竞争条件下，按要素的边际产品进行分配，恰好能分配完社会总产品，既不多，亦不少；反之，则会出现社会总产品按边际产品分配之后，有剩余或者不够分配的情况。

对于这一问题，西方经济学的答案是：在完全竞争条件下，如果规模报酬不变，则全部产品正好足够分配给各个生产要素，不多也不少。这一答案被称为产量分配净尽定理。由于这个定理可以用数学上的欧拉定理加以说明，所以，它也被称为欧拉定理。

现在用两种生产要素的情况来说明欧拉定理。假设生产函数为：

$$Q = Q(L,K) \tag{8.9}$$

式中，Q为产量；L和K分别为两种不同的生产要素即劳动和资本的数量。如果进一步假定该生产函数符合规模报酬不变的条件（在数学上，这等于说该生产函数是一次齐次式），那么，可以推导出如下结果：

$$Q = L \cdot \frac{\partial Q}{\partial L} + K \cdot \frac{\partial Q}{\partial K}$$

这一结果便是欧拉定理。其中，$\frac{\partial Q}{\partial L}$表示劳动的边际产品即$MP_L$；$\frac{\partial Q}{\partial K}$表示资本的边际产品即$MP_K$。因此，欧拉定理表明，在所给条件下，全部产品Q恰好足够分配给劳动要素L和资本要素K。

然而，应当指出的是，产量分配净尽定理（或欧拉定理）只有在规模报酬不变（或生产函数为一次齐次式）的条件下才是适用的。在报酬递增的情况下，产量会不够分配给各个生产要素之用，即有：

$$Q < L \cdot \frac{\partial Q}{\partial L} + K \cdot \frac{\partial Q}{\partial K}$$

而在报酬递减的情况下，产量在分配给各生产要素之后会有剩余，即有：

$$Q > L \cdot \frac{\partial Q}{\partial L} + K \cdot \frac{\partial Q}{\partial K}$$

当处于不够和剩余时，为了使得各生产要素都能得到它们的边际产品作为报酬，在经济社会中，应该有某种机构来补足缺额和取走剩余。

第七节 洛伦兹曲线和基尼系数

生产要素价格的决定理论是分配论的一个重要部分，但并不构成分配论的全部内容。除了要素价格决定之外，分配论还包括收入分配的不平等程度，等等。为了研究国民收入在国民之间的分配，美国统计学家洛伦兹提出了著名的洛伦兹曲线。洛伦兹首先将一国总人口按收入由低到高排队，然后考虑收入最低的任意百分比人口所得到的收入百分比，例如，收入最低的20%人口、40%人口等所得到的收入比例分别为3%、7.5%等（见表8-1），最后，将这样得到的人口累计百分比和收入累计百分比的对应关系描绘在图形上，即得到洛伦兹曲线，如图8-19所示。图中横轴OH表示人口（按收入由低到高分组）的累计百分比，纵轴OM表示收入的累计百分比，ODL为该图的洛伦兹曲线。由该曲线（或表8-1）可知，在这个国家中，收入最低的20%人口所得到的收入仅占总收入的大约3%，而收入最低的80%人口所得到的收入还不到总收入的一半。

表8-1　**收入分配资料**

人口累积	收入累积
0%	0%
20%	3%
40%	7.5%
60%	29%
80%	49%
100%	100%

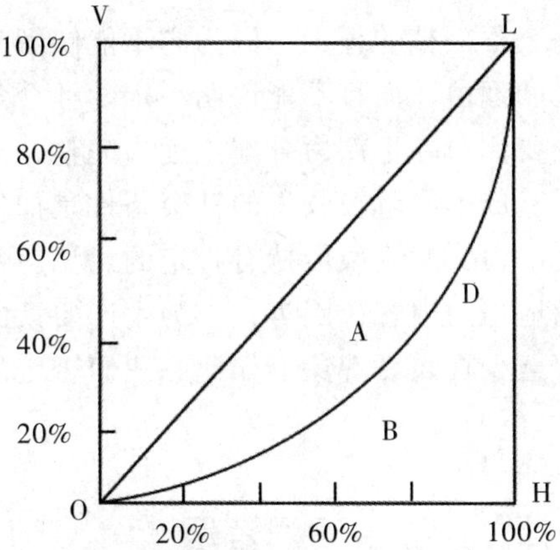

图8-19　洛伦兹曲线

显而易见，洛伦兹曲线的弯曲程度具有重要意义。一般来说，它反映了收入分配的不平等程度。弯曲程度越大，收入分配越不平等；反之亦然。特别是，如果所以收入都集中在某一个人手中，而其余人口均一无所获时，收入分配达到完全不平等，洛伦兹曲线成为折线OHL；如果任一人口百分比均等于其收入百分比，从而人口累积百分比等于收入累积百分比，则收入分配就是完全平等的，洛伦兹曲线成为通过原点的45°线OL。

一般来说，一个国家的收入分配，既不会完全不平等，也不会完全平等，而是介于两者之间；相应的洛伦兹曲线，既不是折线OHL，也不是45°线OL，而是像ODL那样向横轴凸出，尽管凸出的程度有所不同。收入分配越不平等，洛伦兹曲线就越是向横轴凸出，从而它与完全平等线OL之间的面积就越大。因此，可以将洛伦兹曲线与45°线之间的部分A叫作“不平等面积”。当收入分配达到完全不平等时，洛伦兹曲线成为折线OHL，OHL与45°之间的面积A+B是“完全不平等面积”。不平等面积与完全不平等面积之比，称为基尼系数，是衡量一个国家贫富差距的标准。若设G为基尼系数，则：

$$G = \frac{A}{A + B}$$

显然，基尼系数不会大于1，也不会小于0，即有$0 \leq G \leq 1$。

简要评析

西方经济学的分配理论主要是边际生产力分配论。这一理论认为：在完全竞争的条件下，生产要素的供给曲线与需求曲线的交点（即均衡点）决定了生产要素的价格（或报酬）及数量。在需求曲线的背后，存在着生产要素的边际产品价值；在供给曲线的背后，存在着所谓真实成本（如劳动的负效用和资本家的节欲或等待）。在均衡时（某种生产要素的边际生产力等于它的价格），生产要素的价格一方面等于它对生产所做出的贡献，另一方面等于它做出的牺牲。

收入分配理论牵涉对不同的社会人群或阶级的收入做出评价的问题，即以经济学的术语来解释各种人群的收入是否正当或公平合理的问题。因此，它含有强烈的时代意识色彩。西方学者承认，收入分配理论的作用在于从该理论中提炼出“用以解释各种人群或阶级的收入的社会意义”。

边际生产力分配论是一个不完整的理论，因为它不能够解释在一定的社会条件下，各种人群或阶级得到不同收入的理由，而且不能说明一定的社会条件得以形成的原因。以此而论，马克思主义的分配论要比边际生产力分配论远为完整，因为前者除了解释不同阶级的收入来源之外，还说明了造成不同阶级收入的社会条件是如何形成的。

本章简要评论对边际生产力分配论虽然持有否定的意见，但并不否定该理论所包含的供求曲线决定工资、利息和地租的内容，因为，作为生产要素的价格，三者在市场经济中必须由供求的力量所决定，至少在表面现象上如此。我们否定的仅仅是该理论对供求曲线的解释。

复习思考题

一、名词解释

1.经济租金（武汉大学2001研；华中科技大学2005研；厦门大学2006研）

2.引致需求（武汉大学2002研）

3.边际收益产品（中国人民大学1998研，2000研；上海外国语大学2005研；北京交通大学2006研）

4.欧拉定理（中央财经大学2005研）

5.洛伦兹曲线（华中科技大学2005研）

二、简答题

1.按照微观经济学的分析，相同质量的劳动应该获得相同的工资率。但是在我国不同行业或不同地区之间，相同质量的劳动的工资率存在很大的差异，你认为造成这种差异的主要原因是什么。如何解决这个问题？（北京师范大学2005研）

2.厂商的要素使用原则与利润最大化产量原则有何关系？消费者的要素供给原则又是什么？（武汉大学2002研）

3.在产品市场不完全竞争但生产要素市场完全竞争的条件下，生产要素的价格是怎样决定的？（北京师范大学2003研）

4.关于利润最大化的条件。(1) 选择产量和选择要素投入时，厂商利润最大化的一般条件各是什么？(2) 说明两个条件的一致性。(3) 是否只要满足该条件就不会亏损？为什么？(4) 在什么情况下即使亏损也要继续营业？(5) 在不同市场环境下，厂商利润最大化的条件有何变化？(武汉大学2004研)

5.洛伦兹曲线和基尼系数是如何体现收入分配的平等程度的？

6.简述在劳动供给中工资率变化的收入效应和替代效应。(中央财经大学2003研)

7.简述完全竞争条件下市场要素需求曲线。(中国人民大学1999研)

8.如果社会生产使用要素划分为能源消耗和其他消耗，均为正常要素，且在一定时期内，社会技术水平、社会产出和要素的价格保持相对稳定，试结合图形分析：

(1) 社会生产均衡时能源和其他消耗的最优数量。

(2) 能源价格上升时，是否一定会以其他要素消耗替代能源消耗？为什么？

(3) 如果社会产品生产出现技术进步，单位产品能耗降低。试分析社会生产的均衡点，能源使用的比例将升高还是降低？(重庆大学2005研)

三、计算题

1.近年来，我国政府逐步推行最低工资制度，本题旨在分析推行这一制度的效果。假设劳动力供给为$L^S=10w$，其中L^S为劳动力数量（以千万人/年计），w为工资率（以元/小时计），劳动力需求为$L^D=60-10w$。

(1) 计算不存在政府干预时的工资率与就业水平。

(2) 假定政府规定最低工资为4元/小时，就业人数会发生什么变化？

(3) 假定政府不规定最低工资，改为向每个就业者支付1元补贴，这时的就业水平是多少？均衡工资率又会发生什么变化？(中国人民大学2004研)

2.一个消费者要分配24小时给工作和休闲。她的效用来自于休闲时间R和收入I，她工作1小时的工资率为P_L，她一天的效用函数为：

$$U(R,I)=48R+RI-R^2$$

(1) 给出这个消费者的劳动供给函数。

(2) 她工作的时间会随着工资率的增加而增加吗？

(3) 不管工资率有多高，她的工作时间有一个极限吗？(清华大学2005研)

3.工人或者具有高能力（H），或者具有低能力（L）。一项高质量的教育（e）能够提高工人的生产率（y）。高能力的人受了此项教育后的生产率为：$y=H+de$；低能力的人受了此项教育之后的生产率为：$y=L+de$。假定学费与质量无关，所以我们抽象掉学费。为了获得这项教育，低能力（L）的人要承受的非货币成本为：$C(e)=e$；而对高能力（H）的人来说，该成本为：$C(e)=ke$，$0<d<k<1$。教育对工人的报酬为$W-C(e)$，而企业则获得$y-W$。如果企业不知道工人们的生产率，只有工人知道自己的生产率，企业则只有把教育当作信号来辨别H或L。假定企业相信，只有H型的工人才会选择$e\geq e^*$的教育，而L型的工人则只会选择$e<e^*$的教育，那么e^*值为多少才合适？(北京大学2002研)

4.假定劳动力的供给和需求函数分别是工资的增函数和减函数，证明如果劳动力市场是买方垄断的，那么最低工资法有可能带来劳动就业的增加。(北京大学1999研)

5.假定在一个四人社会中，总收入为100，甲、乙、丙、丁四人的收入分别为10、

20、30、40。画出洛伦兹曲线，并计算这个四人社会的基尼系数。（上海交通大学2007研）

6.已知某完全竞争厂商的生产函数为 $Q=6L^{\frac{2}{3}}K^{\frac{1}{2}}$，其中L为劳动投入量，K为资本投入量。

（1）如果生产要素的价格分别为 $r_L=2$ 和 $r_K=1$，求K=9时厂商的短期成本函数。

（2）如果产品的价格为P=10，求K=9时厂商对劳动L的要素需求。

（3）如果要素价格分别为 $r_L=2$ 和 $r_K=1$，求厂商的生产扩展曲线。

（4）求（3）中对应的厂商的长期成本函数。（中国人民大学1999研）

7.假定某一具体地区的汉堡市场是竞争性的。在汉堡的竞争价格下，对于汉堡工人的需求为：$L=168-12w$，其中w为支付给汉堡工人的工资。假定该地区汉堡工人的供给取决于其工资水平：$L=-24+6w$。

（1）画出汉堡工人的需求与供给曲线。

（2）假定劳动市场是竞争性的，找到汉堡工人的均衡工资水平和就业水平。

（3）现在假定该地区的汉堡商店进行了合并，形成了一个实体。汉堡的市场仍然是竞争性的，因为人们可以到别的市场去购买汉堡，但汉堡工人的市场则是买方垄断的。请找出这种情形下的均衡工资和就业水平。（中国人民大学2006研）

四、论述题

1.为什么劳动力供给曲线向后弯曲？（清华大学2004研）

2.简述要素价格与收入分配的关系。（中国政法大学2005研）

3.请根据要素价格和交易量决定的理论，分析比较完全竞争或完全垄断的产品和要素市场结构对就业量和工资率的影响。（中央财经大学2005研）

4.假定某地方政府为了让穷人能够租得起房屋，对房屋租赁市场实施了限制性租金上限政策，即规定了房东向房客收取的租金上限。

（1）请根据房屋租赁市场上房屋供给和需求的特点，画图分析短期中租金限制政策的影响，说明该政策对供给、需求、租金和供求关系（短缺还是过剩）的影响。

（2）请根据房屋租赁市场上房屋供给和需求的特点，画图分析长期中租金限制政策的影响，说明该政策对供给、需求、租金和供求关系（短缺还是过剩）的影响，并与短期情形进行比较。

（3）租金限制政策，对房东的房屋出租行为可能会产生何种影响？也就是说，房东可能采取哪些方式对租金上限政策做出反应？（中国人民大学2007研）

六、案例题

论按生产要素分配与按劳分配的统一

经济学充满变化与分歧，经济学家热衷于争论。然而，实际上各种理论之间的差异，有时并不像人们想象的那样显著，各种意见之间的真正分歧往往被人为夸大了。关于某些重要的问题，在各个学派的经济学家之间所能达到的协调，往往超过肤浅的观察者所能想象的程度，甚至也超过这些经济学家本人所愿意承认的程度（哈伯勒，1958）。毫不夸张地说，在按要素分配与按劳分配结合的理论基础上，认识和理解的分歧是最大的。但是，只要我们不是仅仅根据经典作家对有关方面的表面论述，而是从更深的层次、更广的角度去观察问题和分析问题，尤其是从隐藏在按劳分配和按要素分配背后的理论逻辑、经济效率和经济公平观念来分析，我们就会发现：按劳分配与按要素分配这两种看起来是相互对立的理论，实际上仍然是可以统一的。这种统一主要体现在分配的平台（分配的生产技术基础）、分配依据（参与分配的权力）、分配标准（分配份额的决定因素）、分配对象（对什么进行分配）和分配的实现形式（分配的具体方式和手段）上。

一、社会化大生产是按劳分配和按要素分配的共用平台

任何社会的分配都是以一定的生产为基础的，生产决定分配，不仅产品的分配决定于生产，劳务的分配（实际上就是劳务的消费）也决定于生产。因为生产为分配提供对象，生产产品和劳务的数量、质量和种类决定了分配的水平和结构，同时生产的形式和性质也决定分配的形式和性质。总之，社会产出的分配总是与一定的社会生产联系在一起的，有什么样的生产就要求有什么样的分配。生产构成分配的基本技术基础，用句现在时髦的话来说就是生产为分配提供了一个平台。

分配的平台可以分为两种：一种是以家庭劳动、手工劳动为基础的自然生产；另一种是建立在分工和协作基础之上的社会化大生产。不管从历史的纵向分析还是从世界的横向比较，我们都能够发现一个基本的事实：产品（没有劳务）的平均分配是以自然生产为平台的，而按劳分配和按要素分配都是以社会化大生产为基础的。

在马克思主义理论中有两个基本事实：一个事实是马克思运用历史唯物主义和辩证唯物主义的方法说明了在生产力落后的自然生产中，劳动生产率非常低下，几乎没有什么剩余，产品的分配不能根据任何要素或劳动，而只能采用近乎平均主义的方式，因为只有这样才能维持劳动力的简单再生产，从而维持社会的生产发展和人类的进步。另一个事实是马克思分析了资本主义的社会化大生产条件下的按资本分配和按劳动力分配，揭示了剩余价值的分配和再分配，同时它还通过分析资本主义的生产资料私人所有制与社会化大生产的内在矛盾，说明了社会化大生产必然要求生产资料的占有社会化，生产资料的资本主义私有制必然为社会主义公有制所取代，而生产资料公有制就客观要求并决定了实行按劳分配。这两个基本事实至少告诉了我们这样的道理，那就是按劳分配和按要素分配都是以社会化大生产为分配平台的。

马克思主义理论澄清了上述事实，在西方经济学理论中也得到了更加直接的说明。我们知道，社会化大生产是以分工协作为基本特征的，这种分工协作既包括各种劳动力要素的分工和协作关系，也包括其他生产要素的分工和协作。比如说，对土地资源而言，有些作为农业用地，用于种植谷物、玉米、小麦、大豆、蔬菜，或者用于种草植树，等等。除了农业用地之外，还有大量土地作为建设用地，用于修建道路、工厂、住宅、商场等。对资本而言，不仅全社会各部门、各企业之间存在不同用途资本的分工和协作，而且每个企业内也存在资本的不同用途和作用，只有实行分工和协作才能进行生产。尤其值得重视的是，土地、劳动、资本、管理、技术、信息、知识，这些多种多样的生产要素，在现代社会生产中的分工和协作，使得整个社会生产过程成为各个生产要素的分工和协作的过程。这样的分工和协作过程就是厂商投入生产要素以生产产品或劳务的过程，实际上也就是把生产过程看作投入要素向最终产品转化的过程。在这个投入–产出过程中，投入的生产要素是多种多样的，包括劳动、土地、资本、企业家才能、技术、信息，因而生产过程实际上是多种生产要素按一定比例组合起来生产出产品或劳务的过程。社会化大生产中的要素组合，典型地体现在迂回生产过程之中。在这个过程中，人们并不是直接生产最终产品，而是先生产出各种资本，先发明各种技术，然后利用资本和技术来生产最终产品。比如，人们先生产出制造农用机具的工具和设备，再用这些工具和设备生产农用机具，然后再用农用机具来生产农产品。迂回生产能提高生产效率，而且迂回生产过程越长，生产效率提高越多。在这个生产过程中，各个要素共同发挥作用，但作用又有大有小，所以各个要素都应该有权参与产品和劳务的分配，当然所得份额有大有小。可见，现代西方经济学坚持的按要素分配更是以社会化大生产为基础的。

二、直接而明晰的要素产权是按劳分配和按要素分配的共同依据

在经典著作中，马克思明确描述了按劳分配的产权前提，即生产资料（包括劳动资料和劳动对象）的公有制和劳动的个人所有制。在社会化大生产中，由于除劳动力之外的其他生产要素（也就是生产资料）为全社会公民共同而平等拥有，生产资料成了名符其实的"公共物品"，所以劳动者唯一可以排他性占有和支配的就是自己的自由之身以及蕴藏于其中的劳动力，劳动者唯一可以直接获得收入的权力依据就是劳动力的个人所有权。因此，按劳分配理论在逻辑上是顺理成章的。但是，如果广大劳动者除了直接拥有劳动力之外，还直接拥有一定土地、资本、技术和信息，那么按照马克思的理论逻辑会是怎么样的呢？沿着马克思的逻辑推理，我们不难得到这样的结论：即使是马克思也不会设想唯一的按劳分配，而会同时提出按资本分配、按土地分配，以及按技术分配，等等。熟悉马克思经济理论的人都知道，马克思用了相当多的笔墨来分析资本主义私有制条件下的按资本分配和按劳动力分配，甚至分析这两种分配所造成的剥削和不公平，但他认为按资本分配和按劳动力分配是与资本主义私有制相适应的分配形式，他并不否认这些分配本身，他真正否认的是资本主义的私有制。显然，马克思的理论逻辑是：人们参与分配的权力是对生产要素直接而明晰的产权。

在经典的西方经济学理论中，收入分配问题实际上被看作要素价格决定问题。在要素产权明晰和既定的条件下，通常是在要素由千千万万个家庭拥有的前提下，收入按照要素贡献分配。显然，西方经济学家的理论逻辑是，哪个家庭拥有直接的要素产权，哪个家庭就该享有参与由此要素所贡献的产出的分配权。也就是说，拥有土地的家庭应该享有获得租金的权力，拥有资本的家庭应该享有获得利息的权力，拥有劳动力的家庭就应该享有获得工资的权力。而拥有技术和其他要素的人，也应该享有获得相应收入的权力。按照西方经济学的逻辑，如果一个家庭除了劳动力之外，没有任何要素产权，这个家庭就只能获得工资，得到与自己劳动力产权相对应的收入分配权。如果除劳动力要素可以直接拥有之外，家庭还拥有不能直接支配的其他要素，比如公共产品和公共资源，家庭也不能凭这种公共产权直接获得收入。因为公共资源作为具有典型而明显外部经济的公共物品，其收入体现为间接税收入，而不是直接的国民收入或个人收入。可见，如果是在生产资料公有制条件下，西方经济学家也会赞成按劳分配，而不会赞成按生产要素分配，这符合西方经济理论的逻辑。

综上所述，马克思认为在生产资料公有制条件下，直接的劳动力所有权是直接参与收入分配的唯一权力。西方经济学认为，在生产要素私有制条件下，直接的要素所有权是直接参与收入的全部权力。这两种观点看似对立，实际上是基本一致的，即直接的要素所有权是直接参与收入分配的基本权力。因此，无论是按劳分配，还是按要素分配，它们都以明晰的、直接的要素产权为基础。如果产权是模糊不清的，或者是不能直接支配的，个人将不能也无法凭此直接获得收入。

三、要素贡献是按劳分配和按要素分配的共同标准

如果说直接的要素产权决定了直接的收入分配权，那么要素贡献的大小则是决定各要素的收入分配份额的基本因素，即各要素究竟获得多少收入取决于要素贡献的大小。任何一种理论，任何一个人，都不能否认，生产是分配的前提，生产为分配提供了基础和可能，分配只能在社会总产出的范围内来进行，而且，要素产出贡献越大，要素收入就越大，这是非常通俗和朴实的逻辑。按劳分配理论和按生产要素分配理论都遵循这种共同的、朴实的、被民众认知和认同的普通逻辑。

按照马克思按劳分配理论，在进行必要的扣除之后，劳动者应得到与其提供的劳动相对应的报酬。也就是说，劳动贡献的大小决定劳动报酬的多少。通常说的“多劳多得，少劳少得，不劳动不得食”就是这个道理。要理解马克思按劳分配理论是按劳动贡献分配，不能仅局限于对按劳分配字面上的理解，要联系到马克思对资本主义的全面评判，也要联系他对社会主义的孜孜向往和伟大构想思路。

在博大精深的马克思主义理论中，马克思对资本主义的经济效率给予了高度的评价。“资本主义在不到一百年的时间里，创造了比以前所有世纪多得多的生产力!”同时，马克思也用了极大篇幅来描绘和分析资本主义的极大不公平。一方面，他认为在资本主义社会中，生产资料的占有是极端不公平的；另一方面，资本家凭其对生产资料的占有而不劳而获，剥削性地占有工人的劳动。也就是说，资本家没有付出劳动而无偿占有了工人阶级劳动创造的剩余价值，从而占有了社会产品和社会财富的大部分，这也是极大不公平的。从这个方面讲，马克思的公平观就是在生产资料公平占有基础上按劳动贡献的大小来公平分配社会产品和财富。马克思对社会主义阶段分配制度和分配形式的构想，正是建立在对资本主义不公平的分配制度的反思基础之上的。因此，社会主义社会的分配制度和形式也必须而且应该体现这一公平原则。按照这个原则，没有提供劳动或没有劳动贡献的人是不应该直接参与分配的，劳动贡献小的人也不能比劳动贡献大的人直接分配更多的社会产品，而劳动贡献多的人应该比劳动贡献少的人获得更多的劳动产品份额。从马克思对资本主义的效率和公平的评价，我们可以知道，马克思设想的社会主义社会是一个高效率和高公平的社会，按劳动贡献的大小分配产品符合马克思对社会主义的构想的基本原则。

按要素分配理论是西方经济学中的一个基本理论。早在18世纪末19世纪初，法国经济学家萨伊就把它概括为“三位一体”的公式：土地——地租、资本——利息、劳动——工资。他认为生产有劳动、资本和土地这三个要素。这三个要素不仅创造使用价值，而且也是价值的源泉，每个生产要素都应该得到相应的报酬。后来，英国经济学家马歇尔进一步发展了要素分配理论。马歇尔认为，生产中的生产要素不仅包含土地、劳动和资本，还包含企业家才能，这四种生产要素共同创造国民财富和国民收入，与此相应，国民收入就应分为地租、工资、利息和利润。随着科技的进步和信息社会的来临，又有经济学者提出技术和信息也是重要的生产要素，也参与收入的创造，因而也应该获得与它们贡献相当的收入。

各种生产要素在生产中的实际贡献是什么呢？各自又有多大呢？对于这个问题，19世纪90年代，美国经济学家克拉克在《财富的分配》一书中认为，分配与收入取决于劳

动、资本和土地各自对生产的实际贡献，即按各生产要素的“边际生产力”来决定其收入。也就是劳动的边际生产力决定工资，资本的边际生产力决定利息，土地的边际生产力决定地租。边际生产力是各个要素获得收入的基础和标准，这个标准被美国经济学家、诺贝尔奖获得者保罗·萨缪尔森进一步发展。他认为，边际生产力的产物就是边际产品，所以边际生产力决定要素收入，实际上就是边际产品决定要素收入分配。由此，工资——劳动的边际产品，地租——土地的边际产品，利息——资本的边际产品，其他生产要素依此类推。显然，要素的边际生产力及边际产品越大，要素应该得到的收入就越多。

可见，无论是按劳分配，还是按生产要素分配，在分配标准上均是依据各生产要素（包括劳动）在生产中的实际贡献大小。

资料来源　吴开超，杨海涛．论按生产要素分配与按劳分配的统一［J］．财经科学，2003（5）．

思考：

（1）根据要素价格理论，试分析我国收入分配的现状。

（2）现阶段我国收入分配方式发生了哪些变化？

[第九章]

一般均衡与福利经济学

第一节　局部均衡与一般均衡

一、局部均衡与一般均衡分析方法

前面几章对产品市场和要素市场进行了研究，所采用的方法是局部均衡的分析方法。所谓局部均衡分析方法，就是在假定其他条件不变的情况下，考察某一个体（如一个消费者或一个企业）或一个市场如何达到均衡的问题。对前面的分析作一个简要的回顾就可以发现，在分析某一种产品（要素）市场的供给和需求的运动规律时，几乎没有考虑与该产品（要素）没有直接作用关系的产品（要素）的市场变化的影响。例如，按照局部均衡的分析方法，分析足球市场的供求运动规律时，就只需探讨企业生产足球所需的要素（它们构成足球的生产成本）的变化，以及消费者消费足球所带来的效用的变化，而不会考虑足球鞋、足球场或篮球等市场的供求与价格的变化对它的影响。这等于说，在局部均衡的分析框架中，实际上作了如下假定：在足球市场的供求和价格发生变化时，足球鞋、足球场或篮球等产品的市场始终处于均衡状态，即它们的市场价格保持不变。同样，在考察消费者行为时，我们也假定产品市场和要素市场的价格不变，同时假定消费者的偏好不变，来单独考察某个消费者是如何达到均衡的。

显然，这种研究方法是对现实世界的简化，因为上面被假定为不变的因素并不是真正不变的，而是为了更为突出地展示某个变量与另一个变量之间的关系，或某一个行为主体在其他因素不变的条件下如何行为而被假定为不变。从理论研究来说，作这种简化是必要的，但在简化的同时，我们也面临着忽略其他重要影响的风险。仍以足球市场为例，显然足球鞋、足球场或篮球市场的变化对足球的市场需求有着较为显著的影响。如果足球鞋的市场需求提高了，就必然会带动足球需求的增加；而篮球市场变化的作用则恰好相反，篮球价格的下降可能减少足球的市场需求。

总的来说，世界上的各种产品或劳务的市场都是相互联系、相互作用的。只不过这些联系有的紧密一些，有的松散一些。要把所有的这些联系与作用都纳入我们的分析视野中来，一种新的分析方法就是必不可少的了，我们称之为一般均衡分析方法。与局部均衡分析方法相对应，一般均衡分析综合考虑各个市场之间的相互作用关系。因此，也可以把局部均衡分析视为一般均衡分析的简化形式，当所简化掉的其他市场变化带来的影响相对较小时，局部均衡分析就完全够用了。相反，如果各个市场的相互影响足够大，一般均衡分析就是必要的。例如，在分析足球市场的均衡状态时，就不得不考虑足球鞋和篮球市场对其的影响。

二、一般均衡状态

在局部均衡分析中，研究的是单个市场的均衡问题。相应地，在一般均衡分析中，所研究的中心问题便是所有市场的均衡状态。具体来说，市场的一般均衡分析包括以下几个问题：所有市场能否同时达到均衡状态，也就是说整个市场体系是否存在一个均衡状态？如果该状态存在，那么它产生的条件是什么？

将所有市场同时都实现各自均衡的市场状态称为一般均衡状态。根据定义，一般均衡状态具备以下几个基本特征：其一，在所有的产品市场和要素市场上，需求量等于供给量，市场（相对）价格保持不变。其二，消费者在要素市场上提供各类要素，获得要素报酬收入，在产品市场上选择各种消费品。所有消费者在各自收入预算的约束下，均获得最大效用。其三，企业在要素市场上购买各种要素资源，在产品市场上出售各类产品。所有企业都已实现利润最大化，且长期经济利润为零。

为了简化分析，一般假定研究所涉及的市场都是完全竞争的。经济学家已经证明了，在这一简化的假定框架下，市场的一般均衡状态是存在的。在第二节中，将给出一个简要的介绍。

第二节　简单的一般均衡模型

一、模型的构建

从19世纪法国经济学家瓦尔拉斯的研究开始，经济学家们不断地运用复杂的数学工具来研究一般均衡状态的存在性问题，即是否存在一组市场均衡价格，使得所有市场同时达到均衡状态。由于大多数的一般均衡模型都涉及高深的数学和复杂的推理，而且并不是必须掌握的，所以本节只给出一个简单的一般均衡模型，以便对一般均衡状态的理解能更为透彻。

该模型首先对所研究的市场体系进行了一定的理想化假定。该假定框架含有n种商品（产品和要素），每种商品的供给都是一定的；设S_i（i=1，2，…，n）是第i种可获得的商品的总供给，第i种商品的价格为P_i（i=1，2，…，n）。市场中的个体（企业或消费者）对每一种商品的需求与所有商品的价格均有关，各种商品的总需求量等于市场中所有个体对该商品的需求的总和。因此，商品i的总需求函数可表示为：

$D_i(P_1, \cdots, P_n) \quad i=1, 2, \cdots, n$

如果把整个价格集表示为P，则商品的需求函数可简化表述为$D_i(P)$。在这样的一个假设框架中，一般均衡状态的实现条件可以表述为：

$$D_i(P^*)=S_i \tag{9.1}$$

即当所有商品的市场总供给都等于总需求时，一般均衡状态就能实现。这是由一般均衡的定义所推出的基本结论，所有的一般均衡模型都是立足于此而展开分析的。在这一简要的一般均衡框架下，需要求解的问题就可表述为：是否存在一个均衡价格集（P^*），使得（9.1）式成立。

为方便起见，对（9.1）式进行适当的改写，可得：

$$ED_i(P) = D_i(P) - S_i = 0 \tag{9.2}$$

式中，ED_i（P）是第i种商品的过度需求。

（9.2）式表明，在均衡状态下，所有商品的过度需求都等于零。

下面，简要分析一下如上所述的需求（过度需求）函数的性质。一般假定，它们是零次齐次的，即ED_i（tP）=ED_i（P）。也就是说，如果所有商品的价格都提高相同的倍数，每一种商品的需求量仍保持不变。这个假定很直观，比如，如果一夜之间市场上所有商品的价格都翻了一番的话，那么第二天早上人们的行为决策并不会受影响。在这个假定之下，市场上所有商品的价格均可以表示为其中某一种商品价格的某一比率，一般称之为相对价格。在微观经济分析中所采用的价格概念一般都是相对价格。

如此，在（9.2）式所表示的方程组中，最多就只有（n−1）个独立的方程，因此求解（9.2）式，我们只能得到（n−1）个价格，即所有商品的相对价格，而无法推导出它们的绝对价格。如果（9.2）式所表示的所有方程都是线性的，那么根据初等代数知识，我们就有可能求得所有市场的均衡价格解。但是，需求方程并非都是线性的，这就构成了一般均衡模型分析的一大难点。另外，根据方程所表示的经济学意义，所有的相对价格都应是非负的。这也是求证一般均衡状态存在性的一大障碍。

二、存在性证明

对于这种一般均衡分析的框架，瓦尔拉斯给出的一般均衡状态存在性的证明非常复杂。现代的证明大多相对较为简单，但要用到较为高深的数学知识。这里介绍一个较为简洁的证明。

首先，介绍布洛沃不动点定理。在对于一般均衡状态存在性的证明中，大都应用不动点定理。

布洛沃不动点定理：任何一个闭合的、有界的凸集对其自身的连续映射F（X），至少有一个不动点X^*，使得F（X^*）=X^*。

对于该定理中的一些概念，作如下简要介绍：集合对其自身的映射，是指某一集合S中的每一点都通过某种映射规则F与本集合内的其他一些点相联系的一种映射。对于闭合的、有界的凸集，我们可以把它想象成一个n维空间中的有着不规则形状的肥皂泡，它在一个有限的空间（以肥皂泡壁为界）内，且是闭合的（肥皂泡没有破损），并且，在它的上面没有洞（想象一个中空的古钱币，它就不是一个凸集）。

可以用一个图形来形象地表述该定理。在图9-1中，x在［0，1］区间取值，f（x）是x所在集合的对其自身的连续映射，即它也在［0，1］区间取值。由该图可以看出，只要f（x）是连续的，那么它就一定会与45°线相交。在该交点（A点）处，有F（X^*）=X^*，它就是所称的不动点。

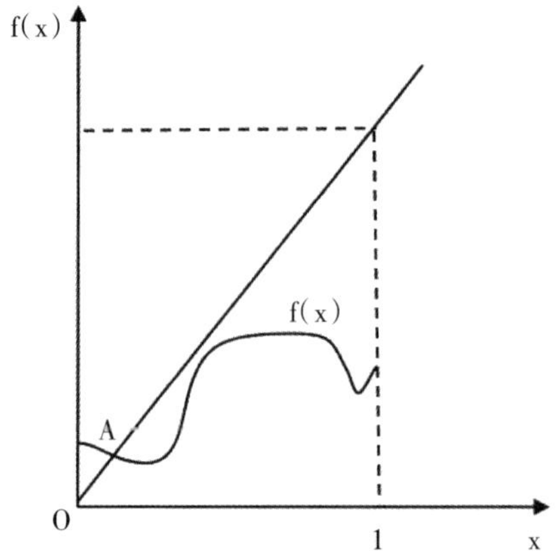

图 9-1 布洛沃不动点定理

把所有价格都表述为标准化价格形式，令

$$P'_i = \frac{P_i}{\sum_{i=1}^{n} P_i} \tag{9.3}$$

过度需求函数的零次齐次特性的假设保证了这种变换是可行的，显然，对于上述新的价格，有 $\sum_{i=1}^{n} P'_i = 1$。另外，假定由此所得到的价格集合是闭合的、有界的、凸的。也就是说，该集合符合不动点定理的条件。

为了应用不动点定理，还需要建立价格集合对自身的映射。根据以前的分析可知，当一个市场的供给大于需求（过度需求为负）时，该市场的价格就会下跌；而当一个市场的供给小于需求（过度需求为正）时，该市场的价格则会上涨。把这一思想表述为下式：

$$f^i(P) = P_i + ED_i(P) \tag{9.4}$$

当 $ED_i(P) > 0$ 时，存在正的过度需求，新的价格 $f^i(P)$ 大于原来价格 P_i，价格运动表现为一个上涨的趋势；相反，当 $ED_i(P) < 0$ 时，存在负的过度需求，新的价格 $f^i(P)$ 小于原来的价格 P_i，价格下降了。

为了保证我们所得到的价格都是非负的，可将（9.4）式改写为：

$$f^i(P) = \max\{P_i + ED_i(P), 0\} \tag{9.5}$$

这样，就保证了新的价格或者是正的，或者是零。

同样，对所有新得到的价格也进行标准化处理。如此处理后，（9.5）式即可视作价格集合对自身的一个映射。

最后，我们应用不动点定理来证明一般均衡状态的存在性。由于该映射符合不动点定理的条件，所以一定存在一个点（P^*），使得（9.6）式成立：

$$P_i^* = f^i(P) = \max\{P_i^* + ED_i(P^*), 0\} \tag{9.6}$$

当 $P_i^* > 0$ 时，有 $P_i^* = P_i^* + ED_i(P^*)$，即 $ED_i(P^*) = 0$。这说明，存在一个正的价格集，使得所有市场的过度需求都等于零，同时，市场的价格保持不变。因此，我们可以说，市场此时恰好处于一般均衡状态。

当 $P_i^* = 0$ 时，有 $P_i^* + ED_i(P^*) \leqslant 0$，即 $ED_i(P^*) \leqslant 0$。这说明，当市场的供给大于需求时，市场的均衡价格为零，该商品是免费商品。

第三节　交换与生产中的资源配置效率

在对单个市场的局部均衡考察时，不仅着眼于对均衡状态的表现、均衡状态存在条件的研究，而且也着重描述了均衡状态的实现过程。本节中，把市场交换活动引入一般均衡的模型分析中，以此来描述一般情形下，各市场一般均衡状态的实现过程，并在此基础上探讨一般均衡状态下的实现条件。

另外，通过本节的探讨也将开始涉及对资源配置效率问题的探讨。在前几章中，我们已了解到市场通过价格体制配置资源的内在机理。但是，市场所实现的资源配置是否是最有效的，市场是否是最佳的资源配置方式？对这些问题，在本节及第四节中将给出经济学中所设定的有效资源配置的标准，并证明完全竞争市场在达到一般均衡状态时，能够实现资源的最优配置。

一、模型的基本框架

为了简化分析，假定只有两个消费者、两个企业、两种生产资料（资本和劳动）、两种产品（最终消费品）。两个消费者（甲和乙）在要素市场上提供资本和劳动两种要素，获得收入后在产品市场上购买两种消费品（假设是服装和食品）；社会上的两个企业（丙和丁）组合资本和劳动进行生产，产品是供给甲和乙的那两种消费品（服装和食品），产品市场和要素市场都是完全竞争的。关于完全竞争市场的基本特征已经在本书中作过详细介绍，这里不再赘述。由此可见，虽然该模型非常简单，但是它基本包括了市场体系的主要方向。因此，通过对该模型的分析，可以实现预定的研究目标。

资源配置问题在这一市场体系中，也主要包括两个领域：其一是产品（消费品）在消费者之间的配置，这一过程在产品市场中完成；其二是要素资源在企业之间的配置，这一过程在要素市场中完成。我们将分别对它们进行研究，即分别研究产品市场和要素市场中的资源配置，然后再将它们综合起来，分析整个市场体系的资源配置问题。

在一般均衡分析中，还有一个重要的假定——完全市场假定。该假定指出，社会中所有的商品和服务都有其市场存在，也就是说，社会中的所有商品和服务都是通过市场来完成其销售和购买活动的。该假定的成立是建立在另外三个假设前提的基础上的，它们分别是：

①消费者互相都知道对方的偏好等信息，即他们都具备完全、对称的信息；

②商品的交易成本为零；

③经济体系中不存在外部性。

这三个假定是完全竞争市场理论框架的基石。显然，它们也是对现实的一种理想化表述。在现实世界中，市场并不都是完全的，有些产品（例如国防）是不能通过市场来提供的，还有一些中间产品（例如汽车厂生产汽车的一些部件）因为市场交易费用过高也不是通过市场来交易的。进一步说，甚至无法想象一个不存在外部性、交易费用为零、完全理性和完全信息的世界。在经济学中进行这样的简单抽象，是为了更简洁、便利地分析市场的运行规律。但是，这种简化也使得对现实的理论认识会发生一定的扭曲。我们将在后面几章探讨这一系列的问题，并通过放弃这些非现实的假定，来将一些完全竞争市场框架所不能解释的社会现象纳入经济学的分析当中。

另外，完全竞争市场的其他一些基本特征是已知的，这里再把它们简要回顾一遍：

第一，消费者的边际效用递减；

第二，生产要素的边际技术替代率递减；

第三，生产的规模报酬不变或递减。

这些假设构成了对完全竞争市场体系的完整描述，对它的研究均是建立在以上的假设基础上的。在该模型的分析中使用的基本分析工具是埃奇沃思盒形图，它是由政治经济学家埃奇沃思首先运用到经济学中的。接下来将结合对模型的论述来介绍该方法。

二、消费者之间的交换与产品市场的资源配置

所谓产品市场的资源配置，是指产品（消费品）在消费者之间的配置。消费者行为分析的是单个消费者在不同消费品之间进行选择决策的行为规律，即消费者面对自己的预算约束，在不同的消费品的组合中进行选择，以最大化自己的效用水平。在一般均衡的分析框架下，关注的是消费品市场中所有消费者的选择决策行为，每一消费者的某种消费决策组合在一起即构成市场的一种配置。在这个简化的模型中，同时考虑的就是消费者甲和乙的消费决策行为。

首先来介绍如何在一个埃奇沃思盒形图中表述两个消费者的消费决策问题。回忆消费者行为理论，我们用收入预算约束线和无差异曲线来讨论消费者的消费决策行为。现在将其中一个消费者的分析图形的X轴和Y轴都旋转180度。如此就可以把两个消费者的无差异曲线都组合在一个图形中（如图9-2所示）。

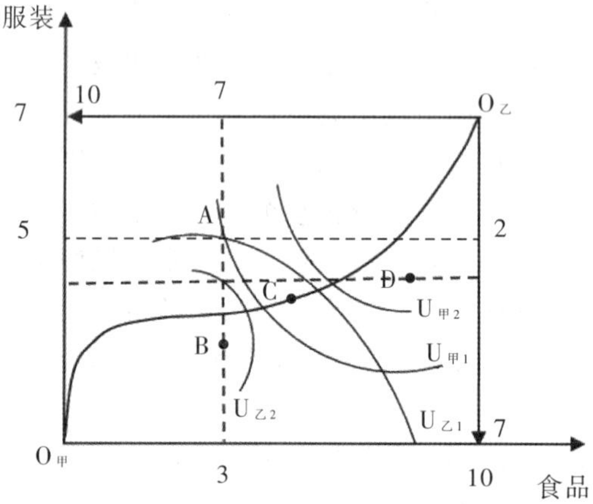

图9-2 消费的埃奇沃思盒形图

这里，假定两个消费者所能购买消费到的两种产品（服装和食品）的总量是一定的，为分析便利，假设服装的总量为7个单位，食品的总量为10个单位。每个消费者消费这两种产品的数量区间分别为［0，7］和［0，10］。这样，甲和乙在X轴和Y轴上的取值区间就围成一个长方形。设定该长方形的底边和顶边（分别由甲和乙的X轴构成）分别表示甲和乙的食品消费量。它的边长为10，而该长方形的左右两边（分别由甲和乙的Y轴构成）分别表示甲和乙的服装消费量，它的边长为7。它们内部之间显然都是一种此消彼长的关系，甲多消费1单位的食品，乙就得少消费1单位的食品。这个长方形就是埃奇沃思盒形图。

埃奇沃思盒形图内（含边线）的点，代表了服装和食品两种产品在甲和乙之间配置的所有可能状态。如图9-2中的A点表示甲消费3单位的食品和5单位的服装，乙消费7单位的食品和2单位的服装。现在关注的问题就是：在所有这些点中，哪些点所代表的配置状态是有效的。在此据以评判消费品配置有效性的尺度是消费者的效用水平。相对来说，能够给消费者带来更多效用的配置状态就更有效率。而具体的评判资源配置效率的标准，将通过文中的讨论来逐步进行总结。

现在引入消费者的无差异曲线来分析这类问题。在图9-2中，经过A点的无差异曲线只有两条——$U_{甲1}$和$U_{乙1}$，其中$U_{甲1}$是甲的无差异曲线，$U_{乙1}$是乙的无差异曲线。消费者理论告诉我们，无差异曲线的斜率相对于该消费者来说，是消费品之间的边际替代率。显然，$U_{甲1}$和$U_{乙1}$在A点的斜率是不同的。这也就是说，在A点所表示的消费品的配置状态下，甲和乙的服装与食品的边际替代率是不同的。同样，我们假设，此时甲所面对的边际替代率为2∶1，即用2单位的服装替换1单位的食品，甲的效用水平不变；而乙所面对的边际替代率为1∶2，即用1单位的服装替换2单位的食品，乙的效用水平保持不变。也就是说，对于甲来说，同量的服装和食品相比，食品更有价值一些；而对于乙来说，情况正好相反，服装更有价值一些。由此，调整甲和乙的服装与食品的分配比例，双方都会得利，即获得更高的效用水平。这样双方都有意愿去改变现有的状况，所以A点不是产品市场的均衡点，同样也不代表有效的资源配置状态。在集权制的社会中，这种调整是通过计划来完成的。但在市场体系中，消费者则通过市场交换行为来进行这种调整。在我们所讨论的例子中，甲用自己的服装来交换乙的食品。

下面通过研究消费者的这类交换行为来寻找更有效率的资源配置，但是要想让双方的这种交换行为具备现实的可行性，还需要考虑交换的比率问题：由于无法确定具体的交换比率，因此采取倒推法来继续分析，通过考虑可能的结果来推知交换行为的大致规则。既然甲的交换结果是减少服装增加食品，而乙的交换结果是增加服装减少食品，那么交换后所得的新配置的位置应该处在A点右下方的长方形内，分析也就着眼于该区域。这里将用到消费者理论中的一个基本结论：无差异曲线距离原点越远，消费者所能获得的效用水平就越高。

首先考察图9-2中的B点。由于B点比$U_{乙1}$曲线更远离乙的原点，所以在新的配置位置上，乙的效用水平提高了。但是，B点比$U_{甲1}$曲线更接近甲的原点，交换使得甲的情况恶化了。显然，甲不会接受这种交换方式。这也就是说，B点不可能是新的配置位置。同理，与B点相对应的D点也不可能是新的配置位置，因为在此位置上，乙的情况变糟了。立足于以上分析，我们便可以看出，在$U_{乙1}$曲线和$U_{甲1}$曲线之间的C点应是可能的新的配置位置。在该位置上，甲和乙的效用水平都提高了，所以双方都有动力进行这样的交换。

现在把以上的分析一般化，就可以得出以下结论：首先，盒形图中甲和乙的无差异曲线的任何一个交点都不代表有效的资源配置状态；其次，在完全竞争的市场体系中，处于这些低效率配置状态的消费者，通过交换行为能够改善自己的境况，但这种改进后的市场配置位置只有落进原相交的两条无差异曲线所围成的区域中（例如，图9-2中$U_{乙1}$曲线和$U_{甲1}$曲线围成的区域），交换才是有效的、现实的。

那么到底哪里才是市场有效的配置位置呢？双方的这种交换行为将进行到哪里，他们才不会有动力继续这种调整？既然相交的点都不行，那么相切的点会如何呢？在前面分析的基础上，可知在切点处，服装和食品对于两个消费者的边际替代率是相等的。也就是说，他们对食品和服装的评价是等同的，任何交换行为都只能恶化而非改善他们的境况，因此他们再不会有意愿在相互之间进行交换。我们称这样的点所代表的资源配置是有效的。显然，这样的点在盒形图中有很多个。把所有无差异曲线切点的连线称为消费契约线，如图9-3所示。在契约线上，每一点所代表的配置状态都是有效的。由于在这些点上，消费者将不再进行交换行为，所以市场此时处于均衡状态。因此，契约线上的每一点也都代表了市场所有可能的均衡位置。

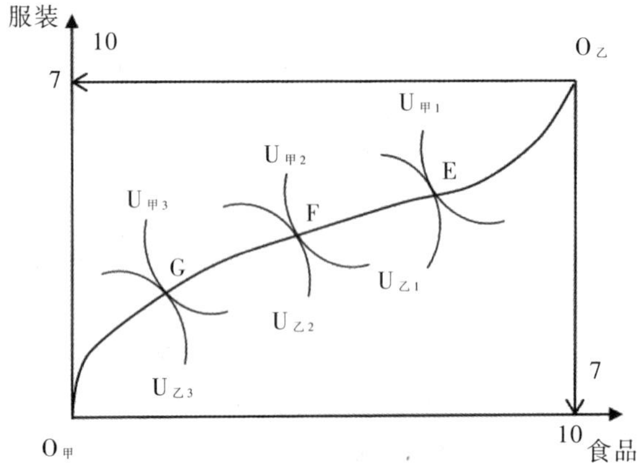

图9-3 消费契约线

总结以上对各种资源配置状态有效性的分析，便能归纳出评判资源配置效率的标准。总的来说，资源的有效配置是指这样一种状态：在该状态下，现有配置的任何改变都不能在不损害其他任何人的境况的前提下，改善某一人的境况。符合这一标准的资源配置被称为帕累托最优。在本节的分析中，消费契约线上的点都是帕累托最优的。此外，把非效率配置状态向帕累托最优状态的改进过程称为帕累托改进，在以上分析中，可以看出帕累托改进就是在不损害任何人现有境况的前提下，能够改善某一人境况的一种改进。在本节中，所推导出的市场交换行为对资源配置状态的改进就是帕累托改进。

至此，我们完成了对产品在消费者之间的有效配置状态的寻找工作。可以看到，在只考虑消费品市场的情况下，即在不涉及要素市场及消费者的收入约束的研究框架中，给定一个非效率的初始配置状态，市场的交换行为总能促使资源配置向有效的配置状态改进，并总能达到有效配置状态。也就是说，完全竞争的市场对产品（消费品）的配置是帕累托最优的。

如果进一步把要素市场及消费者的收入约束等都考虑进来，即考虑市场体系的一般均衡状态的话，情况将变得更为复杂。要素在不同产品的生产中配置状态的变化，必然会导致整个经济体系所供给的各种产品的总量发生相应变化。在本节所讨论的埃思沃奇盒形图中，这些变化具体表现为该盒形图的长和宽尺寸的变化。在不同的盒形图中，契约曲线的形状也是不同的。

三、企业之间的交换和要素市场的资源配置

现在来看一看两种投入要素（资本和劳动）之间的有效配置问题，所采用的分析工具

仍然是埃奇沃思盒形图。与分析消费问题的埃奇沃思盒形图有所区别的是，分析生产问题的埃奇沃恩盒形图的横坐标与纵坐标分别表示两个企业拥有的劳动和资本的数量，图中的曲线是企业的等产量线，而非消费者的无差异曲线。除此之外，两者基本相同，所以在此略去详细的推导过程。

假设丙工厂生产服装，丁工厂生产食品，它们所使用的投入要素（资本和劳动）的总量是固定的。投入要素在两企业中的配置不同，即各企业进行生产的投入组合不同，它们所生产的服装和食品的产量就会不同。

在这一分析框架中，所关注的核心问题同样也是：投入要素的哪些配置状态是有效的。衡量资源配置效率的尺度是企业的产出水平，而评判效率的标准便是帕累托最优标准。在这里，帕累托最优是指这样的一些配置状态，即现有配置状态的任何改动，都不能在不减少某些产品产量的前提下，增加其他产品的产量。

在图9-4中，埃奇沃思盒形图中的每一点（包括边线上的点）都代表了这两种要素在两个企业之间的不同配置状态。现关注的重点是两个企业的等产量线的交点和切点。以等产量线Q_{C1}和Q_{F1}的交点A为代表，先考察此交点所代表的资源配置的效率水平。由第四章的分析已知，等产量线的斜率是该点所代表的要素投入的边际技术替代率，即为保持产出水平不变，所需要的资本对劳动的替代率。显然，Q_{C1}曲线和Q_{F1}曲线在A点处的斜率是不同的，所以在该配置状态下资本对劳动的边际技术替代率相对于两种产品的生产来说存在着差异。由于两种要素的边际技术替代率等于它们各自在生产中的边际产量的比值，所以这种差异的存在说明，同一要素（资本或劳动）在不同的生产（服装或食品）中的边际产量是不同的。因此，通过适当地调整要素在两种生产中的配置——减少投入到边际产量较低的生产中的要素数量，而将其转入边际产量较高的生产中，就能够提高企业的产量。同理，可以推知，在给定A点为初始要素资源配置状态的前提下，符合帕累托改进标准的新的配置位置应在等产量线Q_{C1}和Q_{F1}围成的区域（包括曲线本身）内，因为只有在这一区域内，才能在不减少另一企业产量的情况下，提高其中某一企业的产量水平。

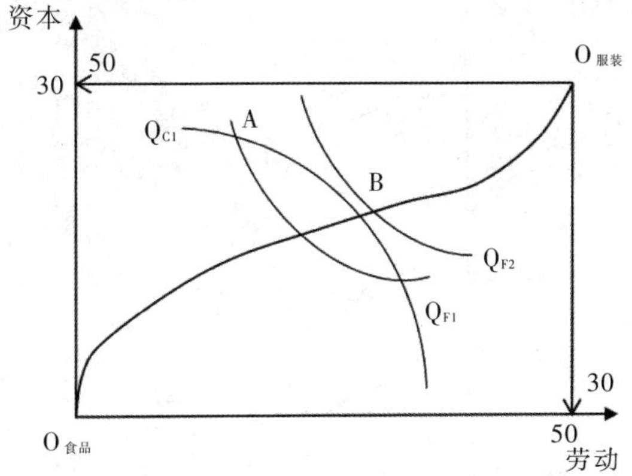

图9-4　生产的埃奇沃思盒形图

下面分析两个企业等产量线的切点所代表的资源配置的效率情况。由于在切点上，各要素在两种生产中的边际产量相等，所以不可能通过资源的重新配置来增加某一种产品的产量，而不减少另一种产品的产量。因此，切点所代表的资源配置是符合帕累托最优标准的。同样，把盒形图中所有的这类切点都连成一条曲线，便得到另一条契约线，称之为生产契约线。线上的每一点代表有效的资源配置状态。

同上面的分析一样，也可以证明，因为企业在给定的非效率资源配置状态下（例如A点），都有意愿通过要素的交换来提高各自的产量水平，所以在一个完全竞争的市场中，交换行为总能够促进资源配置的帕累托改进，并能够达到某一有效的配置状态。同样，此框架下改进后所得到的有效配置状态，也在原相交的两个等产量线围成区域中的那段契约线上。这也就是说，完全竞争的市场对资源的配置也是帕累托最优的。

接下来，面临着同样的问题：完全竞争的市场体系在达到一般均衡状态时，市场的资源配置会具体体现在生产契约线的什么位置上？我们在下面将进一步讨论。

四、市场一般均衡状态下的资源配置

现在，把产品市场和要素市场结合起来，讨论当所有市场都实现均衡状态时，即在一般均衡状态下，资源配置的实现问题。为了更好地分析该问题，引入另一个分析工具——生产可能性曲线（也称生产可能性边界）。

生产可能性边界显示的是总量固定的要素投入（资本和劳动）的各种有效配置，所能生产出的两种产品（食品和服装）的组合。图9-5中的生产可能性曲线$O_{服装}$、$O_{食品}$是从图9-4的生产契约线推导出来的。将生产契约线上每一点所代表的两种产品（食品和服装）的产量分别转换为横、纵坐标，在新的坐标系中描出各点，即可得到生产可能性曲线。由于契约线上的各点都是有效的资源配置，所以曲线上的各点都代表着食品和服装的一种有效的生产水平。而在曲线内（左下方）的各点则代表着无效率的资源配置，曲线以外的点则是在现有条件下不可能实现的状态。例如，图9-4中的A点和B点分别对应着图9-5的A点和B点。在两个图中，A点都是资源的一种无效率配置，而B点则代表着一种有效的配置。显然，图9-4中生产契约线上的所有点都与图9-5中的生产可能性曲线上的点一一对应。

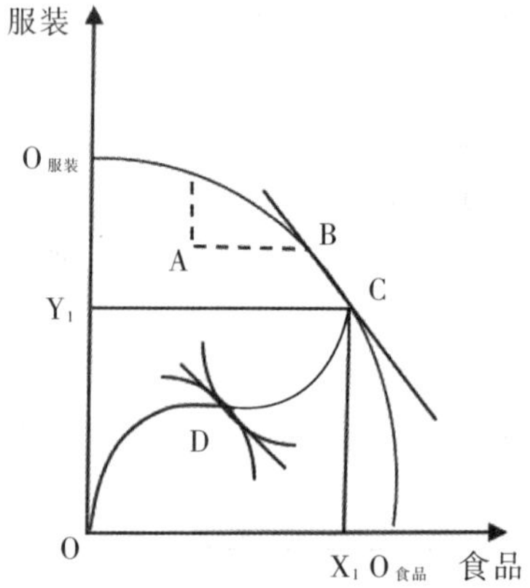

图9-5 生产可能性曲线

在对生产可能性曲线的分析中，曲线的斜率同样具有重要的经济意义。把该斜率的数值定义为服装对食品的边际转换率（MRT_{CF}）。它表示在技术不变，要素资源得到有效配置的条件下，增加1单位食品的产量必须少生产的服装的数量，用公式表示为：

$$MRT_{CF}=\frac{dy}{dx} \tag{9.7}$$

由图9-5可知，生产可能性曲线是凹向原点的，这表明两种产品的边际转换率是递增的，即沿着曲线增加食品的生产，服装对食品的边际转换率将随之而提高。这一规律的内在原因是生产的边际成本递增规律（规模报酬递减规律）。社会生产的食品越多，食品生产的边际成本就越大；同时，随着服装产量的减少，服装生产的边际成本也递减。所以，当社会的食品总量较大时，为了再增加1单位的食品产量，社会所需要放弃的服装的产量就会变大。

通过一定的数理分析，我们可以得出以下公式：

$$MRT_{CF} = \frac{MC_F}{MC_C} \tag{9.8}$$

因为$dMC_F/dQ_F > 0$，$dMC_C/dQ_C > 0$，所以随着Q_F的增加和Q_C的减少，MC_F和MC_C分别增大和减小，从而MRT_{CF}随之增大。

引入生产可能性曲线，是为了能在一个图形中同时分析生产问题和消费问题，下面进行这一讨论。如前所述，生产可能性曲线上的点代表着在要素数量一定的条件下，各种有效的资源配置状态下两种产品的产量组合。由于丙、丁两个企业所生产的产品供给甲、乙两消费者，所以两消费者所能消费的两种产品的总量，就等于两个企业的产量。因此，如图9-5所示，我们可以将消费者的盒形图并入生产可能性曲线之内；生产可能性曲线上的每一点都对应着一个盒形图，而每一个盒形图内都有一条契约线。这样，在一个坐标系中就同时有了两条表示有效的资源配置的曲线，下面将要素市场和产品市场结合起来，进行一般均衡状态的资源配置效率研究。

如果将这两个市场孤立起来进行局部均衡的研究，这两条曲线上的点都是市场的可能均衡位置。但是在将两个市场结合起来分析一般均衡状态时，两条曲线上的点就并不都代表着市场的均衡位置了。为了说明这个道理，结合图形来进行分析。考虑图9-5中生产可能性曲线上的任意一点C，以及它所对应的消费契约线上的任意一点D。

在这两个点上分别有一个比率值得我们关注：生产可能性曲线在C点的斜率，表示两种消费品的边际转换率；而D点处的斜率则是两个消费者此时消费的两种产品的边际替代率。显然，这两个比率在绝大多数情况下并不是相等的。当二者不相等时，会发生什么变化呢？通过一个假设的例子来回答这个问题。假设在C点处，服装对食品的边际转换率$MRS_{CF}=1$，即在社会要素投入总量不变的情况下，为了多生产1单位的食品，社会需要放弃1单位服装的产量。而在D点处，假设两个消费者面对的服装对食品的边际替代率$MRS_{CF}=2$，即在保持总效用水平不变的前提下，他们为了多消费1单位的食品，就必须放弃2单位的服装。

$MRS_{CF}=2>1=MRS_{CF}$表明，社会增加生产1单位食品，只减少1单位服装的产量。但是消费者消费这新增加的1单位食品，所能够获得的新增加的效用水平却大于减少1单位服装的消费所减少的效用水平。这样，社会通过增加食品的生产就能够提高消费者的效用水平，所以社会有动力来改变这一资源配置状态。也就是说，此时两个市场都不会处于均衡状态，这两个点的组合不是市场的一般均衡状态。由于MRS_{CF}随着食品产量的增加而递增，而MRS_{CF}随着食品消费量的增加而减少（边际效用递减规律），所以市场的这种调整将逐渐缩小两个比率之间的差距。

那么，哪两点的组合才代表着市场的一般均衡呢？仍然采用倒推法来分析该问题。上一段的讨论表明，当两种产品的边际转换率和边际替代率不相等时，市场的调整就将继续下去，而且这种调整将缩小两者之间的差距。那么当这两个比率相等时，情况将会如何呢？此时，增加生产的食品（服装）带给消费者的效用的增加，等于相应减少生产的服装（食品）带给消费者的效用的减少，所以对两种产品产量的任何调整，都不可能再增加消费者的效用水平。市场的调整过程因此将停止，两个市场将同时达到均衡状态，市场的一般均衡状态得以实现。

最后，评价一下该均衡状态的效率。因为埃奇沃思盒形图中契约曲线上的点都是帕累托最优的，所以我们所推导出的完全竞争市场的一般均衡状态也是帕累托最优的。但是，我们不能说，本部分所描述的市场由非一般均衡状态向一般均衡状态的改进过程是帕累托改进。因为沿着生产可能性曲线调整产品的产量组合，虽然是从一个帕累托最优状态到另一个最优状态，但必然会损害某一企业或消费者的利益，所以根据帕累托改进的定义，无法判断这一调整过程是否是帕累托改进的。

第四节　完全竞争市场的有效性

在这节中，我们将总结第三节模型分析的基本结论，得出市场一般均衡状态的实现条件。在此基础上，再结合前面章节中所得的要素市场和产品市场的基本结论，来进一步证明完全竞争市场所实现的资源配置状态符合该系列条件，即完全竞争市场能够实现资源的最优配置。

一、一般均衡状态的实现条件

把第三节中的主要结论提炼出来，就能得出市场一般均衡状态的实现条件。

由第三节的分析已知，在产品市场中，各产品（消费品）在消费者之间的所有可能的最优配置都分布在契约曲线上。这些最优配置的实现条件为：针对每一消费者，各消费品之间的边际替代率均相等，用公式表示为：

$$MRS^{甲}_{CF}=MRS^{乙}_{CF} \tag{9.9}$$

在要素市场上，各要素在不同的产品生产中的所有可能的最优配置状态都分布在契约曲线上。这些最优配置的实现条件为：针对不同产品的生产，各要素之间的边际技术替代率均相等，用公式表示为：

$$MRTS^{C}_{LK}=MRTS^{F}_{LK} \tag{9.10}$$

当综合考虑要素市场和产品市场时，市场的一般均衡状态所对应的资源配置状态的实现条件为：不同的产品对消费者的边际替代率等于各产品的边际转换率，用公式表示为：

$$MRS^{甲}_{CF}=MRS^{乙}_{CF}=MRT_{CF} \tag{9.11}$$

由于在市场的一般均衡状态下，各要素市场和产品市场同时都实现均衡，所以市场一般均衡的实现条件包括上述（9.9）式、（9.10）式和（9.11）式三式。

二、完全竞争市场资源配置的有效性

在上述分析中，我们已经从逻辑演绎的角度证明了完全竞争的市场能够实现资源的最优配置。下面，综合前面章节对要素市场和产品市场的局部均衡分析结论，来进一步证明

这一论断。

1.完全竞争要素市场的有效性

首先，证明完全竞争要素市场的均衡状态是帕累托最优的。在之前的讨论中我们得出：①企业选择最优的投入要素组合的基本规则是：各投入要素的边际技术替代率（$MRTS_{LK}$）等于要素价格的比值；②当企业按照要素的边际成本等于边际收益的规则决定某一要素的使用量时，它所采用的各要素的组合也是最优的。下面研究在这种均衡状态下，生产要素的配置是否是帕累托最优的。我们通过分析该均衡是否在契约线上来回答这一问题。

在均衡状态下，企业投入生产的各要素的边际成本等于边际收益，用公式表示为：

$$MRP_i=MP_i \cdot P=P_i \tag{9.12}$$

式中，i=K，L；P代表生产产品的市场价格；P_i代表不同要素的市场价格。所以有：

$$\frac{MP_L}{MP_K}=\frac{w}{r} \tag{9.13}$$

又因为$MRTS_{LK}=\frac{MP_L}{MP_K}$，所以：

$$MRTS_{LK}=\frac{w}{r} \tag{9.14}$$

在完全竞争的市场中，企业无论在产品市场中还是在要素市场中都是价格的接受者。所以，无论是生产食品的企业，还是生产服装的企业，它们面对的劳动和资本的要素价格（w和r）都是一样的。也就是说，两个企业的等产量线在均衡状态下斜率是一样的，它们在一般均衡位置上是相切的关系。由此可证，完全竞争要素市场的均衡处在生产契约线上，即要素市场达到均衡状态时的资源配置是帕累托最优的。

2.完全竞争产品市场的有效性

其次，对产品市场作同样的分析。消费者理论告诉我们，消费者选择最优消费品组合的规则是：不同消费品的边际替代率等于它们的价格之比，用公式表示为：

$$MRS_{CF}=\frac{P_C}{P_F} \tag{9.15}$$

式中，P_C和P_F分别是消费品服装C和食品F的价格。

在完全竞争的市场中，消费者是市场价格的接受者，不同的消费者所面对的市场价格都是一样的。所以，当所有的消费者都选择最优的消费品组合时，他们的无差异曲线的斜率是相等的。结合在本节中所得出的结论可知，当完全竞争的产品市场达到均衡时，各产品在消费者之间的分配状态在产品契约线上，即产品市场达到均衡状态时的资源配置是帕累托最优的。

3.完全竞争市场体系的有效性

最后，证明产品市场和要素市场同时实现均衡状态的条件。首先研究一下完全竞争产品市场中各产品的边际转换率，这里沿用产品市场分析中的惯例，即不对不同的要素投入进行区分，而统一用R来表示要素投入。那么生产可能性曲线就可表述为R=f（C，F）。它表示在技术一定的条件下，用定量的资源所能生产的产品，即食品（F）和服装（C）的各种产量组合。由于资源总量保持不变，所以在产量组合发生变化时，有下式成立：

$$dR = \frac{\partial R}{\partial C} \cdot dC + \frac{\partial R}{\partial F} \cdot dF = 0$$

由此式，我们可得边际转换率的表述公式为：

$$MRT_{CF} = -\frac{dF}{dC} = \frac{\frac{\partial R}{\partial C}}{\frac{\partial R}{\partial F}} \tag{9.16}$$

在完全竞争的市场中，企业组织生产遵循边际成本等于边际收益的基本原则。因此，在均衡状态下，服装企业和食品企业的生产符合下式；

$$P_R \cdot \frac{\partial R}{\partial C} = P_C \tag{9.17}$$

$$P_R \cdot \frac{\partial R}{\partial F} = P_F \tag{9.18}$$

式中，P_R是要素的市场价格；P_C和P_F分别是服装和食品的市场价格；$P_R \cdot \partial R/\partial C$和$P_R \cdot \partial R/\partial F$分别表示生产服装和食品的边际成本。

把（9.17）式和（9.18）式代入（9.16）式可得：

$$MRT_{CF} = \frac{\frac{\partial R}{\partial C}}{\frac{\partial R}{\partial F}} = \frac{P_R \cdot \frac{\partial R}{\partial C}}{P_R \cdot \frac{\partial R}{\partial F}} = \frac{P_C}{P_F} \tag{9.19}$$

综合（9.15）式和（9.19）式，由于消费者和企业面对的产品价格是一致的，所以可证：

$$MRT_{CF} = \frac{P_C}{P_F} = MRS_{CF} \tag{9.20}$$

即在均衡状态下，各种产品对于消费者来说，其边际替代率等于它们在生产过程中的边际转换率。

4.福利经济学的基本定理

经济学中把以上对完全竞争市场效率的分析总结为福利经济学第一定理和第二定理。

福利经济学第一定理：在一个完全竞争的市场经济体系中，每一个竞争性的一般均衡状态都是帕累托最优的。

福利经济学第二定理：在一个完全竞争的市场经济体系中，如果关于消费者个人的效用函数和生产者的生产函数的某些条件（即消费者的边际效用递减和生产要素的边际技术替代率递减）得到满足，那么经过资源在市场个体之间的某种合理再分配后，每一种帕累托最优的资源配置状态都能够通过完全竞争市场的一般均衡来实现。

第一定理是描述性的。它描述了在帕累托效率标准下，完全竞争市场的一般均衡结果的效率情况。第二定理可被看作第一定理的逆定理，它是规范性的，给出了要达到某种理想状态（帕累托最优），市场所需要满足的条件。

三、不同的资源配置体制

至此，我们已基本完成了对完全竞争市场体系资源配置问题诸多方面的探讨，既证明了在该市场体系中存在着一般均衡状态，又了解了该市场体系的一般均衡状态的实现条件与实现过程。另外，还从逻辑推演和理论推导两个角度分别证明了完全竞争市场体系所实现的一般均衡状态是帕累托最优的。

但正如在全书中反复强调的，这些分析并不具有现实的基础。在现实中所观察到的市场体制并没有达到这样的结果。下面，我们将陆续介绍所谓的“市场失灵”的一些现象。这些现象的存在表明，现实中的市场体制并不是如理论分析一样，总能实现资源配置的最优状态。在后面的分析中还将看到，这些现实对理论的偏离都根源于完全竞争理论的不现实假定。

既然如此，那么，在此论述完全竞争市场的一般均衡理论又有什么意义呢？悲观地说，它至少说明了现实中的市场体制通常不能保证有效率的和公平的社会状态的原因，即现实中的市场体制正是因为不具备完全竞争市场理论的那些前提假定，所以才不能产生最优的资源配置状态。乐观地说，它提供了一个基础性的理论框架，在此基础上，可以分析现实中的各种社会资源配置体制。一个被普遍接受的分析方法是，通过逐步放松该理论框架中的某些假定，可以将现实的社会存在纳入理论分析的框架中。

第五节　福利经济学

简要回顾第三节和第四节的分析，我们可以发现，讨论均衡状态下的资源配置效率问题，实际上就是在比较各种资源配置状态的优劣。本节将深化这一方面的讨论。要比较两个不同的物体，就需要把它们纳入同一个尺度中去才行。既然社会配置各类资源的最终目的是实现消费者的效用，那么，就可以通过比较不同资源配置状态所能带给消费者的效用满足程度，来评价它们的优劣。这里，消费者的效用满足程度又被称为消费者的福利。当然，由于比较的对象是整个社会的资源配置状态，所以考虑的不是某一个消费者的福利水平，而是整个社会的福利状况。定义社会福利为社会中所有个体（消费者）福利（效用）的总和，它便是用以评价资源配置状态的尺度。

这方面的内容是福利经济学的核心部分。抽象地说，福利经济学主要讨论社会选择的标准问题。其中，所谓的社会选择就是为了实现社会福利的某一目标而在各种资源配置状态之间所进行的选择。福利经济学通过确立评判资源配置状态优劣的标准来评价这些配置的优劣，从而为社会选择提供依据。

出于对现实的不同理解，不同流派的经济学家分别发展了各自不同的评判标准。总的来看，现有的这些标准都是从效率和公平两个角度来评判不同资源配置状态的优劣的。有的标准侧重于效率角度的探讨，在前文中介绍的帕累托效率标准便是这样的一种。该标准认为，效率越高的配置，它所带来的社会福利也就越大。而另一些标准则更看重资源配置给社会公平所带来的影响，即能够体现社会公平的配置状态就是最优的，它所实现的社会福利也是最大的。但是，何为社会公平？对此，学者们的看法有着较大的差异。这种概念理解上的不同，就必然导致了他们各自所发展的评价标准的不同。本节将着重介绍其中几个具有代表性的理论。

各种评判标准的不同还体现在它们对社会福利函数的不同构建上。社会福利函数描述的是社会上所有消费者的福利（效用）是如何加总为社会福利的。不同的资源配置状态带给每个消费者的福利（效用）水平是不同的，所以它们带给整个社会的福利水平也是不同的。因此，社会福利函数通过赋予不同的资源配置状态以不同的社会福利数值，就可以描述社会的各种可能的资源配置状态的优劣排序。

在社会福利函数的构建上，我们面临着两个难题的困扰。首先，无论是采用基数效用的概念，还是采用序数效用的概念，我们都不能确证不同消费者之间的效用具有可比性和可加性。而只有这种可比性和可加性存在，社会福利函数才是有意义的。这也就是说，对于是否可通过某种方式加总各消费者的效用来构成整个社会的福利函数，尚无法取得一致的意见。其次，即使可以通过加总个人福利的方式来描述社会福利，还面临着如何进行这样的加总的难题，学者们在这一方向上的分歧也是巨大的。

在此还需了解的一点是，福利经济学与微观经济学中其他理论的最大不同之处体现在它的研究方法上：福利经济学采用的是规范方法，而在前面章节的理论分析中所采用的都是实证方法。简单地说，采用实证方法的研究关注“是什么”之类的问题，它们重在对现实的理论解释上；而采用规范方法的研究关注“应该是什么”之类的问题，它们重在对现实的批判和重建上。具体来说，前面所学习的消费者、企业和市场理论等都致力于描述消费者、企业和市场是如何运行的。而在福利经济学中，将通过赋予各资源配置状态以不同的评价来探讨最优的资源配置状态应该是什么样的：在此基础上，才能进一步研究要实现这样的配置状态，最适合的配置制度是什么样的之类的问题。

一、效用可能性边界

为了更好地理解和评判资源配置优劣的各种标准，需要引入一个新的分析工具——效用可能性边界。该曲线存在的一个必要前提是个人效用之间的可比性，因为只有这样，才能把不同个体的效用置于同一个坐标系之内。对该曲线的推导类似于生产可能性曲线的推导过程。

如图9-6所示，用横坐标和纵坐标分别表示两个消费者甲和乙的效用水平。由于图9-2或图9-3盒形图中的每一点都代表着甲和乙的一个效用组合，所以通过转换坐标，就可以在图9-6中分别找到它们的对应位置。显然，由于契约线上的点均是帕累托最优的，所以契约线上的各点在图9-6中所对应的点将连成一条边界曲线，盒形图中的其他点所对应的点都在该曲线左下方围成的区域内。我们称该曲线为效用可能性边界。

这里值得注意的一点是，图9-2或图9-3分析的一个前提是提供给消费者的消费品总量不变。而在一般均衡分析中，将不得不面对产品数量上的变化。在图9-5所示的一般均衡分析中，生产可能性边界曲线上的每一点都对应着一个消费者艾奇沃思盒形图和相应的一条契约线，而且在契约线上总能找到一般均衡状态所对应的点。把这些点连起来，就可得到一般均衡状态下的效用可能性边界曲线。这一分析由于过于复杂，就不进行图形表述了。

二、帕累托效率标准的局限性

由前文已知，在资源配置的帕累托最优状态下，现有配置的任何改变都不能在不损害其他任何人境况的前提下，改善某一人的境况。由此，可以把帕累托效率标准表述为如下命题：如果状态b相对于状态a来说，至少有一个人的境况得到了改善，而没有任何人的境况恶化，那么从状态a移动到状态b会提高社会的福利水平。该标准在经济学研究中得到了广泛的接受和使用，因为在一定意义上它避免了对社会福利函数的构建工作。从它的

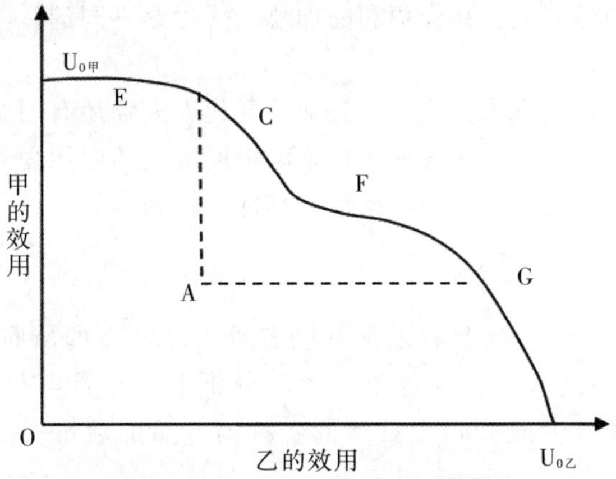

图 9-6　效用可能性边界

定义就可以看出，在该标准下，只要每个人对不同产品的偏好能够进行序数的比较，而不论消费者之间的效用是否具有可比性，都可以比较状态a和b的社会福利水平。

但是，帕累托效率标准也存在着无法弥补的缺陷。

首先，它只关注社会福利中效率方面的内容，而忽略了其他的重要方面，例如社会公平和个人自由等。为了说明这个观点，不妨研究一下图9-6中效用可能性边界上的点$U_{0甲}$和$U_{0乙}$。根据效用可能性边界的定义，这两点所代表的社会资源配置状态显然都是帕累托最优的，但是没有人会认为它们是可取的。因为在这两点上，都有一名消费者没有配置任何的产品，而另一名消费者则占有全部的社会资源，这显然是有失公平的。所以，在帕累托效率标准下，某种社会资源配置状态可以是帕累托最优的，但可能是令人厌恶的。

其次，该标准只能对所有的资源配置状态进行部分的比较和排序。例如，虽然能够根据该标准证明图9-2中的C点优于A点，但是我们无法对C点和B点、A点进行优劣的排序。因为从B点到C点的移动虽然改善了甲的境况，但使乙受到了损失，所以就不能说C点比B点更优。同样，也无法比较图9-3中的E、F、G三点的优劣，虽然它们都是帕累托最优的。出现这种情况的根本原因就在于该标准所回避的问题（个人效用之间是否可比）上。下面将看到，其他的评判标准正是在假定个人效用之间是可比的基础上，才得以完成这类任务的。

上述帕累托标准的第二条缺陷造成的重要后果便是使现状具有合理性，即按照这一标准，只要某一状态达到了帕累托最优，那么就不能从这一状态再转移到其他状态，即使其他状态也是帕累托最优的。这意味着，由于惯性，这一状态将会一直存在下去。

三、资源配置的其他标准

效率与公平是构成社会福利的两个主要方面。帕累托效率标准只能从效率角度表述各种资源配置状态所能实现的社会福利水平排序，而未涉及社会公平方面的评价问题。下面要推出几个标准来弥补这一缺陷。另外，与前文的分析不同，在下面的讨论中，将假定个人之间的效用是可比的。这也就是说，可以通过加总社会中所有个体（消费者）的福利（效用）来构建社会福利函数。这样一来，就能够对所有的社会资源配置状态进行比较和排序了。而且在不同的标准下，社会福利的加总方式也是不同的。

1.功利主义标准

功利主义的创始人是杰里米·边沁，其他重要代表人物还有阿瑟·庇古等。功利主义标准把社会福利定义为每个公民从各种满足来源中所获得的效用之和。它进行加总的前提是基数效用论和个人效用之间的完全可比性。其社会福利函数为：

$$W = \sum_{i=1}^{N} a_i U_i(x) \tag{9.21}$$

式中，x原本指能够决定满足程度的社会各种可能状态的所有特征，例如，各种消费品的可用性、美观程度等。但在这里，由于分析上只涉及可用货币衡量的那部分福利，即经济福利，所以x只是指可以获得的各种消费品的数量。$a_i>0$，它是赋予每个人的权重。

同样将分析简化为二人模型，可以得到如图9-7所示的表述。其中，直线W_1W_1'为功利主义的等社会福利曲线，而$U_{0甲}U_{0乙}$为两个人的效用可能性边界。由图9-7可知，这一分析类似于消费者理论中的无差异曲线分析。结论是，当两条线相切时，社会福利得到最大值。相应的切点A就代表着能带给社会该福利水平的最优资源配置状态。

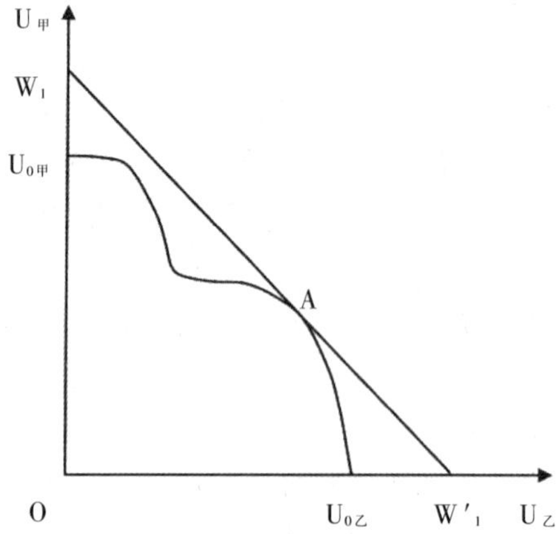

图9-7 功利主义标准下的最优资源配置

如果假设每个个体的效用函数差别不大，那么在基数效用论的前提下，富人的最后1元钱的效用要小于穷人的最后1元钱的效用，由此可得功利主义福利标准的两个基本准则：

第一，如果国民收入增加而分配状况没有“恶化”，即穷人的收入没有下降，那么全社会的经济福利将得到提高。该准则又被称为效率条件。

第二，如果分配状况改善了，而同时国民收入也没有下降，那么社会的经济福利将得到提高。该准则又被称为公平条件。

2.贝努利·纳什社会福利函数

贝努利·纳什社会福利函数用连乘法取代加法来加总个体的福利。其公式表达为：

$$W = \prod_{i=1}^{N} U_i \tag{9.22}$$

式中，∏为乘积算子；U_i为第i个个体的效用水平。

连乘法反映了平均主义的分配观。如果沿用前文中关于消费者效用函数的假定，我们会发现，收入分配越公平，即社会个体的效用越均等，社会福利就越大。仍用二人模型来举例说明。假设每个消费者的效用函数都是相同的，而且收入的边际效用为常数，即给甲增加的收入带给他的效用的增加值，等于相应地减少乙的收入所带给他的效用的减少值。设平均分配时，两者的效用都等于x，那么此时社会福利即为x^2。现调整分配格局，给甲增加Δx的收入，相应地，乙减少Δx的收入，这样社会的福利就改变为$x^2-\Delta x^2$。显然，调整后的社会福利水平降低了。因此，在这一标准下，平均分配时的社会福利最大。

可以利用图9-8表示该标准下的最优资源配置状态的选择。此时，社会等福利曲线与效用可能性边界的切点A，代表着此标准下的社会最优资源配置状态。我们注意到，在A点处，甲、乙两人的效用是均等的。

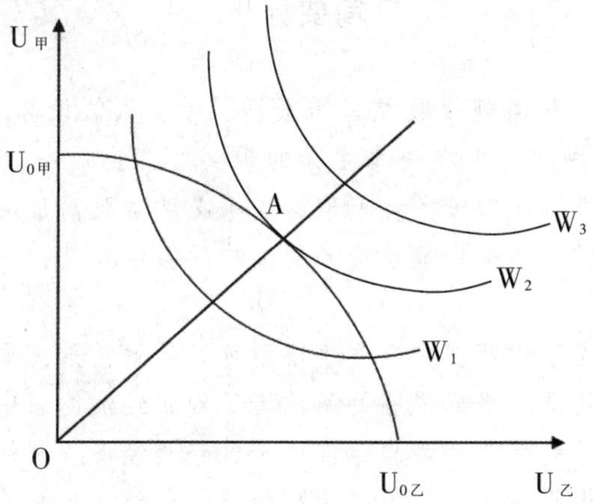

图9-8　贝努利·纳什社会福利函数下的最优资源配置

3.罗尔斯的公平标准

约翰·罗尔斯是一位哲学家，他认为个人在选择社会福利标准时是非常厌恶风险的。具体来说就是，只有当处境最差的人在效用不均等的配置状态下的境况，比在效用均等的配置状态下的境况要有所改善时，社会成员才不再追求完全均等的资源配置模式。

该标准下的社会福利函数可表述为下式：

$$W=\min(U_i)\quad i=1,2,\cdots,H \tag{9.23}$$

这也就是说，该函数用社会中境况最差的个人的效用来测度社会福利。它表明，只有最小的效用得到了提高，社会的整体福利才能提高。

图9-9表示了该标准下的社会等福利曲线。在该图中，斜率为1的直线L上的点都代表着使得消费者的效用均等的资源配置状态。根据该标准，只有当可获得的均等配置点都低于D点时，人们才会选择边界上B点和C点之间的非均衡配置。也就是说，直线L上D点到A点之间的点都优于B点，因为此时社会中处境最差的个体（如甲）的效用要优于他在B点处的效用水平。

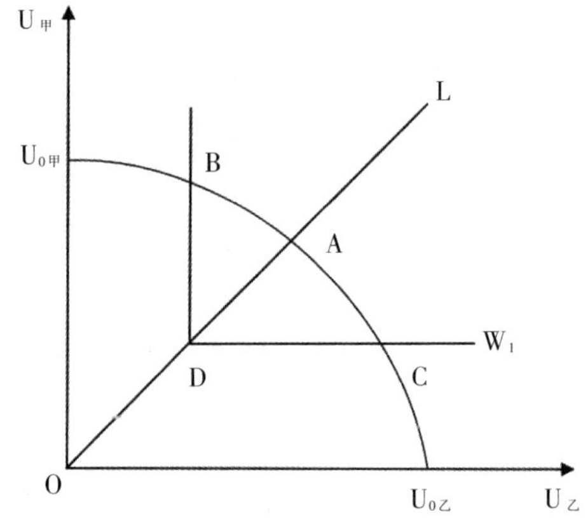

图9-9 罗尔斯公平标准下的最优资源配置

简要评析

只有完全竞争假设、规避规模收益递增假设、拍卖人假设等一系列严苛的假设存在，一般均衡论的证明才能成立。但在资本主义的现实经济生活中这些假设条件往往并不存在，因此导致该理论根据这些假设条件所取的成果必然是脱离现实的。尽管如此，许多西方经济学的教科书仍然避而不谈一般均衡论的虚构的假设条件，并且任意夸大该理论的现实意义。

福利经济学的目的在于说明：完全竞争模型可以导致帕累托最优状态，即对整个社会来说是配置资源的最优状态。需要说明的是，为了判断经济体系中的某种经济变动对社会经济福利的影响，必须首先确立一种检验或评价社会及经济福利的标准。由于社会经济福利涉及国民收入总量的大小和分配状况，因而检验社会经济福利的标准势必既要包括生产资源配置方面的"效率"标准，又要包括收入分配方面的"公平"标准。而帕累托最优实际上是在收入分配既定的前提下，达到生产资源最有效率配置状态所需具备的三个边际等值条件，因而其检验社会福利的标准，抽象掉了收入分配方面的"公平"，只是考虑了生产资源配置方面的"效率"。由于不能对不同个人的效用加以比较，又由于在利己的社会中各个人的经济利益往往处于矛盾状态，所以在如此的条件下，要想建立一个社会福利函数是不可能的。以建立社会福利函数而论，社会主义似乎比资本主义更加容易达到目的，因为，在社会主义条件下，个人经济利益的共同之处要远多于资本主义。

复习思考题

一、名词解释

1. 生产可能性边界（华中科技大学2007研；深圳大学2007研；厦门大学2007研）

2. 效用可能性边界（华中科技大学2004研）

3. 帕累托最优状态（北京师范大学2001研；华中科技大学2005研；北京理工大学2006研；南京航空航天大学2006研；上海交通大学2006研）

4. 福利经济学第一定理（西安交通大学2006研）

5.资源配置

6.经济福利

二、简答题

1.帕累托效率与帕累托改进的区别是什么？（上海交通大学2004研）

2.什么叫一般均衡？一般均衡实现的基本条件是什么？一般均衡分析的核心结论是什么？（北京航空航天大学2005研）

3.整个经济原处于全面均衡状态，如果因某种原因使商品X的市场供给（S_X）增加，试考察：

（1）X商品市场中，其替代品市场和互补品市场会有什么变化？

（2）在生产要素市场上会有什么变化？

（3）收入的分配会有什么变化？

4.假设：（1）一个简单经济最初处于全面的、长期的完全竞争均衡；（2）L和K是仅有的两种生产要素，各具有一定的数量；（3）仅有两种商品X和Y，X的劳动密集程度（即L/K的比例）大于Y；（4）商品X和Y互为替代品；（5）X行业和Y行业是成本递增行业。

（1）以局部均衡的观点来讨论，如果D_X上升将会发生什么情况？

（2）Y商品市场将会发生什么变化？

（3）在劳动和资本市场将会发生什么情况？

（4）劳动和资本市场中发生的变化是如何转而影响整个经济的？

三、计算题

1.甲有300单位商品X，乙有200单位商品Y，二人的效用函数都是U（X，Y）=XY，推导出所有满足帕累托最优的状态。二人通过交换达到帕累托最优，求出社会的价格体系，并求出交换结果。（清华大学2005研）

2.假定小王（A）和小李（B）的效用函数分别为：

$U_A = x_A y_A$

$U_B = x_B + y_B$

（1）请针对两人分别写出x对y的边际替代率公式。

（2）如果交易通过价格体系来实施，请写出均衡时的（可行的）价格比率。

（3）假定共有100单位的x和200单位的y。最初，小王有25单位的x和75单位的y，而小李有75单位的x和125单位的y。请说明经过市场交易后，均衡时两人分别拥有的两种商品的数量。

（4）画出这种情形的埃奇沃思盒形图。标出初始禀赋配置和所有的帕累托最优配置。（中国人民大学2006研）

3.由A、B两人及X、Y两产品构成的经济中，A、B的效用函数分别为U_A=XY，U_B=40（X+Y），X、Y的存量为（120，120），该经济的社会福利函数为W=U_AU_B。求：

（1）该经济的效用边界。

（2）社会福利最大化时的资源配置。

4.考虑由两个人、两种商品组成的纯交换经济。已知该经济系统既有的商品总量分别为q_1^0和q_2^0，两个人的效用函数分别为$u_A = q_{A1}^{\alpha} q_{A2}$，$u_B = q_{B1}^{\beta} q_{B2}$，且$q_{A1} + q_{B1} = q_1^0$，

$q_{A2}+q_{B2}=q_2^0$。试求作为q_{A1}和q_{A2}的函数的契约曲线方程。如要使该契约曲线成为一条直线，对α和β要加上什么条件？

四、案例题

案例一：

经济学家的赌博

经济学家都爱认死理儿。争论中双方各自坚持自己的观点，针尖对麦芒，各不相让，谁也无法说服谁，于是就打赌，正确者赢，错误者输。这次打赌的两位美国经济学家，一位是马里兰州立大学的朱利安·西蒙（Julian Simon），另一位是斯坦福大学的保罗·埃尔里奇（Pawl Ehrltch）。在关于人类前途的问题上，埃尔里奇是悲观派，认为由于人口爆炸、食物短缺、不可再生性资源的消耗、环境污染等原因，人类前途不妙。西蒙是乐观派，认为人类社会的技术进步和价格机制会解决人类发展中出现的各种问题，人类前途光明。他们两人的这些观点代表了学术界对人类未来两种根本对立的观点。这个争论事关人类的未来，也格外受世人关注。

他们谁也说服不了谁，于是决定赌一把。他们争论涉及的问题太多，赌什么呢？他们决定赌不可再生性资源是否会消耗完的问题。不可再生性资源是消耗完就无法再有的资源，如石油、煤及各种矿石等。这种资源在地球上的储藏量是有限的，越用越少，总有一天这种资源会用完。悲观派埃尔里奇的观点是，这种资源迟早会用完，这时人类的末日就快到了。这种不可再生性资源的消耗与危机，表现为其价格大幅度上升。乐观派西蒙的观点是，这种资源不会枯竭，价格不但不会大幅度上升，还会下降。

他们两人选定了5种金属：铬、铜、镍、锡、钨。各自以假想的方式买入1 000美元的等量金属，每种金属各200美元。以1980年9月29日的各种金属价格为准，假如到1990年9月29日，这5种金属的价格在剔除通货膨胀的因素后果然下跌了，埃尔里奇将把总差价支付给西蒙。

这场赌博需要的时间真长。到1990年，这5种金属无一例外地跌了价，埃尔里奇输了，教授还是守信的，埃尔里奇把自己输的57 607美元交给了西蒙。

资料来源　梁小民. 经济学家的赌博［J］. 招商周刊，2003（Z2）.

思考：两位经济学家对不可再生资源所持观点各取决于哪种均衡分析法？

案例二：

汽油价格与小型汽车的需求

如果市场对某几种产品的需求相互影响，可能出现什么情况呢？其中一种情形就是，导致一种产品价格发生变化的因素，将同时影响对另一种产品的需求。

举例而言，在20世纪70年代，美国的汽油价格上升，这一变化马上对小型汽车的需求产生了影响。回顾20世纪70年代，美国市场的汽油价格两次上升，第一次发生在1973年，当时石油输出国组织切断了对美国的石油输出；第二次是在1979年，由于伊朗国王被推翻而导致该国石油供应瘫痪。经过这两件事件，美国的汽油价格从1973年的每加仑1.27美元猛增至1981年的每加仑1.40美元。作为“轮子上的国家”，石油价格急剧上升当然不是一件小事，美国人面临一个严峻的节省汽油的问题。既然公司和住宅的距离不可能缩短，人们只好继续奔波于两地之间。美国司机找到的解决办法之一就是他们需要放弃自己的旧车、购置新车的时候，选择较小型的汽车，这样每加仑汽油就可以多跑一段距离。

分析家们根据汽车的大小来分类确定其销售额。就在第一次汽油价格上升之后，每年大约出售250万辆大型汽车、280万辆中型汽车以及230万辆小型汽车。到了1985年，这三种汽车的销售比例出现明显变化，当年售出150万辆大型汽车、220万辆中型汽车以及370万辆小型汽车。由此可见，大型汽车的销售自20世纪70年代以来迅速下降；反过来，小型汽车的销售却持续攀升，只有中型汽车勉强维持了原有水平。

对于任何产品的需求曲线均假设其互补产品的价格保持不变。以汽车为例，它的互补产品之一就是汽油。汽油价格上升导致小型汽车的需求曲线向右移动，与此同时大型汽车的需求曲线向左移动。

造成这种变化的理由是显而易见的。假设你每年需要驾驶15 000英里，每加仑汽油可供一辆大型汽车行驶15英里，如果是一辆小型汽车就可以行驶30英里。这就是说，如果你坚持选择大型汽车，每年你必须购买1 000加仑汽油，如果你满足于小型汽车，你只需购买一半的汽油，也就是500加仑就够了，当汽油价格处于1981年的最高点，即每加仑1.40美元的时候，选择小型汽车意味着每年可以节省700美元。

资料来源　梁小民. 微观经济学纵横谈［M］. 北京：生活·读书·新知三联书店，2000.

思考：即便你曾经是大型汽车的拥护者，在这种情况下，在每年700美元的数字面前，难道你就不觉得有必要重新考虑一下小型汽车的好处吗？

[第十章]

外部性与科斯定理

市场机制起作用的原因是，它使经济活动的收益和成本相等，也就是说，每一个人从自己的努力中获得完全相称的收益，同时对自己造成的损害负完全的责任。但是，有时情况却并非如此。在我们的社会中并不是每一种活动都被定价，即使在已定价的活动中，定价也不是很准确。这样，一种产品的价格可能没有完全反映它的社会价值，一个人也可能没有对他的有害行为负完全的责任。比如，一个衣着华丽的人使别人也感到一种美的享受，但他不能向获得享受的人索取报酬；一个在上课时使用手机的学生显然影响了他人的学习，但他没有对此支付代价；一个驾驶汽车的人排出了影响他人健康的废气，但没有给予他人任何赔偿，等等。所有这些情况都没有使私人收益和社会收益相等，使私人成本和社会成本相等，在经济学中，这些情况都被称为外部性。在外部性存在的情况下，资源配置是否像完全定价一样达到了最优？如果不能达到最优，社会将采取什么样的措施才能解决外部性，从而使资源配置达到最优呢？本章将就这些问题展开分析讨论。

第一节　外部性的定义和分类

外部性的思想最早可追溯到福利经济学家庇古关于边际私人纯产品和边际社会纯产品之间差异的分析。在那里，私人成本与社会成本可能出现背离，私人收益和社会收益也可能出现不一致。所谓私人成本，就是经济代理人（生产者或消费者）在从事某一活动时个人所支付的成本，所谓社会成本，就是社会为这一活动支付的成本；而私人收益就是经济代理人从某项活动中其个人得到的收益，社会收益就是整个社会从该项活动中得到的收益。庇古认为，私人和社会在成本和收益上的这种不一致为政府干预经济提供了理由。此后，关于外部性的文献大量涌现，外部性的问题几乎成了福利经济学的主题。这里，我们不打算追溯整个文献的发展过程，只想简单概括一下当代经济学家关于外部性问题的基本观点。

当代经济学把外部性定义为一个人的行为影响了其他人的福利，但没有根据市场等价交换的原则来平衡这种影响。这种现象广泛存在于生产和消费活动之中。在生产中，一个生产者的生产活动可能会给其他人带来有利或有害的影响，但没有因此而获得足够的报酬或支付相应的成本；在消费中，一个消费者的消费活动可能给其他人带来了有利或有害的影响，而他也没有获得相应的报酬或支付相应的成本。前者称为生产上的外部性，后者称为消费上的外部性。现在让我们来看一些具体的例子。

一、生产上的外部性

生产上的外部性主要发生在生产活动之中。当一个生产者的经济活动对他人产生了有利影响，但他没有从中得到收益时，即称为生产上的正外部性。正外部性的典型例子首先是由经济学家米德提出来的，他在1952年发表的《竞争情况下的外部经济与不经济》一文中指出："假设一既定地区存在一定数量的苹果种植和一定数量的养蜂，蜜蜂以苹果花为食物。如果果农在苹果种植中多用10%的劳动、土地和资本，其苹果产量就将增加10%，但也将为蜜蜂提供更多的食物。另一方面，养蜂者在养蜂中将土地、劳动和资本的数量增加10%，蜂蜜的产量却不会增加10%，除非果农也同时增加产量，使蜜蜂的食物也增加10%。我们将这称为未付报酬的情况，因为这种情况的存在仅仅是由于下列事实：果农不能对养蜂者收取食物的费用，在苹果可以为蜜蜂提供食物的同时，蜜蜂也可以为苹果授粉。"这个例子的奇妙之处在于，当种苹果者免费为蜜蜂提供食物时，蜜蜂也免费为苹果授粉，双方互惠，但没有通过市场进行交换。虽然张五常后来认为这是一则现代神话，因为在美国华盛顿州，养蜂人和种苹果者之间确实存在非常发达的市场交换，但对于我们的分析目的来说已足够了。因为这个例子较好地说明了生产上的正外部性是怎么一回事。在这个例子中，苹果的种植虽然给种苹果者带来了收益，但对于社会来说，其收益要大于苹果种植者获得的收益，因为它还包括给养蜂人带来的收益。而养蜂人得到的个人收益也小于养蜂给整个社会带来的收益，因为养蜂的收益除了养蜂者本身获得的那部分外，还包括为苹果授粉所创造的收益。在这两种情况下，私人收益都小于社会收益，因此存在经济学中所说的正外部性。

生产上的外部性并不总是表现为有利的形式。当一个生产者的生产活动对其他人造成了有害影响，但他没有向受到影响的一方支付赔偿时，生产上的负外部性就发生了。常见的例子是，在一条河的下游，渔民每天以捕鱼为生，而在河的上游恰好有一个炼钢厂。炼钢厂在炼钢时不断排出废水污染河流，使河中的鱼生存困难。钢厂的产量越大，排出的废水就越多，下游捕得的鱼就越少。然而，炼钢厂并没有因为污染河水而向渔民支付赔偿，虽然渔民确实因为炼钢厂的废水而受到了损失。另一个例子是，一个位于居民区的化工厂在生产时排出废气污染空气，周围的居民受到损害但没有得到任何补偿。还有，位于火车站或飞机场附近的居民并没有因为这些交通工具的噪声而得到补偿，等等。这些例子的一个共同特点是，生产者生产的私人成本都小于社会成本。例如，在炼钢厂的例子中，私人成本是私人为炼钢而支出的一切费用，包括矿石、能源、人工、水电等支出，但不包括排出废水对下游造成有害影响的成本。而社会成本则除了上述私人成本以外，还包括这种有害影响的成本。在这些场合，由于私人并没有为这种成本负责，因而存在生产上的负外部性。

二、消费上的外部性

消费上的外部性表现为一个人的消费活动对其他人产生了影响，但他没有对这种影响承担责任或得到补偿。消费上的外部性也可分为正的和负的两种。消费上的正外部性是指一个人的活动对其他人产生了有利的影响，使他人的福利得到增加，但他没有从中获得报酬。比如，某人在自己家门前安装了一盏路灯，当他每天使用时，其他路过的人也可以免费使用而不用付钱；一个人对自己的房屋和花园进行修整，邻居能够获得环境改善的福利，但获得福利改善的邻居也没有支付任何报酬。在这些例子中，社会收益显然大于私人收益，因为其他人获得的好处不包括在私人收益中，但包括在社会收益中，因此存在正外部性。

消费上的负外部性表现为一个人的消费活动给其他人带来了有害的影响，使其他人的福利减少，但他没有为此进行赔偿或支付代价。在这种场合，社会收益小于私人收益。这样的例了也是广泛存在的，比如，吸烟者的活动对其他人造成了有害影响（让周围的人被动吸烟，而被动吸烟对健康有危害），但他没有负任何责任；个人乱丢垃圾而污染了环境，而他却没有付出任何代价；一个衣着不整的人影响了他人的视觉，但他也没有支付任何费用；等等。在很多情况下，这种负的外部性也许很小，以至于人们可以忽略，但在另一些情况下，这种负外部性也许很大，以至于社会必须对它们采取措施。

第二节　外部性与资源配置的无效率

外部性的存在显然使资源配置达不到最优状态，原因很简单，在正的外部性的情况下，由于外部性的造成者没有得到相应的报酬，因而不会根据社会的利益最大化原则行事，无法使具有正外部性的活动达到社会最优的水平；而对负外部性来说，由于负外部性的造成者没有为此支付代价，因而他不会把具有负外部性的活动控制在社会所期望的范围之内。下面用图形来具体说明。

在上述炼钢厂排出废水的例子中，炼钢厂由于可以不对排出的废水负责任，因而在炼钢时就不会考虑这种成本，而是根据炼钢的私人边际成本与私人边际收益相等的原则决定产量，这就使钢产量与社会资源最优配置所要求的钢产量不相符合。可以用图10-1来说明这种情况。

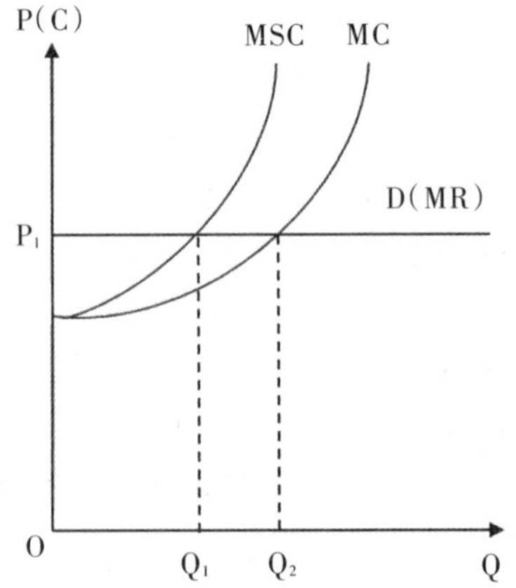

图10-1　生产上的负外部性与资源错误配置

在图10-1中，纵轴代表生产者的价格P和成本C，横轴代表产量Q。P_1代表完全竞争条件下企业的需求曲线和边际收益曲线（二者重合）；MC代表企业的边际成本曲线；MSC代表企业生产的社会边际成本曲线。在这里，MSC大于MC，二者的差额就是企业在生产时产生的负外部性，即企业没有负责任的那部分成本。在炼钢厂的例子中，MSC和MC的差额就是企业炼钢时排出的废水对下游所造成的损害。在完全竞争条件下，企业根据边际成本等于边际收益的原则确定产量，得到产出水平为Q_2，价格为P_1。但是，对社会来说，生产的边际成本实际上是MSC，因此根据边际成本等于边际收益的原则，社会的最优产出应为Q_1。这意味着企业根据私人边际成本等于边际收益而确定的产出量大于社会的最优产出量。因此，生产的负外部性使生产者生产了太多的产量。造成这种状况的主要原因是私人没有对其生产的一部分成本（排出废水）负责。如果私人对其生产的所有成本负责的话，那么，企业的产量就将与社会的最优产量相等，帕累托最优状态也就能够达到了。

在生产上的正外部性例子中，由于生产者没有得到其活动的全部报酬，因而其提供的产量可能小于社会最优产量。这可用图10-2来说明。

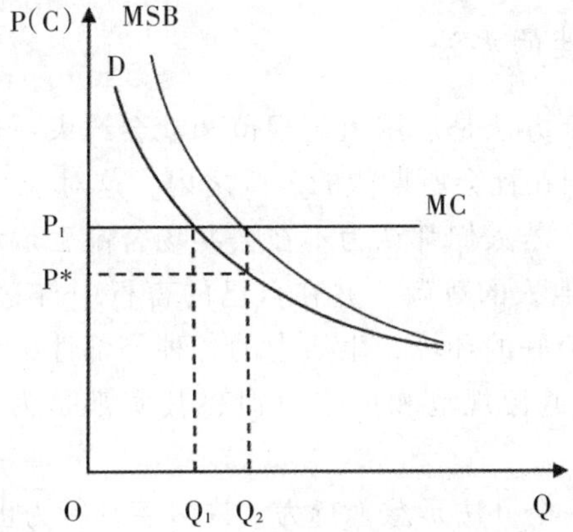

图10-2　生产上的正外部性与资源错误配置

在图10-2中，MSB代表生产的边际社会收益曲线；D为需求曲线，也代表企业生产的边际收益曲线；MC代表企业的边际成本曲线，它是水平的，表示企业的边际成本不随产量的增加而上升。假定企业的边际成本随着产量的上升而增加，那么它就是一条自左下方向右上方倾斜的曲线。这里假定它是水平的，并不影响分析的结论。在这些假定下，可以来看一看企业是如何决策的及其结果怎样。在完全竞争条件下，企业根据边际成本与边际收益相等的原则确定产量，得到的产量水平为Q_1，这一产量水平低于社会最优的产量水平Q_2。Q_2是根据边际成本与社会边际收益相等的原则得到的。二者存在差距的原因在于私人边际收益D与社会边际收益MSB不相等，而这又是由于生产者的活动有一部分没有得到报酬，因而与每一产量相对应的私人边际收益小于社会边际收益。显然，如果生产者的每一活动都得到了报酬，生产者是愿意扩大产量的，由此，均衡时资源配置就会达到帕累托最优状态。

对于消费上的外部性如何影响资源配置的问题，也可以根据同样的方法来分析，这里不再重复。

从实际来看，外部性导致资源错误配置的例子是很多的。例如，在企业的研究与开发活动中，由于企业难以得到研究与开发活动所带来的全部收益（因为创新得不到完全的保护），因而企业对研究与开发的动力不足，结果造成研究与开发的投入不足。另一个例子是基础研究，虽然基础研究对整个社会来说都非常重要，但出于从事基础研究的学者得不到基础研究成果的全部回报，因而对基础研究的投入不足。通过政府拨款，基础研究投入不足的问题部分地得到了解决。

第三节　解决外部性的办法

上面的分析表明，外部性在经济生活中无处不在，并且总是会造成资源的错误配置。当然，外部性的影响有大有小，当外部性足够大的时候，社会必须找到相应的解决办法，才能使资源配置达到最优。在一些情况下，通过私人的行动就可以解决外部性问题；而在另一些情况下，只有政府干预才能解决外部性问题。现在先来看一看私人是如何解决外部性问题的，然后讨论政府是如何进行干预的。

一、私人解决外部性的办法

私人解决外部性的一个办法是运用道德规范和社会约束：通过道德规范和社会约束，社会成员将自己的行为限制在社会所期望的范围之内，这对于一些较小的外部性来说是一种较好的解决办法。比如，若人们都认为不在公共场合乱丢垃圾、衣冠整齐、讲话文明、管好自己的宠物等，是对他人的尊敬，并在自己的言行中自觉地按照这种标准行事，那么，我们就可以得到一个美好的环境，生活中的各种外部性也会随之消失。从历史来看，人类几千年来形成了各种道德规范和风俗习惯，其实都是为了减少外部性，降低交易成本。

私人解决外部性的另一个办法是慈善行为。许多慈善行为也是为了解决外部性而产生的，比如一些慈善组织致力于环境和野生动物的保护，出资支持有关方面的研究，并呼吁采取相关的措施。慈善组织还出资支持研究机构与大学的一些基础研究项目，而这些基础研究如上面所说具有正的外部性。通过慈善组织的这些活动，一些外部性得到了解决。

私人解决外部性的其他办法包括当事各方的协商和市场交换。有时候采用合并就使得外部性内部化了。例如，在上述炼钢厂和养鱼场的例子中，私人可以把二者合并在一起经营（如果这样做不存在任何障碍的话）。在这种情况下，财产的所有者就可以综合考虑，是养更多的鱼，还是炼更多的钢。经过权衡，他一定会选择使总利润达到最大化的产量组合，因此，外部收益在利润最大化的决策下内部化了，所有者将充分考虑炼钢对养鱼的影响。如果养鱼场和炼钢厂不能放在一起经营，只要明确规定炼钢厂是否有排出废水的权利，那么，在交易成本为零或很小的情况下，炼钢厂的所有者和养鱼场的所有者就可以通过市场交换而解决二者之间存在的外部性，关于这一点，将在第四节作详细讨论。

总之，通过私人的一些行动，某些外部性问题可以得到解决。当然，私人解决外部性的办法并不总是有效的，因为在许多情况下，交易成本的存在使私人之间的协商和交易变得不可能。比如，涉及外部性的各方可能由于文化的差异或语言的隔阂而根本无法一起协商，或者达成协议的成本过大，或者由于涉及的人数众多而根本无法组织协商谈判，等等。在这些情况下，巨大的交易成本实际上使人们不可能通过私人协商来解决外部性问题，由此，也就需要通过政府干预来解决外部性问题。

二、针对外部性的政府政策

政府为了解决外部性而制定的政策可能多种多样，但其目的都是有效地控制外部性的有害影响，发挥其有利作用。政府干预与私人协商的不同之处在于，政府干预具有强制性。当然，政府干预有时也涉及经济手段，如提供金融支持或实行经济惩罚。

1.管制

政府可以通过出台一些规定或禁止某些行为来解决外部性问题，例如，政府可以规定把有毒的化学物质倒入供水区中是一种违法行为，这样就可以有效地遏制人们的这种做法。政府还可以规定不准随地吐痰，以改善环境卫生并防止疾病的传染。在中国，政府规定所有的适龄儿童都必须接受九年义务教育，以改善国民素质。所有的这些政府管制都是为了解决某种外部性。政府管制的特点是强制执行具有明确目标的某种政策或措施，有时还对不执行者实行经济处罚，如政府在规定不准随地吐痰的同时，一般还会规定对吐痰者处以一定数额的罚款。

2.税收和补贴

除了管制以外，政府还可能直接采取税收或补贴等经济手段，向私人进行相应的经济制裁或激励，以达到解决外部性问题的目的。具体来说，政府可以通过征税来抑制具有负外部性的活动，通过补贴来激励具有正外部性的活动。这种解决办法是福利经济学的奠基人庇古教授最先提出来的，因而相关的税收被称为庇古税。例如，政府可以对基础研究进行专项拨款，以促进基础研究。在环境污染的问题中，政府可以通过征税的办法来限制企业的排污行为，以减少污染。下面将详细地说明这一点。

3.解决环境问题的政策

自工业革命以来，随着工业生产的发展，环境污染逐渐成为一个世界性的公害。现在的各国政府一般都有专门的环境保护机构来控制和解决污染问题。那么，环保机构用什么办法才能最好地解决污染问题呢？前面说过，污染之所以产生，是因为相关的企业没有支付排污的成本。因此，对企业来说，只要让其排污的成本和收益相等，企业就会把排污控制在边际成本与边际社会成本相等的范围之内。而对社会来说，完全控制污染几乎是不可能的，但污染太大也是不行的，因而最佳的污染控制应该是使排污的社会边际成本等于边际减污成本，如图10-3所示。

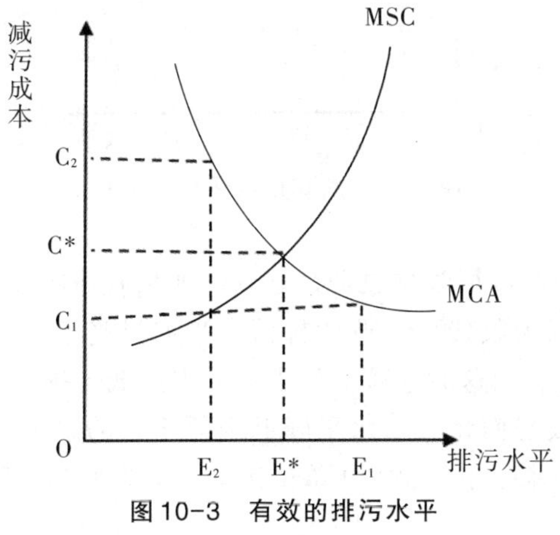

图10-3　有效的排污水平

在图10-3中，纵轴代表减污成本，横轴代表排污水平。MCA为边际减污成本，这是一条自左上方向右下方倾斜的曲线，表示随排污水平的提高，边际减污成本（即多减少1单位污染的成本）是下降的；而当排污水平下降时，边际减污成本是上升的。MSC为排污的社会边际成本，这是一条自左下方向右上方倾斜的曲线，表示随着排污水平的增加，排污引起的社会边际成本是上升的。当减污的边际成本等于排污引起的社会边际成本时，社会就达到了有效率的状态。在图10-3中，E^*所代表的排污水平就是有效率的排污水平，因为在这一点上，排污引起的社会边际成本恰好等于减少污染的边际成本。而在E_1点，边际减污成本C_1远远小于排污引起的边际社会成本（图中没有标明），这意味着为了减少污染而造成的成本小于污染本身造成的社会成本，因而治理污染是合算的。而在E_2点，排放污染引起的社会边际成本为C_1，而减少污染的边际成本为C_2，这意味着减少污染的成本大于排放污染所造成的成本，因而治理污染是不合算的，这时，增加污染的排放才是合算的。显然，如果企业对排放污染的成本负责，它会考虑将排放水平控制在E^*点上。如果企业不对排放污染负责，那么，政府怎样才能使其达到E^*点呢？一般有三种办法，即制定排放标准、征收排放费和发放可转让的排放许可证。

（1）制定排放标准

所谓制定排放标准，就是由政府环保机构规定每个企业能够排放多少废物的法定限制。在排放标准下，企业的排污水平如果超标，就要受到经济处罚，甚至刑事检控。那么，排污的标准应如何制定呢？最优的排放标准当然是定在E^*点上。

在图10-4中，直接将排放标准定在E^*的水平，将会使企业将污染控制在有效的水平上。企业可以通过安装减少污染的设备来达到这一标准。因为如果达不到这一标准，企业将面临严厉的处罚甚至刑事责任。当然，如果政府对超标行为处罚所造成的成本低于企业安装减污设备的成本，排放标准将不起作用，除非政府强制执行。

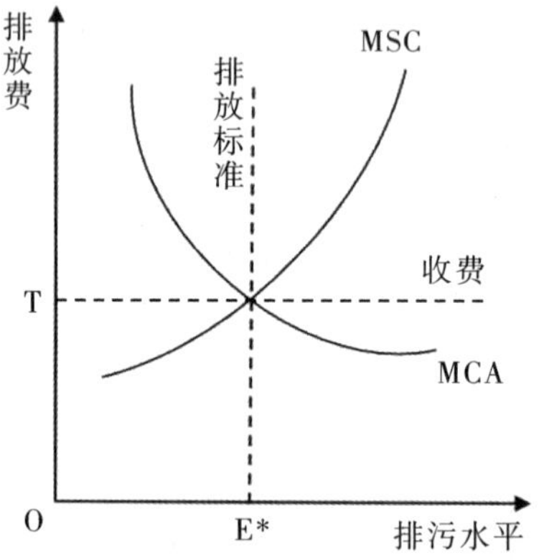

图10-4 制定排放标准和收费

（2）征收排放费

上述排污水平也可能通过征收排放费来达到。如果政府收取T的排放费，企业也会把污染控制在E^*的水平，因为收费后企业的排污水平如果高于E^*点所代表的水平，就意味着它将支付更多的排放费，而这时它减少污染的成本是低于排放费的，故企业宁愿减少污染。但如果为了少交排放费而将排污水平降低到低于E^*的水平，那么，企业也是不合算的，因为在低于E^*的排污水平上，减少1单位污染的成本要高于排放费，所以企业宁愿交纳排放费而不愿减少污染。

虽然制定排放标准和收取排放费都可以使企业达到有效的排放水平，但二者还是有区别的。当环保机构的信息不完全且管制企业排污的成本很高时，实施排放标准和征收排放费就不同了。假定每单位污染不论由哪家企业排出都给社会带来相同的成本，而政府为了使管理成本最低，对每家企业都实行相同的排放标准或征收相同的排放费。在这两个假定下，当每个企业的减污成本不一样时，征收排放费要优于实行排放标准，因为在这种情况下，对于同样1单位的污染，有的企业要花更多的成本才能减污，有的企业只需要花较小成本就可以达到减少污染的目的。在统一收费政策下，社会用较小的成本就能达到有效的减污水平，因为减污成本低的企业可以更多地减少污染，而减污成本高的企业可以较少地减少污染。但如果实行统一的排放标准，由于每类企业都要达到相同的排放标准，因而需要较大的成本才能达到有效的排污水平，因为减污成本较低的企业在统一的排放标准下不会更多地减少污染，而减污成本高的企业也必须花高成本才能达到相同的排放标准。

然而，当排放污染的社会边际成本曲线较陡（即污染的较少增加就给社会带来很大的成本），而边际减污成本曲线较平坦（即随着排污水平的降低减污成本上升得较慢）时，实行排放标准效果较好。图10-5说明了这一情况。

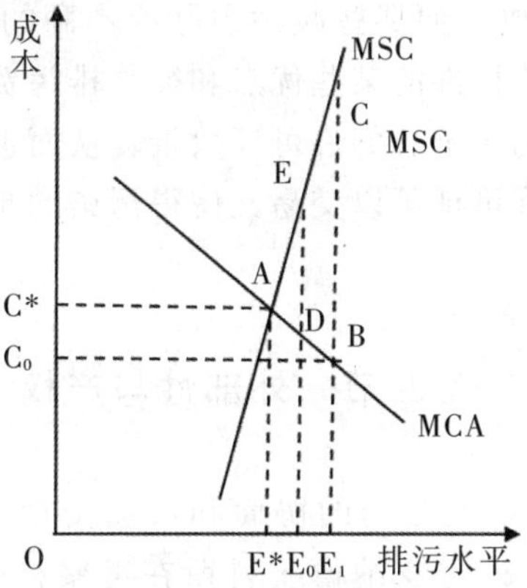

图10-5　实行排污标准的情况

在图10-5中，有效的排放水平在E^*点，该点是污染的社会边际成本与边际减污成本的交点。注意：MSC十分陡峭，表示随着排污水平的提高，污染给社会造成的成本上升得很快；MCA十分平坦，表示随着污染水平的提高，污染治理成本下降得较慢。如果环保机构对此有足够的信息，能够将排放标准限定在E^*的水平，或将排放费定在C^*的水平，则都可以使污染的社会边际成本等于减污的边际成本，即都是有效率的。但如果环保机构没有足够的信息，在采用排放费的时候，排放费定在C_0，偏离了有效的排放费1/10时，则得到的污染水平是E_1，这时污染的边际社会成本为E_1C，而治理污染的边际成本为E_1B，对社会造成的效率损失是△ABC。而如果实行排放标准，则当排放标准偏离正常标准的1/10时，我们发现社会的排放水平为E_0，此时对社会造成的效率损失是△ADE。显然，△ADE小于△ABC。这说明，在信息不完全时，一旦偏离正确水平，采取排放标准比采用排放费能给社会带来更小的效率损失。

因此，当社会边际成本曲线较陡而边际减污成本曲线较平坦时，增加污染的成本是很高的，这时设立排放标准优于收取排放费。在信息不完全时，一方面，排放标准使排放水平确定而使减污成本不确定；另一方面，征收排放费时减污成本比较确定而使排放水平的降低不确定，因而应根据不同的情况来确定是设立排放标准还是收取排放费。

（3）可转让的排放许可证

除了设立排放标准和征收排放费外，环保机构还可以用第三种办法来解决环境问题，即发放可转让的排放许可证。在排放许可证制度下，每家企业都必须持有排放许可证才可以排出污染物。每张许可证都明确规定了可以排放污染物的数量。一个企业如果没有排放许可证而排放了污染物，或者排放的污染物超过了其持有的许可证规定的数量，都要受到排放机构的严厉处罚。许可证分配给各个企业，许可证规定的总排放量恰好等于有效的排放水平——使污染的社会边际成本等于污染的边际治理成本。许可证是可以转让的，这样那些治污成本高而要大量排污的企业就要花钱购买排污许可证，而那些治污成本低而排污量小的企业就可以把自己的排污许可证卖给别人，这样各得其所。

当企业的数量和许可证的数量足够多时，一个竞争性的许可证市场就会形成。在市场均衡时，许可证的价格等于所有企业的边际减污成本。否则的话，就会有企业发现购买或出售许可证是有利可图的。政府选择的排放水平会以最低的成本实现。那些减污边际成本相对低的企业会尽量减少排放，而那些减污边际成本高的企业则会购买较多的排污许可证。由于这一市场方法把排放标准的某些优点和征收排污费的某些优点结合了起来，因而具有较大的吸引力。环保机构决定总的许可证数量，从而也决定了总的排放量，这就像制定排放标准达到的效果，但许可证可以交易又使得污染的减少以最低成本来实现，因而又有收取排放费的优点。

第四节　外部性与产权

本章第三节说明，通过私人之间的协商和市场交换是可以解决外部性问题的，这就是1991年诺贝尔经济学奖得主罗纳德·科斯在考察社会成本问题时得出的结论。在本节将具体讨论通过当事各方的讨价还价，或者通过法律程序，外部性问题如何得到解决。

根据科斯定理，如果交易成本为零，只要产权被明确界定，则资源配置的最终结果与权利的初始界定无关，也就是说，不需要政府干预就可以解决外部性问题。让我们仍然以炼钢厂和养鱼场为例来进行说明。

由于炼钢厂排出的废水损害了渔民的捕鱼收益，因此，炼钢厂自己可以安装一个过滤系统减少污染，或者由渔民投资来安装一个废水处理系统。在这两种情况下，都可以达到有效率的资源配置。首先假定炼钢厂有权向河中排出废水，并假定渔民的收益是100，炼钢厂的收益是500。通过建立一个污水处理厂，渔民的收益增加到200，因此，二者的总收益是700。进一步假定渔民愿意向炼钢厂支付300来安装一个过滤器（这等于有过滤器时的收益500与只有处理厂时的收益200之差），由于炼钢厂在安装过滤器后只损失200，因而它愿意这样做，结果它所得的收益在补偿损失以后有剩余。通过合作，双方得到的额外总收益为100，即渔民得到的收益300减去过滤器的成本200，见表10-1。

表 10-1 **不同排放选择下的收益**

状态	炼钢厂的收益	渔民的收益	总收益
无过滤器，无处理厂	500	100	600
有过滤器，无处理厂	300	500	800
无过滤器，有处理厂	500	200	700
有过滤器，有处理厂	300	300	600

现假设炼钢厂和渔民同意分享这一收益，即渔民向工厂支付250安装过滤器，结果如表10-2所示。

表 10-2 **不同产权下的讨价还价**

	（炼钢厂）有倾倒权	（渔民）有清洁水权
不合作:		
炼钢厂的收益	500	300
渔民的收益	200	500
合作:		
炼钢厂的收益	550	300
渔民的收益	250	500

表10-2说明讨价还价得到了一个有效率的结果。在不合作时，如果炼钢厂有倾倒权则炼钢厂得到500，渔民得到200，共计700；如果渔民有清洁水权则炼钢厂得到300，渔民得到500，共计800。在合作时，如果炼钢厂有倾倒权则炼钢厂得到550，渔民得到250，共计800；如渔民有清洁水权则炼钢厂得到300，渔民得到500，共计800。这说明，当双方能够无成本地讨价还价时，无论产权（在这里表现为倾倒权和清洁水权）如何界定，资源配置的最终结果都是有效的，因为这时双方不可能再通过讨价还价增加收益。

上述分析实际上建立在假定渔民和炼钢厂之间的协商成本为零或很小的基础上。这一假定在现实中并不总是存在的，因为渔民和炼钢厂之间的协商成本可能很高，有时双方可能会采取一些博弈论中所说的策略性行为。如果出现这些情况，结果就不会达到帕累托最优状态。

简要评析

科斯是一位典型的西方经济学家，他在运用边际分析工具进行最优化分析时，坚信全部分析的基点只能建立在完全竞争的市场框架之上。但他也敏锐地发现这一理论框架的缺陷，并试图通过引入交易成本范畴消除这一缺陷，从而解释既有的理论不能解释的问题。他相信，只要导入交易成本范畴，企业乃至政府管制就能从这一体系中自然而然地推导出来，理论就能逐步逼近现实世界。然而西方学者也对科斯定理提出了批评，大体可分为三点：第一，科斯定理假设交易费用为零，而事实并非如此；第二，即使交易费用为零，还存在着策略性行为，这可能使社会达不到最有效率的状态；第三，科斯定理忽略了收入分配效应。但是正如硬币的两面性，科斯的研究工作也为我们提供了可借鉴的范式与框架。

复习思考题

一、名词解释

1.外部性（北京师范大学2004研；北京航空航天大学2004研；东南大学2003研；南开大学2005研；四川大学2006研）

2.科斯定理（北京师范大学2006研；中国人民大学2006研；北京理工大学2006研；南开大学2006研）

3.私人成本与社会成本（北京大学1997研）

二、简答题

1.举例说明科斯定理。（北京大学1997研）

2.判断下列说法是否正确：

（1）“如果产权界定是清楚的，那么，就不会有外部效应问题。”

（2）有人说，在出现了污染这种外部性的条件下，没有政府的干预，就不可能达到帕累托效率条件。这种说法是否正确？为什么？（北京大学1996研）

3.简述产权与所有权的关系。

4.为什么外部性会导致竞争市场上的资源配置偏离帕累托最优状态。（西南财经大学2004研）

三、计算题

1.假定A、B两厂商之间存在外部性，A厂商对B厂商造成外部不经济。A厂商生产X产品，B厂商生产Y产品，其成本函数分别为$C_A = 2X^2$和$C_B = Y^2 + 2XY$，B厂商的成本受A厂商的产量X的影响。X和Y的市场价格分别为80和60。求：

（1）假定厂商不对外部性问题进行交涉，两厂商的产量各为多少？

（2）假定两厂商对外部性问题进行交涉，并且交易成本为零，两厂商的产量又各为多少？

（3）在（2）的场合，对A厂商的外部不经济有法规和无法规时，两厂商如何分配利润？

（4）假定政府为抑制外部不经济，对A厂商生产的每单位X征收数额T的税收，两厂商若追求各自利润最大化，政府税额应定为多少？

（5）假定政府向A厂商生产的每单位X征收数额T的税收，而向B厂商生产的每单位Y发放T单位的补贴。假设两厂商可以无交易成本地交涉，那么政府的税收、补贴政策会带来什么样的影响？

2.市政府准备在淮河上建一座大桥，并对过往的汽车征收费用，估计汽车过桥的需求函数是：P=25－0.5Q，这里P是对通过的每辆汽车征收的费用（元），Q是每天通过的汽车数。若大桥建成后，分摊折合每天的固定成本是500元，而没有变动成本。政府打算让一家公司承包，建设费用和收益都归公司。问：

（1）若没有政府补贴，有公司愿意承包吗？

（2）如果政府根据每天通过的汽车数给承包公司补贴，每辆车至少要补贴多少？

（3）若政府一年一次给承包公司固定财政补贴，数量与通过的汽车数无关，至少要补贴多少，才有公司愿意承包（一年计365天）？（中山大学2005研）

3. 一家垄断的钢铁厂的成本函数为 $C(q) = q^2 + 60q + 100$，该企业面临的需求曲线为 $p = 200 - q$。但是钢铁厂每生产出1单位的钢铁将产生0.1单位的污染物z，即z=0.1q。清理污染的成本函数为：污染总成本=100+400z，其中z为污染物数量。

（1）如果企业可以自由排放污染，其产品价格和产出水平为多少？

（2）假定生产者必须内部化其外部性，即它必须支付污染成本，则其产品价格和产出水平为多少？

（3）上述计划能否消除污染？请分别算出（1）和（2）两种情形下的污染物数量。

（4）假定政府希望通过税收来减少企业的污染排放。如果政府希望企业减少的污染物排放量与（2）中相同，则应该怎样设计税收？（中国人民大学2006研）

四、案例题

灯塔的故事

在一个靠海的渔港村落里住了两三百个人，大部分的人都是靠出海捕鱼为生。港口附近礁石险恶，船只一不小心就可能触礁沉没而人财两失。如果这些村民都觉得该盖一座灯塔，好在雾里夜里指引迷津。如果大家对于灯塔的位置、高度、材料、维护也都毫无异议，那么，剩下的问题就是怎么样把钱找出来，分摊盖灯塔的费用。

既然灯塔是让渔船趋福避祸，就依船只数平均分摊好了。可是，船只有大有小；船只大的船员往往比较多，享受到的好处比较多。所以，依船员人数分摊可能比较好，可是，船员多少不一定是好的指标，该看渔获量。捞得的鱼多，收入较多，自然能负担比较多的费用。所以，依渔获量来分摊比较好，可是，以哪一段时间的渔获量为准呢？要算出渔获量还得有人秤重和记录，谁来做呢？而且，不打渔的村民也间接地享受到美味的海鲜，也应该负担一部分的成本。所以，依全村人口数平均分摊最公平。可是，如果有人是素食主义者，不吃鱼，难道也应该出钱吗？可是，即使素食主义者自己不吃鱼，他的妻子儿女还是会吃鱼啊。所以，还是该按全村人口平均分摊。可是，如果这个素食主义者同时也是个独身主义者，没有妻子儿女，怎么办？还是船只数为准比较好，船只数明确可循，不会有争议。

可是，有人反对，虽然家里有两艘船，却只在白天出海捕鱼，傍晚之前就回到港里，所以根本用不上灯塔，为什么要分摊？或者，有人表示：即使是按正常时段出海，入夜之后才回港，但是，因为是下海老手，所以港里港外哪里有礁石早就一清二楚，闭上眼睛就能把船开回港里，当然也就用不上灯塔。

好了，不管用哪一种方式，大家总算都（勉强）同意了。可是，由谁来收钱呢？在这个没有村长的村落里，谁来负责挨家挨户地收钱保管呢？

好吧，如果有人自告奋勇，或有人众望所归、勉为其难地出面为大家服务，总算可以把问题解决了。可是，即使当初大家说好各自负担多少，如果有人事后赖皮，或有意无意地拖延时日，就是不付钱，怎么办？大家是不是愿意赋予这个“公仆”某些像惩罚等的“公权力”呢？

灯塔的例子很具体而深刻地反映了一个社会在处理“公共财产”这个问题上所面临的困难。灯塔所绽放的光芒德泽广被，让过往的船只均蒙其利。可是，其他的东西像面包、牛奶一个人享用了之后别人就不能再享用；灯塔的光线却不是这样，多一艘船享用不会使光芒减少一丝一毫。而且，你在杂货店里付了钱才能得到牛奶面包；可是，即使你不付钱，还是可以享有灯塔的指引，别人很难因为你不付钱而把你排除在灯塔的普照之外。

和牛奶、面包相比，像灯塔这种财货就比较容易由公共部门来解决。因此，由灯塔的例子，可以具体入微地联想到“政府”存在的理由：通过大家认可的方式，大家决定要有哪些像灯塔之类的公共财产，也决定要怎么样分摊提供这些公共财产的成本。而且，为了能有效地处理“支出”和“收入”这两方面的问题，大家也愿意让政府拥有某些司法和制裁的权力。

对一般人来说，也许灯塔和实际生活的经验有一段距离，不太能体会里面的曲折。但是，类似的例子多得很。每一个人都可以自问，如果要在自己家附近的巷子里设一盏路灯，钱要由街坊邻居一起分摊，地点要由大家商量决定，那么，你认为怎么做比较好，或者你觉得走夜路没有什么不好，何必劳民伤财。

传统上经济学者一直认为，灯塔非由政府兴建不可。因为，灯塔散发的光芒虽然功德无量，可是船只可以否认自己真的要靠灯塔指引，或者过港不入。所以，民营的灯塔可能收不到钱，而且，灯塔照明的成本是固定的，和多一艘船或少一艘船无关。因此，灯塔不应该收费，而应该由政府经营。

科斯引述史料，说明在十七八世纪时，英国境内大部分的灯塔都不是政府经营，而是由英皇特许，私人经营，或者是由一个港务公会负责兴建经营。这些“非公营”的灯塔订有费率，向所有进港的船只收费。

科斯引用的史料很生动。譬如说，他在文章里面提到有一商人花了四十万英镑，在一处险恶的礁石上翻修了一座新的灯塔。但是，在暴风雨中，人和灯塔都被扫入海里。灾难过后，英国政府付给商人遗孀慰问金二百英镑和年金一百英镑。可是，文章虽然有趣，重点只不过是点出了传统经济学者在论述时不讲求证据的缺失而已。虽然文章里被科斯点名批评的包括马歇尔、萨缪尔森这些经济学（史）上的大师，可是，这篇文章发表时科斯早已是一方重镇，并不需借着撂倒大师来扬名立万。

也许，科斯是希望借着这篇文章来提醒所有的经济学者：经济学不该只是漂亮的模型、繁复的数学和想当然的推论。对于人的实际行为多做观察和了解，再归纳萃取出一些智慧，这样的经济学或许比较平实可喜。

可是，单单为这一点“常识”，就值得让这篇文章和其他的经典之作平起平坐吗？何况，科斯对萨缪尔森的批评也不能说毫无瑕疵。即使英国历史上曾经有过私人的灯塔，并不表示私人灯塔是常态；放眼今天，试问世界上有几座灯塔不是公营的？因此，萨氏的观点并不为过。

灯塔，应该是有助于指点迷津的。可是，经济学里的灯塔却好像总是让人坠入五里雾中，不辨西东。

资料来源　熊秉元．灯塔的故事［M］．北京：社会科学文献出版社，2002.

思考：

（1）作为一种公共物品，灯塔有哪些独特的性质和特点？

（2）其他的公共物品是否和灯塔一样具有相同的特征和性质？

[第十一章]

公共物品、公共选择、信息不对称与微观经济政策

第一节　公共物品

一、物品的分类

在现实生活中，消费的物品（商品和服务）一般都会产生一定的外部性，只不过大多数物品的外部性是非常微小的。例如，如果教室的隔音效果较好的话，我们上课时每个老师讲课声之间的互相干扰就可以忽略不计。但是，有些物品的外部性非常大，甚至它的全部价值几乎都是外部性的。例如，海洋中的灯塔就是这样的物品，从它周围路过的任何船只并不需要为灯塔的修建付出什么，却都能从它的引导指示中受益。还有些物品的外部性是介于这两者之间的。例如，传染病的预防和治疗、城市公园及体育设施、产生污染的工业产品等都具有一定的外部性，但它们的外部性程度又没有灯塔之类的物品那么大。

外部性概念的引入也使我们对社会上各种消费品的认识，不再局限于理想的假设之中，而更具有现实性。从现实来看，正如外部性概念所揭示的那样，各种物品是有着本质性区别的。一般说来，可以从以下两个特性来区分不同的物品：其一是排他性，如果某人在使用某种物品时，其他人就不能再使用它，那么这种物品就具有排他性；其二是竞争性，如果一个人对某种物品的使用减少了其他人对该种物品享用的数量或程度，那么这种物品就具有竞争性。物品的这两个特性都与它的外部性程度有关，具有完全排他性和完全竞争性的物品就没有外部性，而随着物品的排他性和竞争性的逐渐减弱，它的外部性则会逐渐增强。例如，家庭自种的草坪、花园所产生的美化环境的福利不仅为其家人所享有，而且也不可避免地会增加邻居及过路人的福利水平。这就是由于我们不能完全阻止其他人对花园、草坪的美以及草坪所净化的空气的享用，同时我们对它们的享用也不会在多大程度上减少其他人对它们的享用。

根据所有物品在这两个特性方面的表现不同，可以将它们分为以下三类：

1.私人物品

这类物品既具有排他性，又是竞争性的。显然，它们是前面市场理论的分析中一直设定的研究对象，也是在市场中最为常见的一类物品。

2.公共物品

这类物品与私人物品正好相反，它们既不具有排他性，也不是竞争性的。国防是一种典型的公共物品，一国国内多出生一个公民并不会减少其他人从国防中得到的保护程度，原有公民也不能阻止该新成员对该国国防的享用。前面提及的灯塔也属于这类物品。公共物品的这两个特性与其在消费上的不可分割性有关。正是由于公共物品不能像私人物品那样在数量上为某种具体的单位所分割，所以它们才无法实现排他和竞争。公共物品的这种不可分割性或者是由于无法分割，或者是由于分割的成本过高。

在理论研究中，学者们又将公共物品分为两大类：纯公共物品和准公共物品。在此一直引以为例的国防和灯塔等就都属于纯公共物品一类。之所以称之为纯公共物品，其原因在于它们的非排他性和非竞争性不会因消费者数量的增加而改变。而准公共物品则存在这样的一个数量上的转折点。在消费者的数量未达到该点之前，该物品或服务的消费是非排他和非竞争的。但是，当消费者的数量超过该规模后，消费者之间就会存在竞争性，新增加的消费将减少全体消费者的效用。公路桥梁就属于这类物品，当行人或车辆的数量未超过设计的通过能力时，他们对道路和桥梁的使用不存在排他性和竞争性，而一旦超过设计通过能力，行人和车辆就会拥挤在一起，从而降低各自的效用水平。关于这一点，生活在大城市中的人们都会有切身的体会。可以归类为准公共物品的还有警察消防服务、道路照明、基础科学研究、社会卫生保健、传染病免疫措施、历史遗迹、社会文化艺术设施等。鉴于准公共物品的这种特性，有的学者又将之称为“有限的公共物品”或“俱乐部物品”。

3.共有资源

它们没有排他性，但具有竞争性。绝大多数不具备私有产权的自然资源都属于这类物品，例如，海洋中的鱼类、草原上的野生牛羊、公共牧场、河水、城市中的清洁空气等。由于是公共所有（没有私有产权），所以消费者对它们的消费是非排他性的。但是这类资源在数量上又是有限的，一些人对它们的消费必然会减少其他人对它们的消费，所以它们是竞争性的。

在这三类物品中，私人物品的外部性较小，而公共物品的外部性最大。再以灯塔和国防为例，几乎所有的有关个体（路过船只或该国居民）都能享受到它们所带来的收益。至于共有资源，由于它们并不是人类生产的产物，所以我们无法确定它们的外部性。但是对于人类开采、使用它们的行为来说，却可以探讨它们的外部性，因为它们破坏了生态平衡及环境，影响了他人及后代对该资源的使用。这里需要强调的一点是，公共产品是指具有正外部性的物品，所以诸如战争、恐怖活动等就不是我们分析的对象。

从前面的分析已知，市场机制在配置具有外部性的物品方面是失灵的，即不存在可以交易这类物品的完全市场。科斯定理揭示，在交易费用较低的条件下，私人经济主体可以通过一些方法在市场范围之内解决他们之间的外部性问题，例如，依靠社会道德的规范与约束，或者把相互之间具有外部性的经营结合在一起（一体化），或者通过有关各方的协商来解决，等等。但是对于那些外部性极大的公共物品来说，市场则是无能为力的，在第二节及第三节中将探讨其中的原因。

二、公共物品的供求分析

既然公共物品与私人物品在基本特征上是不同的，那么它们的供给和需求曲线也会有所差异。本节将介绍公共物品的供给和需求曲线，并在此基础上总结出公共物品供求均衡的配置条件。

1.公共物品的社会需求

由于公共物品的消费不具有排他性和竞争性，所以社会上每个消费者消费的公共物品的规模水平都相同，而且这一水平也就是该物品在整个社会上的总供给规模。

每个消费者都能从这种消费活动中获得相应的效用收益，沿用第三章中的分析方法，可以据此描述出各个消费者的公共物品需求曲线。为方便分析，在此只考虑两个消费者甲和乙，他们各自的公共物品需求曲线如图11-1所示。

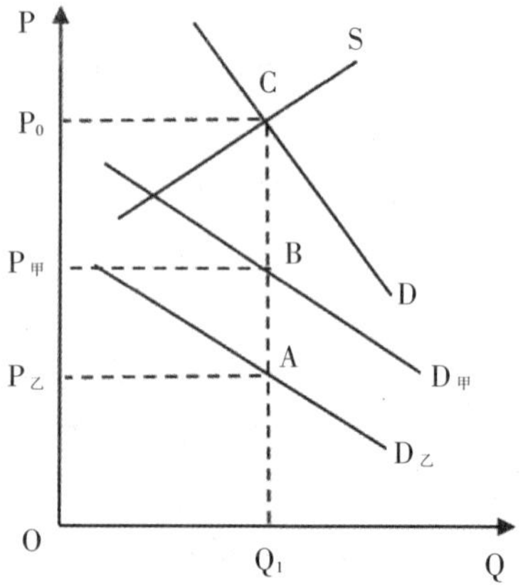

图11-1　公共物品需求和供给曲线

在第三章中，通过加总所有消费者个人的需求曲线来获得整个市场的需求曲线。对于公共物品，也采用同样的做法。如图11-1所示，当需求数量为Q_1时，甲愿意为消费支付$P_{甲}$（点B），乙愿意为消费支付$P_{乙}$（点A），它们分别是甲和乙消费Q_1数量公共物品的边际收益（MU）。由前文分析已知，此时整个社会对该公共物品的需求数量同样也为Q_1，但社会总的边际收益为两个消费者边际收益之和，故而社会愿意为该物品支付$P_0=P_{甲}+P_{乙}$，图中表示为C点。同理，可以得出其他规模水平下社会的支付水平。将这些点连接起来，即可得出公共物品的社会需求曲线D。

由此推导过程可以清楚地看出，公共物品的社会需求曲线与私人物品的市场需求曲线之间的不同，前者是每个消费者的需求曲线的纵向加总，而后者则是它们的横向加总。之所以如此，关键在于公共物品的非竞争性特点，由于消费上的非竞争性，每个消费者消费的都是同一个商品总量，因而每个消费者的消费量都与总消费量相同，而对这个总消费量支付的价格却是所有消费者支付的价格总和。

2.公共物品的社会供给

这里需要明确的一点是：由于公共物品是不可分割的，所以在分析中，不同的公共物品社会总供给水平之间只存在规模上的差别，而不存在数量上的差别。例如，可以区分出预算总额为1 000亿元和2 000亿元的国防服务，却不能描述5单位和10单位的国防服务之间的不同。在一个暗礁附近，估计不会有谁愿意修建多个灯塔，相反为了更好地提供指引服务，降低船只触礁的可能性，可以采取如下的措施，增加灯塔的高度，采用更高功率或更能穿越迷雾的照明设备等，当然这也就意味着投入的相应增加。因此，公共物品的社会供求均衡状态所表述的是社会供给的总投入，而不是每单位产品的均衡价格。这是公共物品供求分析与一般商品供求分析的另一个主要差别。

公共物品供给的这一特性也表明，公共物品的社会供给曲线具有不同于市场供给曲线的推导过程。对于后者来说，短期内完全竞争市场的产品供给曲线是可变成本曲线之上的边际成本曲线，而在垄断市场中则没有供给曲线。由于公共物品的社会供给只表示供给规模的大小，而不描述供给数量的多少，所以它的社会供给曲线表述的就是不同供给规模水平下的社会总投入的边际成本。图11-1中的S曲线即为公共物品的社会供给曲线。其向右上方倾斜的形状表明，随着供给规模的增大，所需投入的边际成本也将相应地增加。

有了供给曲线和需求曲线，我们就可以分析公共物品均衡状态的条件及表现等问题了。如图11-1所示，当供给曲线为S，需求曲线为D时，供求的均衡数量为Q_1，均衡价格为P_0。但是这个均衡状态在现实的市场体系中是不可能出现的，这是市场失灵的另一具体表现。在本章第三节中，我们将分析其中的原因。

第二节　市场失灵与公共选择

一、公共物品与市场失灵

我们已经知道，在完全竞争市场的研究框架中，消费者对每种产品的获得都要付出相应的代价，均衡的条件是各种商品的边际替代率之比等于相应的价格之比，即消费者为某种消费品付出的代价应与他从该消费品的消费中所得的收益相当。但是如果放弃这一研究框架中的完全理性、完全信息和完全市场的假定条件，就会发现上述均衡条件将无法实现。在有正外部性的不完全市场中，由于购买商品的消费者的个人收益小于社会收益，那么就必然会有其他消费者从他的消费中获得收益，但可以不为此收益的获得付费。市场中的这一类行为，被形象地称为“搭便车”或“免费搭车”。

对于具有外部性的产品来说，市场的实际供给规模要小于有效的规模水平。当该产品的外部性很大时，市场中免费搭车的人就会非常多，那么它的市场供给规模就会远远小于有效的规模水平。而对于公共物品这类外部性极大的产品来说，这之间的差距就会非常之大。

以国防为例来具体阐明这种论断。假设某个国家是由私人（假设是一个人）提供国防服务的，即它是由市场配置的。由于国防服务具有非排他性，所以该国的其他所有公民都能享受到此人所提供的国防服务，同时国防服务的非竞争性决定了每个居民所享受到的国防服务都是一样的。第二节的分析告诉我们，国防的社会收益等于所有公民从中所获得收益的纵向加总，那么由于一国公民的数量是巨大的，所以国防服务所产生的社会收益就要远大于提供者个人所获得的收益。图11-2表明了这一观点。其中，DD线为社会对国防的需求曲线，dd线为国防服务提供者的需求曲线，前者为后者与其他公民的需求曲线的纵向加总。SS线为国防的供给曲线，它向上倾斜表示对国防的投入越多，所提供的国防服务就越优。这里，假设国防服务的规模（数量）可以达到很低的水平，比如仅一兵一枪也能提供国防服务，只不过这种情况在现实中是很难见到的。

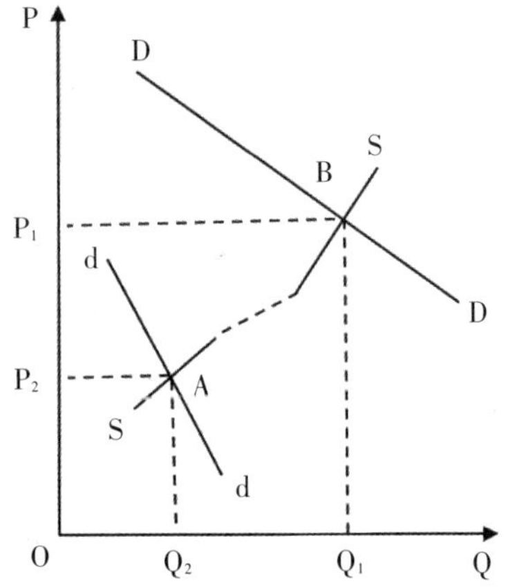

图11-2 国防服务的供给与需求

在现实中根本无法见到的则是图11-1和图11-2中的需求曲线。回顾在一般均衡理论的分析中，只有在完全理性、完全信息和对称信息的前提下，也就是说在能够真实地获知每一个消费者的偏好水平的情况下，社会的总需求曲线才具有现实的意义。但是在不存在这样前提的现实市场中，国防服务的供给者无法得知其他公民从国防服务中获得的收益，也无法将那些享受到收益却不付费的消费者排斥在外。而在需求一方，其他公民出于自利的目的，也不具有主动显示自己收益情况的激励，为自己的此类消费付费，相反他们会普遍采取“搭便车”的行为方式。例如，在图11-1中，消费者甲和乙就不会主动为Q_1规模的消费而付出$P_甲$和$P_乙$的代价，社会需求曲线D只是存在于理论上，而并不存在于现实的世界中。这样，国防服务的供给者所获得的报酬补偿将只限于自己的收益。根据边际成本等于边际收益的原则，他只会提供Q_2水平的国防服务。而由图形分析可知，此时的社会有效均衡水平应为Q_1。因此，在由私人提供国防服务时，市场所能提供的国防服务要远远小于社会有效的均衡水平，整个国家显然就不能得到应有的保护。

反过来思考一下，可以使我们对这个问题有更为深刻的理解。如果国防服务是可分割的，同时也具有排他性和竞争性，就是说它是私人物品，那么根据已知的市场理论即可知，市场的有效均衡状态（如图11-2中B点所示）是可以达到的。因为在这种情况下，那个提供国防服务的人完全可以将他的供给分割开来，一份份地卖给该国的公民。又由于国防服务不具有外部性，该国的所有公民如果不购买他的国防服务，就不能享受到想要的安全保障。由此我们可以看出，这种情况下我们实际面对的就是在完全竞争市场模型中所讨论过的问题。

需要注意的是，在古代的封建王朝中，某一国的皇帝似乎就是那种为整个国家提供国防服务的个人，但这其实只是表面现象而已。在封建的集权制国家中，皇帝代表的是整个国家，他提供国防服务的行为实际上是一种政府行为，而并不是市场力量的产物。借助这个例子，又将回到已有的思路上，即在市场失灵的地方找政府的身影。

二、政府与公共选择

既然市场在配置公共物品方面是失灵的，那么向社会提供公共物品的重担自然就落到了政府的肩上。一般来说，现实社会中的政府是通过强制的征税来解决公共物品的投入问题的。但是，提供公共物品只是政府众多经济职责中的一种。虽然我国经济体制改革的一个核心任务是逐步缩小及降低政府直接参与经济生活的范围和程度，但是，即使在成熟的市场经济国家中，政府也一直在经济生活中扮演着重要的角色。经济学将政府引入到其以市场为主要研究对象的理论分析体系中，无非就是想使经济学理论能更准确地与这种现实情况相吻合。支持政府广泛地参与到经济生活中的理论依据是市场失灵理论，这是本书的后半部分中所主要关注的内容。

从对社会福利问题的讨论开始，政府就已经进入到我们的分析视野中了。在对市场的一般均衡分析中，我们认识到自由市场（完全竞争市场）体系的均衡结果虽然是符合帕累托效率的，但有很大可能会违背人类追求公平、自由及人道的美好意愿，从而是令人厌恶的。因此，纯粹的自由市场经济体系并不是人类社会的理想经济组织体制。这也就是说，要实现人类的美好理想，就必须借助于政府的力量。在此政府被寄予的厚望是，在比较不同的社会资源配置状态的福利水平的基础上，通过实施一定的政策措施，例如财政、税收及福利政策等，来实现社会福利的最大化目标。政府要完成这样的任务，除了要制定实施哪些政策举措以外，还需要确立它的社会福利目标及相应的社会福利标准等。

现实生活中的市场经济体系并非一般均衡理论描述的那般美好。由于现实的市场往往是不完全的，即存在产品的各种各样的外部性，而且市场主体——生产企业和消费者也不是完全理性和拥有完全信息的，所以市场体系的资源配置是达不到帕累托最优的，自然更谈不上其他目标了。

我们将以上现象统称为市场失灵。总的来说，市场失灵的实质就是，市场体系所产生的资源配置结果实现不了应有的目标。例如，具有正（负）外部性的商品总是供给过少(多)，或者社会的公平得不到实现，或者公共物品得不到适时提供，等等。政府在市场失灵的领域参与到经济生活中来，是为了弥补市场的缺陷，其任务同样也是资源的配置。具体来说，政府主要发挥作用的领域包括：关于社会福利目标及标准的选择，社会福利政策的选择，公共物品的供给规模及结构的决定等。

但政府配置资源的方式及途径是不同于市场的，它是通过一定的政治程序来完成这一任务的。纵观历史，人类社会经历了多种组织形式的政府，从专制君主政府到官僚政府，再到现代的民主政府。不同组织形式的政府，对经济生活的参与程度不同，进行资源配置的方式和目标不同，另外，它们进行决策的政治程序也是不同的。这里只介绍民主政府的相关情况及理论，因为只有在民主政府形式下，市场经济体系才能够存在。

民主政府参与资源配置的途径是公共选择。作为一种选择方式，公共选择是指人们通过某种民主政治过程来决定政府的经济决策，它是将个人的私人选择转化为集体选择的一种机制。我们知道，各市场主体（个人或企业）在各种市场中的行为，从本质上来说，就是一种选择行为。例如，消费者的购买行为是其在各种消费品之间进行的选择；消费者提供劳动要素的行为是其在劳动与闲暇之间进行的选择；企业的生产行为则是一种在各种要素组合之间的选择，等等。这类市场中的选择活动，我们称之为私人的选择。它们的特点是由行为主体进行决策并独自承担行为的后果，所以有时也将市场机制描述为一种分散决策（选择）的体制，市场的失灵也就是这种分散决策（选择）机制的失灵。而政府的各类经济政策决策则是一种集体选择，这类选择以符合集体的意愿为准则。分散决策（选择）机制的失灵是这类集体选择活动存在的前提。政府对市场的补充，实质上就是用集体选择来代替个人选译。

综上所述可知，公共选择是民主政府配置资源的根本方式，因此在以社会的资源配置为研究对象的经济学体系中，公共选择理论就必然占据着一个重要的位置。下面将遵循此思路，来对公共选择的规律和它的资源配置效果分别加以考察。

第三节　投票理论

实践中，公共选择主要有两种模式：其一是直接民主制，即社会中的全体公民通过直接投票来决定集体的决策，以此来实现个人选择向集体选择的转变；其二是代议民主制，即社会的全体选民通过投票，选举出代表自己利益的政治代理人，并通过他们来达到影响政治决策的目的。由此可见，投票是公共选择的基本方式，也就是说民主政府是通过公民投票的方式来实现个人的分散决策向集体决策的转变。本节主要研究民主投票机制的基本规律，并在此基础上得出对这一制度的评价。

一、最优民主投票规则的确立

我们都知道，社会的民主投票有多种组织形式和规则。一种极端的规则是一致同意原则，即只有参与投票的所有人都持赞成态度时，所表决的决策才能通过。现实中这样的例子并不多见，联合国安理会的决议是其中的一例。它的通过需要5个常任理事国的一致同意。而另一种极端的情况则是市场上的个人分散决策，如消费者的消费决策就只需自己同意即可。介于这两种极端情况之间的是多数票获胜制，即赢得一定比例以上选票支持的候选人或候选方案获胜。

这类规则体系在一个国家中实际上是由宪法所规定的，对它们的确立也是一个民主政府的首要任务，我们称之为立宪或制宪。宪政经济学对这一过程进行了经济学角度的研究。它所探讨的主要问题是，在对一项集体决策的投票表决中，需要全体成员的多大比例同意才能通过。在这里介绍布坎南与塔洛克关于这一问题的经典分析。

布坎南和塔洛克是从分析投票表决的各方面成本入手来展开研究的。他们认为，一项集体决策往往会引致两方面的成本：外部成本和决策成本。决策成本是在决策过程中产生的，它涉及决策协议的设计、修改、讨价还价、调和冲突、解释及宣传等活动的资源和精力耗费。它的大小与决策被通过所需赞成票的比例呈正比关系。在极端情况下（图11-3中的O点），即决策是独裁性质的时候，决策成本是最低的。

外部成本是集体决策被采纳后，在实施过程中它对某些社会成员产生的不利影响或净福利损失。布坎南与塔洛克认为，这一类成本是可以通过重新修改决策协议，以谋求全体投票人的一致同意来杜绝的。但是如上文所述，这样做就会相应地增加决策成本，所以集体决策的这两个引致成本之间呈相反变化。也就是说，外部成本的大小随决策被通过所需赞成票比例的增大而减少。在独裁决策的极端情况下，决策的外部成本相对来讲是最大的；而在另一端（图11-3中的A点），即决策得到全体选民一致同意的情况下，集体决策的外部成本为零，但此时决策成本最大。

图11-3描述了外部成本与决策成本之间的这种此消彼长的关系。分析该图可知，必然存在一点（图11-3中的C点），使得这两类成本的总和最小。这点所对应的决策通过所

需赞成票的比例（K / N）即为民主投票的最优规则。相对于不同的议案来说，其成本很可能不同，因此不同议案的最优投票规则也就会有所不同。对此在这里不再详述。

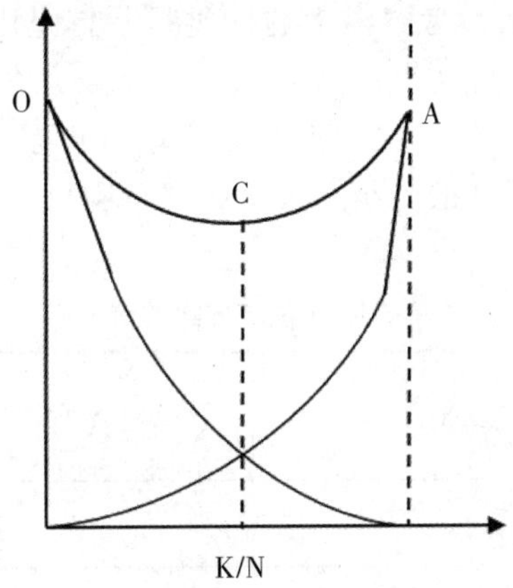

图 11-3　决策成本和外部成本

二、简单多数获胜制与中间投票人定理

现实中比较通行的投票规则是简单多数获胜制，即只要得票数超过半数，候选方案或候选人即获胜。这种投票规则之所以最为流行，其原因在于它的运作总成本相对较低。本节关于最优投票规则的推导仍然只能存在于理论分析中，而不具有现实的可操作性。针对某个具体的议案，通常是无法知道它的最优投票规则的。但是，由图形 11-3 的分析可知，使大多数投票表决的总费用最小的位置均接近于半数规则。这也就决定了简单多数获胜制在现实选举实践中的广泛应用。

在简单多数获胜制下，如果需要表决的对象是关于某项议案的取舍，那么就一定能够得出一个确定的结果：通过或者否决。例如，2016 年英国就该国是否脱离欧盟一事进行的全民公决就是这样的一类投票过程。如果在两个不同的表决对象中选择其一的话，也同样能够得出一个确定的结果。美国的总统选举大多数情况下就是这样的一类投票过程，民主党的候选人和共和党的候选人，谁能获得过半数的选票，谁就能在选举中获胜。但是如果是在多项候选方案或候选人中选一的话，那得到的结果就可能不唯一。例如，在不同供给规模的公共物品之间所进行的集体选择就是这样的一类投票过程。

那么在什么情况下，这类多选一的投票表决会产生唯一的结果呢？为了讨论此类问题，需要引入两个新的概念——投票人的单峰偏好和双峰偏好。前者是指在不同的待选方案之中，只有一个是投票人所最为偏爱的，偏离了该方案，投票人的偏好程度都会持续地下降。其形象表述如图 11-4 所示，图中投票人 A、B、C 的偏好程度变化曲线都只有一个高点，形似一座山峰，故称此种情况为单峰偏好；而双峰偏好则指在所有待选方案中，存在一个投票人偏好最低的方案，其附近任何一个方向的邻近方案都会给投票人带来相对它来说更高的效用。其形象表述如图 11-5 所示，图中投票人 B 的偏好程度变化曲线有两个高点，形似两座山峰，故其得名双峰偏好。

当所有投票者的偏好都是单峰偏好时，简单多数规则的投票表决就能产生一个唯一的结果。考虑一个假想的例子，假设一共有三个投票人 A、B、C 参加一项投票表决，待表决的方案为X、Y、Z，它们分别代表0、200亿元、500亿元的国防投入。三人的偏好顺序如表11-1和图11-4所示。由于是三个方案待表决，所以需要逐次地两两投票，才能依照简单多数规则决出获胜的方案。考察一下这一过程。首先比较方案X和Y，由于B和C都更偏好Y，所以Y胜出，这时将其表示为Y>X；再比较方案Y和Z，由于A和C更偏好Y，所以Y胜出，即Y>Z。因此，按照这一投票顺序进行投票，方案Y将成为最终的获胜方案。在其他的投票顺序下作同样的分析，方案Y都将胜出，故而可见此例只有一个唯一的结果。

表11-1 **单峰偏好对三方案的选择**

议案的偏好 投票人	X对Y	Y对Z	Z对X
A	>	>	<
B	<	<	>
C	<	>	>
全体	<	>	>

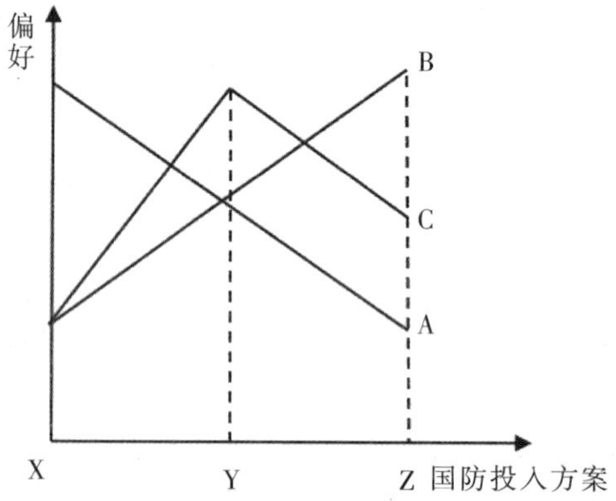

图11-4 单峰偏好

进一步分析这个例子，会发现投票的结果恰好符合持中间立场（支持方案Y）的投票人C的偏好。这种现象并不是一种巧合，而是一种普遍现象，称之为中间投票人定理。该定理表明，只要所有成员的偏好都是单峰的，则依据简单多数规则表决出的结果将反映中间投票人的最优偏好，即他所偏好的方案将获得通过。这里所谓的中间投票人即为那个持中间立场的成员，显然在这一例子中，C就是中间投票人。

三、投票悖论与阿罗不可能定理

当有的成员是双峰偏好的时候，简单多数获胜规则就不能产生一个唯一的结果，相反都会导致各候选方案的循环胜出。这种现象被称为投票悖论。对上例稍作修改后就能清楚地演示这一现象。

设成员B是双峰偏好的，而其他假设维持不变。修改后三人的偏好顺序如表11-2和图11-5所示。如果依次进行方案X和Y、方案Y和Z、方案Z和X的比较，结果将是X优于Y，Y优于Z，而Z又优于X，也就是说这三个方案之间是一种循环的关系。如果假设偏好是可传递的，那么就会得出一个矛盾的结论：X优于X。

表11-2　**双峰偏好对三方案的选择**

议案的偏好 / 投票人	X对Y	Y对Z	Z对X
A	>	>	<
B	>	<	>
C	<	>	>
全体	>	>	>

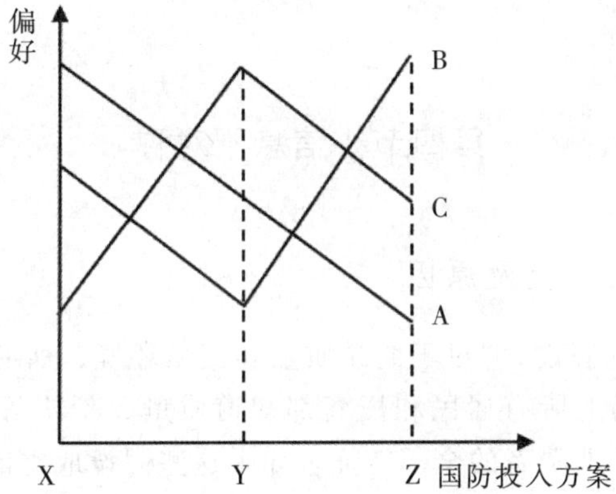

图11-5　双峰偏好

如果重复进行，即进行两轮的投票表决，则最终表决结果将取决于投票顺序的初始设定。如果先比较方案X和Y，然后再将这两者之间的获胜者与Z进行比较的话，最终胜出的将是方案Z；如果先比较Y和Z，然后再把X引入到第二轮的比较中的话，获胜者将是方案X；如果先比较Z和X，再引入Y，获胜者又将是Y。因此，不同的表决程序就会产生不同的结果。

美国经济学家肯尼思·阿罗对于投票悖论现象进行了严谨的数学分析，证明了这种现象存在的普遍性。他的结论被称为“阿罗不可能定理”。下面对阿罗的研究成果进行简要介绍。

阿罗认为，个人和社会的选择顺序满足两个公理：

公理一（完备性）：从全部选择方案中任选两个，如X和Y，则或者X优于Y，或者X和Y是无差异的。

公理二（传递性）：对于任意给出的候选方案X、Y、Z来说，如果X优于Y，Y又优于Z，则X优于Z。

阿罗还认为，民主的社会选择应同时具备以下五个条件：

①自由三元组条件。在所有的选择方案中，至少有三个方案，允许其有任何逻辑上可能的个人选择的存在，即允许个人按照自己的意愿排列选择方案的顺序。

②社会评价与个人评价的正态相关条件。如果某一选择方案在所有人的选择顺序中的地位上升或保持不变，且没有其他变化发生，则在社会选择顺序中，这一方案的地位将上升，或至少不下降。

③不相关的选择方案之间的独立性条件。任何两个选择方案的社会选择顺序仅仅依赖于个人对它们的选择偏好，而与个人对其他不相关的备选方案的选择偏好无关。例如，对于一个X>Y>Z的选择顺序而言，即便Z已不复存在，X>Y的关系依然成立。

④公民主权条件。社会的选择结果一定不是强加的，也就是说，下述情况是不存在的，即便所有的人都认为Y优于X，而社会仍然选择了X。

⑤非独裁条件。社会选择结果不是独裁的，即不存在以下情况，某一特定的人的选择即为社会的选择，所有其他人的选择都是无足轻重的。

阿罗的分析表明，上述的两个公理和五个条件若要同时成立，就会产生“投票悖论”现象。而这一结论的一个惊人的推论是，按照多数票获胜的投票表决规则进行社会选择，必然会导致独裁的现象。

第四节　信息不对称

一、信息不对称的产生及原因

根据完全竞争市场的假设，“对于商品质量和交易环境，所有市场参与者都拥有相同信息”。也就是说，市场上所有居民和厂商都知道质量、价格等有关交易对象的全部特征，且厂商完全了解每个消费者的全部特征。如果这些假设成立的话，那么人们无须花费时间去逛街搜寻就可以直接到某个商场买到质量最好、价格最低的产品，厂商也可以准确地根据消费者的相关信息安排生产，居民和厂商的交易决策及生产决策就都变得非常容易了。

事实上，各个真实的市场参与者对交易对象所拥有的信息经常是不同的。卖者通常比买者更了解商品特征；医疗保险的投保人通常比保险公司更清楚自身健康状况；对于如何以最合理方案治疗疾病，医生比病人知道得更多。市场上类似的情况还很多，这些都反映了市场交易中的信息不对称——交易一方对交易对象或内容比交易另一方拥有更多信息。

由于信息不对称，市场交易就变得不如假设的那么简单了。在跳蚤市场上，那些旧货的卖者清楚自己的商品质量，而买者通常并不知道，如果买者缺乏识别所购商品的知识，他就很可能买到“次品”。假设你即将大学毕业而在寻找就业机会，你可能遇到过很多你完全有能力胜任的岗位，但雇主拒绝了你的工作申请，因为他不清楚你的工作能力大小。有句俗话说，“走遍南京和北京，买的不如卖的精”，这深刻地描述了信息不对称在市场交易中存在的普遍性和长期性。

在信息不对称的交易中，买者很容易因为缺乏信息而蒙受损失。市场上商品种类繁多、数量巨大，其价格也瞬息万变，消费者常常缺乏足够信息来做出最优购买决策，他们购买到的商品可能不是同类商品中价格最低且质量最优者，或者买回家的商品远不如卖者宣传的那么好，甚至可能买到假冒伪劣品。信息不对称引起消费者对商品错误估价，使消费者为其购买的商品支付远高于实际价值的价格，这种交易显然是不公平的。在信贷市场和保险市场，信息不对称可能给银行和保险公司带来巨大损失。在食品安全、医疗卫生等领域，信息不对称可能给消费者带来健康损害，甚至使消费者无辜地付出生命的代价。

拥有信息优势的卖者以不合理价格向买者出售商品，从买者角度看的确不公平，而从社会角度看，交易不过使买者的收入转移给卖者而已，社会总收入并未减少，但随后的资源配置不当引起了无效率的结果。如果卖者利用信息优势向买者出售假冒伪劣商品能够获得利润，那么资源就会从其他经济领域转移到假冒伪劣商品的生产经营活动中来。当市场上充斥着大量假冒伪劣商品的时候，人们不得不把稀缺资源用于如何防止买到这些假冒伪劣品，比如学习识别正品的知识、如何向假冒伪劣品的卖者索赔等。

二、逆向选择和道德风险

更为重要的是，信息不对称容易导致两类影响市场运行的问题：逆向选择和道德风险。所谓逆向选择，是指信息不对称导致质量较好的交易对象退出市场的逆向变动。旧车市场是逆向选择问题的经典案例。Akerlof（1970）研究发现，由于信息不对称，买者对旧车的支付意愿通常受他对市场上所了解的旧车平均质量影响。在买者给定支付意愿下，卖者通常更有动力利用信息优势向买者提供低质量的旧车。卖者的行为导致旧车平均质量下降，而买者的支付意愿也随之下降。这又会进一步导致旧车平均质量下降，最终在任何价格水平下都不存在旧车交易。市场规模不断缩小，结果导致许多可以增进社会福利的交易机会丧失。

所谓道德风险，是指由于信息不对称，一些没有受到完全监督的人存在从事不忠诚或不合意行为的倾向。比如有些人投保汽车意外事故险之后可能更喜欢开快车，因为发生意外事故带给他们的损失变小了；但更多人喜欢开快车增大了意外事故发生的风险，也就增加了保险公司的理赔成本，保险公司不得不因此提高保险费。显然，若每个人都小心驾驶汽车，这可以减少汽车意外事故的保险费，从而使大家境况都变得更好。

信息不对称给经济运行带来的效率损失是显然的，信号传递、激励机制等方案虽然能够解决某些市场的信息不对称问题，但更多的信息不对称问题单凭市场机制还是不能解决。因此，强制性的社会保险制度、汽车意外事故保险制度、上市公司信息披露制度以及食品检验检疫制度等政府干预行为对于改善信息不对称下的市场运行效率非常必要。

三、解决信息不对称的对策

信息的不完全和不对称带来了许多问题。市场机制本身可以解决其中的一部分。例如，为了利润的最大化，生产者必须根据消费者的偏好进行生产，否则，生产出来的商品就可能卖不出去。生产者显然很难知道每个消费者的偏好的具体情况。不过，在市场经济中，这一类信息的不完全并不会影响他们的正确决策——因为他们知道商品的价格。只要知道了商品的价格，就可以由此计算生产该商品的边际收益，从而就能够确定他们的利润最大化产量。

通过市场机制本身来解决信息不完全和不对称问题的另外一个方法是建立“信誉”。在信息不完全和不对称的情况下，如果没有其他的约束机制，市场就会到处充斥劣质的产品。这是因为，一方面，消费者知道，生产和销售产品的企业比自己更加了解商品的质量，因而就有可能利用这一信息优势来进行欺骗，即生产一些成本较低的劣质产品，并把它们拿到市场上来以次充好，以获得更大的利润。基于这种认识，消费者只愿意对企业提供的商品支付较低的价格。另一方面，由于消费者只愿意支付较低的价格，企业也不会愿意生产成本较高的优质产品。这样一来，结果当然就是劣质产品把优质产品逐出市场。

幸运的是，由于存在着诸多的约束因素，现实的市场并没有糟糕到如上所说的地步。其中一个就是“信誉”。所谓信誉，可以看成是消费者对企业行为的一种主观评价。消费者根据自己购买和消费某种产品的亲身体验以及来自其他消费者的“忠告”或别的因素，对生产和销售该产品的企业的诚信（或欺瞒）程度做出判断，并根据这种判断来决定以后是否会购买该企业的产品。

一般来讲，当买卖双方的关系相对固定时，信誉机制比较容易建立。在这种情况下，企业只要欺骗某个消费者一次，就可能永远失去这一消费者，甚至有可能失去更多的消费者。反之，如果是一次性的、流动性的买卖，交易结束之后，双方可能永远也不会再碰面，则建立信誉机制就比较困难，因为在这种情况下，对企业来说，“回头客”本来就不存在，也用不着担心受骗者会向其他消费者揭发自己的不是。不过，即使是在后面这种场合，信誉机制有时也可以起到一定的作用。以遍布世界的麦当劳为例，当你待在家里时，你也许并不愿意经常去麦当劳。但是，当你出差到一个陌生的地方时，去麦当劳也许就是一个不错的决定。街头那家名叫“张三”的饭馆提供的饭菜也许更有风味，但你无法肯定。你唯一能够肯定的是，这里的麦当劳和你家乡的麦当劳是完全一样的。因为麦当劳的产品全球都一样，去那里用餐用不着担心受骗。于是，通过这样的“标准化”，市场在一些“一锤子”买卖的场合也可以建立起信誉机制。

信誉在解决信息不完全和不对称问题上所起的最重要的作用就是“区分市场”。信誉把由于信息不完全和不对称而搞得混乱不堪的市场变得清晰分明起来。信誉好的商品意味着质量高，信誉差的商品意味着质量低。在“区分市场”的同时，信誉也使得“高质高价”成为可能，产品质量高的价格就高；反之则低。“高质高价”鼓励了生产和销售优质产品的企业，同时也惩罚了生产和销售劣质产品的企业——它们的产品被打上劣质的烙印，无法再冒充优质产品。总之，信誉提高了企业诚信的收益和欺骗的成本。

但是，市场机制并不能够解决所有的信息不完全和不对称问题。在这种情况下，政府就有必要在信息方面进行调控。信息调控的目的主要是保证消费者和生产者能够得到充分和正确的市场信息，即增加市场的“透明度”，以便他们能够做出正确的选择。例如，就保护消费者方面来说，常见的政府措施包括这样一些规定：发行新股票或新债券的公司必须公布公司的有关情况、产品广告上不得有不合乎实际的夸大之辞、某些产品必须有详细的使用说明书、香烟包装上必须标明“吸烟有害健康”的字样，等等。

第五节　政府失灵

公共选择理论的另一个重要内容是讨论了政府失灵的问题。在公共选择理论看来，无论是民主选举产生的政府官员，还是用其他办法产生的政府官员，都具有经济人的特征。既然是经济人，那么他在从事任何活动时就都会趋利避害，选择对自己最为有利的方案。这就意味着，政府官员们在从事政治活动时，也是以个人的成本和收益计算为基础，像消费者和生产者一样，追求收益最大化。由于政府是由具有这样一些特征的个人组成的，因而也就没有理由把政府看成是超凡脱俗的，更没有理由认为政府总是代表公众的利益。政府也会犯错误，也会不顾公众的利益而追求自己的利益或少数人的利益，因此，那种认为用政府干预手段就可以解决市场失灵问题的观点是不正确的，而应当用分析市场缺陷的方法来考察政府部门。只有当事实证明政府干预的代价小于市场调节的代价时，才可以考虑利用政府干预。由此，公共选择理论重点讨论了政府干预的代价问题。

在直接讨论政府干预的代价以前，公共选择理论首先探讨了政府官员制度的无效率问题。在这一理论看来，政府官员制度是无效率的。这是因为：

第一，这一制度是缺乏竞争机制的。政府的各个部门在提供各种服务时都是垄断者。在垄断的条件下，它们根本不会考虑成本和收益的问题，而社会公众也无从判断政府提供服务时是否消耗了过多的资源，这就导致了政府提供公共服务时的效率低下。

第二，这一制度会导致机构庞大。因为机构越是庞大，政府官员的地位也就越高，其权力也就越大。然而，机构越是庞大，人浮于事的效率损失也就越大。

第三，由于政府官员都是经济人，因而他们千方百计地谋求自己的利益，如给自己开高工资，改善自己的工作条件，甚至不惜以权谋私等，这些都会使政府的运作成本提高。

显然，在这样的政府官员制度下，试图用政府干预来解决市场失灵，其有效性很值得研究。

公共选择理论还具体分析了政府干预代价过高的原因。在这一理论看来，在其他条件不变时，政府干预必然使资源的使用效率低于市场调节的效率，其原因在于：

第一，政府部门的行为不可能以营利为目的，因而失去了追逐利润动机的政府官员不会考虑把他们所提供的公共服务成本降到最低限度，结果使社会支付的服务费用超过了社会应支付的限度。

第二，政府部门往往倾向于提供超额服务，即超出公众的实际需要提供一些不必要的产品和劳务，导致公共物品的供给过剩，这是一些政府官员追求个人威信、追求政绩的结果。

第三，社会对政府官员的监督往往是无效的。虽然政府官员和政府部门的工作要受到选民代表和上一级行政领导的监督，但由于向这些监督者提供情况的恰好是这些被监督者，因此除了重大案件以外，监督者完全可能被后者操纵。并且，监督者往往并不是被监督者所提供的服务的消费者，对于鉴别服务的质量既缺乏经验，也缺乏热情。因此，政府做出的决定往往有利于官员而不利于公众。

在这种分析的基础上，公共选择学派得出了两点重要结论：

第一，一个社会的官员越多，“官僚敛取物”就越多。因为官员们有直接的理由和便利的地位来进行比其他公民更广泛且更有效的政治活动，结果，政府开支、政府机构以及官吏人数越多，政府越膨胀，这些方面的开支也就越大。

第二，用政府干预来解决经济问题的设想，只有当其他手段被证明无效之后才可以考虑，只有当事实真正证明市场机制比政府干预的解决办法所付出的代价更大时，才可以考虑用政府干预来代替市场机制。

从上面的分析可以看出，公共选择学派奉行的实际上是一种经济自由主义。但即便如此，它也没有完全否定政府干预在经济中的作用，它提醒人们在用政府干预解决市场失灵时也应该考虑政府干预的代价，这对于正确处理政府干预与市场调节的关系是很有意义的。

简要评析

由于公共物品不具有排他性和竞争性，因而人们总尽量掩盖他们对公共物品的真实需求意愿，其市场需求曲线不像私人物品的市场需求曲线那样通过简单的横向加总就可以得到，而是需通过纵向加总；其供给只存在规模上的差别，不存在数量上的差别。这些特点使公共物品的生产中存在严重的搭便车问题。由此，市场机制不能有效起作用，这就引出了政府干预的必要性。实际上，公共物品一般是由政府来提供的，政府提供公共物品的过程就是公共选择过程。若要提高公共选择效率，必须完善立法和各项管理制度。

复习思考题

一、名词解释

1.公共物品（南开大学2005研；北京化工大学2006研；东北财经大学2006研；上海交通大学2006研；厦门大学2006研）

2.市场失灵（北京工业大学2005研；深圳大学2005研）

3.公共选择

4.阿罗不可能定理

二、简答题

1.全世界每天消费大量的鸡，但没有人担心鸡会灭绝，相反没有多少人吃鲸肉，人们却时时刻刻担心鲸会灭绝，为什么同样一个市场系统可以保证产出足够的鸡，却偏偏威胁到鲸的生存呢？（中山大学2006研）

2.公共物品的特性。（中南财经政法大学2004研）

3.外部影响是如何导致市场失灵的？政府应采取哪些措施矫正市场失灵？（中国人民大学2002研；中国人民银行2002研）

4.与私人物品相比，公共物品有哪些特点？这些特点怎样决定市场机制在公共物品生产上是失灵的？（复旦大学2000研）

5.灯塔可向过往船只发出信号，使船只躲避危险的礁石。灯塔发出的光亮程度不同，船只及时收到信号的概率也不同。灯塔发出的光亮越强，船只及时收到信号的概率越大，图11-6中的MC曲线表示船只可收到信号的概率在不同情况下的边际成本。设有A、B、C三条船，每一条船只对不同光亮愿意付出的价格分别由A、B、C三条个别需求曲线表示。

请回答下列问题：

（1）灯塔提供的服务属于私人物品还是公共物品？

（2）最佳光亮强度是多少？或者说，船只应该收到信号的概率是多少？

（3）每条船应支付多少灯塔服务费？

（4）灯塔是否可能由私人所有与经营？

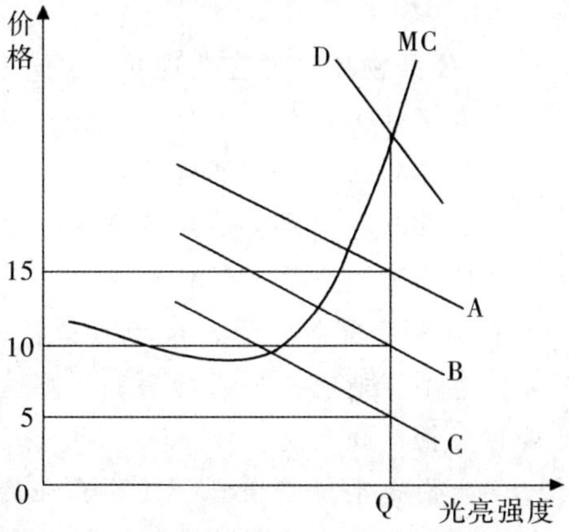

图11-6　灯塔最佳光亮强度与收费标准的确定

6.公共物品与私人物品相比有什么特点？这种特点怎样说明在公共物品生产上市场是失灵的？

三、计算题

1.假定某社会只有甲、乙、丙三个公民，他们对公共物品的需求分别为：$P_1=100-x$，$P_2=100-2x$，$P_3=100-3x$。其中，x是公共物品数量，每单元公共物品成本是4元。

（1）求社会对公共物品的需求函数。

（2）该社会公共物品最优数量是多少？

（3）每个公民的价格是多少？

2.在一个社区内有三个集团，它们对公共电视节目小时数T的需求曲线分别为：

$W_1=100-T$

$W_2=150-2T$

$W_3=200-T$

假定公共电视是一种纯粹的公共物品，它能以每小时100美元的不变边际成本生产出来。

（1）公共电视有效率的小时数是多少？

（2）如果电视为私人物品，一个竞争性的私人市场会提供多少电视小时数？

3.设一个公共牧场的成本是$C=5X^2+3\ 000$，其中，X是牧场上养牛的头数，牛的价格为P=1 000元。

（1）求牧场净收益最大时的养牛数。

（2）若该牧场有5户牧民，牧场成本由他们平均分担。这时牧场上养牛数将为多少？从中会引起什么问题？

4.某农场主的农作物缺水，他需要决定是否进行灌溉。如他进行灌溉，或者天下雨的话，农作物带来的利润是1 000元，但若缺水，利润只有500元，灌溉的成本是200元。农场主的目标是预期利润达到最大。

（1）如果农场主相信下雨的概率是50%，他会灌溉吗？

（2）假如天气预报的准确率是100%，农场主愿意为获得这种准确的天气信息支付多少费用？

四、案例题

公共物品与外在化理论

这篇短文将讨论一篇从其发表至今仍在争论不休，并在经济政策的辩论中变得更加贴切起来的文章。它要推翻关于“公共物品”和“客观外部性”的传统观点。

大多数经济学家包括许多声称具有不同意见的经济学家，发现完全竞争法则是分析有关资源配置和微观经济效率问题所不可缺少的。每位初学经济学的学生都学过福利经济学的基本命题。这些命题宣称，在完全竞争条件下，市场力量将引导资源运用到这种状况：如果不能使某些人的福利变坏，也不可能使其他人的福利更好这个意义上，完全竞争避免了浪费。这样一种资源配置被称为帕累托最优。

在学习以上知识的同时，学生们也学过完全竞争并不存在的理论。完全竞争要求有许许多多的买者和卖者，以致他们没有任何人能影响价格；即使某企业削减产量，也不会导致价格上升；它要求不同生产者生产的商品在任何市场上都是同质的（即完全相同）；它要求完全的信息；它要求不但存在现实商品市场，而且存在应急商品市场（例如，假若明年1月伦敦出现不平常的雨天，伦敦市场应当有伞卖），等等。

建立一些规范模式，以便清楚地指明竞争运行的充分必要条件，并描述其结果是否有效以及如何有效，是一项极其困难的工作。当代研究队伍的一支正致力于这项研究，肯尼思·阿罗和杰拉德·德布勒的“竞争经济中的均衡性”，以及阿罗和弗兰克·哈思的“一般竞争分析”是这种研究进展的标志。它们无疑代表了极高的智力成就，但它们除微观经济学理论专家这个狭小的圈子外影响不大。

不管当代经济学家们怎样反对，我们可把他们分成两大阵营：相信完全竞争是一个有效的法则，政策制定者应把它作为行动的指南，这是主张自由放任、放松管制、促进竞争的一派。另一派是干预派，他们认为竞争是一个危险的法则，政策制定者无须遵守它。在决定他们属于哪个阵营时，最重要的一条标准可能是他们对“公共产品”和“客观外部性”的不同看法。

一、烟囱经济学

构成帕累托最优的思想基础的假设之一是：私人成本和私人利润等于社会成本和社会利润。其实，这并非任何时候都成立。比如，你购买割草机所花费的成本，并不反映你使用割草机所产生的噪声给邻居带来的损害；人们和企业购买木炭的成本，并不反映废气散入大气而对其他人所造成的损害。这就是客观外部性的例子：一项交易对第三者的经济影响。

许多经济学家用“非排他性”和“非竞争性消费”来定义公共产品。清洁的空气是非排他性的例子：即使某些人为防止空气污染而付出了代价，也不可能把那些没有为此付钱的人排除在呼吸清洁空气的利益之外。他们被诱使为靠别人付费的“免费乘客”，清洁空气的生产者也难于为自己提供的服务收取费用。（在一定意义上，非排他性是客观外部性的对应面。）

一般来讲，清洁空气也是非竞争性消费品的一个例子：一个人呼吸了空气，并不导致其他人空气供给的减少。这也就是说，即使能让“免费乘客”呼吸不清洁的空气以示惩罚，从经济上来说，这也是没有效率的。如果在边际上，一物可无花费而取得，那么，就应该免费供应此物才见实效。这是价格应该等于边际成本这一古老法则的另一种表述。

具备非排他性和非竞争性消费这两大特点，这就意味着清洁空气是公共产品。这种商品不可能在有效率的私人市场上找到。保持清洁空气的社会利益超过了私人利益。除非政府利用税收、补贴以及其他形式的干预手段去鼓励，否则，清洁空气的供应将很少很少。

对政策制定者来说，关键的问题是：客观外部性和公共产品普遍到什么程度？许多年来，它们好像普遍到了足以把竞争法则变成完全没有实际应用价值的东西。

一些规范化了的实例被反复灌输到学生的脑子之中。最喜欢引用的有关公共产品的例子是灯塔：它满足非排他性和非竞争性消费两个条件，也具备除非政府任何人都不愿提供的明显特点。常被引用作为有关外部性的例子是蜜蜂养殖，这看似有些奇怪。在这里，外部性是指一种利益，而非成本。养蜂人为周围的花果种植者提供了授粉劳务，但得不到与之相对应的报酬。因而，从社会角度来说，蜜蜂养殖量可能低于最适水平。

理论本身主要关心的是提出政府应该采取什么形式的干预。例如，在清洁空气的例子中，部分麻烦是无人拥有空气所有权。要是某些人真正拥有这种所有权，污染者也就不可能不受任何约束地去污染空气。传统微观经济学强调财产权与效率之间的这种联系。根据这种观点，以促进效率的方式分配财产权是政府职责的一部分。

于是，1960年弗吉尼亚大学的罗纳德·科斯发表了《社会成本问题》一文。在这篇文章中，科斯先生认为，在处理客观外部性或公共产品问题时，通常并不需要任何形式的政府行动，即不需要税收、补贴等手段，也不需要公共措施。只要财产权已经存在，就无须改变这种权利的强烈政策。

这篇文章曾引起了微观经济学的重新思考，而且这种思考还在继续。它刺激了一个新的独特的经济学研究分支——法律与经济学的诞生和发展，同时，它使许多经济学家更倾向于自由的、反干预的一翼。

二、火车头喷出火星

科斯先生最喜欢引证的有关外部性的例子是美国传统的燃烧木柴的火车头，很遗憾，这种火车头喷出的火星很容易点着沿路农户的牧场。依据传统的思想，这种情况下解决问题的关键是财产权的分配。

假如农场主在法律上有权禁止铁路公司点着牧场，铁路公司就必须在它们的机车上安装火花控制装备，以减少对农场主牧场的损害。假如铁路公司有权不受任何约束地任其机车喷射火星，农场主就只能遭受更大的损害。

科斯先生并不认为这种分析方法就是很好的经济学。他的核心思想很简单，即法律上的权利，如财产权利也可以买卖，它们也是商品，可以和考察分析其他商品的交换一样去分析它们的交换。如果农场主能够在法律上确认火车头不能出火星，他们就可以把这种权利卖给铁路公司。如果铁路公司有权任意喷放火星，农场主可以为此出钱让铁路公司减少火车头火星的喷放。不仅如此，两者的结果完全一样。

假定农场主有权阻止火星的喷射，如果喷放火星的权利给铁路公司带来的利益大于阻止这种喷放给农场主带来的利益（因为控制火星喷放的成本是昂贵的），铁路公司就可以从农场主手中买进喷放火星的权利。其结果是对牧场的损害依然继续。反之，假定铁路公司有权随意喷放火星，而且仍然是喷放火星的权利给铁路公司带来的利益大于停止这种喷放给农场主带来的利益，那么，铁路公司就不会出卖自己的权利。结果依然是对牧场的损害将继续存在。

有一点是不同的，财产权的原始分配影响收入的分配，换句话说，如果你拥有某种东西，你的处境就比你没有这种东西时好。但是，这种财产权的原始分配对减少火星的喷放量完全没有影响。经济的力量确保这种具有同等效率的分配在任何情况下都可发生。这一思想被称作科斯定理。

尽管这一理论很快被证明是有道理的，经济学爱好者对科斯先生的见识表示欣赏，但也有人对此感到厌倦："理论上固然很好，但实际中见过几次这样的交易呢？"这个问题问得好，我们应严肃对待。

受科斯先生的影响，经济学家们已经开始对财产权的交易做比以前更细致的研究，其中最能说明问题的研究是华盛顿大学的张五常于1973年发表的《蜜蜂问题》一文，因为这篇文章对于干预主义者最常用的例证给予了最直接的抨击。

三、对蜜蜂问题的进一步考察

张五常考察了华盛顿地区的蜜蜂业，他发现这个地区的农场主和养蜂人并没有意识到他们正面对着一个外部性问题，但这并没有妨碍他们去组织市场。张五常写道："很容易找到表明花蜜和授粉服务在市场交易的真凭实据，在某些城市，你甚至只需查找一下当地电话指南的黄页部分。"

当然，张五常不仅研究了电话簿，他还进一步研究了定价及合同的细节，他发现了一种新奇的价格类型，它随着授粉作物的种类、蜂箱的密度、杀虫药伤害蜜蜂风险的大小而变动。张五常认为，这种定价方式基本上是有效的。1974年，科斯先生把注意力转移到了灯塔上——一个比蜜蜂寓言历史更长的被用来证明市场失效的例子。《经济学上的灯塔》一文概述了英国17世纪以来的灯塔历史。它表明灯塔——能够且具有代表性的是英国的灯塔，一直是由私人企业提供的。

在早期，船主和托运人请求国王允许某些人建造灯塔，并对因此受益的过往船只收取一定的费用，这些费用由灯塔所有者的代理人在港口收集。科斯先生写道："这些灯塔由私人建造、管理、集资和所有，所有者可把这些灯塔卖出或做遗产处理，政府的作用只限于灯塔财产权的建立与执行。后来，管理灯塔的责任被移交给领港公会——一个半官方的组织。但是建造灯塔的费用仍是来自于从过往船只收取的"灯塔费"，而非一般的税收。

科斯定理和它所引起的进一步研究推翻了外部性和公共产品必须要求政府干预的假设。但它们并没有用"市场总是能自我调节"的假定去取代它。科斯及其追随者已使差不多所有的经济学家们的论点倾向于自由派的，还是倾向于干预派的，都比较审慎起来，不敢贸然下结论。同时，他们也提出了许多供进一步研究的思路。

例如，科斯定理承认，如果交易成本高得使人无法承受，市场就会失败。结果，经济学家们对通过降低经营成本以纠正市场缺乏效率的做法的兴趣比以前强烈了。而那种以更精巧、更大胆的行政调控去追求效率的做法显然已经过时。

一些批评者认为，科斯过分滥用交易成本——以致科斯定理只是在理论上才成立。把市场的每种失败归咎于交易成本，这样就等于把市场失败看成是某种理所当然的事了。

科斯定理及其所辩护的竞争模式的最大弱点是："难以对为数较少的交易者之间进行的交易做出解释。换句话说，当众多的买者和卖者的假设不成立时，那么，交易成本就没有供求不能预先知道这个因素重要：这时经济学就走进博弈理论的境界了，在那里就不能做出结果有效的论断了（见附录）。"

参考文献

［1］萨缪尔森，诺德豪斯．经济学［M］．萧琛，译．北京：人民邮电出版社，2008.

［2］高鸿业．西方经济学：微观部分［M］．北京：中国人民大学出版社，2009.

［3］曼昆．经济学原理［M］．梁小民，梁砾，译．北京：北京大学出版社，2015.

［4］平狄克，鲁宾菲尔德，科尔．微观经济学［M］．亚洲版．北京：清华大学出版社，2009.

［5］周惠中．微观经济学［M］．上海：上海人民出版社，2003.

［6］王树林，曲世友．微观经济学［M］．北京：科学出版社，2004.

［7］平新乔．微观经济学十八讲［M］．北京：北京大学出版社，2001.

［8］格拉韦勒，里斯．微观经济学［M］．英文版．上海：上海财经大学出版社，2006.

［9］尼科尔森．微观经济理论：基本原理与扩展［M］．朱幼为，等，译．北京：北京大学出版社，2008.

［10］张保法．经济模型导论［M］．北京：经济科学出版社，2007.

［11］丁娟娟，吴振信，等．微观经济学教程［M］．北京：清华大学出版社，2007.

［12］陈建萍．微观经济学［M］．北京：中国人民大学出版社，2006.

［13］唐立峰，吴新文，赵卓．西方微观经济学［M］．徐州：中国矿业大学出版社，2004.

［14］李鹏林，赵淑英．微观经济学［M］．徐州：中国矿业大学出版社，2008.

［15］唐立峰，谢长清，郑伟东．微观经济学学习指导［M］．徐州：中国矿业大学出版社，2006.

［16］金英姬．微观经济学教程［M］．徐州：中国矿业大学版社，2010.

［17］黎诣远．西方经济学：微观经济学［M］．北京：高等教育出版社，2009.

［18］《西方经济学》编写组．西方经济学：上册［M］．北京：高等教育出版社，2012.

［19］张卫东，潘丽芳，吴燕飞．微观经济学［M］．北京：清华大学出版社，2013.

［20］斯蒂格利茨，沃尔什．经济学［M］．黄险峰，张帆，译．北京：中国人民大学出版社，2013.

［21］欧瑞秋，王则柯．图解微观经济学［M］．北京：中国人民大学出版社，2014.

怀疑者尽管愿意在蜜蜂、灯塔以及许多其他一直被认为属于市场失败的例子上让步，但是，关于清洁空气的问题仍感到难以处理，环境经济学家目前还很难找到任何完全自愿的、市场推动的方法，去解决“免费乘客”的问题，即使仅从理论上也没能解决。但是，尽管如此，科斯及其同僚们已迫使经济学家们要想得深入一些，看看如何用市场力量达到新涌现的目标，而不是匆忙求助于莽撞的、容易出错的法规。

四、附录：一切都在博弈之中

传统微观经济学中，有关众多买者和众多卖者的假设总是过于苛刻。当买卖双方人数极少以致各自的决定可影响对方时，他们就必须“策略地”行动——把自己的行动效果和对方对这些效果的反应都考虑在内。在经济学上，这类行为使最简单的交易也难于分析。这就成了博弈理论的任务。

在大多数交易情况下，一项交易的达成要使得有关各方都能满意。但如果没有一个事先商定好的交易办法，人人都将不欢而散。一个最简单的传统的博弈例子是“囚犯的两难困境”。两个囚犯都被指控有罪，检察官告诉他们，如果他俩都招供，每人判处10年监禁。如果两人都不招供，每人判处2年监禁。如果两人中一人招供，招供的人将被判1年监禁，而另一个没有招供的将被判20年。如果他们能达成一个默契的协议，两人都声称自己无罪，每人被判刑2年。但假定他们不可能达成这种默契的协议。这样，每个囚犯将会考虑对方如何行动——如果自己招供，自己的处境将会好些。结果两人都可能招供，每人得到10年监禁。

近来，博弈理论已经取得了进展。理论家们已经能处理相当复杂的博弈结构。同时，新的研究强调实证工作，运用一些控制性的实验去观察人们在真正的交易情况下是如何行动的。这是十分迷人的东西。很遗憾，小集体间的自愿协定不一定有效，人数很少，交易会倾向于做不成。

资料来源　佚名．公共物品与外在化理论［EB/OL］（2011-03-20）．https：//wenku.baidu.com/view/ccc9aa1a6bd97f192279e9c7.html.

思考：

（1）如何解决外部性问题?

（2）外部性问题都可以通过市场解决吗?